藤原 洋◉著

# 仮親子関係の民俗学的研究

## 筆親筆子と瀬戸内島嶼社会の家族誌

岩田書院

# 目次

# 第四章　筆親筆子間の互助における一代性――245

## 図・表・写真・参考資料　目次

# 序章　仮親子関係の研究課題

## 一　問題の所在と課題

日本の各地に多様な仮親子関係の慣行が散見されることは早くから指摘されている。民俗学のほかに農村社会学・法社会学・社会人類学・民族学などの諸分野から幅広く研究されてきており、その資料的蓄積は膨大である(1)。柳田国男が一九三七年に「親方子方」の論考を発表して以降は、各地の調査事例を補足しつつ村落社会を主要なフィールドとして実証的研究が進められてきている［柳田　一九九〇c（一九三七）］。

従来の家族・親族研究では、日本の村落社会の構造上における基本的な社会単位としては家を重視してきた経緯がある。そして家の概念化では、同族団や仮親子関係との相互連関を通して規定されるとする考え方が支配的であった(2)。そのために仮親子研究においても家研究に付随して展開してきた経緯がある。その中で家族を捉える方法としての同質論、異質論、変質論といった三つの理論と深く関わりつつ展開してきた(3)。したがって仮親子関係の先行研究においては、これらの理論との関連性が強く示されているのである(4)。

仮親子研究の大まかな流れをみると、初期の研究では、日本の家・同族の解明を仮親子関係との相互連関を通して目指していた(5)。これは同質論の立場であり、ここでは柳田や有賀喜左衛門などの研究がみられる。そして一九六〇年代に入ると村落構造論によって仮親子研究はさらに進展し、異質論の立場が登場した。ここでは服部治則・江守五夫・上野和男・福田アジオなどの研究がみられる。これらの研究では各地の調査事例の集積によって実証的研究が進展し、新たに類型論的方法が多用されることとなった。その研究過程において、いわゆる「上湯島型」(6)に代表される家・同族と相互連関しないタイプの仮親子関係の存在が指摘されたのである。しかし、一九九〇年代に入るとそれまでの類型論的方法が批判されるようになる。それにより仮親子研究は新たな展開が期待できたが、各地の仮親子習俗の衰退や消滅によって事例調査の継続が困難となり、研究自体が縮小していったのである。

以上の研究史からは、仮親子研究では現代の様相や変化に対する視点が希薄であったことが指摘できる。現代に至ってからは伝承母体としての農山漁村が急激な社会構造の変化に晒されたが、その中で仮親子関係を捉えるための方法論や分析手法が脆弱であった点に問題があったといえる。例えば従来多用された類型論的方法では、村落社会をいずれかの類型に当てはめて理解しようとしたためにリアリティを欠き、現実の村落生活からかけ離れた静的で持続的な様相しか捉えられなかったという弱点があった［岩本　一九九八　五二一〜五二二］。仮親子研究では、産育習俗に代表されるように、そこに内包されるトリアゲ（取上げ）などの民俗的思考にも関心を向けてきたことは高く評価できる。しかし、そこでは民俗事象の祖型追求に関心が集まり、現代の変化した様相は祖型が変容・衰退した姿に過ぎないとして軽視されてきた経緯がある。そのために実態の解明や、特に近現代における変化と現状をリアルに描き出すことに対しては研究者の理解は極めて低かったのである。

本書では、以上のような先行研究の問題点を踏まえ、仮親子関係の近現代における持続と変容の実態と、これを規定する社会的背景について明らかにする。以下では、仮親子関係に関する先行研究を整理した上で、岡山県笠岡市白石島で実施した実態調査の結果に基づいて分析を進めることにする。

## 二　家族と仮親子関係の構造

### 1　柳田国男の仮親子論

戦前の家族研究では、日本の家族は直系家族を志向する家族規範に基づく家を基本的形態とする考え方が中心であった。その中で柳田は家族を生産組織として捉え、大規模経営を営むために大家族形態が維持されてきたと考えていた。そして「オヤコが一つの共同労働団」と指摘したように、柳田は生みのコだけでなく非血縁のコを含む大家族を伝統的な家とみていた［柳田　一九九〇c（一九三七）　五一四］。その根拠の一つとしたのが「親類」を指すオヤコの語の存在であった。また、各地に伝承される多様な仮親子関係と親子成り習俗は、柳田にとって労働組織としての家の残存を示すものであった。一九三七年に柳田が発表した「親方子方」では、全国各地からさまざまな仮親子関係の事例を提示して検証しており、その後は一九四三年に『族制語彙』を刊行して「親子なり」の事例を増補している。一般に学説では、近世の小農自立過程において小家族化が展開したと指摘されている［安良城　一九五九］。そして柳田の「労働団」の理論では、近世の小家族化でさまざまな労働組織の指導者であるオヤの必要性が高まり仮親子関係が普及したと考えたのである［柳田　一九九〇c（一九三七）　五〇五］。

仮親子関係の本格的な研究は、先述したように、柳田が一九三七年に発表した「親方子方」の論考に遡る［柳田　一九九〇c（一九三七）］。柳田は、親子成りの機会は人生に二度あり、生まれた時と第二の誕生といわれる元服成人の際であると指摘した［柳田　一九九〇c（一九三七）　五〇八］。その後の研究では、前者の幼年期の仮親子研究はそこに内包される民俗的思考としての呪術性に関する研究へと展開し、一方で、後者の成年期の仮親子研究は社会経済性の分析から類型論的方法を用いた村落構造論に関する研究へと展開してきた。このように柳田以降の仮親子研究は、大きく分けて二つの研究となり展開している[7]。まずは、これらの二つの視点に注目して、仮親子研究の成果と課題について検討していきたい。

仮親子研究の二つの視点のうち、一つは幼少期の仮親子関係に強くみられる呪術性の研究である。これは民俗的思考に関する研究であり、民俗学が独自性を発揮した視点である。この視点からの柳田以降の研究としては、大間知篤三・大藤ゆき・浅野久枝などの研究がみられる。以下では順にみていくことにする。

民俗社会においては、誕生してから幼少期までの子供は生命力が弱く、ともすればあの世に連れて行かれるような不安定な魂をもつ存在であると考えられてきた。柳田はそのことに早くから注目している。柳田は各地の取上げ親の事例に注目して「取り上げるということが、活かす大きな力であった」ことを指摘した［柳田　一九九〇d（一九四六）二九七］。そして「親が自分たち以外の、特に力を分って助け合うべき人を、見立てて頼まずにはいられなかった」のであり、このような「誰かを頼まずにはおられぬような感覚」が「昔はいたって濃厚で、特に小児のために痛切に感じられていた」と指摘している［柳田　一九九〇d（一九四六）二九七〜二九九］。柳田はこのようなオヤがもつ霊力に注目したが、さらに研究を発展させたのは大間知である。

大間知は、柳田が指摘した親子成りの機会のほかに移住・就職の時を加えて、親子成りの機会は人生に三度とした［大間知　一九三五　三八〜三九］。そして、出生・幼年期、成年式時、移住・就職時となるに従って呪術性は希薄となり、逆に社会経済性が高まると指摘した［大間知　一九三五　三八〜三九］[8]。このように仮親子関係は誕生時ほど呪術性が強くみられるが、成年期以降になると社会経済的要素が強くみられるようになる。なお、平山和彦は成年期の仮親子関係にも呪術的要素が見出せることを指摘している［平山　一九七四　三四〇］[9]。

出産時の取上げという行為については大藤が分析している。大藤によれば、出産時の産婆には二つの役割がある［大藤　一九六八（一九四四）　五七］。一つは単に助産だけをする技術的なトリアゲで、生児との関係は無事出産すると切れてしまうもので、もう一つは精神的なトリアゲといえるもので、生児と一生の間、仮親子関係をもつものである［大藤　一九六八（一九四四）　五七］。なかには実際に助産をする人と、地域によってはただそこに座っていて精神的な役目をするトリアゲバアサン（取上げ婆さん）がいたことが報告されている［鎌田　一九九〇　六九］。この中で民俗学が注目してきたのは、後者の精神的な仮親子関係である。

先述したように、柳田は早くから各地に伝わるトリアゲの意味に注目し、オヤがもつ特別な力の意味を理解しようとした。大藤はさらにトリアゲオヤに注目し、取上げという行為は人間界に子供を引き上げる、この世の仲間に引き入れることを意味すると説明した［大藤　一九六八（一九四四）　五三］。そして子供は七歳まではこのトリアゲオヤの管轄にあり、七歳になるとはじめて両親の子となると指摘した［大藤　一九六八（一九四四）　五六］。つまり、子の魂が安定するまではトリアゲオヤが関与し保護するのである。しかし地域によっては、トリアゲオヤと呼ばれる呪術的助産婦は技術的助産婦と違い、生児と一生関わることがある［鎌田他　一九九〇　一四八］。そして生命力を与えるだけでなく、子どもの成長・健康・幸福に対して一生を通じて関わり守る産婆の役割が見出せるのである［鎌田他　一九九〇　一四九］。

トリアゲオヤと生児の関係は、地域によっては一生を通じてみられるが、その後の研究では、両者の関係はオヤからの一方的な関係だけではないことが指摘されている。浅野は長野県下の栄村のトリアゲババとトリアゲッコを霊的側面から分析する中で、トリアゲババが誕生したトリアゲッコを取り上げ、一方で、トリアゲッコはトリアゲババが亡くなった際に送る役目を果たしており、両者が相互に補完しあう関係にあることを指摘している［浅野　一九九二三五］。この仮親子関係における相互補完関係が、成年期以降に関係が締結される仮親子関係にも適用されるかどうかは今後の課題といえる。いずれにせよ仮親子関係を双方向的にみる浅野の視点は、一方向的にみてきた従来の仮親子研究に新たな視点を提示したといえる。

ただし、以上のような呪術性に関する一連の研究は、仮親子関係の過去の様相に関心が向いており、現代の様相やその変化に対する関心が極めて低い点は課題として指摘できる。なお、仮親子研究のもう一つの視点である社会経済性からの研究は、成年期以降の仮親子関係を対象として家・同族理論との関連性から研究が展開する。それについては以下でみていくことにする。

## ２　家・同族と仮親子関係の関連性

直系家族制が日本の家族の基本構造であるとする同質論では、日本の村落社会の構造において、家が基本的な社会単位であると認識されてきた。そして家の概念化にあたっては、家連合である同族団や仮親子関係との相互関係から規定されてきた［中村　一九五九　一九一］。(10)

日本の大家族を同質論からみる柳田の仮親子論をさらに展開させたのは有賀である。有賀は一九四三年発刊の『日本家族制度と小作制度』を新版した際にその序において、農村に限らず日本の社会構造の性格を明らかにするためには同族団は最も重要な集団の一つと考えていたことを回顧している［有賀　一九六六（一九四三）　三］。有賀の研究では、一九三五年に着手された岩手県二戸郡荒沢村石神における大屋斎藤家の名子制度の調査研究に顕著に示されるように、同族団の基本的性格を農村における地主の小作慣行を対象に検証している。有賀はここでの名子制度をもとに同族団の本質規定を進めていったのである。(11)

成年期以降に関係が締結される仮親子研究では、当初は同族との関連のもとに分析が進められてきた。一九五九年に岡田謙が「日本における同族研究の意義」という論考で、「日本社会の構造分析のためには、今日では、同族組織の理解ということが不可欠のものとなっている」といった同族研究を重視する考え方を示していることからも、初期の仮親子研究が同族との関連のもとに研究されていたことがわかる〔岡田　一九五九　二七〕。このように、かつては「日本社会の基礎的構造ともいうべき同族」という理解がされていたのである〔岡田　一九五九　二七〕。

社会学の喜多野清一が一九三九年に書いた「甲州山村の同族組織と親方子方慣行」は、その後の仮親子研究に大きな影響を与えた論考である。喜多野は、戦前に山梨県北都留郡棡原村大垣外集落で村落調査を行い、「親方子方関係」の実証的研究を行っている〔喜多野　一九三九〕[12]。大垣外は同族の父系的単系的性質が強く見られる集落で、喜多野は大垣外の「親方子方関係」が同族と深く関わることを明らかにした。そして、この大垣外の事例は、その後の仮親子研究において典型と考えられるに至っている。

戦後になると、喜多野の研究をさらに発展させ、村落構造に着目して類型的に捉える研究が登場する。法社会学の磯田進は、日本の村落を「家格型」と「無家格型」に区分し〔磯田　一九五一〕、さらに同族組織が発達した「同族型」村落では「擬制的親子関係」が「補充」しているが、同族組織が発達していない「非同族型」村落では「擬制的親子関係」が「代位」することを明らかにした〔磯田　一九五四a・一九五四b・一九五五〕。ただし、この磯田の類型化の視点は、従来の研究と同様に家を村落社会の基礎単位とする考え方に基づいている。そして磯田は、仮親子関係の様態が、家の地位を示す家格の有無と本分家の家関係を示す同族のあり方に規定されるという見解を示した。

### 3　類型論的方法と地域性

先述したように、集落のインテンシブな調査による仮親子研究は、喜多野による山梨県下の大垣外集落の調査を端緒としており、その事例はその後のモデルとなった。そして喜多野以後の研究は、それとは異なる事例を提示することで研究上の進展を遂げてきた。その中でも大きな転機となったのは農村社会学の服部治則の研究である。服部は山梨県下における長年の豊富な事例分析から、大垣外型が提示された同じ山梨県下において、それとは著しく違った型の事例を明らかにしている［服部　一九七八］。

服部は山梨県南巨摩郡西山村上湯島の「親分子分関係」の事例から、次のような特徴を提示している。（1）本分家関係と親分子分関係が複合せず、（2）本家分家が相互に親分たり子分たり得、（3）ヒエラルヒーを構成せず階層差がないことを明らかにした［服部　一九六一　六六・一九八〇　三四六］。このタイプについては、その後に森岡清美が「大垣外型」に対する「上湯島型」として命名して周知されている［森岡　一九六〇　一五三］(13)。服部自身が「非同族型」とも称しているここでの上湯島型は、仮親層が固定的ではなく流動的で、その関係はむしろ個人的で、階層差がない関係である［服部　一九六八　六九］。そして同族ではなく親類を補充強化するもので(14)、タテの支配従属や庇護奉仕の関係ではなく、ヨコの相互扶助的な平等的協同関係が特徴である［服部　一九六八　七二］。以上のように、上湯島型は親類と関連をもつ仮親子関係であるといえる。

服部の研究以後は、各地から上湯島型に類する事例が多数報告され(15)、さまざまな指標から類型が提示されたが、多くは服部と同様に二類型で分類されている。そしてその後の研究では、上湯島型や先の大垣外型が分布する要因を地域性において理解しようとする研究がみられるようになった。

日本の家族や親族を地域的に理解しようとする研究は、これまでに多くの蓄積がみられる。大間知が民俗学における隠居制の分析から「西南日本の家」を提唱して以来[16]、法社会学・社会人類学・社会学・民族学からも東北日本と違った特性に関心が集まった［大間知　一九七五ａ（一九五〇）］。この大間知の「東北日本の家」と「西南日本の家」の研究のほかにも［大間知　一九七五ａ（一九五〇）　二一九］、武井正臣の「東北日本型家族（東北型家族）」と「西南日本型家族（西南型家族）」［武井　一九七一　二一五〜二一六］、蒲生正男の「東北日本型」と「西南日本型」［蒲生　一九七八（一九六〇）　七五］、竹田旦の「西南日本家族慣行」［竹田　一九九五（一九七三）　一四九］[17]、内藤莞爾の「西南型家族」［内藤　一九八〇（一九七八）　一八〇］、その後は福田アジオの「番」と「衆」などがある［福田　一九九七］。一方で仮親子関係の類型としては、民族学の江守五夫による「家父長制的形態」と「年齢階梯制的形態」［江守　一九七六］、社会人類学の上野和男による「集中的構造」と「拡散的構造」［上野　一九九二（一九七五）］、民俗学の福田による「祖先中心型」と「自己中心型」などがある［福田　一九八〇］。

江守の仮親子関係の類型は、家父長制や同族制が家族と村落の仕組みを規定する東北部と、年齢階梯制が村落共同体の構成原理をなしている西南部の僻遠地帯（特に漁村）の二つから村落構造上において分類している［江守　一九七六　二九八］。江守は年齢階梯制的形態の仮親子関係については、家父長制的形態の仮親子関係が本家統制の崩れていく途上に現れたものではないと考えており、直線的な歴史的過程による類型差を否定しているのが特徴である［江守　一九七六　二七九］。また、有賀が指摘した同族型と講組型の両村落類型間における「相互転換」理論を引用して、二類型間の転換の可能性を肯定しているのが特徴である［江守　一九七六　二九四］。したがって江守は、構造原理の相違が結果として地域的分布に示されると考えたのである。

仮親子関係の地域的差異を村落構造上から理解する研究は、一九七〇年代以降に活発となる。とりわけ上野の研究は、日本の村落社会全般にわたる仮親子関係の構造的な比較研究を進めた点で注目される。上野は「親分子分関係」

の構成単位、「親分」の社会的性格、関係の連鎖の様態の三つの基準から類型化することで、「集中的構造」と「拡散的構造」の二類型を提示している［上野　一九九二（一九七五）］。このうちの「集中的構造」をもつ仮親子関係については、上野は次のような特徴を述べている。

家族を構成単位として、親分層・子分層が村落社会の内部において明確に区分され、親分には地主・本家・有力者など村落社会において社会的勢力の卓越した家がなり、このなかでもっとも社会的勢力をもつ家が、親分子分関係の上下的連鎖の頂点に立って全体的にはピラミッド型の構成を示すものである。この方の親分子分は村落内の階層差が顕著であって、村内婚が少なく、同族組織や地主小作関係が著しく発達した村落に多くみられる型である。地域的にみればこの型の親分子分関係は茨城・山梨・能登・若狭・島根・対馬などに認められる。［上野　一九八六　四〇］

また、上野はこの「集中的構造」に対して「拡散的構造」を提示したが、それについては次のように説明している。

個人単位に構成され、家族内の成員がそれぞれ独自に異なる人と親分子分関係を結ぶ型であって、家と家との関係としては特定の家に親分子分関係が集中せず、したがって親分層・子分層の分化がみられず、むしろどの家も親分となり子分となって親分子分関係に階層差がなく連鎖する形態をとっている。この型の親分子分関係は終始個人的な関係であり、一代限りでその関係は消滅してそのままの形では下位世代に継承されないのできわめて流動的な性格をもっている。この型の親分子分関係はしばしば「古くなったシンセキを再び濃くするため」に締結すると説明されたり、また親分子分のつきあいはシンセキ同様の対等のつきあいであることが強調される。拡散的親分子分関係は構造的には比較的村落内婚率が高く、階層差の顕著でない村落にみられる。地域的には下北・山梨・能登・対馬などに分布している。［上野　一九八六　四〇］

上野による仮親子関係の類型は村落構造の構造的差異に基づくものであり、歴史的に前後関係をもつのではないという理解に立っている。そして、日本社会を同質的な社会として捉えるのではなく、いくつかの異質的な社会構造の集合として理解する立場である。すなわち村落構造類型論によって日本社会の地域性を理解しようとしたのである。ただし、上野の類型で問題となるのは、二類型と地域的分布の関連を検討すると、この類型は必ずしも地域的分布と対応しない点である。上野が指摘するように、第一に日本全体の地域的規模でみて、二類型とも特定の地域・地帯に限定的に分布していない［上野　一九九二（一九七五）　一二一］。第二に同一地域で比較的近接した村落でありながら仮親子関係が異なった型を示す地域がみられる点である［上野　一九九二（一九七五）　一二二］。上野は地域差との関連を否定した点で、先の江守の類型とは異なる。

一方、福田は「親分子分関係」において「祖先中心型」と「自己中心型」の二類型を提示している［福田　一九八〇］。福田の類型は先の服部や上野の二類型に対応するが、両者とは視点が異なる。福田の類型は「個別オヤコ関係を締結する両当事者の関係」に注目したものである［福田　一九八〇　一七六］。なお、福田は地域性との関連は述べていない。具体的に福田の類型をみると「祖先中心型」は「親分を求める基準が、家の系譜関係に沿って本家もしくは総本家となり、それが家の関係として固定する」ものだが、「自己中心型」は「自己を中心とした親類関係の拡がりの中で周縁的位置に行ってしまった人物で世代の上の者と結ぼうとすることで、個人の関係として一代限りの存在になっている」のが特徴である［福田　一九八〇　一七五～一七六］。福田の類型は、その名称が示すように文化人類学による親族集団の分析概念に依拠している［グッドイナフ　一九七七（一九七〇）　六四］[18]。日本においては、祖先中心的な組織化によって出自集団の同族が構成され、一方で、自己中心型はキンドレットの性格をもつ親類が構成されることが指摘されている［山本　一九八三　二一四～二一六］。そして福田の「祖先中心型」は同族と関連する仮親子関係であるが、一方の「自己中心型」は親類と関連する仮親子関係といえる。

先述したように、かつての日本における家族・親族研究では、同族が日本の基礎構造であり、同族が次第に弛緩したという直線的な歴史観が主流であった。しかし、その後は、家族社会学から同族と親類の共生理論が提示されている。例えば光吉利之が「同族組織」と「親類関係」の「共生理論」によって「いずれか一方が機能的に優位性をもてば、他のタイプは相対的にその機能的規定性を縮小し、その結果、全体としての親族組織の性格は、二つのタイプのいずれが機能的に優位であるかによって決定される」と指摘している［光吉　一九七四　二三二］。また、正岡寛司も「両者の同時的な、しかし緊張的な共存は、それらの家にとっての機能的分化によって理論的には可能性を与えられる」と指摘している［正岡　一九七五　二六］。このような中で仮親子研究では、当初は同族との関連で研究が進められ、次第に親類との関連に研究的関心が移行してきた。しかも類型の違いを直線的な歴史的変化で理解するのではなく、上野の研究のように構造上の違いから理解されてきている。その中で、家規範の影響が希薄な上野の「拡散的構造」や福田の「自己中心型」などの構造をもつ仮親子関係を解明する研究方向へと進展してきたのである。

以上のように、ここでは従来の研究で主流を占めた村落構造類型論の成果と課題についてみてきた。近年の民俗学分野の家族・親族研究を振り返ると、上野や福田の成果が大きな位置を占め、その研究方法は類型論が主流であった。そこでは他分野と学際的進展がはかられ、多くの成果をもたらしたことは高く評価できる。しかし、これらの研究は個別地域の事例をみてはいるが、日本社会の巨視的な構造の理解を目指していた。そのためにインテンシブな村落調査がされているが、仮親子習俗は村落構造や地域差をはかるための道具でしかなかったことは、現在に課題を残す結果となったのである。

## 4 仮親子研究の新たな視角

柳田以降の仮親子研究では、現在までに数多くの事例から重要な指摘がされている。しかし、従来の仮親子研究ではその古い形からオヤコの原義を明らかにすることが重視され、現代の変化した様相までは考察していない[19]。従来の類型論的方法による民俗学分野の研究に対しては岩本通弥の批判がある。岩本は類型論的方法を振り返りその限界を指摘したように、従来の研究では家族がどう生きているのかなどのリアリティを問うことはなかった［岩本一九九八　五二〜五三］[20]。しかし、岩本の批判以降も民俗学の家族・親族分野の研究に目覚ましい進展はみられない。仮親子研究においては、類型論が姿を消す一九九〇年代以降は停滞した状況にある。

類型論的方法は要素主義と批判されるように、民俗事象から要素を抽出して比較し類型化が行われる。そこでの類型論的方法では現実の生活者の姿を捉え切れなかったことが課題である。類型論的方法が提示する静的で持続的な民俗社会は、現実には存在しない理念的な世界である［岩本　一九九八　五一〜五三］。そのために、農山漁村が抱える過疎化や少子高齢化などの現実の問題や、増加する高齢者の一人暮らしの姿を直視してこなかった[21]。地域で地域を考える視点は放置されたままであったといえる。もちろん類型論的方法の成果は十分に評価されるべき点も多いが、一九九〇年代までの民俗学では、類型論的方法から新たな方向性を見出せなかったことは深く反省すべきである。過去の仮親子研究に関していえば、次のような疑問が生じる。現代社会でどのように変化したのか。仮親子関係の要素の内で何が変容し、何が衰退・消滅し、何が新たに発生しているのか。現代において仮親子関係に代わる絆があるとすれば、それをどのように作り出しているか。少なくとも以上のような視点は、従来の仮親子研究で問われることはなかった。

このように一九九〇年代までは、社会学や人類学的方法による村落構造類型論が民俗学では主流であった。しかし、岩本の類型論的方法への批判に前後して［岩本 一九九八］、民俗学では家族・親族研究において方法論の再検討が行われるようになった。それから現在までの約二十年間で、民俗事象の捉え方が大きく変わったといえる。この二十年間で新たな研究方法が模索される中で、社会の組織や関係を対象とする社会伝承分野の研究と関連する新たな視角としては、少なくとも次の視角が民俗学全般でみられるようになり、それまでと民俗の捉え方が大きく変わってきている。

第一は個人の視角である。従来の研究では家や家族・村落などの集団の中で民俗事象を捉えてきた。その理由としては、村落社会の個々人の生活は共同生活における諸規制によって保障されており、その規制を受けた集団を伝承母体として把握することができたからである［高桑 一九九四 三三］。このように集団を重視した従来の方法に対しては、高桑守史が漁民社会を捉える上で「伝承主体」の概念を提示することで、民俗を生成し、保持管理し、変革する主体としての人間に新たに着目すべきことを提起している［高桑 一九九四 三三］。なぜならば、漁撈民俗の担い手となる漁民社会にあっては、統合的に村落というレベルでは推し量れない多様な側面をもっているからである［高桑 一九九四 三三～三四］。また、湯川洋司は、漁民社会に限定せずに広く村落社会を視野において高桑と同様の見解を示している。湯川によれば、従来の伝承母体論(22)といった民俗の集団的把握にとどまらずに個人の視点を重視して、現実を実態に即してよりよく説明できる方向を民俗学の進むべき道として提起している［湯川 一九九八a 一三］。なぜなら民俗を支える伝承母体は存在するとしても、その母体に帰属する一個人が抱える個別の事情や行動によって民俗は大きく様相を変え、消滅することがあるからで、そのために個々人の次元で民俗を把握することが現実の社会を理解する上で極めて重要となってくるからである［湯川 一九九八a 一三］。その結果、その後の民俗学においては、ライフヒストリー(23)などの個人に焦点を合わせた研究法が登場するに至ったといえる。

第二は人々の移動の視角である。高度経済成長が村落から都市へと人々の大きな流れを生み出したように、現代社会では村落の生活しか知らない者などいない。例えば古家信平が沖縄島の事例から、島民が結婚・門中・移民・出稼ぎなどの多様な外への回路をもつことで外の世界を知り、自らの民俗を相対的に評価していることを指摘している［古家　一九九八　一九五］。このように地域社会に生きる人たちは都市とのつながりの中で生活を送っており、都市から多くの影響を受けている。また、都市化や近代化の影響だけでなく、松田睦彦が指摘するように、瀬戸内海の島嶼社会のように土地に依存しない生業構造をもちやすい地域では、移動性の高い生業活動が行われることがある［松田　二〇一〇　三五］。これらを考慮すると、従来のように社会関係をムラやマチなどの民俗社会という閉鎖的な空間の中で理解するのではなく、地域社会を越えた人々のつながりとして把握する視角が必要である。

第三は現代社会の実態への視角である。この視角は柳田が「明治大正史世相編」において提起した「世相」の視角を再評価し［柳田　一九九〇b（一九三一）］、民俗学を実学として高めることで他の学問と競合しようとするものである。他分野から民俗学の限界が指摘される中で［岩本　一九八九］、現代の社会問題に対峙するために、赤田光男のように民俗学の「実践」が提起されてきた［赤田　一九八九］。その中でフォークロリズムのような現代の民俗事象の再生に眼が向けられるようになった(24)。そして近年では「現代民俗学」として一分野が確立するまでに至っている。

最後は、民俗変化への視角である。第三の視角とも関連するが、さらに動態的に捉える視角である。高度経済成長から現代に至って、民俗学が主なフィールドとしてきた農山漁村が急激な変貌に直面する中で民俗変化の問題が浮上した。そして、民俗学の目的・方法・概念などの再検討が促され［高桑　一九八三　一三二］、民俗変化の中から現代社会の課題に対峙する際の民俗学的な視角を見出す必要が生じてきた［山本　一九九六　二〇六］。湯川が指摘したように、従来の祖型追求型の調査研究でみられたような、人々に記憶されたり潜在化した民俗を掘り起こすだけでなく、民俗が存在する「場」の状況変化と、それを受けた担い手である「主体」の思考や選択の結果として起こる、民俗の生成・変容・消滅といった多様な変化において動態的に捉えることが、現在の民俗学には求められている［湯川　一九九八b］。

以上のような新たな視角が提示されることによって、近年の民俗学全般において実証的研究の幅が一層広がり、現在の民俗を動態的に捉えようとする傾向が高まった。その中で、個々人の生活史に目が向けられるようになっている。総体的に民俗学の研究対象は格段に拡大している。

しかし一方で、民俗学の家族・親族分野に焦点をあてて振り返ってみると、すでに指摘したようにこの二十年間で民俗学独自の家族・親族研究が新たに構築されることはなく、目覚ましい進展はみられない。また、実証的研究から理論的に新たな学説が唱えられることはなかった。先の四つのいずれの視角においても、家族や親族関係に深く論究した研究は出ていない。研究者から提起されるテーマが多様化しただけで、民俗学の家族・親族研究に新たな方向性は示されていない。族制研究と呼ばれた民俗学のかつての家族制度研究と比較して、現在では研究の方向性が一層曖昧になり拡散した感があり、明確な目的が見失われているのが現状である。

先の四つの視角において、新たな進展が生み出せない理由として、一つは民俗調査法に基づく資料分析法に原因がある。民俗学では聞き書きを主な調査方法にしてきたが、その方法や収集された調査データに対しては、近年はあまり深く検討されていない。他分野の聞き書きの方法と民俗学の違いが曖昧である。調査方法や資料分析については、個々の研究者の裁量に任せられた状況にある。例えば話者と呼ばれる聞き書き調査のインフォーマントについては、あらゆる年齢層を対象とすることが少なく高齢層に偏重しており、若者や中年層は調査対象から除外される傾向がある。また、民俗変化に対しては、具体的に資料を分析して記述するための方法について近年は具体的に議論されていない。民俗事象を動態的に捉える方法を持ち合わせていないため、現在の民俗学の状況では他分野に競合して実践性をもつことは多難であるといってよい。

ここで注目すべきは、家族社会学の資料分析法では、同年出生の人口集団であるコーホート（cohort）[25]に注目した方法が用いられている。コーホートによる分析では、民俗事象を対象として変化を明らかにすることが可能である。また、コーホートによる年齢集団は、同年出生の人口集団に限らなくとも、ある一定の年数で年齢集団を区分することが可能である。例えば一世代を三十年間と想定して区分すれば、世代層において民俗事象の特徴を把握することが可能である。すなわちさまざまな年齢層の話者から多種多様の民俗事象の事例を収集した上で、コーホートによる年齢集団をいくつか設定して比較分析することで、各年齢層の民俗変化を明らかにできる。

コーホートによる資料分析法のように、他分野の方法について民俗学から批判や検討を加える中で、取り入れるべき内容があれば積極的に活用すべきと考える。なお、コーホートによる分析方法については、本書の調査方法として次節で述べることにしたい。

## 三　調査方法と構成

### 1　資料の調査収集と分析方法

本書では、岡山県笠岡諸島に属する白石島《しらいしじま》の住民を主要対象として聞き取り調査を実施し、必要に応じて文献や統計資料を活用した。調査は本書のために筆者が個人で実施した。調査は一九九八年から二〇一一年まで継続して実施したが、調査データの大部分は二〇〇三年までに収集した。

調査地の白石島を中心に聞き取り調査を実施した。社会伝承のほか、経済・儀礼・信仰の各伝承分野については民俗事象の相互の関連性を配慮して詳細な聞き取り調査を実施した。文献資料及び行政資料は個人提供のほか、笠岡市役所・笠岡市役所白石島支所・笠岡市立図書館・白石島漁業協同組合(漁協)・旧白石島農業協同組合(農協)・白石公民館・岡山県立図書館・岡山県農林事務所等の行政機関や関係団体から提供されたものである。白石島の仮親子関係は聞き取り調査を中心としたが、葬送儀礼に関するほかに文献資料は確認できなかったことが理由の一つである。

以上のように、本書の主な資料は聞き取り調査から得た話者本人の体験である。聞き取り調査では、話者個人の体験と話者が理想とする理念を区別するように配慮した。また、地域社会に伝承される仮親子関係の全体像を把握するために、可能な限り数多くの話者から話を聞き、実態と様相を把握することに努めた。ただし、明らかにデータ上の不備により割愛せざるを得なかった話者がいたことを断っておく。

本書ではコーホートによる分析方法を用いることとした。民俗事象は伝承する個人やその属する年齢層により相違する。しかし、従来の民俗学の資料分析法では個々の話者の特性や年齢層の相違を軽視しており、特に高齢者が主に選定されるといった話者の偏重傾向が研究者の間で強くみられる。これらの諸点は、民俗の多様性を把握するには支障であり、従来の資料分析法の再検討が必要である。

家族社会学では、同年出生の人口集団であるコーホートを選定し、結婚・出生・死亡などの人生の出来事が生じた年齢を比較する分析法が確立されている[森岡・望月　一九九七　七一]。コーホートでは同年齢だけでなく、ある一定の年齢幅を一つの集団として捉えることが可能である。それにより、個々人の多様性を踏まえた上で年齢層ごとの共通性を導き出し、民俗事象の伝承形態の通時的変化を捉えることが可能になる。(26)

以上を踏まえて、本書の資料分析では、話者の個々の特性を重視し、年齢層ごとの伝承的形態を重視する。事例の分析にあたっては、近現代における民俗事象の変化を明らかにするため、特に筆親筆子関係の締結儀礼を中心に、さまざまな年齢の個々人の事例を出生年をもとに年齢層に区分する分析法を用いた。(27)

筆者が聞き取り調査を実施して本書で取り上げたのは、表の話者の方々である(表 序-1)。事例を提示する際は、この表の話者記号による。話者の選定にあたっては、データに耐え得る量の体験を聞き取れた話者の中から四七名を抽出した。年齢・性別・姓・続柄・出生地・居住地・職業・結婚形態等の多様な条件下で話者を採用した。筆親筆子関係については、話者自身の筆親や筆子の人数によって話者を選定しないように配慮した。よって筆親筆子関係の未締結者の事例についても採用し、可能な限り多様な話者の事例を取り上げ、事例の多様性に配慮した。

事例を提示するのは、これまでの類型論的方法のように民俗事象だけを抽出するのではなく、話者の体験として総体的に提示する方法を採用した。すでに指摘されるように、民俗事象が根無し草のようにならないように他の民俗事象との関連に配慮した。また、筆親筆子関係の共通性だけでなく、個々人で異なる多様性についても重視した。

年齢層の分類は、話者の出生年齢をもとに次の三つに区分した。Ⅰ層は、一九二六(大正十五)年以前の出生者である。Ⅱ層は、一九二六(昭和元)年から一九四五(昭和二十)年の出生者である。Ⅲ層は、一九四六(昭和二十一)年以降の出生者である。年齢層の区分にあたっては、戦前と戦後の民俗事象に大きな変化が想定されることから、まずは一九四五(昭和二十)年までを境としてⅡ層とⅢ層を設定した。特にⅢ層は戦後の出生者で、民主的な家族制度下に出生して成長した人たちである。この年齢層は親子成りをしなかった人が多数みられるのが特徴である。それに、このⅢ層は親子成りをした人が少ないため、さらに年齢層を区分しても筆親筆子関係の相違を見出し難いことが想定されるため、さらに年齢層の区分は行わないこととした。また、一九二六(大正十五)年までを境としてⅠ層とⅡ層を設定した。その際、一九四五年以前の出生者には体験の多様性が想定されることから、さらに年齢層の区分を行うこととした。

一世代三十年で区分するのが理想的であるが、現実的に話者の年齢幅の分布を考慮して、Ⅱ層は二十年で区切ることとし、それ以前をⅠ層として設定した。以上のようなⅠ~Ⅲの年齢層により、民俗事象の変化の特性についての分析を試みた。

| 結婚形態 | フデノオヤ | フデノコ<br>※数字は人数 | 妻子関係 |
|---|---|---|---|
| 嫁入り | ○ | m2,f2 | |
| 嫁入り | ○ | m1,f1 | |
| 嫁入り | ○ | m1,f1 | Ⅰ 2の妻 |
| 入り婿 | ○ | 6人以上(m3,f3) | |
| 不明 | ○ | × | |
| 嫁入り | × | m1,f2 | |
| 入り婿 | 不明 | 6人以上(m3,f3) | Ⅰ 4の妻 |
| 嫁入り | カリオヤ | m3 | |
| 入り婿 | ○ | 8人以上(m,f) | |
| 嫁入り | ○ | 15人以上(m12,f3) | |
| 嫁入り | ○ | m3 | Ⅰ 8の妻 |
| 嫁入り | カリノナコウド | m4,f1 | |
| 不明 | ○ | m1,f2 | |
| 不明 | ○ | 不明 | |
| 嫁入り | ○ | 15人以上(m12,f3) | Ⅰ 10の妻 |
| 入り婿 | 不明 | 不明 | |

| 結婚形態 | フデノオヤ | フデノコ<br>※数字は人数 | 妻子関係 |
|---|---|---|---|
| 嫁入り | ○ | × | |
| 入り婿 | ○ | f1 | |
| 入り婿 | × | f1 | Ⅱ 2の妻 |
| 嫁入り | ○ | m1 | |
| 入り婿? | ○ | m2,f1 | |
| 嫁入り | ○ | 不明 | |
| 嫁入り | ○ | m2,f3 | |
| 嫁入り | ○ | m1 | |
| 嫁入り | ○ | 不明 | |
| 嫁入り | ○ | 不明 | |
| 嫁入り | ○ | m2,f1 | Ⅰ 2の長男 |
| 未婚 | × | × | |
| 嫁入り | × | × | |
| 不明 | ○ | m1 | |
| 嫁入り | ○ | 不明 | Ⅱ 10の妻 |
| 入り婿 | ○ | × | |

| 結婚形態 | フデノオヤ | フデノコ<br>※数字は人数 | 妻子関係 |
|---|---|---|---|
| 嫁入り | ○ | × | |
| 嫁入り | × | × | |
| 不明 | 不明 | m1,f1 | |
| 嫁入り | × | 不明 | |
| 入り婿 | ○ | × | Ⅱ 16の妻 |
| 入り婿 | カリオヤ | × | |
| 嫁入り | × | × | |
| 嫁入り | ○ | × | |
| 嫁入り | ○ | × | |
| 嫁入り | ○ | 不明 | |
| 嫁入り | × | × | Ⅱ 6の長女 |
| 嫁入り | ○ | m1 | |
| 未婚 | × | × | Ⅱ 10の次女 |
| 嫁入り | × | × | Ⅲ 7の妻 |
| 未婚 | × | × | Ⅱ 16の長男 |

**表　序-1　話者一覧**

**＜年齢層Ⅰ＞　1926（大正15）年以前の出生者**

| 話者 | 性別 | 生年 | 姓 | 続柄 | 出生地 | 調査時の居住地 | 主な職業 |
|---|---|---|---|---|---|---|---|
| Ⅰ 1 | 女 | 1906年 | Nh | 不明 | 白石島 | 白石島 | 主婦 |
| Ⅰ 2 | 男 | 1912年 | Kt | 長男 | 白石島 | 白石島 | 船員 |
| Ⅰ 3 | 女 | 1916年 | Kt | 不明 | 白石島 | 白石島 | 主婦 |
| Ⅰ 4 | 男 | 1917年 | An | 三男 | 白石島 | 白石島 | 船員 |
| Ⅰ 5 | 男 | 1918年 | Ng | 長男 | 白石島 | 白石島 | 神職・僧職など |
| Ⅰ 6 | 女 | 1919年 | Mu | 不明 | 北木島 | 白石島 | 主婦 |
| Ⅰ 7 | 女 | 1922年 | An | 長女 | 白石島 | 白石島 | 主婦 |
| Ⅰ 8 | 男 | 1923年 | Hg | 三男 | 白石島 | 白石島 | 工場員 |
| Ⅰ 9 | 女 | 1923年 | Yk | 長女 | 白石島 | 白石島 | 看護婦 |
| Ⅰ10 | 男 | 1924年 | Hd | 長男 | 白石島 | 白石島 | 市会議員 |
| Ⅰ11 | 女 | 1924年 | Hg | 長女 | 白石島 | 白石島 | 主婦 |
| Ⅰ12 | 男 | 1924年 | Ng | 長男 | 白石島 | 白石島 | 工場員 |
| Ⅰ13 | 女 | 1924年 | Nh | 不明 | 白石島 | 白石島 | 不明 |
| Ⅰ14 | 男 | 1924年 | An | 長男 | 白石島 | 白石島 | 不明 |
| Ⅰ15 | 女 | 1925年 | Hd | 四女 | 白石島 | 白石島 | 主婦 |
| Ⅰ16 | 女 | 1926年 | Ng | 長女 | 白石島 | 岡山県浅口市 | 主婦 |

**＜年齢層Ⅱ＞　1926（昭和元）年～1945（昭和20）年の出生者**

| 話者 | 性別 | 生年 | 姓 | 続柄 | 出生地 | 調査時の居住地 | 主な職業 |
|---|---|---|---|---|---|---|---|
| Ⅱ 1 | 男 | 1927年 | Kt | 長男 | 白石島 | 白石島 | 国鉄 |
| Ⅱ 2 | 男 | 1928年 | Ng | 四男 | 白石島 | 白石島 | 工場員 |
| Ⅱ 3 | 女 | 1930年 | Ng | 不明 | 白石島 | 白石島 | 主婦 |
| Ⅱ 4 | 男 | 1931年 | An | 長男 | 白石島 | 白石島 | タクシー運転手 |
| Ⅱ 5 | 女 | 1931年 | Yk | 不明 | 白石島 | 白石島 | 不明 |
| Ⅱ 6 | 女 | 1932年 | Hd | 長女 | 白石島 | 白石島 | 宿泊施設 |
| Ⅱ 7 | 男 | 1932年 | Fi | 長男 | 白石島 | 白石島 | 郵便局員 |
| Ⅱ 8 | 男 | 1933年 | Nm | 長男 | 白石島 | 白石島 | 住職 |
| Ⅱ 9 | 女 | 1933年 | Hd | 長女 | 白石島 | 白石島 | 市職員 |
| Ⅱ10 | 男 | 1939年 | Hd | 長男 | 白石島 | 白石島 | 漁業 |
| Ⅱ11 | 男 | 1939年 | Kt | 長男 | 白石島 | 白石島 | 漁業 |
| Ⅱ12 | 男 | 1941年 | An | 長男 | 白石島 | 白石島 | 水道検針員 |
| Ⅱ13 | 男 | 1942年 | Hd | 長男 | 白石島 | 白石島 | 船員 |
| Ⅱ14 | 男 | 1944年 | An | 次男 | 白石島 | 白石島 | 大工 |
| Ⅱ15 | 女 | 1945年 | Hd | 不明 | 白石島 | 白石島 | 主婦 |
| Ⅱ16 | 男 | 1945年 | An | 三男 | 白石島 | 白石島 | 公民館長 |

**＜年齢層Ⅲ＞　1946（昭和21）年以降の出生者**

| 話者 | 性別 | 生年 | 姓 | 続柄 | 出生地 | 調査時の居住地 | 主な職業 |
|---|---|---|---|---|---|---|---|
| Ⅲ 1 | 男 | 1947年 | Oh | 長男 | 白石島 | 白石島 | 漁協事務 |
| Ⅲ 2 | 男 | 1948年 | Ng | 長男 | 白石島 | 白石島 | 郵便局員 |
| Ⅲ 3 | 女 | 1948年 | 不明 | 不明 | 白石島 | 白石島 | 旅館手伝い |
| Ⅲ 4 | 男 | 1949年 | Uk | 長男 | 北木島 | 白石島 | 石屋 |
| Ⅲ 5 | 女 | 1949年 | An | 長女 | 白石島 | 白石島 | 回漕店 |
| Ⅲ 6 | 男 | 1950年 | Kt | 三男 | 白石島 | 白石島 | 石屋 |
| Ⅲ 7 | 男 | 1950年 | Ng | 三男 | 白石島 | 白石島 | 民宿 |
| Ⅲ 8 | 男 | 1955年 | Og | 長男？ | 白石島 | 白石島 | 石屋 |
| Ⅲ 9 | 男 | 1956年 | Ii | 長男？ | 白石島 | 白石島 | 左官 |
| Ⅲ10 | 男 | 1956年 | Hd | 不明 | 白石島 | 大阪府大阪市 | 会社員？ |
| Ⅲ11 | 女 | 1958年 | Yo | 長女 | 大阪府大阪市 | 奈良県天理市 | 主婦 |
| Ⅲ12 | 男 | 1961年 | Hd | 次男 | 白石島 | 白石島 | 民宿 |
| Ⅲ13 | 女 | 1971年 | Hd | 次女 | 白石島 | 白石島 | 市職員 |
| Ⅲ14 | 女 | 1973年 | Ng | 不明 | 岡山県井原市 | 白石島 | 民宿 |
| Ⅲ15 | 男 | 1974年 | An | 長男 | 白石島 | 白石島 | 回漕店 |

m＝男、f＝女　○＝有、×＝無

フィールドの選定に関しては、本書では次の四つの理由から白石島をフィールドに選定した。第一には、白石島が地理的において先行研究で提示された西南日本の村落構造をもつことである。第二には、島を一つの自然村としており、調査研究上の利点がある。第三には、仮親子関係が現在も十分に機能していることである。最後に、島が過疎化や少子高齢化の影響を受けつつも、いまだに伝統的な社会生活が十分に機能するだけの人口と世帯数をもつことである。

仮親子関係の先行研究では、戦前に東北日本の農山村における家・同族研究として開始された経緯がある。これに対して本書は、瀬戸内海域の島嶼社会をフィールドにしており、家規範の影響が少ないと予想される西南日本の仮親子関係を検討するものである。研究上の遅れがみられる西南日本の様相を新たに解明することは、家族・親族研究上において重要な意味があると指摘できる。

## 2 本書の構成

本書は全九章から構成される。以下、第一章から各章を要約する。

第一章「筆親筆子関係を形成する笠岡諸島白石島」では、本書のフィールドとした岡山県笠岡市白石島について、社会組織と生業の変遷を中心に特徴を述べる。また、家族と親族の諸慣行について、来島伝承と系譜観、直系理念と血縁志向、家の諸慣行、親族のツキアイについて特徴を述べる。また、白石島における家族の居住形態の特徴を示すために、高度経済成長期に特に盛んにみられた大阪湾の艀乗りの出稼ぎの事例を取り上げて分析を行う。最後に多様な出稼ぎの事例から、白石島における家族別居の特性についてまとめる。

第二章「白石島の筆親筆子関係に関する特徴」では、白石島の筆親筆子関係の研究史を整理した上で筆親筆子関係の特徴を提示する。

第三章「筆親の選択と関係の締結における実親の関与」では、筆親筆子関係締結の年齢、関係締結の依頼、未締結者やその実親の意識変化、関係締結の儀礼について分析する。

第四章「筆親筆子間の互助における一代性」では、第五章と第六章で論じる結婚と葬送のツキアイを除き、筆親筆子関係の締結によって親族組織のシンセキに包含される筆親筆子間の一代限りのツキアイの特性について明らかにする。

第五章「結婚において縁を司る筆親」では、結婚習俗の諸相と、結婚における筆親の役割について分析を行っていく。

第六章「葬送における筆親筆子の関与」では、伝統的な葬送儀礼を明らかにしつつ、死を媒介とする筆親と筆子の関係性について論じる。

第七章「筆親筆子関係の現代的変化」では、現代における筆親筆子関係の変化の特性を「離島調査」などの先学の調査報告を参考にしつつ明らかにする。

終章「結論と課題」では、序章の課題に対する結論と今後の課題を述べる。

以上のような構成で、本書は岡山県の南西に位置する瀬戸内海域の笠岡諸島白石島の事例を中心に、ここでの筆親筆子関係の近現代における持続と変容の実態を、白石島の社会的背景から明らかにするものである。そこでは、筆者自身の聞き書き調査から得られた資料を中心に分析を行い、そこから理論を展開させる姿勢を基本に論を進めることとする。(28)

## 註

（1）一九七〇年代には社会伝承研究会が『親分子分関係と村落組織』の特集を刊行し、一九四五～一九七三年の「親分子分関係に関する文献目録」を取りまとめている［社会伝承研究会　一九七三］。その中で福田アジオは研究動向を分析し、全国的視野から「親分子分関係」の類型や型の問題を考察していく必要を指摘している［福田　一九七三］。

（2）日本の家族研究は、狭義の家族研究と、家研究に分けることができる。各々の研究の相違は概念規定によく示されている。家族が欧米のfamilyの訳語としての分析概念であることはよく知られている。近年は家族社会学の落合恵美子らによる「近代家族」論が展示されている［落合　二〇〇四］。一方、家は人々が日常的に生活で使用する民俗語彙から構築した実態概念としての相違がある。

（3）例えば中村正夫は「日本村落の社会構造上の問題に関しては、その基本的な社会単位をなす制度としての『家』の存在を認識の起点とするが、かかる家の概念化は、従来、家連合とくに同族団や親方子方関係からさらには村落の共同体的生活構造との相互関連を通して規定されるとみる立場が支配的であった」と指摘している［中村　一九五九　一九一］。

（4）清水浩昭は家族研究を、①同質論、②異質論、③変質論の三つに分類した［清水　一九九二　二五〇］。清水によると各分類は次の通り。①同質論は、拡大家族制あるいは直系家族制が日本の家族の基本構造であり、この家族が今日も存続しているとする考え方である。②異質論は、拡大家族制あるいは直系家族制と夫婦家族制とが地域を異にして分布しているとする考え方である。③変質論は、拡大家族制あるいは直系家族制から夫婦家族制へと日本の家族の基本構造が構造的に変化するという考え方である。

（5）ただし仮親子研究では変質論がみられなかったことは研究の偏重として指摘できる。

（6）農村社会学の服部治則は、山梨県下の上湯島集落の事例調査から、家・同族と相互連関するタイプとは異なる仮親子関係の存在を指摘した［服部　一九七八］。なお「上湯島型」の名称は森岡清美の命名によって周知された［森岡　一九六〇　一五三］。

（7）荒井和美は、柳田国男の研究が呪術性についての研究と、村落構造類型の研究との二つの方向に分かれて継承され発展してきたと指摘している［荒井　一九九三］。

（8）同様の指摘は、その後に発表された「呪術的親子」にもみられ、出生時ないしは幼少期の仮親子関係には「宗教呪法的性質」が強いが、成年期以後の仮親子関係には「社会経済的色彩」が強いと指摘している［大間知　一九七八（一九四三）一四五］。

（9）平山は江守五夫が指摘した「成年式の原義」における「復活再生」の概念を引用することで、「成年式時において生みの親から離れ、他にオヤを求め、そこから蘇生し、新たなオヤコ関係を結ぶという在り方は、むしろ呪術的思惟世界での合理性を表示するもの」と指摘した［平山　一九七四　三四〇］。

（10）「同族」は本家と分家によって構成される家々のまとまりを意味し、この同族の家相互に一定の秩序化された相互作用が維持されていれば「同族組織」とし、さらに本家と分家に上下的な支配・被支配の主従関係が認められる場合は、それを同族組織と区別して「同族団」と称することにする［鳥越　一九九三　四八〜五〇］。

（11）現在の岩手県八幡平市石神。

（12）現在の山梨県上野原市棡原。

（13）服部は後に「同族型」に対する「非同族型」の名称で呼んでいる［服部　一九六八　六六〜六九］。

（14）鳥越皓之は、同族と比較して、親類の特徴を次の三つにまとめている［鳥越　一九九三　六一］。

①親類は特定の家からみた視野的構造を示している。そのため、おなじ親族(たとえば、自分といとこ)であっても、自分の家の親類と他の家の親類とでは、親類の範囲がすこしばかり異なってくる。それぞれの親類の範囲が異なるから、親類は同族団のような明確な集団性はもたない。ふつうは関係として意識される。

②同族団は家の系譜関係にもとづく、家相互の関係である。その意味で、ある同族団を構成する家々は論理的には永久にその同族団の構成戸でありつづける。それにたいし、親類は特定の個人からみた双方的親族の関係を媒介として成立しているから、ふたつの家を結びつけている親族の死亡や離婚などによる親族関係の消滅によって、簡単に親類関係がなくなる。すなわち永続性に欠ける。

③親類は原則として対等な家関係である。等親をたどっての親族関係を根拠にしているからであり、等親には系譜のような上下の発想が含まれていないからである。

(15) 曽我猛は「どのような人をオヤに頼むか」に注目して、各研究者による日本各地の仮親子関係の報告事例を分類している[曽我　一九九六　一五四~一六二]。そこには各地で類似したいくつかの事例が見出せる。

(16) 大間知は「傍系親族や非血縁者までを一世帯内にひきとどめる大家族制が、いちじるしく東北部日本にかたよって存在するのに対して、この直系親族までが夫婦単位に別世帯を持つ複世帯制が、西南部日本に多く存在している」として、後者を「一家複世帯制」と名付けている[大間知　一九七五c(一九五八)　二五八]。

(17) 竹田は「西南日本型」の家が大家族制と対置する小家族制に基盤をおくと規定し、そこには夫婦家族(もしくは核家族)をもって家族構成の基本とする家理念が働いていると述べている[竹田　一九七〇　二]。

(18) グッドイナフは親族集団を共通の祖先を基点とするもの(ディセント・グループ)と共通の血縁者を基点とするもの(キンドレット)とに分ける分類法を提示している[グッドイナフ　一九七七(一九七〇)　六四]。

(19)　鳥越は「親分子分関係とは、親族関係としての親子（いままで生みのオヤコといってきたもの）関係を変更させることなく、この関係にくわえて家族外において新たに締結する親子の関係（社会的オヤコ）である」と規定する［鳥越　一九九三　一二九］。鳥越の規定のように、従来の研究では社会的親子関係の変化に言及して規定していない。

(20)　岩本の指摘するリアリティは、現実社会の事実を指摘しているのではない。このリアリティは「現実感」であり、現実（もしくは事実）は「歴史的事実」として区別しており、現実とリアリティの関係性こそが民俗学が問題とするところであるという［岩本　二〇〇七　一九〇］。つまり、人々がどのように事実を解釈し、認識しているのか、あるいは意義付けを行っているのか、その結果として構築されるのがリアリティなのである。このような岩本の指摘は、現代を研究対象としつつも現代を問題としてこなかった民俗学に反省を促した。

(21)　家族の地域性から現代の高齢者扶養の問題を取り上げた清水浩昭の視点は、現代の社会問題を視野に入れた数少ない研究である［清水　二〇〇四　二〇〇〜二〇六］。清水は居住形態と介護形態に地域差がみられるとして、同居志向の強い「東北日本」では家族内資源を活用した介護が行われ、別居志向の強い「西南日本」では家族内部に介護資源力がないために在宅保健福祉サービスに依存する傾向があると指摘する［清水　二〇〇四　二〇三］。

(22)　湯川洋司によると「伝承母体」の用語は福田アジオが最初に使い始めたという［湯川　一九九八ａ　一六］。湯川によれば、一九六六年発表の論文で福田が使用しているが、その内容を説明したのは一九七二年発表の論考であり、そこで福田は「村落およびその内部に重層的に存在する種々の超世代的な社会組織が伝承母体である」と述べたことを記しており［福田　一九八二　六］、その後は「一定の領域の大地を占取して、その基盤の上に超世代的に生活を存続させる集団を民俗の伝承母体という」［福田　一九八四　二五九］と規定している［湯川　一九九八ａ　一六］。

(23)　ライフヒストリー（生活史）とは、個人の一生の記録、あるいは、個人の生活の過去から現在に至る記録のことで、その中には、口述史・自伝・伝記・日記などがある［谷編　一九九六　四］。

(24) 二〇〇三年発行の『日本民俗学』二三六号ではフォークロリズムの特集が組まれている。

(25) コーホート(cohort)とは同年出生の人口集団の意味である［森岡・望月　一九九七　七一］。ただし、本書のように、年代ごとのコーホートを捉える方法もある。

(26) 近年の成果では、矢野晋吾が諏訪地域の酒造出稼ぎ者の分析において、生年コーホートにおいて十歳ごとの仮集団を設定することで、個々人の事例を年齢層ごとに把握しつつ、年齢層ごとの傾向と変化の様相を巧みに導き出しており参考になる［矢野　二〇〇四］。

(27) 本書では出生年を基準として、コーホートの分析から白石島の筆親筆子関係の変化に分析を加えている。よって四七人の話者の生年と締結時期にはズレが生じているので注意が必要である。

(28) 本書を執筆するにあたり、すでに発表した小論を利用した［藤原　二〇〇一・二〇〇二・二〇〇三・二〇一〇a・二〇一〇b・二〇一一・二〇一二］。ただし各論考が稚拙であるためにそのままの転載はしておらず、各論ごとに部分的に引用して大幅な組み直しを行っている。

# 第一章　筆親筆子関係を形成する笠岡諸島白石島

## はじめに

本章では、本書のフィールドである岡山県笠岡諸島白石島の特徴を述べる。第一節では、白石島の地理・歴史的環境と、諸種の社会組織や主要な生業の変遷を中心に述べる。特に仮親子関係と関連が示される近隣組織や年齢集団、漁業や農業の変遷についてみていく。第二節では、白石島における家族と親族の諸慣行についてみていく。ここでは来島伝承と系譜観、直系理念と血縁志向、家の諸慣行、親族のツキアイについて考察する。第三節では、大阪湾周辺の艀乗りの出稼ぎを分析の視点として、白石島の家族別居について明らかにする。白石島では生業活動の出稼ぎが筆親筆子関係を含めた家族・親族関係のあり方を強く規定しているため、その一例として、ここでは艀乗りの出稼ぎについて考察する。第四節では、出稼ぎの諸事例から白石島の家族形態の特徴について明らかにする。それにより筆親筆子関係を規定する家族形態の把握を試みる。

## 一　白石島の特徴

## 1 歴史・地理的環境

岡山県笠岡市白石島は、県の南西に位置し、瀬戸内海にある笠岡諸島の一つである（図1-1、図1-2）。その規模は、面積二・八六㎢（二八六ha）で、本土の笠岡港から南に約一二kmの隔たりにある。(1) 白石島へは、笠岡港から一日に九便の連絡船（高速船と普通船）と、笠岡の伏越港から一日に三便のフェリー（所要時間五〇分）が出ている。連絡船の所要時間は、高速船なら二二分、普通船なら三五分の距離である。近年は離島した島外居住者が増加したため、盆や正月の里帰りシーズンを迎えると、フェリーを利用して狭い島内まで自家用車を乗り入れて家族で帰島するのが一種のブームになっている。

白石島は内海に属し、絶海の孤島の印象はない。本土の笠岡港から近く、高速船・普通船・フェリーなどの定期船が一日に一二便が往復しており、交通の利便性もさして悪くはない。また、瀬戸内工業地域に属し、広島県福山市や岡山県倉敷市などの地方工業都市に近接する。特に高度経済成長期以降は漁業の衰退が重なり、阪神地方にかけて多くの就労者を送出してきた。

白石島の地勢は南北に細長く、北部は深く入り組んだ白石港をもつ。白石港はすでに近世初期において瀬戸内海航路の重要な中継地点であった。港の脇には旧庄屋の屋敷地がある。近代以降に来島したTg家の分家Mu家が屋敷地を買収して居住しているが、所有者が代わってからも、参勤交代で九州の諸大名が立ち寄ったことに由来する泊屋《とまりや》の屋号は屋敷地に付随して伝えられている。さらに港の東斜面には、近年まで大水場《おおみずば》と小水場《こみずば》と呼ぶ二つの井戸があった。参勤交代で立ち寄った船が水補給に利用したと伝えられている。

白石港から南部へ向かう島の中程には、細長く開けた農地が広がる。この農地は、近世初期に福山藩主であった水野家により干拓されている。家屋の大半は、港からこの農地に沿って分布する。島中心部に広がる農地の周囲には山

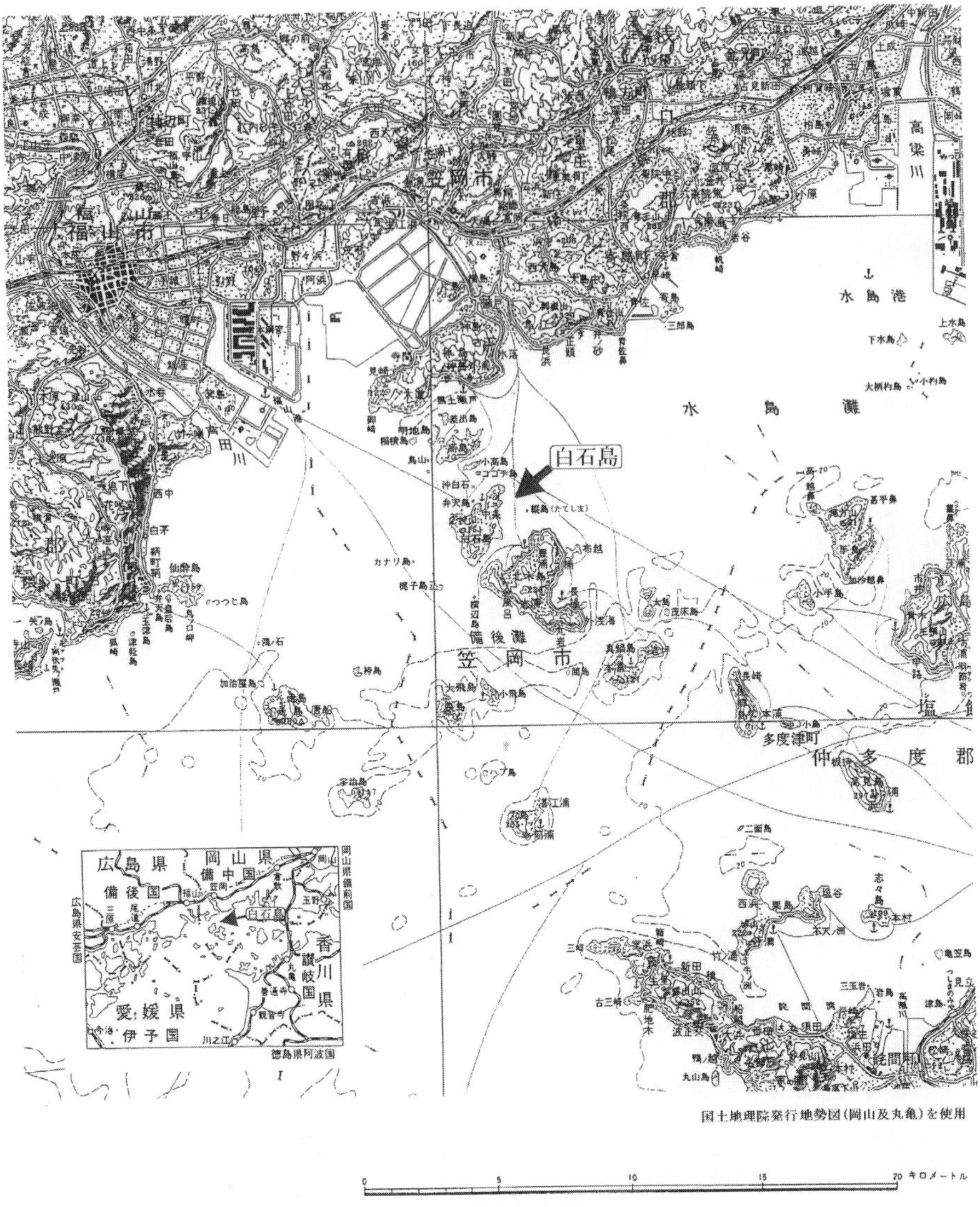


国土地理院発行地勢図（岡山及丸亀）を使用

図1-1　笠岡市周辺図

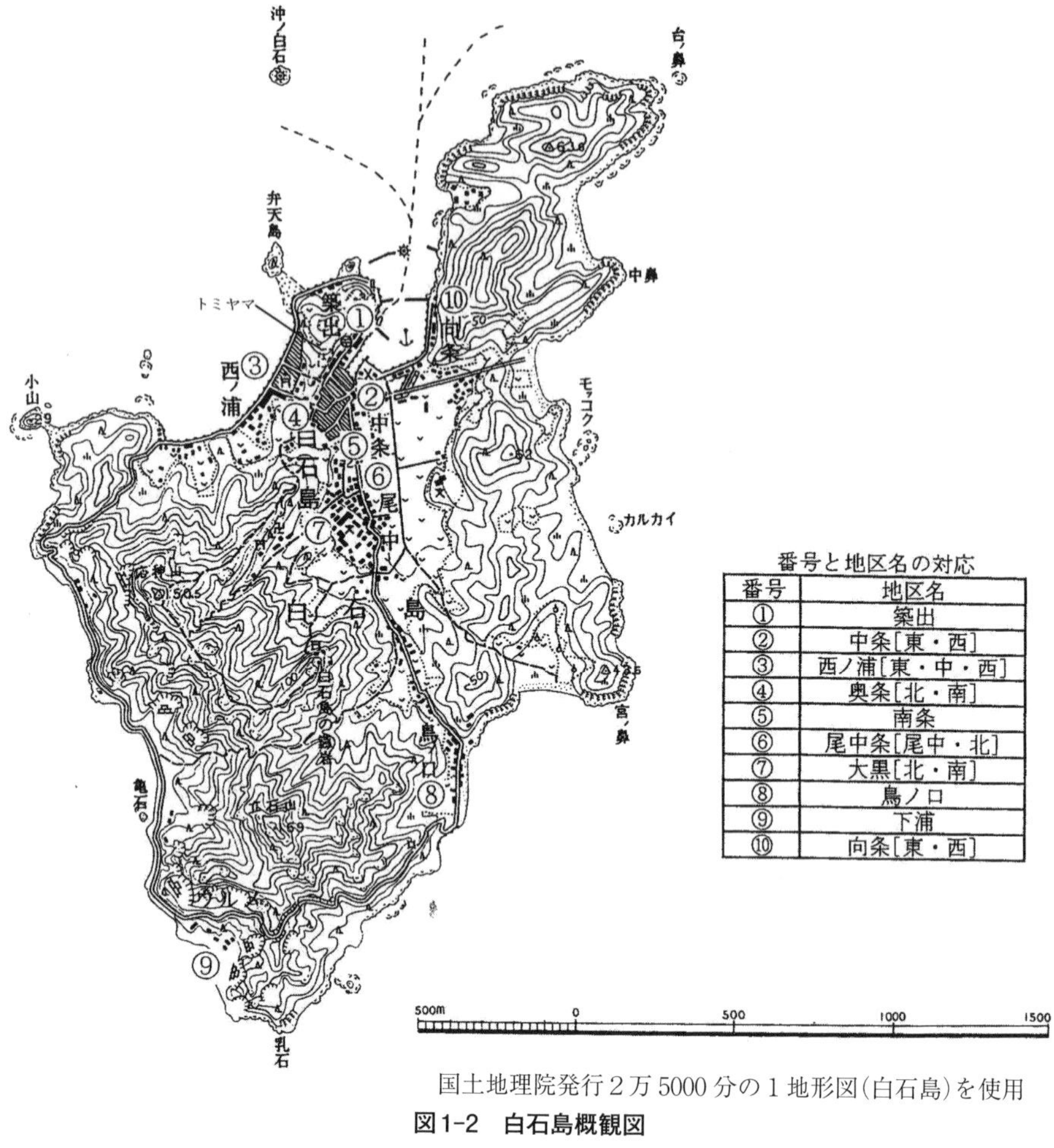


番号と地区名の対応

| 番号 | 地区名 |
|---|---|
| ① | 築出 |
| ② | 中条[東・西] |
| ③ | 西ノ浦[東・中・西] |
| ④ | 奥条[北・南] |
| ⑤ | 南条 |
| ⑥ | 尾中条[尾中・北] |
| ⑦ | 大黒[北・南] |
| ⑧ | 鳥ノ口 |
| ⑨ | 下浦 |
| ⑩ | 向条[東・西] |

国土地理院発行２万5000分の１地形図(白石島)を使用

**図1-2　白石島概観図**

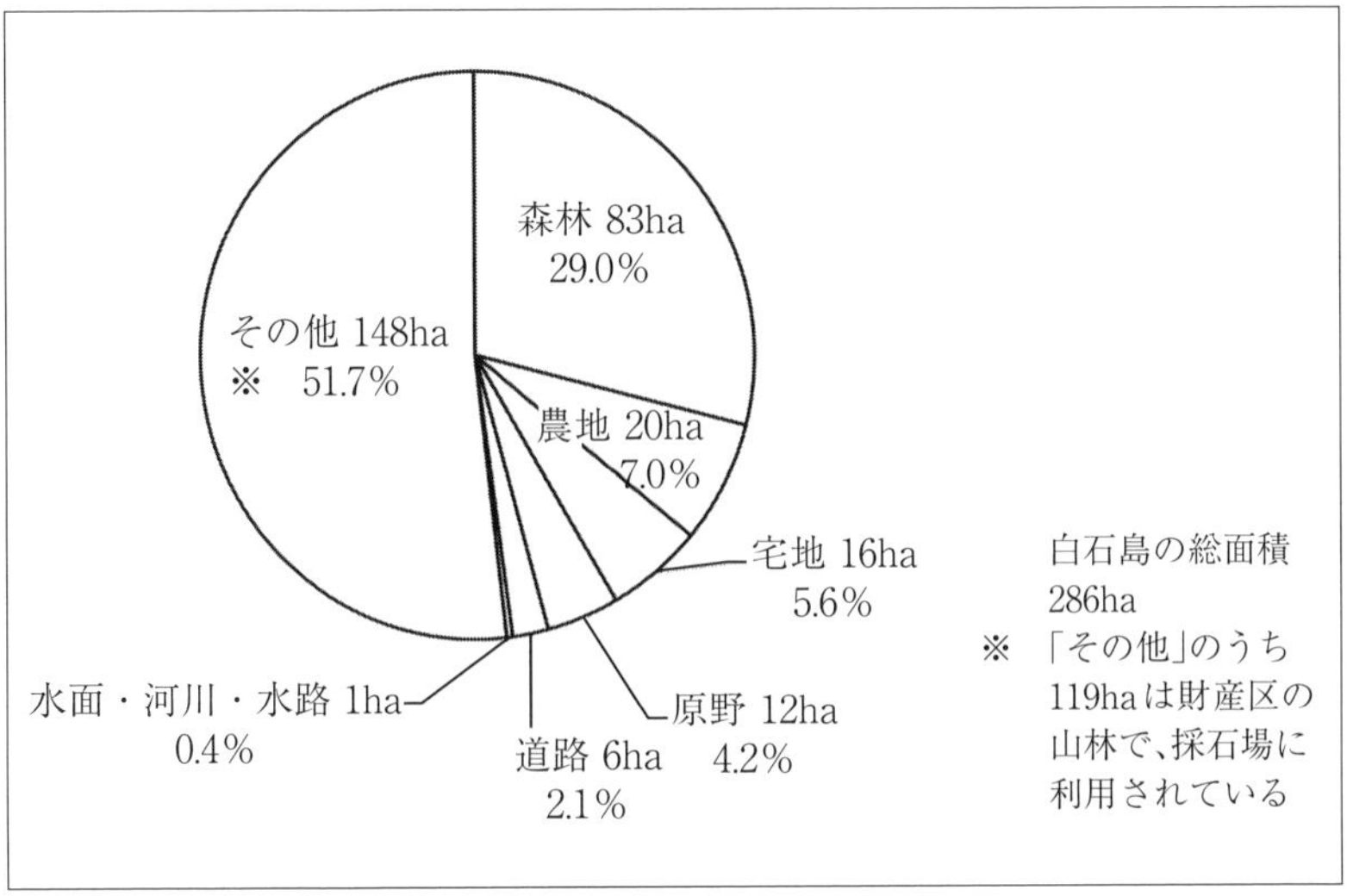


**図1-3　白石島の土地利用**（2001年日本離島センター集計）

林が連なる。山林のうち島の面積の約半分を占める一二〇町三段三畝一七歩（一一九ha）の土地は、一九〇六年の国有林払い下げ以降に島の共有地となっている（図1-3）〔白石島財産区管理会　一九五七〕。現在は笠岡市有林として笠岡市白石島財産区管理会が管理している。財産区の山林の一部は、採石業者が山手料を支払って借り受けし、採石場に利用している。採石業者や採石した石材の加工業者の多くは、近代以降に四国や周辺の島々から移住した人々の子や孫であり、他集落から離れた島南部の採石場近くに居住して下浦集落を形成している。

島中央部の集落群から少し離れて西ノ浦集落があり、そこには白石島海水浴場がある。海水浴場の浜は、戦後しばらくはイワシアミ漁[2]によるイリコの加工場が軒を連ねたが、イワシアミ漁が衰退してからは旅館や民宿が連なり変貌を遂げている。毎年夏には、瀬戸内海国立公園に属する白石島へ近隣からの海水浴客が訪れる。海水浴シーズンは観光客向けに浜で国指定重要無形民俗文化財の白石踊が保存会によって踊られる。近年では白石踊の体験ツアーが企画されている。近年は観光客数が減少しているが、白石島は恵まれた観光資源を生かした観光業を主要産業とする側面をもつ。

次に、白石島の人口推移についてみていく。白石島は近世初頭の福山藩水野家の治世に干拓工事が開始されている[笠岡市企画部　一九九〇]。水野家の改易によって天領となった後も工事は続けられ、二期とも三期とも伝える干拓工事が実施されている(3)。島の伝承では、現住戸の先祖の大半はこの干拓工事に前後して来島したと伝えている。江戸初期に、長崎から江戸まで旅したケンペルの旅行日記『日本誌』(4)によると、途中寄港した白石島の様子について記している。そこには一六九一（元禄四）年当時、白石島が「およそ五〇戸の家」からなり、港の近くには「開墾された心地よい谷」がみられたと記述されている［ケンペル　一九七七（一六九一）　一〇五］。その年に水野家の第一期干拓工事が完了しており、すでに島は集落の形態を整えていたことがわかる。

近代に入り一八八四年には戸数は一七二戸、人口は一二三三人へ増加するが、その内の一六一戸が漁業のかたわら農業を兼業している(5)。さらにその後は人口が増加する。国勢調査によると、ピークを迎えるのは第二次世界大戦後で、日本が高度経済成長期へと向かう一九五五年頃である(図1-4)。この頃の島の世帯数は四七九世帯、人口は二三五九人に及ぶ。一世帯あたりの平均家族員は四・九人である。しかし、一九五〇年代後半からは世帯数と人口は年々減少する。二〇〇五年には世帯数三二五世帯、人口六七二人まで減少している。また、高齢化率は五八・〇%に及ぶ。

白石島の『住民登録事件表』(6)から転出者の推移をみると、一九五〇年代から一九七〇年代までの間にかなりの転出者を出している(図1-5)。人口減少の要因としては、漁業や農業といった伝統的産業の衰退とそれに伴う若者層の離島が考えられる。転出地の推移をみると、一九五〇年から一九七〇年までに最も多いのは阪神地方であるのが特徴である(図1-6)(7)。白石島に限らず瀬戸内の島嶼社会では、戦前から阪神港湾で働く者が多くみられたが、艀《はしけ》労働はその一つである。そのために近年では、過疎化や高齢化の問題が深刻化している。なかでも世帯数と比較して人口減

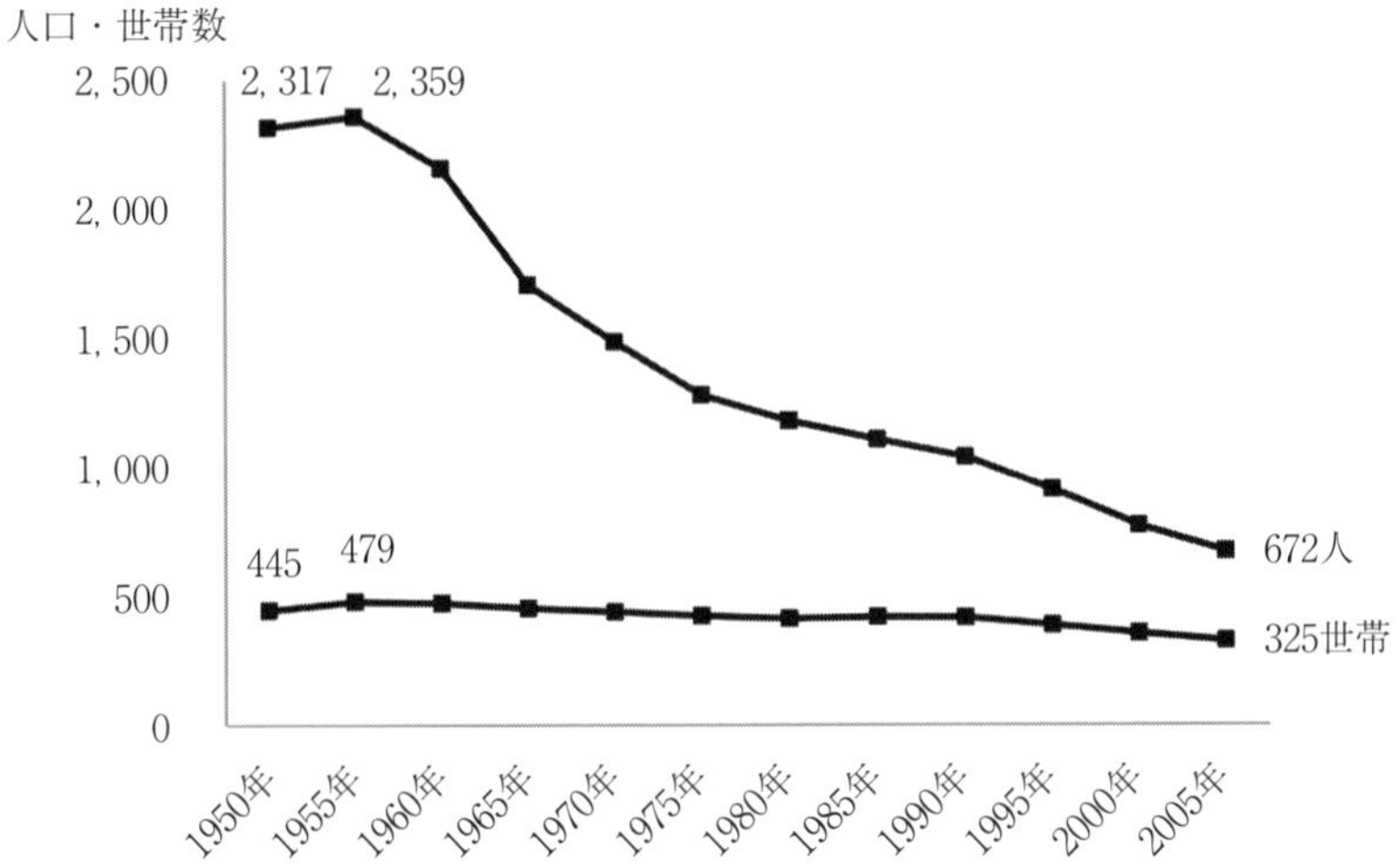


（国勢調査）

**図1-4　戦後からの白石島の世帯数と人口**

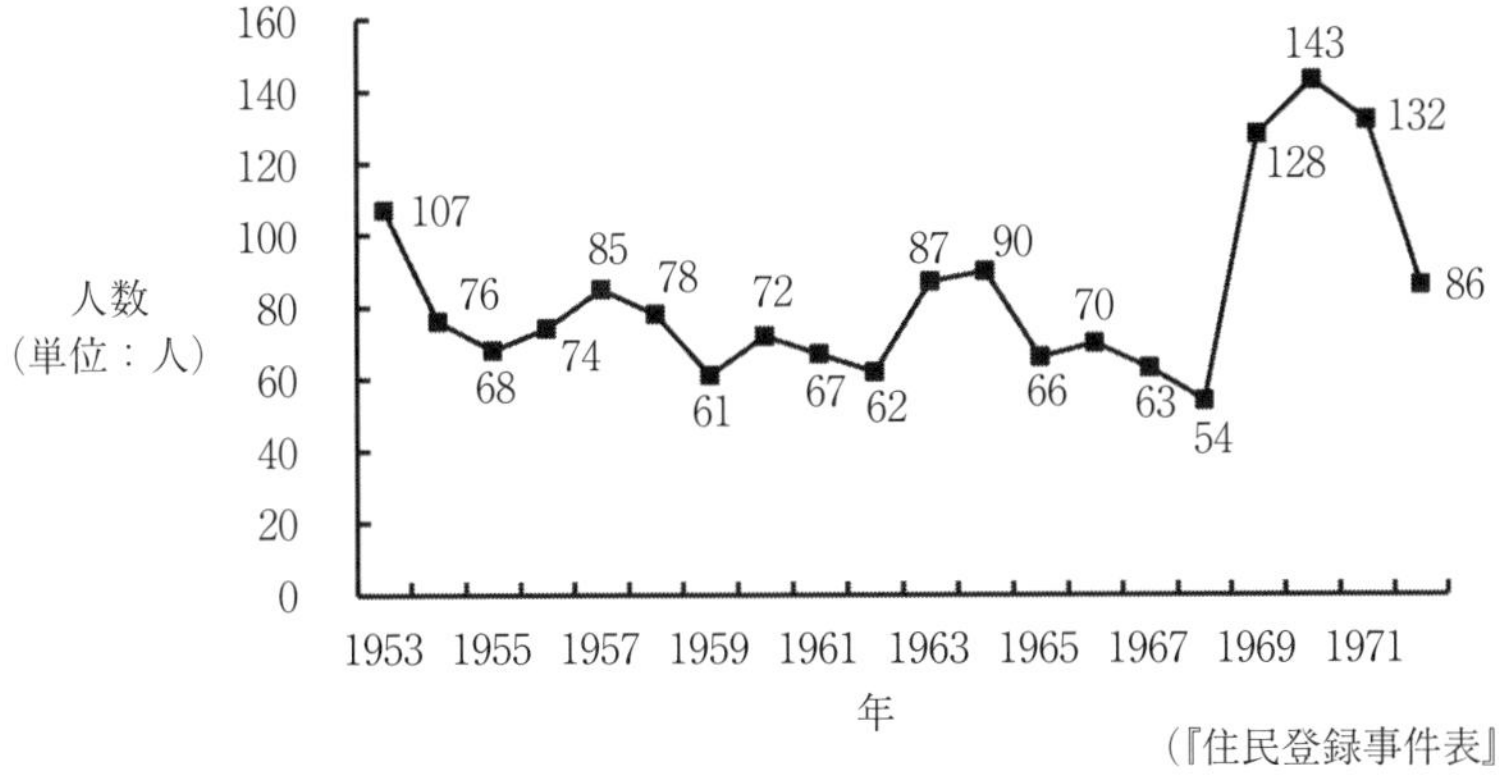


（『住民登録事件表』）

関西学院大学地理研究会（1974年）より引用作成

**図1-5　白石島における転出者の推移**

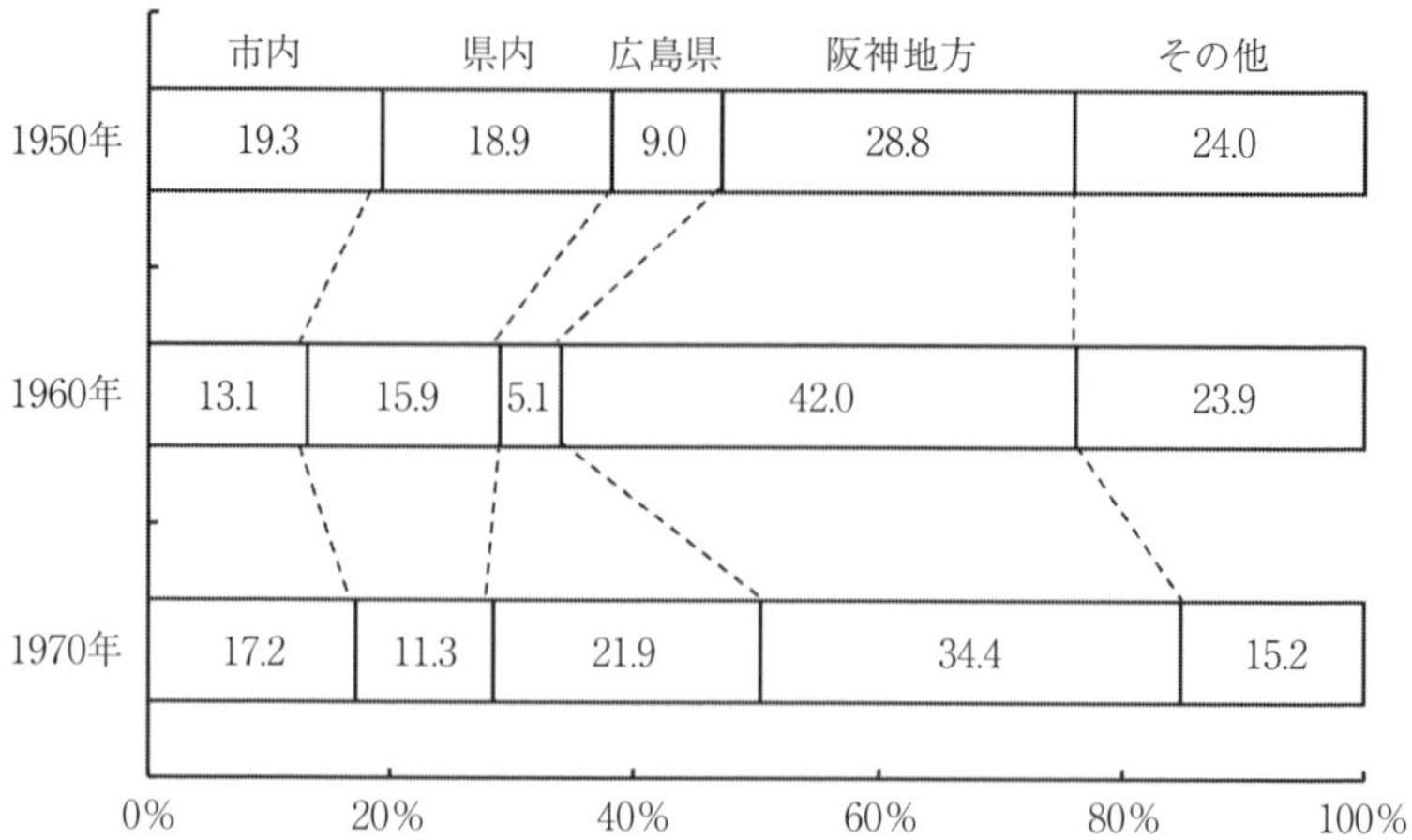


関西学院大学地理研究会（1974年）より引用作成

**図1-6　白石島からの転出地の推移**

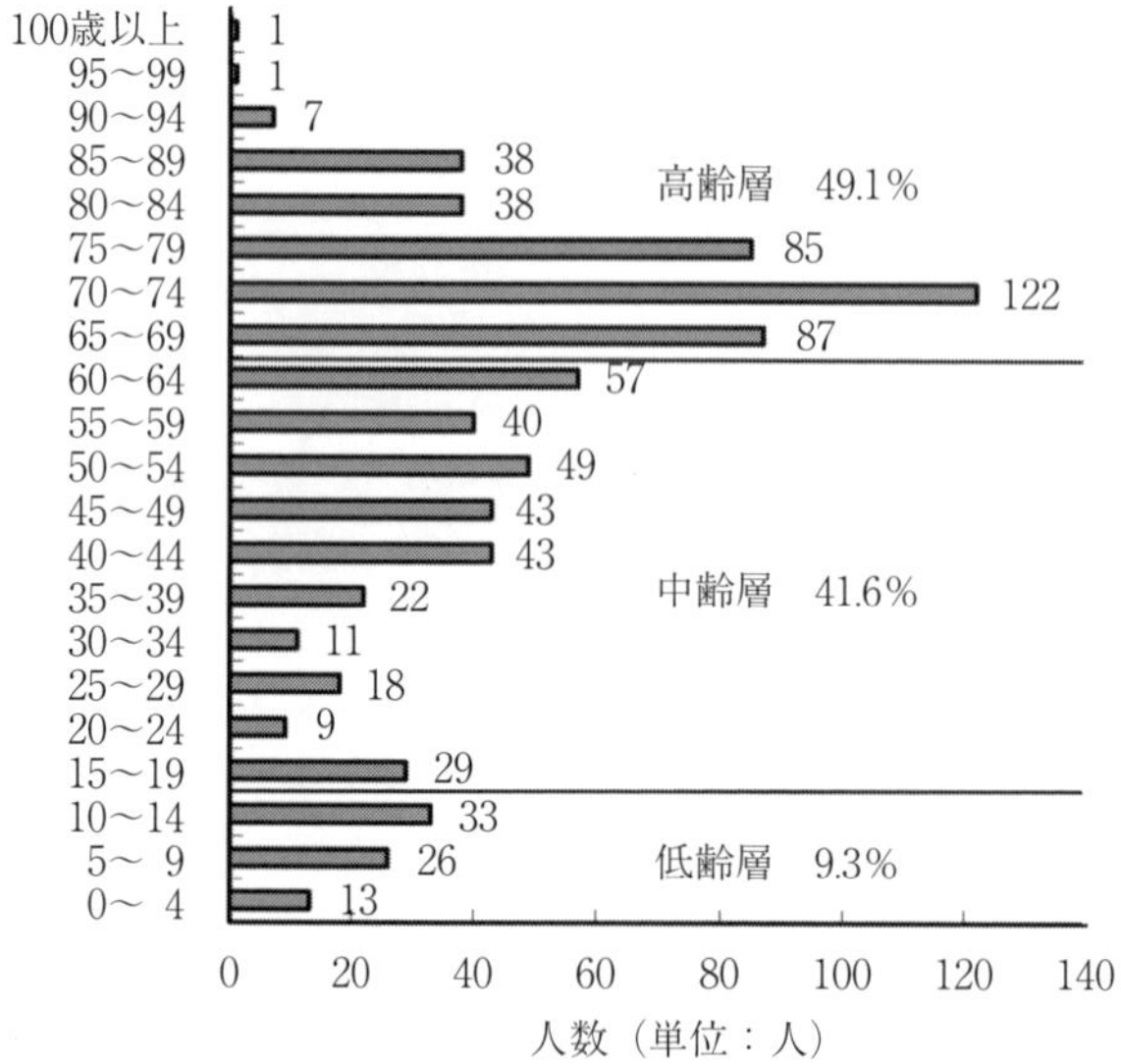


（2000年国勢調査）

**図1-7　白石島の年齢構成**

少の方がはるかに顕著であり、一世帯あたりの平均家族員はわずか二・二人である。よって近年では、高齢者の一人暮らしが殊のほか際立っている。島の高齢化が問題視され始めたのは一九八五年頃と考えられる。当時の島の高齢者率はすでに二五・二％と、実に島の約四人に一人の割合である。この数値は近年の日本全体と近似する。

二〇〇〇年の白石島の高齢者率をみると、数値はその倍を示す四九・一％まで跳ね上がっている（図1‐7）。よって単に年齢構成に変化をもたらすだけでなく、島の社会組織全体にも大きく影響を及ぼしている。例えば青年会は若者層の流出により維持存続が困難となり、平成期に入ってまもなく解体している。消防団は周辺の島々と同様に年齢制限を廃止することで、組織が維持存続できるように試みられている。さらに島の幼稚園や小中学校などの教育機関では、園児や児童数が年々減少している。二〇〇一年には園児四人、小学生二八人、中学生二二人にまで減少している。また、島の家族構成は過疎化や少子高齢化の影響が色濃く示されている。なお、家族構成については次節で詳述する。

次に、白石島の沿革と運営についてみていく。先述したように、白石島は近世初期に人々が移住してきたと伝え、当初、福山藩水野家の支配下にあった。それから一六九八（元禄十一）年に水野家が改易になると、明治期に至るまで幕府の直轄領となる。この間、島は一貫して一島一村として支配機構に組み込まれてきた。さらに明治期に入ってからも一島一村であったが、ようやく一八八九年の市町村制の施行に至って神島外村の一大字として合併した。しかし、一九四九年には再び分離独立して白石島村となる。その後は一九五五年に周辺の笠岡諸島の島々とともに笠岡市と合併して現在に至る。

二〇〇〇年の国勢調査では、白石島の世帯数は三五五世帯、人口は七七二人である。景観上においては集落が一つのまとまりをなしておらず、いくつかの小集落に分かれながら分布する（表1‐1）。港のある北部から南部にかけて

**表1-1　白石島における集落の構成**

| 集落名 | 世帯数 | |
|---|---|---|
| 築出条 | 28 | |
| 中条東 | 14 | 30 |
| 中条西 | 16 | |
| 南条 | 25 | |
| 向条西 | 15 | 31 |
| 向条東 | 16 | |
| 奥条北 | 21 | 37 |
| 奥条南 | 16 | |
| 西ノ浦東 | 14 | 56 |
| 西ノ浦中 | 12 | |
| 西ノ浦西 | 30 | |
| 尾中北 | 17 | 33 |
| 尾中条 | 16 | |
| 北大黒 | 21 | 54 |
| 南大黒 | 33 | |
| 鳥ノ口 | 31 | |
| 下浦 | 13 | |
| 計 | 338 | |

（2000年住民基本台帳）

は細長く耕地が広がるが、それにそって築出条（二八世帯）、中条（三〇世帯）、南条（二五世帯）、奥条（三七世帯）、尾中条（三三世帯）、大黒（五四世帯）の六つの小集落が隣接して広がる。さらに少し離れて港の東には向条（三一世帯）、西部の海水浴場に連なって西ノ浦（五六世帯）、中央部に広がる耕地を南部へ抜けた辺りには鳥ノ口（三一世帯）、島の南端には下浦（一三世帯）の小集落が点在する。これらの一〇の小集落は「部落」と呼ばれる。ただし、中条・奥条・尾中条・大黒・向条・西ノ浦の六部落は、さらに二つまたは三つに区分される。これらの一〇部落の全体が行政的に把握される白石島であり、一つの村落として機能している。

島の運営を振り返ると、近世には部落から庄屋が指名した五人組が選ばれ、村会のようなものを構成し、年寄りが顧問を務めたことがわかる［福島　一九六六］。近代に入ってからは、正月や盆には村落の寄合が行われていた［福島　一九六六］。聞き取りによると、戦前までは各部落に部落長がおり、経済的に余裕があり、人の世話ができて人望があり、皆が嫌うことなく従える者を選んで決めたという。その集まりは寄合と呼ばれ、漁業や農業の休日である正月や盆、あるいは五月の節供などに日を決めて集まったという。戦中には常会と名を変えたが、戦後まもなく消滅したという。その後は一九四九年に白石島が神島外村から独立すると島に村議会がおかれ、島の運営がはかられている。一九五五年には白石島村が笠岡市と合併したが、それ以降は島全体の各務を統括する自治会や区会はおかれていない。

島の運営は公民館行事と呼ばれており、公民館が統括する各種団体が分担して行っている。これらの団体には財産区管理会・行政協力委員会・愛育委員会・ＰＴＡ・消防団・婦人会・漁協・農協などがある。各部落からはこれらの各種団体に一人ずつの委員を代表として選出し、さらに各団体の中から委員長を選出して会合を開催している。このように白石島では、部落から各組織の委員を選出することで島の運営が行われている。このような部落単位の選出方法は、寺社などの信仰組織の運営においても同様にみられる。

しかし、現在では島の運営上でさまざまな問題が生じている。一つは、島の生活向上に役立てる公共事業や福祉費の捻出である。これらの費用の捻出は、これまでは市有林を委託管理する白石島財産区管理会の収益に依存してきた。ところがその財政は市有林を借り受けて丁場を開く採石業者の山手料に依存することと、採石業者が島にわずか二軒（二〇〇三年現在）に減少したことにより、今後は収益の見通しが立たなくなっている。もう一つは、これらの問題を含めて、過疎化や少子高齢化などの多様な社会問題を協議する場を島がもたなかったことである。そこで一九九八年になってようやく「島づくり委員会」と呼ばれる任意団体が形成された。住民が主体となって産業・環境・福祉・文化といった四つの部会を構成している。その後は各部会がさまざまな取り組みを行いつつ、島の自治組織の基盤となっていくことが期待されている。

## ２　近隣の役割と年齢集団

白石島には島民がトナリキンジョ（隣近所）やキンジョ（近所）（以下ではキンジョと記述する）と呼ぶ近隣組織がみられる。固定的な組織ではなく、自家を中心に周囲を取り囲む数軒の家々で構成される。ここでⅡ４（一九三一年生まれ・男）家のキンジョを確認する（図1-8）。キンジョは家ごとに範囲や家数が異なる（図1-9）。キンジョの中から絶家や転居が出ると、さらに隣の家を加える。逆に、隣の空家や空地に転入戸があるとキンジョに加えていく。大まか

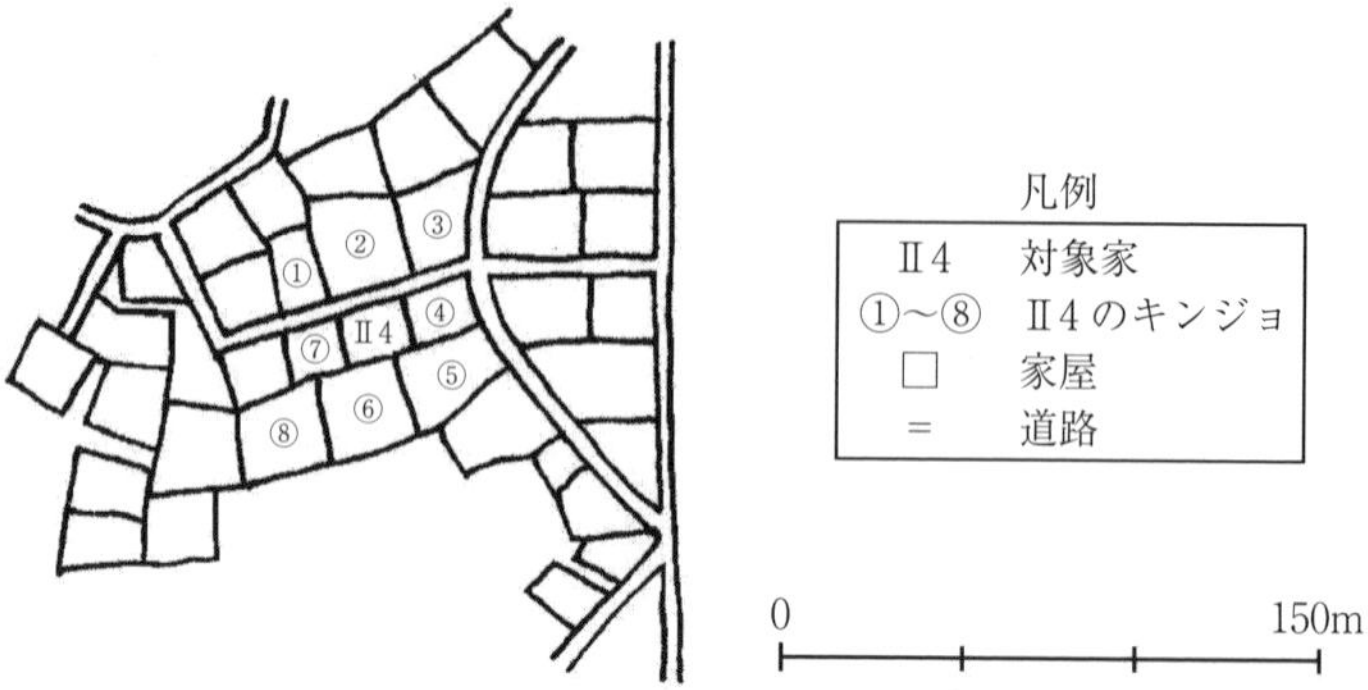


**図1-8　白石島のⅡ4家におけるキンジョの構成**

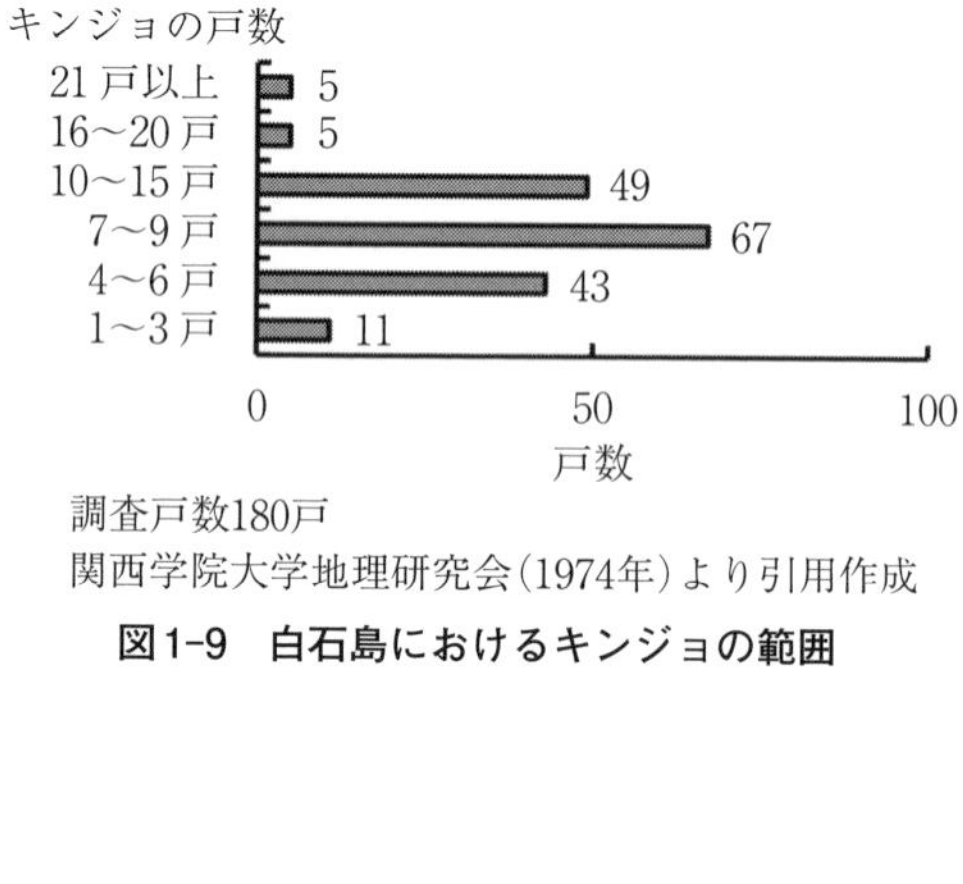


調査戸数180戸
関西学院大学地理研究会（1974年）より引用作成

**図1-9　白石島におけるキンジョの範囲**

には、ある一定の家数に調節しながらキンジョは機能している。

キンジョは家同士の互助で成り立つ。最も頻繁なのは葬式と法事である。急病人や死人が出た時は、キンジョは真っ先に駆けつけねばならないとされる。日常生活でもさまざまな物や食物を分け合う。これ以外にも以前は、出産・初節供・結婚式・厄年・還暦、家屋の建て普請、船の新造下ろしなどは、シンセキと同様にアンナイ（案内）と称して招待を受けた。時には農作物の収穫に忙しい時期を迎えると、キンジョ同士がテゴ（手子）[8]と称して互いに手伝いをすることがあった。しかし近年は少なくなり、葬式と法事以外は無関係と考える傾向がある。例えば、葬式はシンセキが中心になって執り行う。いずれの家も大抵は島にシンセキが多くいるので、シンセキの人々が各種の世話をする。葬式の指揮をとるのも熟知したシンセキの人である。

ところで昭和五十年代頃までは、白石島では葬式行列や単に行列と呼ぶ野辺送りが行われていた（以下では「葬列」と記述する）。葬列を組んで島の共同墓地まで死者を運んで土葬した。そして葬列の参加者は「役配《やくはい》」と呼ばれる役割を担ったシンセキが中心になるので、キンジョは主に雑用にあたった。ただし死者が出ると、キンジョはアンナイを待たずに真っ先に普段着のまま駆けつける義務がある。そして悔やみを述べると帰宅して手早く身支度を整え、再び喪家に行って手伝いをする。例えば各家や寺へ葬式日程のアンナイをし、葬式道具の準備や料理の手伝いをし、葬式の前日には墓地に行って墓穴掘りをした。そして葬式時は受付や料理の給仕を務めた。葬列では鐘を叩いて喪家の周囲を回って知らせ、住職の道具持ちとして墓地まで付き従い、葬列に出て人がいなくなった喪家で留守番を務めた。

しかし近年は、葬式のあり方が急激に移り変わってきている。なかでも葬式の場が島の喪家から本土の葬祭場へ移ったことと、土葬から火葬への移行に伴う葬列の廃止は、以前の葬式のあり方だけでなく、社会関係のあり方に大きな影響を与えている。なかでも法事のツキアイは盛んで、キンジョにはシンセキと同様にアンナイがされる。アン

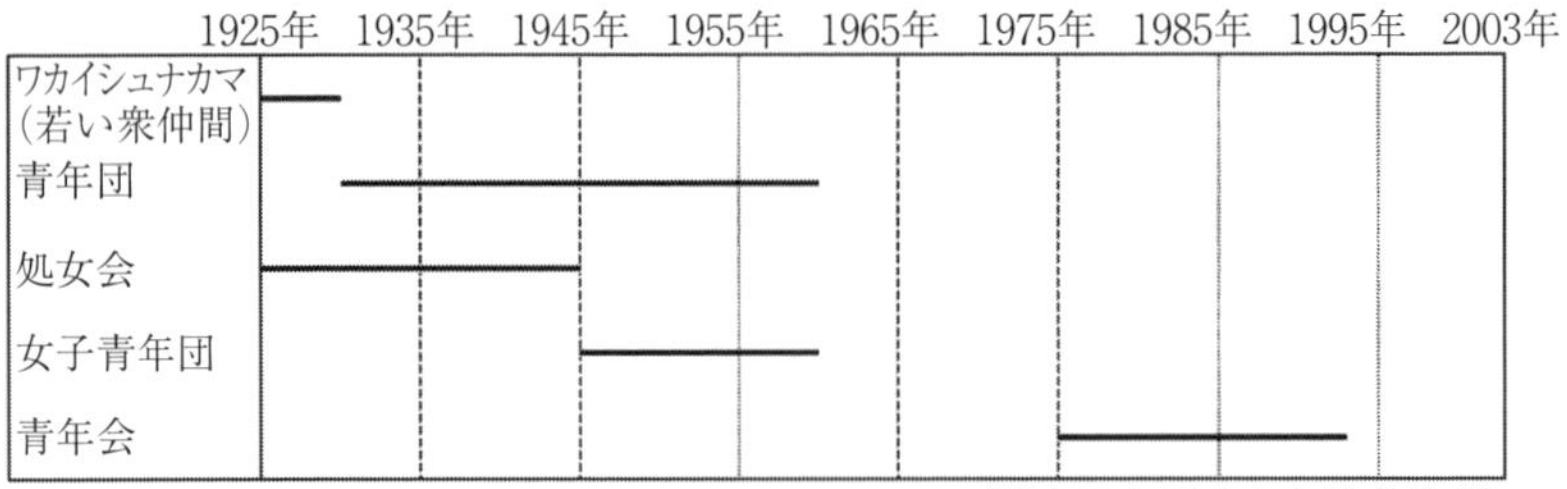


（聞き取り調査から筆者作成）

**図1-10　白石島における昭和初頭からの年齢集団の変遷**

ナイが来ると金銭を持参して訪問し、法事が済むと返礼の品物を貰って帰宅する。キンジョに対してのアンナイは長いと五十年忌の弔い上げまで続く。近年の白石島は高齢化が進んだために、葬式や法事が頻繁に行われるようになり、各家は多くの出費を強いられている。結果として、キンジョの交際を煩わしく思う傾向がみられる。

次に、白石島の年齢集団についてみていく。白石島では男性はオトコ（男）、女性はオナゴ（女子）と呼んでいる。特に若い男はワカイシュ（若い衆）、若い女でも未婚者はムスメ（娘）という。男女の別なく年配者を敬う傾向があり、例えば自分よりも年上の女に対しては、年齢に関係なくネーサン（姉さん）と呼ぶ。老女に対しても使う呼び名なので、転入者がうっかりオバサンと呼んだ時は機嫌を損ねられて口を聞いて貰えなくなるのである。

かつての白石島では、ワカイシュナカマ（若い衆仲間）と呼ばれる若者組織や、青年団や青年会、または処女会や女子青年団などの年齢集団がみられた（図1-10）。さらに第二次世界大戦中までは、娘仲間が夜鍋でサナダクミ（真田組み）[9]のために特定の家に集まることが盛んであった。以下では、各集団や仲間についてみていく。

### (1) 若者組

戦前の白石島ではワカイシュナカマと呼ばれる若者組がみられた。ワカイシュナカマはワカイシュガシラ（若い衆頭）が統括した。古老の話では、ワカイシュガシラと称していても五十歳代くらいの者が務め、現在の町内会長のような立場にあり、揉め事があれば仲裁役を務めたという。

現在の白石島では、年齢層ごとに次のような名称が使われており、年齢階梯制を形成している。

①鼻垂れ・鼻垂れ小僧

　鼻水が垂れるような幼い子供のこと。

②チョンガー(10)

　鼻垂れや鼻垂れ小僧の次の段階の者。

③ナリアガリ(成り上がり)

　チョンガーの次で、まだ一人前でない者。

④ワカイシュ

　ナリアガリの次で、一人前になった者。ただし未婚者。

⑤オトナ(大人)

　ワカイシュの次で、一人前の既婚者。家長であるために、テイシュやアルジ・オヤジともいう。

⑥トシヨリ・オオドシヨリ(大年寄り)

　老人のこと。老女にも使う。

古老の若い頃は「ワカイシュの仲間入り」と称して、若者組に加入すると一人前と認められてワカイシュと呼ばれた。現在でもワカイシュになっていない者が生意気なことをいうと、年配者から「このナリアガリがっ」と諌められることがある。

ワカイシュの仲間入りは年齢を基準としている。大正の終わりから昭和の初めにかけては十二〜十三歳で加入したという。当時はまだ大半の者が高等小学校へ進学せずに、尋常小学校を卒業すると漁業や農業などの家業に従事した年齢に相当する。男なら父に従って沖へ漁に出て、女なら本格的に家の農作業を手伝うようになる。

ワカイシュの仲間入りをした時期は、大体は正月である。その時は祖父・父・兄弟・シンセキや友達などの心安い者が同行した。なかにはオミキ(御神酒)を持参してワカイシュガシラの家を訪ねて「ワカイシュになったけえ、頼むけえ」と挨拶して加入した。男ならワカイシュの仲間入りに制限はなく、次男以下も加入した。脱退時期は全員が同じ年頃で結婚すると仲間を抜けたので、二十七〜二十八歳頃まで加入した。

ワカイシュが集まる場所は個人の家を使うことが多く、特定の場所はなかった。若者宿のような建物はない。ワカイシュナカマは多い時は一〇〇人に満たないがかなりの人数だったといわれるように、戦前は活動が盛んだったことがわかる。しかし、昭和初期に消滅して官製青年団に移行している。一説には若者の出征によるといわれている。

### (2) 娘仲間

第二次世界大戦中までは、夜になると娘仲間が一〇人くらいで何軒かの家に集まって、サナダクミをすることが日課であった。金銭を稼ぐための内職であったといわれている。夜鍋仕事として集まるようになるのは、尋常小学校を卒業した十三歳頃からである。いずれも未婚の十三〜十九歳の娘である。集まる家はいつも決まった同じ場所である。そのような家が集落に一軒はあり、キンジョ同士で娘たちが集まっていた。例えば、築出条のＩ４家や中条のＩ１家には娘がよく集まったと聞く。サナダクミの場にワカイシュが頻繁に遊びに来ており、宿泊はしないが、雑談をかわして楽しんだと聞く。

サナダクミをしていなくても、娘が友達を家に招き集まることが頻繁にみられたようである。若い娘が集まる家があると、ワカイシュたちは「あそこには娘がおる」とすぐに聞きつけて毎晩遊びに行っていた。そして遊びに行くうちに、その家の筆子になるワカイシュがいた。しかし戦争が次第に激化すると、ワカイシュは出征して遊びに行く者は減っていったのである。

### (3)官製青年団と処女会

昭和初期に入ると、ワカイシュナカマに代わって青年団と呼ぶ官製青年団が組織されている(以下では「青年団」と記述する)。男ならば加入に制限はなく、多くは尋常小学校の卒業後に加入したが、高等小学校への進学者はその卒業後に加入した。二十五歳で脱退したが、役員は三十歳まで加入したので既婚者の加入者がみられた。ただし兵役後は青年団に加入せずに在郷軍人会に加入した。

青年団の活動内容は溝掃除、ビン類等の危険物の掃除などがあった。また、当時は藁屋根で火災が頻繁に発生したようで、四つ角に小屋を建ててムシロを掲げて火の番をした。また、道行く人がいれば「何時に帰るのか」と問い尋ねて警防の役割を担った。また、戦中になると自警団が組織され、少し年配の中老になると難破船の救助活動を行っていた。また、青年団には規約があり「礼儀を正す」ことに厳格であった。賭博で警察沙汰になれば「ワカイシュの意義を汚す」と称して退団させられたが、ツキアイを絶ち除け者にするようなことはなかった。

一方、娘が加入する処女会は、大正期にすでに活動がみられる。加入年齢は十二～十三歳からである。大正の終わりの様子では、全員を厳しく加入させるようなことはなかったが、十三～十五歳ぐらいの娘で未加入者がいれば盛んに勧誘活動を行っていたと聞く。また、処女会では祭礼時の出店も行っていた。例えば、春の二十一日のオダイシサン(御大師さん)の祭礼では、処女会でヨモギを摘み、長を務めていたMu家の主婦が炊いて「白石名物草羊羹」と名付けた菓子を販売したりした。

### (4)戦後の青年団と青年会

終戦後は処女会が廃止されて新たに女子青年団が組織されたので、青年団は終戦後に男女全員の加入制に移行している。加入時期は新制中学校の卒業時である。男は二十五歳に脱退して消防団に加入した。女は嫁に行くと脱退して婦人会(一九七〇年に解体)に加入した。活動場所は、戦後しばらくは白石島のK寺の通夜堂を使用したが、その後は公会堂や個人の家を使うようになり、公民館が建設されてからはそこを使うことが多くなった。

青年団や女子青年団の活動は「青年団活動」と呼ばれた。廃品回収や、笠岡市から予算が計上されると島の道路改修をし、芝居や映画の興行のほかに勉強会を実施した。資金を徴収して旅行も計画した。その後は都市就労による若者の離島傾向が増加したために、青年団と女子青年団は一九六〇年頃に解体した。

その後は一九七五年頃に「青年」と呼ばれる青年会が結成されている(以下では「青年会」と記述する)。青年会は男女に加入資格があったが、結成当時からすでに若者の減少が顕著であったので、当初から脱退年齢は三十歳まで広げられている。会員数は多い時でも男女合わせて四〇名ほどに過ぎなかった。しかし、その後も若者の減少が際立ち、脱退年齢は途中から三十五歳に引き上げられている。青年会は氏神の秋祭で神輿かつぎなどを行った。それでも若者層の減少は止まらず、一九九三年頃に青年会は解体している。

## 3　主要産業の変遷

### (1)島の生業の変遷と現状

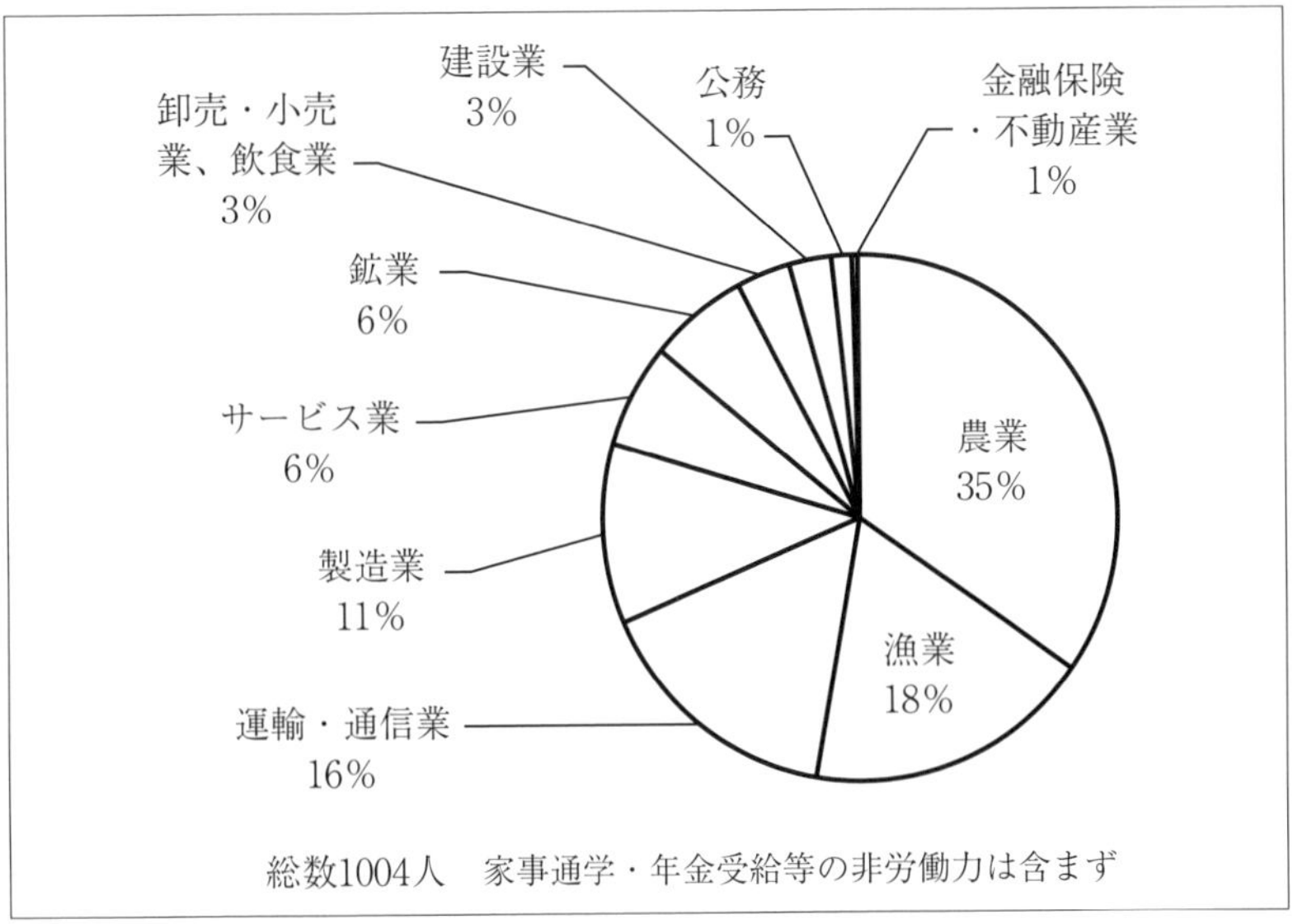


**図1-11　白石島における15歳以上の職業形態（1960年）**
（1960年国勢調査）

現在の白石島の主要産業は漁業・観光業・石材業だが、いずれも衰退が著しい。近代以降の白石島の暮らしを振り返ると、漁業と農業の兼業が一般的である。男が漁業に携わり、女は農業に従事した。岡山県の統計によれば、明治の中頃において兼業形態は九割強を数えた。しかし、漁業は昭和二十年代の後半から徐々に衰退し、農業も昭和四十年代頃から次第に衰退していったと考えられる［関西学院大学地理研究会　一九七四］。以下では、一九六〇年と一九九五年の職業形態の比較から変化をみていく。

島の人口がピークを過ぎた一九六〇年の職業形態の特徴をみていく（図１－11）。当時はまだ島で漁業や農業に従事する人々が多くみられる。次に多いのは運輸・通信業である。その中には、阪神地方へ出稼ぎに行った艀労働者が多数を占める。次の製造業は、当時、神島外浦にあったK化学工業株式会社（一九三六年創立）の通勤労働者が多くを占めている（以下ではK社と省略）。K社は一九四六年にK人造肥料株式会社（一九一九年創立）と合併して化学肥料を中心とする事業を拡大させ、当時は最盛期であった。笠岡諸島の島々からは、漁業や農業から転業した通勤労働者を多く出した。次に多いサービス業は西ノ浦集落の旅館や民宿である。次の鉱業は、島の市有林を借り受けた採石場である丁場の経営者や、その被雇用者などである。採石業は一九〇五年の国有林払い下げと同時に島で開始され、その後は昭和初期にピークを迎えた時期には四〇近くの業者がいた［関西学院大学地理研究会　一九七四］。その後は徐々に衰退するが、島が笠岡市と合併した一九五五年は三六ヶ所の丁場を数えた［関西学院大学地理研究会　一九七四］。次に多い卸売・小売業と飲食店は雑貨店などである。建設業の多くは、島で大工や左官を営む者である。公務は、笠岡市白石島出張所・学校・郵便局などの公共機関の従事者である。

次に、一九九五年の職業形態をみる（図1‐12）。十五歳以上の島民のうち最も多いのが家事通学や年金受給者（五八％）などの未就労者となっており、この三十五年間で職業形態は大きく変化している。多種多様な職業形態からは白石島が豊富な産業を抱えるようにみえるが、実際には漁業と農業を除くと島外への通勤者が大半を占めている。特徴を順にみると、製造業は定期船で福山市や笠岡市周辺へ通勤する者が多く含まれている。その中には、K社の事業縮小や工場閉鎖に伴い、代わって一九六六年に操業を開始した鉄鋼業大手のN社福山製鉄所への通勤労働者を多く含んでいる。さらに漁業に次ぐサービス業の大半は旅館や民宿である。以前は島に多くの海水浴客が訪れ、西ノ浦集落の浜は出店が並び賑わいをみせたが、近年は年々減少している。旅館や民宿の廃業があってわずか七軒である（二〇〇三年現在）。次に多いのは運輸・通信業である。一九六〇年の数値にはこの中に艀労働者が多く含まれていたが、現在は需要がなく含まれていない。これらは島嶼という地理的環境から、現在もわずかながら港湾や船舶で従事する者である。さらに農業に次いでみられる卸売・小売業と飲食店の大半は、島の雑貨店や喫茶店である。次に鉱業が占めるが、大半は依然として島で採石を続ける事業者や労働者である。しかし、採石業は年々衰退している。一九七三年

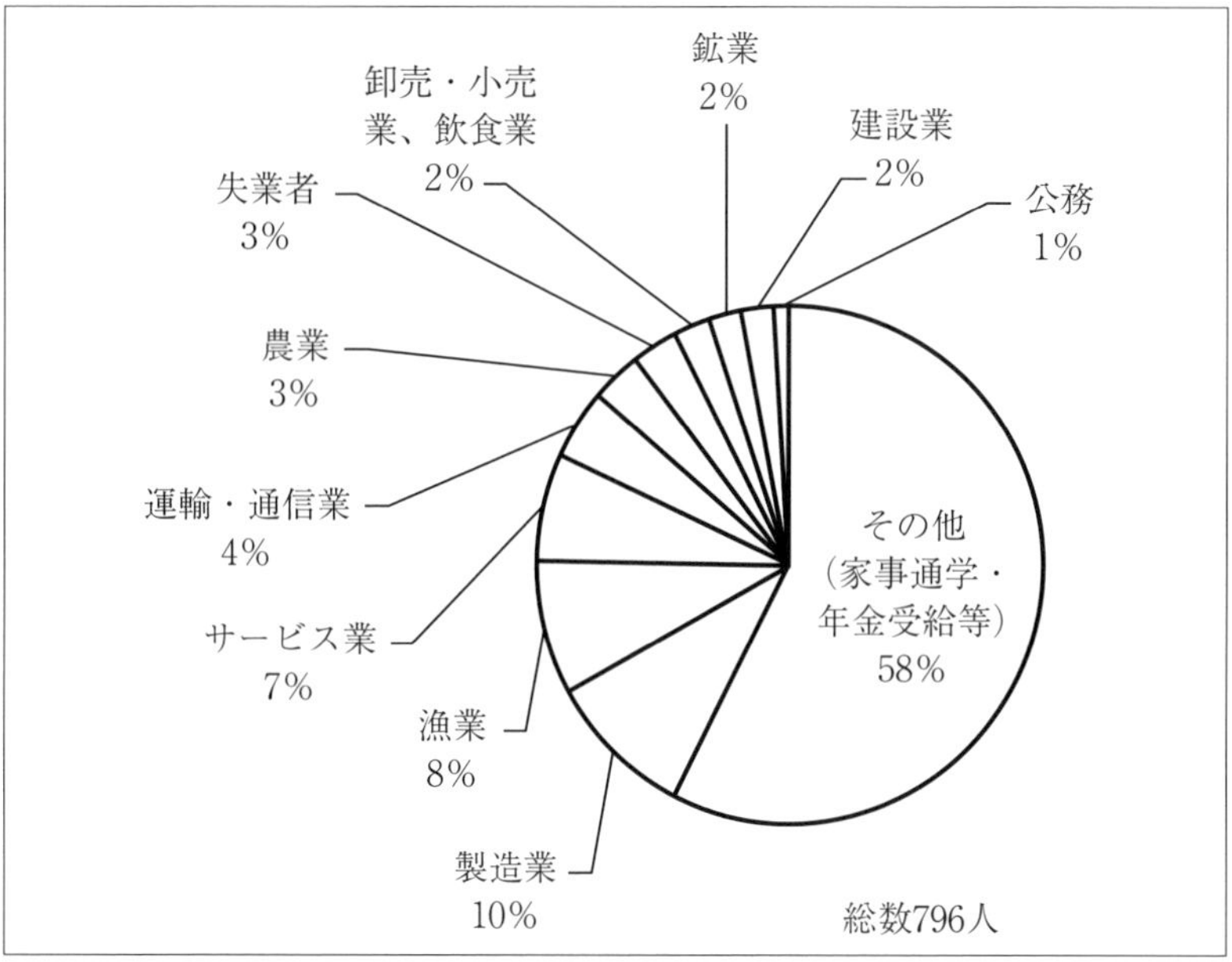


**図1-12　白石島における15歳以上の職業形態(1995年)**
(1995年国勢調査)

には二四業者に減り〔関西学院大学地理研究会　一九七四〕、二〇〇三年現在では二業者を数えるのみである。同時に昭和四十年代に始められた石材加工業は一九七三年に四業者だったが〔関西学院大学地理研究会　一九七四〕、二〇〇三年現在は二業者である。次の建設業は、島の公共事業を中心に受注する建設会社や、個人経営の大工や左官である。また、公務は一九六〇年と同じく、笠岡市役所白石島出張所・白石小学校や白石中学校・白石島郵便局などの職員である。また、近年は失業者がみられるが、雇用機会が極めて少ない島の現状を大きく反映している。

　戦後以降の白石島を振り返ると、漁業や農業の衰退に伴って近隣の福山市や倉敷市などのほかにも阪神地方などの島外に、若者を中心に多くの転出者を生み出してきた。近年は高校進学と同時に島を離れ、そのまま都市部に就職し、さらに結婚して島外に家庭をもつ人々が増加している。結果として過疎や高齢化が進んだ背景には、産業を多くもたない島のあり方が色濃く反映している。一九九八年に白石島で発足した「島づくり委員会」と呼ぶ任意団体の趣旨の中では、四つの目的の一つとして産業を大きく掲げるようになっているように、地域産業の活性に対する近年の島民の危機感がみてとれる。

## (2) 漁業の変遷

瀬戸内海に位置して豊かな漁場とさまざまな魚種に恵まれる白石島は、古くから漁業が盛んで多くの漁法を取り入れてきた。なお、一九九三年の漁業センサスによると、漁家戸数は五四戸である。小型底引網漁が最も多く、他にも一本釣漁・定置網漁・海苔養殖などの漁法がみられる。以下では、現在までの漁業の変遷をみていく。

一八七六年発行の『皇国地誌』から白石島の項をみると「男皆漁猟ヲ業トス、女皆耕織ヲ業トス」とあり［笠岡市史編纂室　一九九九］、近代初頭には主に男が漁業を行い、対して農業と機織は女の仕事であったことがわかる。現在も男が沖に出ている間、女は島で農業に従事する形態が根付いている。当時の漁船数は九六隻に及ぶが、当時の戸数が一七八戸だったことからすれば、いかに漁業が盛んだったかがわかる［笠岡市史編纂室　一九九九］。明治の中頃に至っても、約九割の戸数が漁業を営んでいる。さらに明治の終わりまでには、遠く朝鮮半島近海へと出漁する船もあったと聞く。

白石島の漁業が近代において最盛期を迎えたのは、大正から昭和初期にかけてである。当時の漁獲量は、岡山県下でも有数の年間約五〇万貫（一八七五t）を誇った［関西学院大学地理研究会　一九七四］。この当時盛んな漁法は、巾着と呼ばれた巻き網漁業に属するイワシアミ（イワシ巾着網）のほか、釣漁業のツリ（一本釣）、定置網漁業のマスアミ（マス網）などである。イワシアミは一九五〇年代の前半まで行われている。一九四九年頃に動力船を導入するまでは、艪漕ぎ船で一つの網を操った（図1－13、図1－14）。そのためにイワシアミは非常に多くの労力を必要とし、共同漁をするための「村組」と呼ぶ漁撈組織を家単位で運営していた。

イワシアミでは、各家が共同出資で株と呼ばれる権利を得て網元（親方とも呼ぶ）となった。漁では株に応じた労力提供（一株＝男一人）を義務付けるかわりに、魚の分配においては、所有する株の口数に応じた分量に預かることができたのである。また、分配されたカタクチイワシは、網元がそれぞれに所有する加工場でイリコに加工し、取引のある問屋に卸した。網元は島に二七戸あり、全ての持株数を合わせると一〇九口に達した（表1－2）［中山　一九七八］。

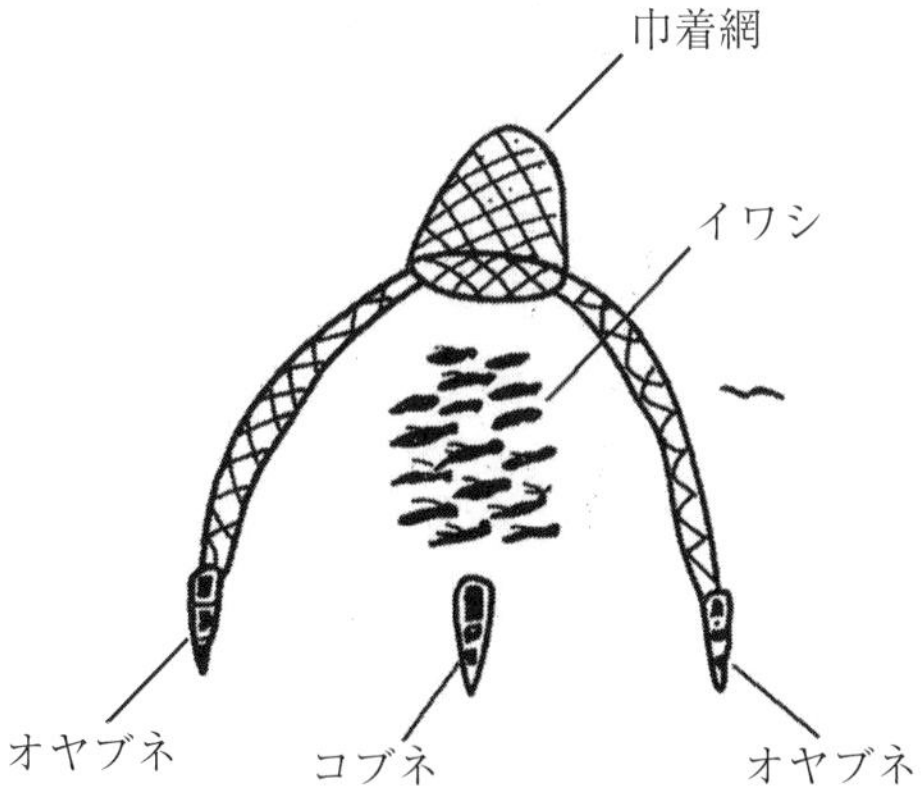
笠岡市史編纂室（1996年）より抜粋して説明を追加


**図1-13　白石島のイワシアミ漁**

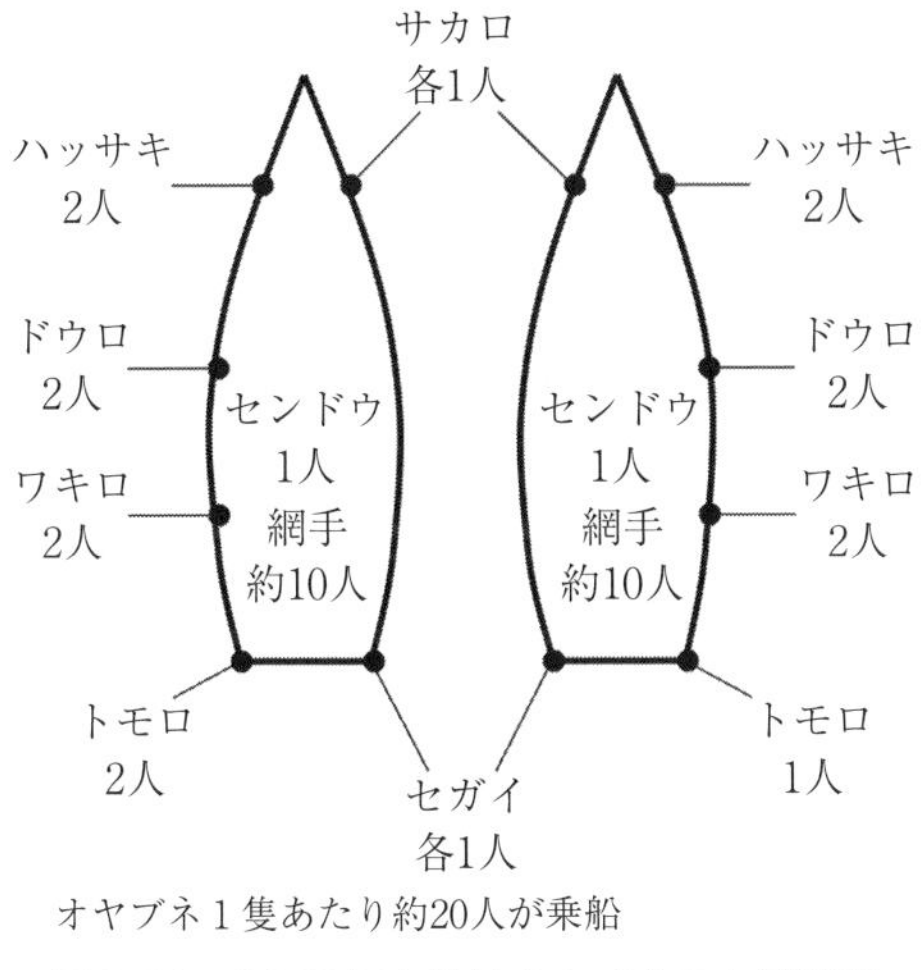


**図1-14　白石島におけるオヤブネの人員配置**

網元が所有した株の口数の分布は、少ない家だと二口、多い家だと九口であった。また、イワシアミの漁業形態をみると、島の階層に網元層がみられた。なかにはフナガタ〈船方〉を雇って雇用者となる網元がいた。しかし、網元が所有していた株数の分布からわかるように、フナガタを雇うまでの労力は多くが必要とせず、多くの網元は家族員を中心とする家内労働によって経営した。

ツリやマスアミでは、一九五五年頃までは約半年という長期間にわたって遠方へ出漁する船が多くあった。ツリでは、大阪湾や兵庫県沖などの阪神方面への出漁者が多く、なかには九州の鹿児島近海まで行く者がいた。また、マスアミでも四国沖、出雲地方、さらには東北の仙台まで出漁する者がいたと聞く。こうしたツリやマスアミでも、父子や単身で出漁したのである。しかし、戦後以降はイワシアミのような大規模な漁撈組織は解体され、共同漁はみられなくなる。家内労働を中心とする漁業形態へと大きく転換していったのである。一九五〇年頃からは動力船が導入さ

**表1-2　白石島におけるイワシアミ漁の漁撈組織**

旧モトアミの家

| 番号 | 姓 | 所在部落 | 株数 |
|---|---|---|---|
| 1 | An | 西ノ浦 | 4 |
| 2 | Nh | 西ノ浦 | 6 |
| 3 | An | 南条 | 4 |
| 4 | Ng | 奥条 | 4 |
| 5 | An | 南条 | 4 |
| 6 | Hg | 南条 | 7 |
| 7 | Ym | 奥条 | 4 |
| 8 | Nh | 西ノ浦 | 6 |
| 9 | An | 南条 | 4 |
| 10 | Nh | 西ノ浦 | 2 |
| 計 | | | 45 |

旧ナカアミの家

| 番号 | 姓 | 所在部落 | 株数 |
|---|---|---|---|
| 11 | Nt | 簗出条 | 6 |
| 12 | An | 簗出条 | 6 |
| 13 | An | 西ノ浦 | 9 |
| 計 | | | 21 |

旧シンアミの家

| 番号 | 姓 | 所在部落 | 株数 |
|---|---|---|---|
| 14 | An | 奥条 | 2 |
| 15 | Yk | 西ノ浦 | 2 |
| 16 | Ng | 南条 | 3 |
| 17 | Hd | 奥条 | 6 |
| 18 | Hd | 南条 | 3 |
| 19 | Ym | 奥条 | 2 |
| 20 | Ym | 南条 | 4 |
| 21 | Hd | 尾中北 | 4 |
| 22 | Yk | 西ノ浦 | 2 |
| 23 | Ng | 奥条 | 4 |
| 24 | Hd | 奥条 | 3 |
| 25 | An | 中条 | 3 |
| 26 | Yk | 南条 | 3 |
| 27 | An | 西ノ浦 | 2 |
| 計 | | | 43 |

中山薫(1978年)より引用作成

れると多くの人手を必要としなくなり、共同漁の消滅に少なからず影響を与えたといえる。

漁業衰退の過程で注目されるのは、一九五〇年代の高度経済成長期を迎えると阪神地方への出稼ぎ労働者が増え始めたことである。出稼ぎ労働者の多くは家族漁を営んでいた漁師たちである。子の養育を島の親に任せて夫婦で出行く者、あるいは親を残して子を連れて出て行く者、なかには単身で出て行く者など、この時期に島の家族形態は大きく変容を遂げている。近年になり、当時の出稼ぎ労働者が会社で定年を迎えたため、再び島に戻ってきている現象は注目すべきである。

次に、戦後以降に眼を移してみていくことにする。まずは漁船と漁獲量の推移からみていくと、表に示すように(表1-3)、一九六八年から一九八三年にかけては無動力船に代わって動力船が普及し、五t未満の漁船数の増加が示されるように漁船の小型化がみられる。そして一九八三年以降は漁船の小型化が維持された状態で漁船数が減少している。また、戦後以降の大きな特徴としては、一時的に漁船数の増加がみられたが、漁獲量は総体的にみて減少傾向にある。たとえば二〇〇一年の漁獲量をみると、四〇一tのうち二七三tは海面養殖業が占めるが、これは新しく始められたノリ(海苔養殖)である。結果として海面漁業は全体の約三分の一(一二八t)にまで落ち込んでいる。

次に、戦後からの主な漁法の推移を順にみていく(図1-15)。先述したように、一九五〇年代前半にイワシアミが消滅する。代わってコギ(漕ぎ)[11]と呼ぶ底引網や、

**表1-3　白石島における漁船と漁獲量の推移**

| 年 | 無動力船 | 動力船 | | | 漁獲量(t) |
|---|---|---|---|---|---|
| | | 隻数／トン数 | 5t未満 | 5t以上 | |
| 1968 | 22 | 66／136 | 64 | 2 | 596 |
| 1983 | 1 | 113／245 | 109 | 4 | 527 |
| 2001 | 0 | 90／185 | 89 | 1 | ※ 401 |

※ うち273tは海面養殖業　　（日本離島センター集計）

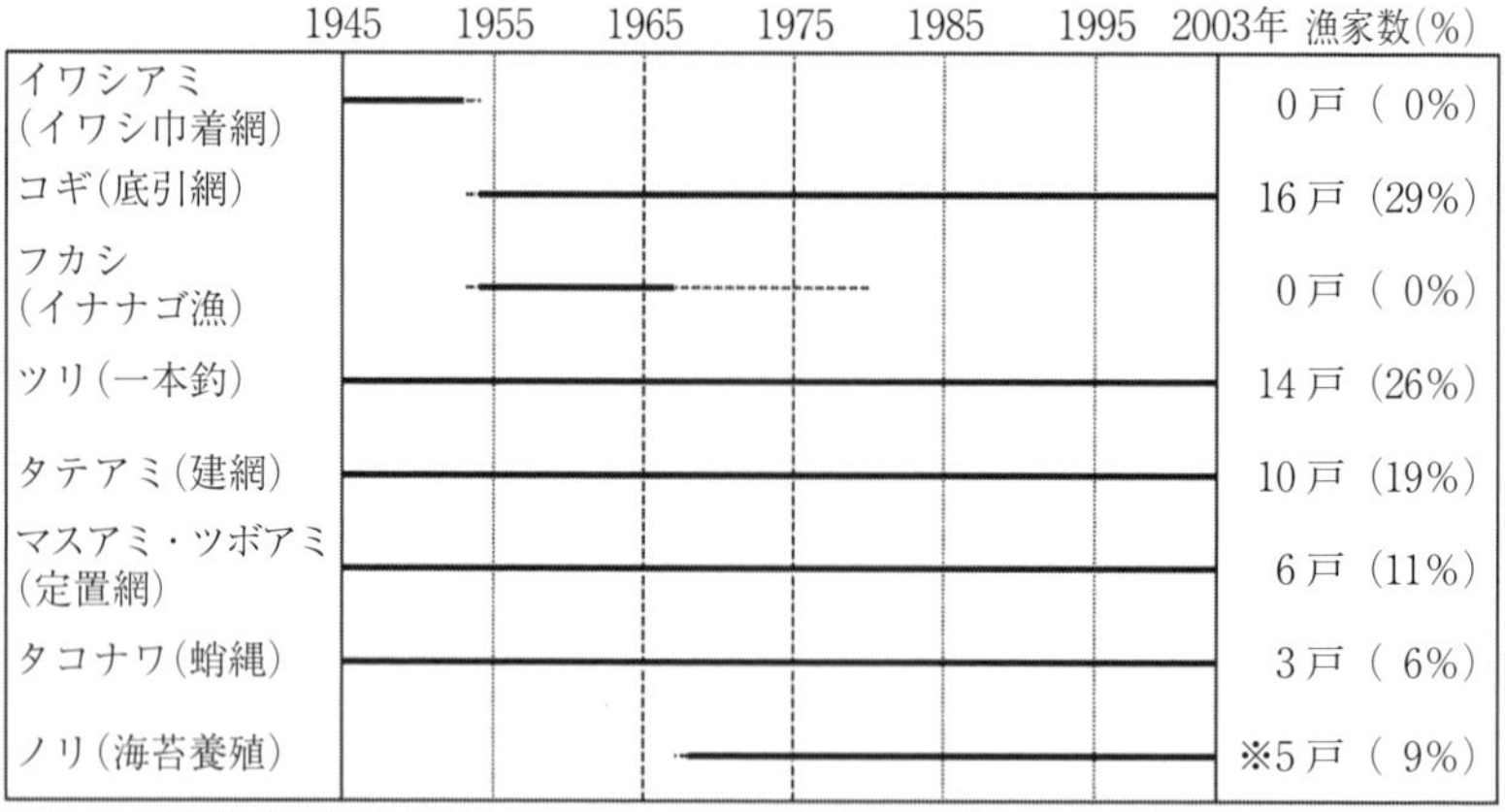


各漁法の操業期間は聞き取りによる。実線は操業が明確にできた期間で、
　点線は操業が不明確な期間
漁家数は2003年の白石島漁業協同組合による集計
※　ノリの5戸は定置網との兼業

**図1-15　白石島における戦後からの主な漁法の推移**

フカシと呼ぶイカナゴ漁が台頭してくる。例えばコギやフカシをみると、こうした漁では一人ほどのフナガタを雇うことがあったが、大抵は父子もしくは単身で白石島近海に出漁する家族漁である。現在もコギは白石島の漁業の主力となっている。しかし、フカシは次第に行われなくなり、代わって岡山県水産課と白石島漁協が推進して一九六八年からノリが開始されて現在に至る。ノリにみられるように、近年は「とる漁業」から「つくり育てる漁業」へと転換がみられる。一方では引き続き、ツリ・タテアミ・マスアミやツボアミなどの定置網や、タコナワ（蛸縄）などが行われていて現在に至る。しかしこれらの漁には以前のような遠方出漁者はおらず、白石島近海の操業が中心である。

　次に、一九六八年と二〇〇三年の比較から白石島における漁法の変化をみていく[12]。一九六八年はノリの開始年である。この年の漁法別漁獲量をみる（図1-16）。最も多いのがコギ（底引網）の四一五t（七〇%）で、次にツリ（一本釣）の一三t（二%）、なまこの一二t（二%）、ツボアミ（定置網）の七t（一%）、タコナワの六t（一%）、ノリ（養殖漁業）の二・六t

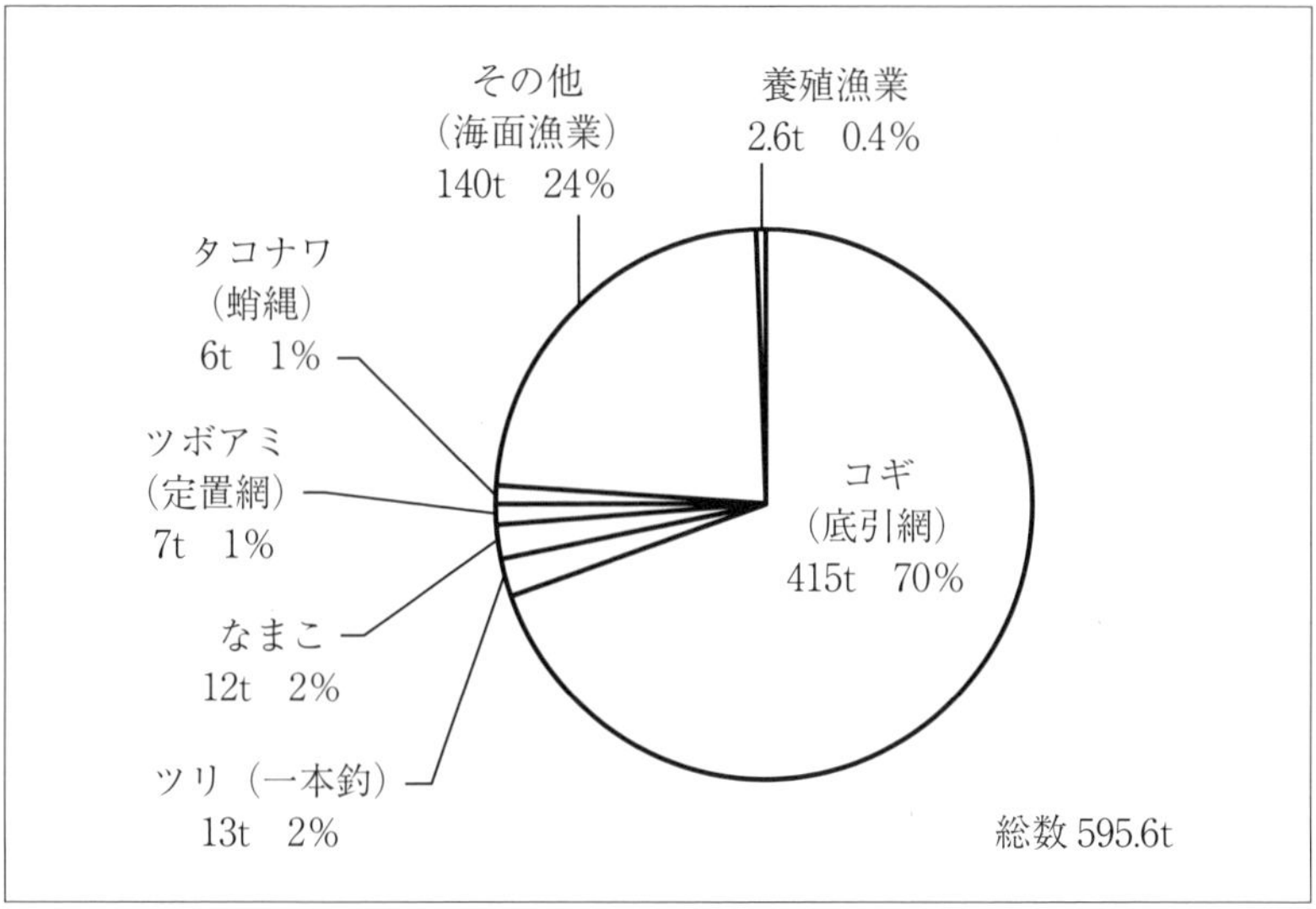


**図1-16　白石島の漁法別漁獲量（1968年）**
関西学院大学地理研究会（1974年）より作成

（〇・四％）の順になっている。一方、二〇〇三年の漁法別漁家数から漁法の変容をみる（図1-17）。依然としてコギが一六戸（二九％）と最も多く、次いでツリが一四戸（二六％）、タテアミ（建網）が一〇戸（一九％）、マスアミ・ツボアミ（定置網）が六戸（一一％）、ノリが五戸（九％）、タコナワが三戸（六％）の順となっている。いずれも白石島近海で操業しており、漁業形態は父子や単身で行う家族漁が中心である。一方、二〇〇一年の漁獲量の数値で示したように、漁獲量の約三分の一はノリが占めることは注目すべきである。

以上では、近代初頭からの白石島の漁業変遷について、おもに終戦後からの時間軸を中心にみてきた。最後に、近年の漁業の特徴についてノリと呼ばれる海苔養殖からみておく。一九六〇年代後半にノリが導入されたように、近年は「とる漁業」から「つくり育てる漁業」への転換が試みられている。ところが「つくり育てる漁業」においても依然として漁場環境に左右されやすく、安定した収入を得にくいのは従来の海面漁業と同じである。

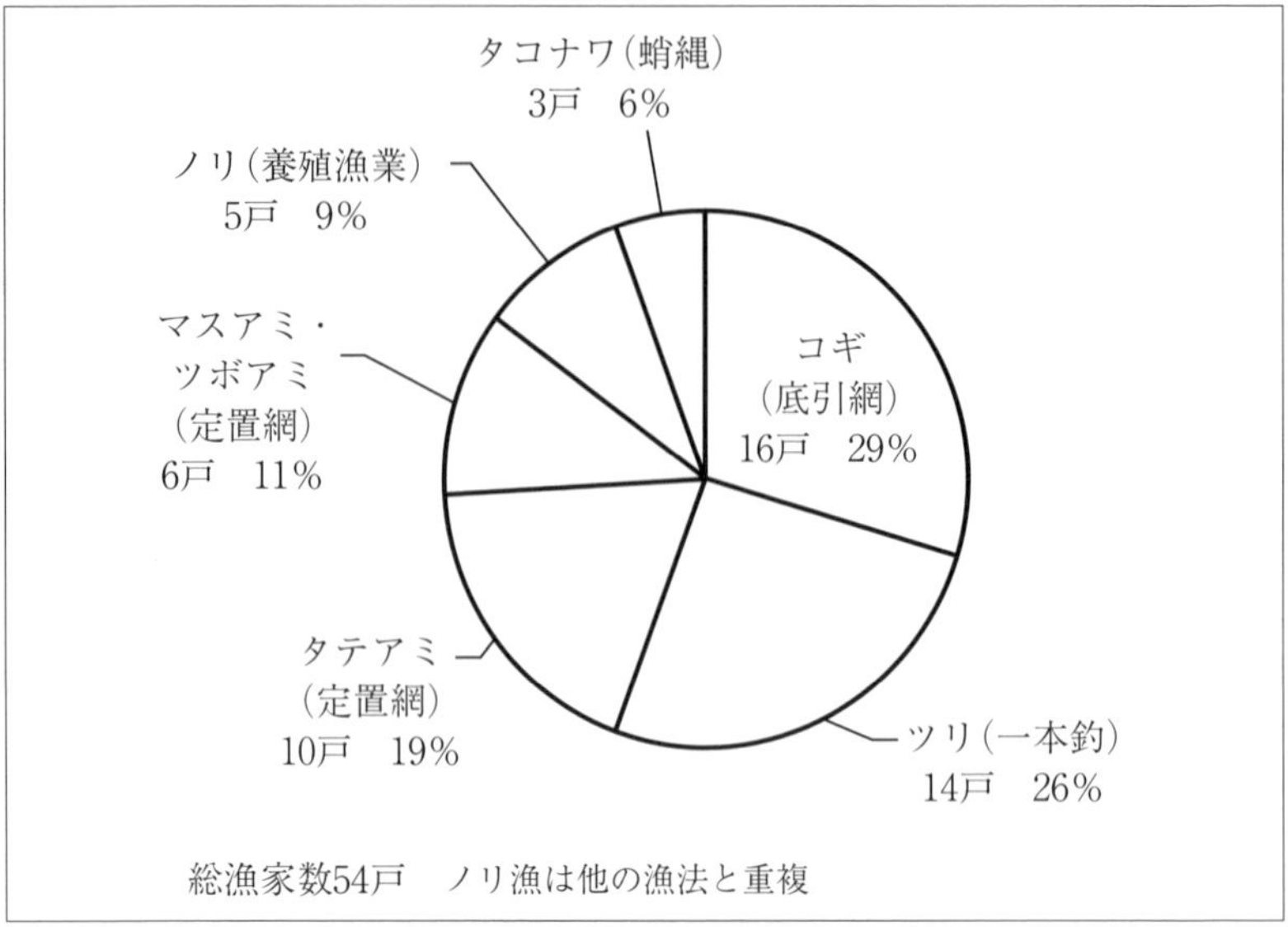


**図1-17　白石島の漁法別漁家数（2003年）**
（2003年白石島漁業協同組合）

ノリをみると、近年はプランクトンの異常発生によって早期に漁を終えた年がある。二〇〇二年は「水不足で海に力がなかった」と指摘される。良質の海苔が収獲できる年とそうでない年があり、漁家が安定した収益を得るには厳しい現実がある。そのために二〇〇三年の操業数はわずか五戸である。その中で四戸は漁協を主体に経営基盤の強化と後継者の育成のために、施設整備の一環として島東部の新港建設跡地に新たな海苔養殖場と加工工場を立ち上げ、白石島水産という新たな会社を設立するに至っている。[13] かねてより試験的に進められている海洋牧場パイロット事業[14]での稚魚の放流と並び、島民の間では今後も海苔養殖に対する期待が高まっている。ただし、現状では安定した収入を望むのは難しく、通勤労働者となる島からの転出者を食い止めるまでには、解決すべきさまざまな課題を抱えている。

### (3) 農業の変遷

白石島は、港から中央部にかけて広々とした平坦な耕地をもつ。これは近世初期の福山藩水野家の干拓事業によるもので、それにより二〇町（二〇ha）もの土地が埋め立てられた［笠岡市企画部　一九九〇　二九］。その面積は島全体の七％に及ぶ。これらの土地をもとに、古くから多くの家が漁業のかたわらに農業を営んできたのである。しかし、一九九八年の日本離島センターの統計によると、総面積のうち耕地は二〇ha（七％）に及ぶが、田はなく畑と樹園地のみである。しかも近年は耕作放棄地が際立っている。以下では、昭和初頭からの農業の変遷について順を追ってみていきたい。

最初に、農家数の変遷をみておく。島の世帯数がピークに達する一九五五年には、島全戸のうち約七割が農業に従事している。その後は島の世帯数と人口の減少に伴って農家数が減少する（図1-18）。一九九五年の農林業センサスによると、農家は四二戸だが販売農家は皆無である。農家数は全戸数の約一割まで減少している。これらは「露地栽培」などと島民が呼ぶ小規模農業を行う農家で、高齢者が自家消費や健康づくりのために耕作している。耕作規模は三a程度で野菜類を中心に作付けをしている。収穫した作物は近隣に配り、島外に住む子や孫に送っている。

次に、耕作形態の変遷をみておく。白石島は島嶼であるが広い耕地をもつ。ところが古くより稲作に不適な地味で、絶えず旱に悩まされてきた。終戦後も変わらず、わずかに陸稲を作付けしつつ、現在まで畑作を中心としてきた（図1-19）。一八七六年発行の『皇国地誌』によると、農地の九七・五％を占める七九町三反八畝七歩（七九ha）が畑であり、田は二町六畝一三歩（二ha）に過ぎない［笠岡市史編纂室　一九九九　四六六］。さらに同資料の「物産」の項にも、米一一石六斗（二kl）、麦二七五石九斗（五〇kl）、雑穀二三石七斗（四kl）、薯芋一万〆とあるように、麦と芋に頼る生活であったことがわかる［笠岡市史編纂室　一九九九　四六八］。こうした耕作形態は長く続き、昭和三十年代までは麦と芋の二毛作が中心であった。

昭和三十年代までは、各家庭において年間消費分の麦が収穫できず、芋の作付けが行われていた。そして秋の芋の

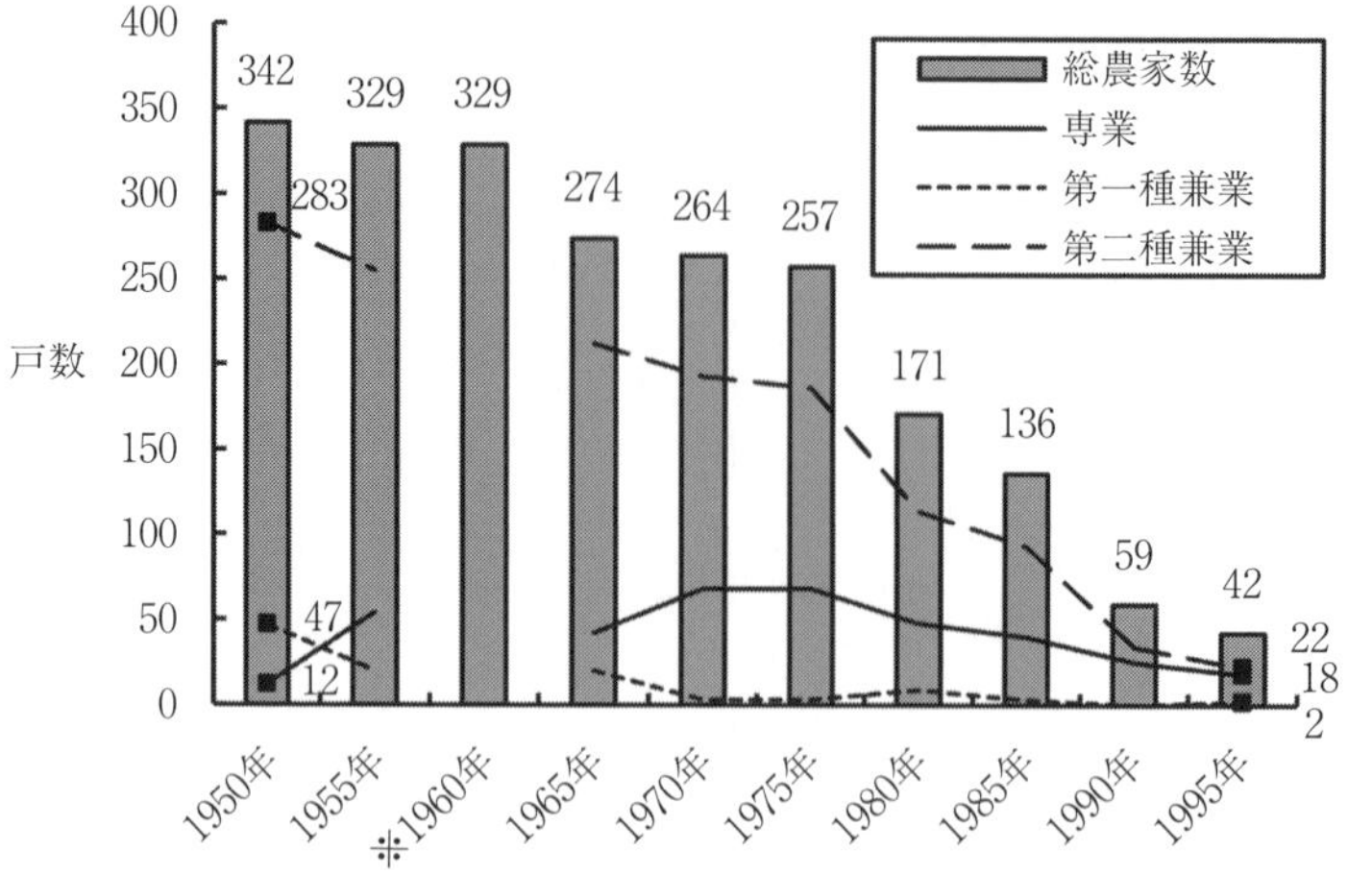


(農林業センサス)

※　1960年はデータなし

**図1-18　白石島における専兼別農家数の推移**

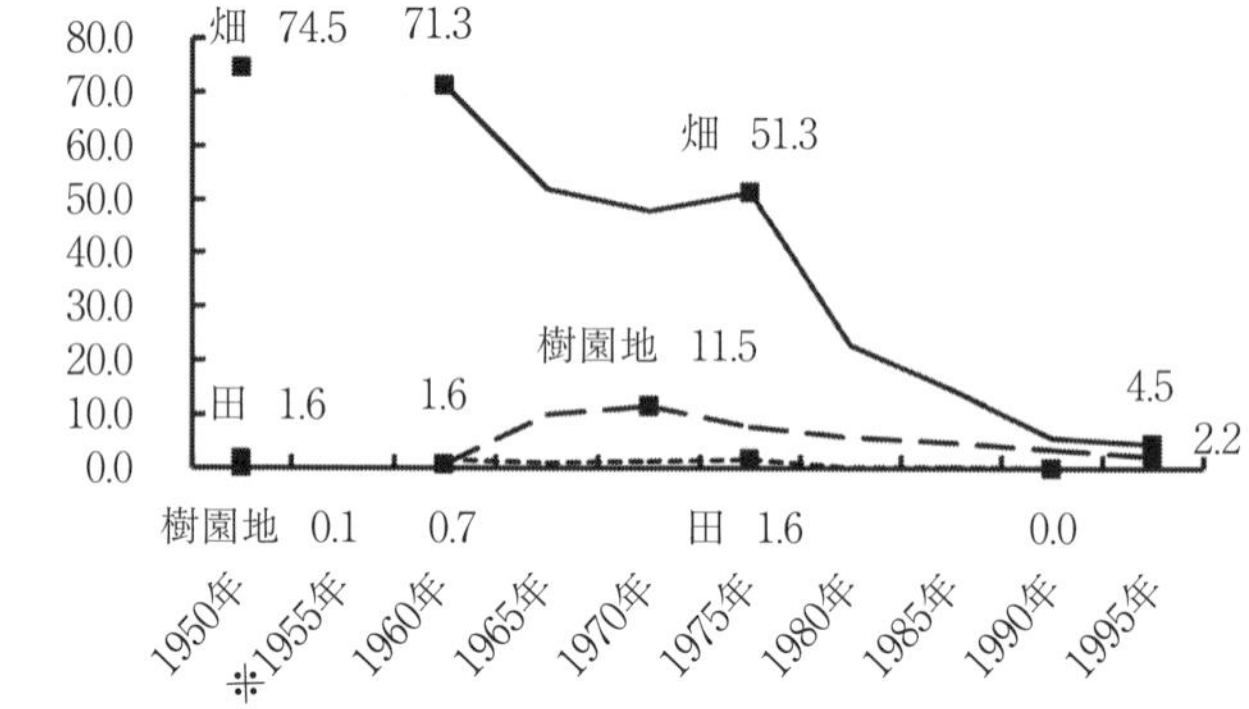


(農林業センサス)

※　1955年はデータなし

**図1-19　白石島における農地利用の推移**

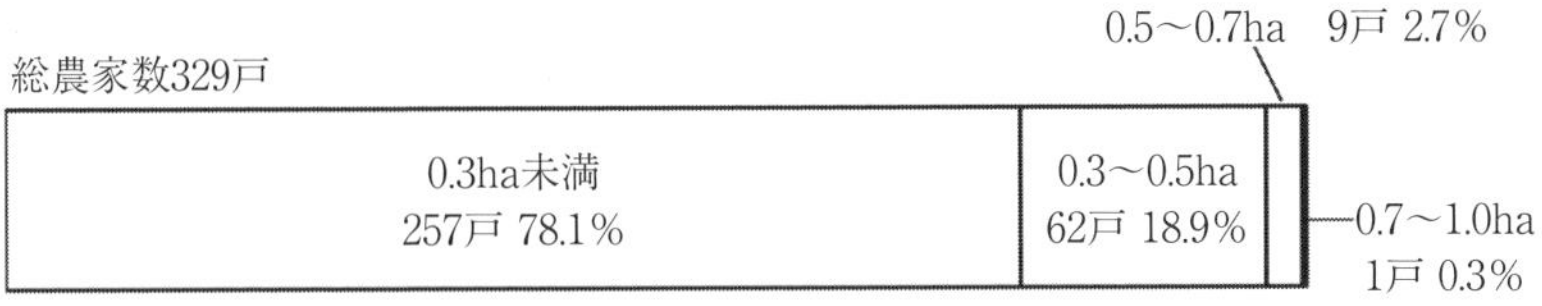


（1960年農林業センサス）

**図1-20　白石島における経営耕地面積規模別農家数の割合**

収穫期に入ると、麦の繋ぎに芋を主食に切り替えていた。現在もその名残として、古い家屋の軒下には芋の貯蔵穴を確認できる。一方、各家庭の食卓では、畑で栽培した野菜類や豆類などに海で獲れた魚介類を添えることで食生活の助けとしている。

土地の所有形態では、慶応年間（一八六五〜一八六八年）に本土の浅口郡六条院から移住したと伝えるTg家が、昭和初期までは島の大半に及ぶ何一〇町もの土地を所有したと伝え、近代の白石島では突出した地主階層が存在したことがわかる。しかし、大半の家では二〜三反の農地を主婦や嫁などの女手が中心になって従事した。農業形態は極めて零細な家内労働で、農繁期には子供を農繁休暇で学校を休ませて手伝いをさせている。農作業ではキンジョやシンセキの相互扶助が未発達であったというが、このような零細な土地所有形態が背景に考えられる。

次に、終戦後をみていく。終戦後は島の世帯数と人口がさらに上昇し、一九五〇年代にはピークを迎える。島内では多くが分家して土地の細分化が進んでいる。一九六〇年において、経営耕地面積規模別の農家数の割合をみておく（図1‐20）。〇・三ha未満の農家が七八・一％を占めて最も多く、次いで〇・三〜〇・五ha、〇・五〜〇・七ha、〇・七〜一・〇haの順となっている（一haは一〇反）。図からは一・〇ha以上の農家はなく、すべてそれ以下の零細な所有形態であることが読み取れる。しかも最も多いのは〇・三ha未満のわずかな耕地所有で、労働の担い手は戦前と変わらず家族が中心である。そのために一九五五年までは、農繁期になると小学校の学校行事として子供が家の手伝いをしていた［笠岡市史編纂室　二〇

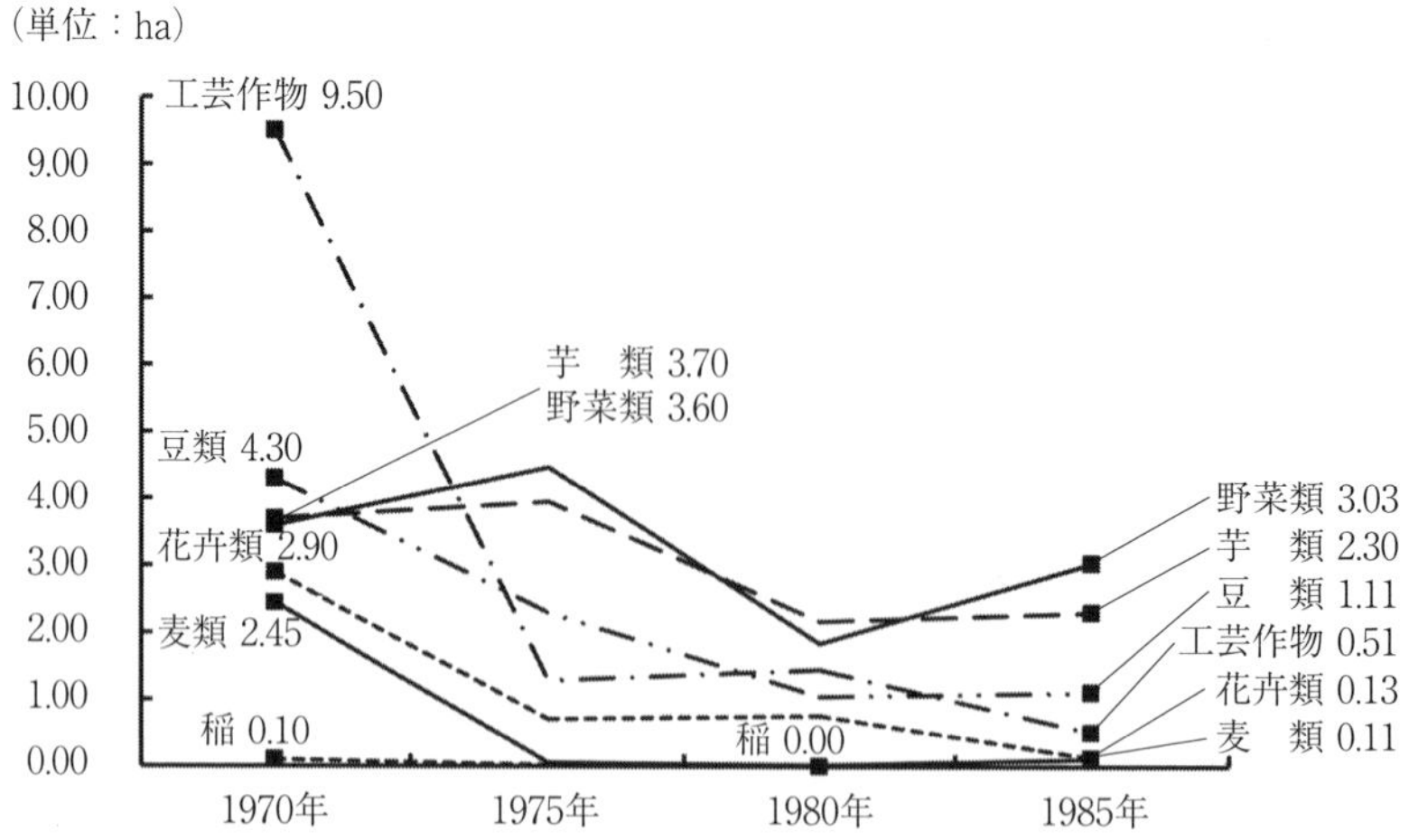


**図1-21　白石島における作物別収穫面積の推移**

〇三〕。キンジョやシンセキが相互扶助をすることは少なく、島の世帯数と人口がピークに達しても、農業形態は極めて小規模な家内労働である。そのために家同士で雇用関係を形成するまでに至らず、農業形態における階層構成は極めて均質であったことが考えられる。

戦後の総出荷額をみると、一九五五年以降に島の世帯数と人口が減少したにもかかわらず一九六五年にピークに達する［関西学院大学地理研究会　一九七四］。その背景には、昭和三十年代までの麦と芋を中心とした農業から、除虫菊などの工芸作物や、アイリス・チューリップ・水仙などの花卉類、さらにみかん栽培への転換があったからである。しかしそれも長くは続かず、一九七〇年代からは急激に衰退して収穫面積を狭めていった（図１－21）。結果として、農業形態が家内労働を脱して雇用関係を発生させるまでには至らなかったといえる。

現在は販売農家がなくなり、細々と自給自足として野菜類や芋類や豆類などが耕作されている。かつての段々畑には木々が生い茂り、島の中心の平地部にも草が伸びきった荒地が増加している。こうした現状下で一九九九年にＪＡ白石島が本土に吸収され、名称もJA倉敷かさや白石島支店へ改称している。

## 二　家族と親族の諸慣行

### 1　来島伝承と系譜観

二〇〇五年の国勢調査によると、白石島の世帯数は三二五世帯、人口六七二人である。島には五〇姓を数える（表1-4）。この中でも約一〇姓が大部分を占める。[15] これらの家では、近世初期に福山藩水野家による干拓事業に前後し

**表1-4　白石島の姓**

| 番号 | 姓 | 世帯数 | 順位 | 百分率 | 累積率 |
|---|---|---|---|---|---|
| 1 | Hd | 64 | 1 | 18.9 | 18.9 |
| 2 | An | 55 | 2 | 16.3 | 35.2 |
| 3 | Yk | 46 | 3 | 13.6 | 48.8 |
| 4 | Nt | 26 | 4 | 7.7 | 56.5 |
| 5 | Nh | 26 | 4 | 7.7 | 64.2 |
| 6 | Ng | 22 | 6 | 6.5 | 70.7 |
| 7 | Km | 15 | 7 | 4.4 | 75.1 |
| 8 | Hg | 13 | 8 | 3.8 | 78.9 |
| 9 | Ym | 13 | 8 | 3.8 | 82.7 |
| 10 | Kt | 5 | 10 | 1.5 | 84.2 |
| 11 | Oh | 4 | 11 | 1.2 | 85.4 |
| 12 | Hn | 4 | 11 | 1.2 | 86.6 |
| 13 | Ii | 3 | 13 | 0.9 | 87.5 |
| 14 | Si | 2 | 14 | 0.6 | 88.1 |
| 15 | Sg | 2 | 14 | 0.6 | 88.7 |
| 16 | Td | 2 | 14 | 0.6 | 89.3 |
| 17 | Ts | 2 | 14 | 0.6 | 89.9 |
| 18 | Wb | 2 | 14 | 0.6 | 90.5 |
| 19 | Iz | 1 | 19 | 9.5 | 100.0 |
| 20 | Io | 1 | 19 | | |
| 21 | Ud | 1 | 19 | | |
| 22 | Uk | 1 | 19 | | |
| 23 | Os | 1 | 19 | | |
| 24 | Ok | 1 | 19 | | |
| 25 | Og | 1 | 19 | | |
| 26 | Od | 1 | 19 | | |
| 27 | Ky | 1 | 19 | | |
| 28 | Kn | 1 | 19 | | |
| 29 | Kk | 1 | 19 | | |
| 30 | Kb | 1 | 19 | | |
| 31 | Kc | 1 | 19 | | |
| 32 | Kj | 1 | 19 | | |
| 33 | St | 1 | 19 | | |
| 34 | Sa | 1 | 19 | | |
| 35 | Sgt | 1 | 19 | | |
| 36 | Tm | 1 | 19 | | |
| 37 | Tn | 1 | 19 | | |
| 38 | Th | 1 | 19 | | |
| 39 | Tu | 1 | 19 | | |
| 40 | Na | 1 | 19 | | |
| 41 | Ni | 1 | 19 | | |
| 42 | No | 1 | 19 | | |
| 43 | Nm | 1 | 19 | | |
| 44 | Hf | 1 | 19 | | |
| 45 | Fi | 1 | 19 | | |
| 46 | Mu | 1 | 19 | | |
| 47 | Mb | 1 | 19 | | |
| 48 | Mo | 1 | 19 | | |
| 49 | Mf | 1 | 19 | | |
| 50 | Yg | 1 | 19 | | |
| 計 | | 338 | - | 100.0 | - |

（2000年住民基本台帳）

て先祖が島に移住したと伝えている。しかし、相互の系譜関係は曖昧な点が多い。残りの約四〇姓は一～三戸と少なく、近現代になって島に移住している。この中には下浦集落に移住した採石業者を含む。

近世初期の福山藩水野家による白石島の干拓事業については『笠岡市干拓史』に詳しく記載されている。工事は二期に分かれ、第一期が一六八二(天和二)年から一六九一(元禄四)年までで、第二期が一六九四(元禄七)年から一七〇〇(元禄十三)年までである［笠岡市企画部　一九九〇　二八］。ただし、島では二期とも三期とも伝えていて史料と異なる。水野家は一六九九(元禄十二)年に相続者がなく断絶したが、島が天領になってからも干拓事業は引き継がれて完成している［笠岡市企画部　一九九〇　九、二八］。

白石島の中で、Hn姓は異なる来島伝承を伝えている。近世初頭の干拓事業より以前からすでに山番として移り住んでいたと伝え、最も古い家筋とされている。一説では、福山の引野村(現広島県福山市)から山番として遣わされ、島で馬の放牧に従事していたと伝えられる。

白石島には縄文・弥生や古墳時代の遺跡や遺物が出土するが、実際には、島の住民はそれらを塚と呼び、源平合戦の武士たちの墓と言い伝えてきた。弓矢を手に守った弥生姫の墓と伝える塚はその一つである。塚は山や畑に数多くあり、島民の間では掘り返しが禁じられてきた。しかし、畑を耕していると朱を彩色した甕が出土したことがあったと聞く。それらは源平合戦の敗者の血を連想させたようで、島の者たちを驚かせたと聞く。島では源平合戦にまつわる伝承を現在に伝えている。国指定重要無形民俗文化財の「白石踊」は平家の落人を弔うために始まったと伝えている。しかしながら、島に源平の末裔と伝えられている家はない。

現住戸の大部分は近世初頭の移住者の子孫と伝えている。島民の話では、まず寛永年間(一六二四～一六四四年)にAn・Yk・Hd・Ng・Ym・Hg・Nh・Kt姓などの家が島に移り住み、元禄年間(一六八八～一七〇四年)になるとKm家が干拓事業の技師として神島の内浦から移り住んでAn家に代わって庄屋を務めたという。その頃にNt姓も移り住んだと伝える。

墓地や土地の所有形態をみると、島に来住した経緯で違いがみられる。例えば墓地の利用形態では、西ノ浦集落にトミヤマ（富山）と呼ぶ共同墓地があり、島民の大半はこの瀬戸内海が見渡せる墓地に埋葬され、納骨される。しかし、近世初頭の干拓事業以前に山番として移り住んだと伝えるHn姓の古い墓地は、島の内陸にある大黒集落の西側に集まっている。

土地所有の区分には特徴がある。島に古くから住む家は山林を多く所有するが、その後に来た家は山林をあまり所有せずに農地を多く所有する。例えばHn姓は現在も山林を多く所有するが、An姓は近世初期の干拓後の農地を多く所有する。同じ名字の家々が特定地域に固まって居住しているのは、こうして先祖が土地所有をして、さらに分家に与えてきたからである。そのために名字ごとで所有する土地に他姓が混在しておれば、その後に金銭上の貸借から土地を切り売りした場合が多い。その一つとして、博打で土地を失った話は現在も語り草となっている。

島内には、干拓工事を始めた福山藩の水野家（在藩期間は一六一九〜一六九八年）と関連づけた由来譚を伝える旧家がある。Ⅱ2（一九二八年生まれ・男）の家は一六代目で、Ng姓の中で一番の旧家と伝える。最も古い位牌は没年が一六九八（元禄十一）年の女で、この女を初代に数えている。屋号はチョウベヤと称し、先祖が「帳部屋」という事務方の役職で庄屋の下で従事したことに由来すると伝える。そして、干拓工事では道作りの残土を自家の畑に捨てさせるなどの尽力をしたため、Ⅱ2家は「丸に木瓜《もっこう》」紋に福山藩水野家から「一輪」を拝領して「二輪木瓜《ふたわ》」紋としたと言い伝えている。

総体的にみて、白石島の歴史的経緯は家の階層構成に影響を与えている。ほぼ同時期に来島して集住し、その伝承が現在も強く伝えられていること自体が、階層構成が比較的均質なことを示している。島嶼といった生産環境の影響が考えられるが、そのほかにも村落成立当初の集団的な移住形態が強く関連している。このように白石島では、近世初頭における開発の歴史と各家の由緒に関する歴史観の強い影響が窺え、この地域の社会関係の特質と大きく関連する重要な歴史的要因となっていることが推測できる。

## 2 直系理念と血縁志向

白石島の世帯構成を二〇〇〇年の調査からみておく（表1-5）。総世帯数は三三八世帯である。近年の過疎化や少子高齢化の影響がみられる。一人暮らし（二七・二％）や夫婦だけの世帯（四五・六％）を合わせると七二・八％に及ぶ。その多くが高齢者である。また、三世代以上の家族はわずか七・一％である。白石島では直系家族が志向されているが、実際には親夫婦が島に住み、子夫婦が島外に住むという親子別居が定着している。現実には一世帯に一夫婦の小世帯となっている。近い将来、夫婦世帯の解体が進行することで、一人暮らしの数値はますます跳ね上がることが予想される。

相続は長男が望ましいと考えられているため、長男はソウリョウ（総領）、ソウリョウムスコ（総領息子）、アトトリ（跡取り）と呼ばれている。また、次三男はまとめてオトウト（弟）と呼び、末子は男女の別なくオトンボという。オトンボは兄弟姉妹の中で最も幼いので親から可愛がられることが多いが、相続者となることは少ない。次三男は分家や養子に転出させ、娘は婚出させることが多い。

結婚すると一人前と認められ、ショタイ（所帯）をもって家長となる。家長はシュジン（主人）、ダンナ（旦那）、アルジ（主）と呼び、すべて男を指している。近年は高齢女性の単身世帯主が増えたが、女をシュジンとは呼ばない。女は

**表1-5　白石島の世帯構成**

| 世帯類型 | 世帯数 | % | 分類 | 世帯数 | % |
|---|---|---|---|---|---|
| 単独世帯 | 92 | 27.2 | 男のみ | 22 | 6.5 |
| | | | 女のみ | 70 | 20.7 |
| 夫婦世帯 | 199 | 58.9 | 夫婦のみ | 154 | 45.6 |
| | | | 夫婦と子供 | 29 | 8.6 |
| | | | 夫婦と息子の嫁 | 1 | 0.3 |
| | | | 女親と子供 | 13 | 3.8 |
| | | | 女親と息子の嫁 | 1 | 0.3 |
| | | | 女親と養女 | 1 | 0.3 |
| 直系世帯 | 44 | 13.0 | 夫婦と両親 | 3 | 0.9 |
| | | | 夫婦と片親 | 17 | 5.0 |
| | | | 夫婦・子供と両親 | 9 | 2.7 |
| | | | 夫婦・子供と片親 | 13 | 3.8 |
| | | | 夫婦・息子夫婦と片親 | 1 | 0.3 |
| | | | 夫婦と片親、娘とその子供 | 1 | 0.3 |
| 傍系世帯 | 3 | 0.9 | 夫婦・長男夫婦と次男夫婦 | 1 | 0.3 |
| | | | 兄弟姉妹のみ | 2 | 0.6 |
| 計 | 338 | 100.0 | | 338 | 100.0 |

（2000年住民基本台帳）

家長と認められず、男子が相続するまでの中継《なかつぎ》のような存在である。家であるウチ（内）の運営を決めるのは家長の役目である。例えば正月行事は家長が行い、トシガミサン（歳神様）を含むカミダナノマツリ（神棚の祀り）を行っている。また、家長はソト（外）のツキアイも欠かせない。ソトのツキアイには、ムラツキアイ（村付き合い）、キンジョツキアイ（近所付き合い）、シンセキツキアイ（親戚付き合い）などがあり、これらを家長が行う。

アトトリの妻はヨメ（嫁）やヨメサン（嫁さん）といい、将来の主婦候補である。親が六十歳を過ぎると、息子は四十歳近くで一人前と認められる歳になる。その頃には嫁も自然と主婦の仕事をこなすようになる。家長の妻として主婦になると、ニョウボ（女房）、ツレアイ（連れ合い）、ツレソイ（連れ添い）、ウチノオンナ（家の女）などと呼ばれる。また、白石島は男性優位の社会として妻は夫より格下と考えられてきた。妻が夫を差し置いて出しゃばると「八幡《はちまん》」と呼ばれて嗜められた。しかし、近年は妻が偉くなったとよくいわれる。「かかあ天下にした方がやりええ」といわれるのは、妻に任せた方が物

**表1-6　白石島の分家者**

| 性別 | 続柄 | 世帯数 | % |
|---|---|---|---|
| 男 | 長男 | 16 | 20.0 |
| | 次男 | 44 | 55.0 |
| | 三男 | 13 | 16.2 |
| | 四男 | 5 | 6.3 |
| 女 | 長女 | 2 | 2.5 |
| 計 | | 80 | 100.0 |

（2000年住民基本台帳）

事は円滑に進むからである。食事や金銭管理だけでなくツキアイも妻が管理し、夫の一存で決めない。冠婚葬祭で付き合う金額は大体決まっているが、額が多くなると夫は妻に相談する。

排他的意味を含む家族の民俗語彙からは、逆に、家族の理想像がわかる。家族には身分差があり、直系家族を志向する家族規範の優位性が見出せる。例えばダンゴ（団子）と呼ぶのは婚外子、いわゆる私生児を指す。「団子は丸めればモチにみえるが普通のモチじゃない」からだという。結婚した一組の夫婦から子が生まれるのが理想とされていて、未婚の出産に対する禁忌がみられる。

夫婦は家族周期によっていつかは独り身となるが、妻に先立たれた男をヤマメ（鰥夫）やヤモメ、夫に先立たれた女をゴケ（後家）という。ヤマメやゴケは配偶者の早世によるものなので、一度は結婚しているために社会的に低位に扱われない。一方、未婚の独身者は社会的に低位に扱われる。ヒトリミ（独り身）やヒトリモン（独り者）、あるいはヤッカイ（厄介）やヤッカイモン（厄介者）と呼ばれる。また、一人前になっていない者をチョンガーといった。ヤッカイやヤッカイモンはイソウロウ（居候）ともいい、「無駄飯を食う」ことを意味する。三十歳を過ぎて未婚で分家をせず、親や兄と同居していると厳しく非難される。例えば白石島の三三八世帯のうち八〇世帯（二三・七％）は現世帯主が分家者であり、分家率が極めて高く、独立性の高さが窺える（表1-6）。また、家の特性に関わることだが、白石島では奉公人などの非親族の同居がみられない。戦前は奉公人を男衆や女子衆《おなご》と呼んでいる。戦前までは財産家と考えられていたTg家は島民を奉公人に雇ったが、同居形態をとっていない。また、島には下男や下女などはいなかったと聞く。

次に、養子慣行を通じて島民の血縁志向についてみていく。白石島では血縁を優位とする考え方が強い。モライゴ（貰い子）は幼少期の養子慣行であり、結婚して七～八年が経っても子ができないと跡を継がせるために行う。島には養子が多いが、大抵はシンセキ同士で行う。本家の子を貰うことがあったり、順養子が多く、オイボシやメイボシといわれる甥や姪がオジキやオバサの子になった。例えば、跡目を長男が相続したが子ができなかったので、三男が長男の養子になって跡目を相続した事例がある。

女の子にもモライゴはみられる。「貰えるなら女の子でも良い」といった考え方のためである。父方や母方にはこだわらず、シンセキならどちらでもよいと考えられている。モライゴは島で蔑まれるようなことはない。また、モライゴをしてから子が生まれることがあったが、その子をセライゴ（競らい子）といった。「競らう」は島言葉で「うらやみ妬む」の意味があり、セライゴは自分が出来ないことを人がやっているのをみて「競らう」のだという。したがってセライゴが生まれると、モライゴは遠慮して分家し、セライゴに跡目を相続させるのである。

養子慣行の中には、養子に縁付いた夫婦をトリコトリヨメ（取り子取り嫁）と呼んだり、夫婦で養子になることをノリダシ（乗り出し）と呼ぶ慣行がある。これらの夫婦養子はシンセキが多く、なかでもキョウダイの子を養子にすることがある。具体的にみると、白石島では現存の夫婦（完全夫婦）は二四〇組である（二〇〇〇年調査）。その中でトリコトリヨメは九組（三・八％）、ノリダシは一組（〇・四％）である。決して多くはないが、家の継承に対する柔軟性がみられる。トリコトリヨメの一事例では、婚出したオバ（母の姉）に子ができず、メイが幼少期に養女に入り、その後に婿養子をして家を相続させたケースがある。

以上のように、白石島では血縁優位の直系家族規範が志向される一方で、実子による家の継承が困難であれば、傍系からの養子慣行によって家を継承させる柔軟性がみられる。

## 3 家の諸慣行

### (1) 相続

高齢者は「身代《しんだい》をなくすといけない」という考え方が強い。相続者をイハイノモリ（位牌の守）といい、相続することを「位牌の守をする」や「守」という。モリをする対象には位牌や墓などがある。位牌や墓は一つだけを作って、それをイハイノモリが継承する。また、近世までは代々同じ名前を世襲する家が多かったようで、近代に入ってもみられた。一説には相続による名義変更を省くためだったと語る者もいるが、真偽は不明である。現在も世襲名を伝える家があるが、実際に当主が名前に使用している家はほとんどない。

先述したように、相続者は長男が相応しいと考えられているが、一方で次三男以下が相続者となる例がある（表1-7）。また、男子がいないと長女が家を相続した。相続は「親が決めるので長男と次三男が喧嘩することはない」といわれるように相続争いは少ない。また、近年の特徴として、女が相続者になる事例が増加しており、相続世帯の中で三四・二％（八八世帯）に及ぶ。なかでも前世帯主の妻が夫の死後に世帯主に転じるケースが相続世帯で二七・一％（七〇世帯）を占める。この大半が高齢女性の一人暮らしの増加による。その中には嗣子夫婦が島に戻るまで一時的に相続人を務める女性が多い。

親が老年期に入ると、息子が家長の役割を少しずつ引き継ぐ傾向がある。親に隠居を勧めるのは心苦しいようで、親が年老いて心身ともに弱ると自然と息子に任せている。このように隠居慣行

表1-7 白石島の相続者

| 性別 | 続柄 | 世帯数 | % |
|---|---|---|---|
| 男 | 長男 | 132 | 51.1 |
| | 次男 | 12 | 4.6 |
| | 三男 | 3 | 1.2 |
| | 四男 | 3 | 1.2 |
| | 養子 | 20 | 7.7 |
| | 小計 | 170 | 65.8 |
| 女 | 長女 | 9 | 3.5 |
| | 次女 | 2 | 0.8 |
| | 四女 | 2 | 0.8 |
| | 五女 | 1 | 0.4 |
| | 不明 | 2 | 0.8 |
| | 養子 | 2 | 0.8 |
| | 妻 | 70 | 27.1 |
| | 小計 | 88 | 34.2 |
| 計 | | 258 | 100.0 |

一部は聞き取り　（2000年住民基本台帳）

とは言い難いが、親の生前に息子が家を継ぐことが多い。しかし、土地や財産等の所有者名義は、息子が同居していても親の死後に変更されることが多い。相続や分配は土地や財産等の名義変更の手続きが中心である。なかには先代の死後に名義変更をしていないことがあり、書面上の財産観念の低さがみてとれる。生前相続の事例では、息子のために父が家を建て替えた時に家の名義を変更しており、それが相続の時期となっている。

一九五〇年代頃までは、長男はアトトリとして島に居住させる傾向が強かった。しかし、近年は長男が就労で島を離れる傾向がある。子と離れて島に住む親は、長男だけは定年になると島に帰ってくると強く期待している。しかし、実際は長男が帰島しないことがある。島は就職先が少なく、さらに島外出身の妻が多くなったためである。その中で親は家が絶えることへの危機感をもちつつ、子に対して遠慮勝ちで、帰島を促す発言をしない傾向がある。さらに子育て層になると、もはや家の相続よりも子の将来に対する不安が強い。家を相続してくれるかどうかよりも、子が島に戻った時に生活していけるかどうかが深刻な問題である。一方、多くの若者が島外に出て行く中で、漁業や採石業では子が家業を継ぐ場合がある。例えば、島を出て就職していた息子が、親が年老いたために会社を退職して帰島し、漁師を継いでいる。しかし、漁師は就労時間が不規則で激務なため、嫁に来る若い女性が少ないのが問題となっており、近年は中国人を妻にもつ夫婦が数件みられる。

### (2) 分家

本家はホンケやオモヤのほかにオヤネという。一方、分家はブンケというが、ノッケというのが古い呼び方のようである。分家することを「退く」といい、ノッケは「退いた家」の意味とされる。分家は次三男である弟がするものと考えられており、実際に次男や三男の分家が多い（表1-6）。結婚前でも十分に生活できる者は分家したが、多くは結婚時に分家した。分家は自分でするものと考えられているが、実際には親がいくらか世話をしている。「物持ち」や「金持ち」などと呼ばれる資産家は、土地を分け与えてそこに家を建てる援助をした。また、ワケチ（分け地）と称して、キョウダイがいればアニが六分なり三分の二なりを相続して、残りは分家するオトウトに土地を分けた。財産の分配比率は決まっておらず、親の裁量で分与した。

近年は島外に分家している。自分で稼いだ金銭と親からの借金で家を建てたり、中古の家を購入して改築している。I8の次男は福山市内に分家したが、I8が「島に家を建てても仕方がない」と考え、土地はI8が六五〇万円を支出して購入し、住居は住宅金融公庫と会社から九〇〇万円を借りて建てている。また、I4も次男が岡山県浅口郡鴨方町（現在の浅口市鴨方町）に分家した時は世話をしている。なかには土地を与える家があるが、島では土地に限度があるのでワケチするケースはわずかである。そのために分家時は金銭を与えることが多い。ただし、分家時の財産分与の方法は各家の財産所有の状況によって異なる。

分家は本家より家格が低いと考えられているので、本家の東の方角に家を建ててはいけないとされる。東は上手になるからである。島では分家を制限することはなく、分家であるからといって山林の利用方法や寄合の発言権に違いはない。また、分家時は家にシンセキを集めて披露するが、これは新築祝いといっている。その時には祝い金を持参する。公に披露はしないが、島では誰もが分家したことを知っているので、改めて披露する必要がないのである。

近年は島において過疎化が深刻な状況にあるが、島から出て行った者の多くは次三男である。島では長男である兄が家を継いでいるので、盆や正月には次三男が家族を連れて島を訪ねて一時賑わいをみせる。

### (3) 隠居

隠居慣行の過去の事例は極めて少ない。現在の高齢者が若い頃は家族規模が現在より大きく、三世代家族が多かったが、隠居慣行は盛んではなかったと聞く。過去の事例では隠居形態が一様ではなく、家族の社会的状況によって異なる。別棟を屋敷地の内外に構えたり、同棟で生活する隠居がみられた。

しかし、近年の白石島は高齢者の一人暮らしや夫婦だけの世帯が増加し、家族形態が隠居慣行を成立させる社会環境になっていない。そのために隠居慣行がみられない。近年は親子が別世帯を形成して生活することが多くなっている。若者は島外で生活することが多いため、跡取りであっても親を島に残して別々に暮らしている。親は子の事情に配慮して、子と同居を望みながらも島に戻るように促さないのが一般的である。

子と別居する親は年老いているが、島で生活しているので家長としてさまざまなツキアイが課される。隠居を望んでもできないのが実状である。島民にとっての隠居とは、高齢者が子や孫と同居して働かずに気ままな生活を望んで行うことである。高齢者は島で三世代同居を望み、子に家を継がせたいと考えているが、やむなく子や孫と別居しているケースが多い。

二〇〇五年の国勢調査によると、六十五歳以上の高齢化率が五八・〇％で、これとほぼ同率で年金受給者がみられる。つまり、島の高齢者は年金受給による一人暮らしや夫婦だけの生活形態が定着している。年金受給額は決して多額ではないが、年金制度が白石島において高齢者の一人暮らしや夫婦だけの世帯を増加させている側面が指摘できる。

## (4) 結婚

【結婚形態と通婚圏】

白石島では夫方居住婚がほとんどである。夫婦が現存する二四〇組をみると、二二二組（九二・五％）が夫方居住婚

表1-8　白石島に現住する夫婦の通婚圏

| | 島内 | 諸島内 | 市内 | 県内 | その他 | 不明 | 計 |
|---|---|---|---|---|---|---|---|
| 夫婦数 | 184 | 10 | 8 | 7 | 30 | 1 | 240 |
| 百分率 | 76.7 | 4.2 | 3.3 | 2.9 | 12.5 | 0.4 | 100.0 |
| 累積率 | 76.7 | 80.9 | 84.2 | 87.1 | 99.6 | 100.0 | - |

（2000年住民基本台帳）

表1-9　白石島に現住する夫婦の出身地

| 夫＼妻 | 島内 | 諸島内 | 市内 | 県内 | その他 | 計 |
|---|---|---|---|---|---|---|
| 島内 | 184 | 9 | 8 | 6 | 22 | 229 |
| 諸島内 | - | 1 | - | - | - | 1 |
| 市内 | - | - | - | - | - | - |
| 県内 | - | - | - | 1 | - | 1 |
| その他 | 6 | - | - | - | 2 | 8 |
| 不明 | - | - | - | - | 1 | 1 |
| 計 | 190 | 10 | 8 | 7 | 25 | 240 |

（2000年住民基本台帳）

である（二〇〇〇年調査）。ムコトリ（婿取り）と呼ぶ妻方居住婚は多いといわれるが、実際はわずか一八組（七・五％）に過ぎない。また、通婚圏は一八四組（七六・七％）が島内婚である（表1‐8）。夫方居住婚が中心で、夫は島内出身者が大半である（表1‐9）。島内婚が促された社会的背景には、島の住民同士だと信頼感や安心感があったからだと聞く。それと同時に、島の住民同士で結婚せねばならないといった考え方が以前は根強かったようである。これらの過去の島内婚によって、現在の島内にはシンセキと呼ぶ双系的親類関係が非常に発達している。島の住民の間では「シンセキをたどると島の者はすべてシンセキになる」とよくいわれるように、島の住民同士の血縁意識の強さが窺える。

古老たちの年齢層では、結婚相手は実親が決めることが多く、恋愛婚もみられたが、余程のしっかりした者でなければ自分で配偶者を決めるのは難しかったとされる。配偶者を選ぶには、跡取りとなる長男にはある程度の素性の明確な家の娘が選ばれ、一方で、家を継がない次三男は自身に任せるような風潮がみられた。親の意思に反対した時は、他家に隠れる者や駆落ちをする男女がいたという。また、結婚に実親が関与することは資産家に顕著であったという。

白石島では高度経済成長期以降に島外への出稼ぎが増加したが、妻が白石島の出身者であれば夫婦で出稼ぎに行っても将来的に島に戻る傾向がみられた。しかし、近年は島外婚が普及したために妻が「マチの人」と呼ばれる都市部の出身者が多くなっている。そのために島外で夫婦生活を経験すると、妻の意見を受け入れて帰島しない夫婦が多い。このように妻が「マチの人」であれば、夫が島の家を継ぐべき長男であっても帰島しない傾向がみられる。


【婿養子】


婿養子を迎えた娘を、ムコトリやヨウシトリ（養子取り）という。また、婿養子となった男をイリムコ（入り婿）という。子が娘一人であったり、娘ばかりの時は婿養子をする。Ｉ16（一九二六年生まれ・女）は「一人っ子」であったので、他家の三男を婿に迎えてNg姓の家を夫に継がせている。婿養子の夫婦は、二〇〇〇年の調査では二四〇組のうち一八組（七・五％）を数える。

白石島では「養子取りはかかあ天下」という。婿養子を取る娘は男兄弟がいない一人娘が多く、気ままに成長する傾向がある。さらに婚舎が生家であるために、結婚後は夫に気兼ねせずに物事を自由に決定するからである。また、婿養子は各地の事例と同様に「米糠三合あったら婿に行くな」といわれ、社会的待遇が低い傾向がある。過去の事例では、嫁や婿として婚出する家族には「嫁入り畑」や「婿入り畑」と称して畑地一～二枚を与えたが、現在は島内分家がみられず、農地としての利用価値が低下しているために婚出者に土地を分与しなくなっている。

婿養子を迎えた妻が年上だと「養子取りの姉さん女房」といわれ、周囲からは「一生かかあ天下」と揶揄された。Ｉ9（一九二三年生まれ・女）はこの事例に該当し、二十四歳で十九歳の夫と結婚している。冠婚葬祭におけるイエノマツリゴト（家の祀事）やオマツリ（お祀）と呼ぶ家の諸事は、夫に相談なくI9が取り仕切ってきた。I9にとって婚舎が生家なので、家の諸事を熟知している自負があるからである。それで夫は不満をもつのである。また、家庭外においては、婿養子を迎えた妻は相談事が数多く寄せられる。I9は仲人の依頼をよく受けている。理由としては、I9には義父母が存在しないので自身の考えで返答できるからである。

【イトコミョウトと親族婚】

古老たちの年齢層は島内婚が盛んで、(16) 本分家やシンセキ同士で結婚することが好ましいとされた。「身内を固めるため」や「縁が薄くなるから」といって好んで本分家やシンセキ同士で結婚した。このような考え方は、筆子にしたりモライゴをする場合も同じ考え方で行われてきた。また、一九五〇年代頃までは、イトコ同士で夫婦になるイトコミョウト（いとこ夫婦）が盛んにみられる。現在の夫婦にもイトコミョウトは少なくない。資産家が他者に財産を与えたくないためだったりした。息子や娘が反対しても親が説き伏せて結婚させたという。

島民は次第に「血が濃いとよくない」と考えるようになったが、それでもイトコミョウトになるには父方を避け、なるべく母方と結婚するようなことがあった。母方は父方より「（血が）薄くなる」と考えられたからである。Ⅱ10（一九三九年生まれ・男）の両親もイトコミョウトだが、母同士が姉妹のイトコであるのは、父同士が兄弟のイトコは「濃くなる」のでそれを避けるためであった。

現在では親族婚だけでなく島内婚も忌避される。親族婚に対して島民は「頭の良い人ができない」や「血が濃いと馬鹿になる」といった考え方を強くもっている。島民の話では、一九五九年に皇太子明仁親王（今上天皇）が民間出身の皇太子妃を配偶者に迎えたことがニュースになり、島ではその頃から親族婚を避ける傾向に変わっていったといわれるように、島社会は世相に過敏で、このようなニュースが島の風習の変化に影響していることがわかる。また、若者が島外に出て行くようになり、現在では島外婚が中心になっている。

近年は高齢化のために白石島における結婚件数は年に一回程度といわれる。しかも若者が島外にいるために、島の住民が知らない内に結婚している。総体的に島社会が結婚に関与しなくなっている。実親でさえ子の意思に任せる風潮にある。しかし、身内が知らない間に妊娠・出産・離縁・再婚を繰り返すようになった最近の若者の行動に対しては、島の高齢者は批判的であり、強く意見する傾向がある。

## 4　親族のツキアイ

### ⑴本分家と同族

【本分家関係】

本家と分家の関係をホンケブンケ(本家分家)という。あるいは、家を構えた兄弟同士の関係を指していう。本家争いはあまり耳にしない。本家の権威があまりないからである。兄弟喧嘩は物品のやり取りで起こったりするが、島は財産が限られていて際立った争いは少ない。また、本家と分家は何代経っても関係は変わらないと考えられている。しかし実際には何代も経過すると本家と分家がつきあわなくなり、本分家関係が認識されているだけのことがある。そのために本分家間で嫁の行き来を頻繁に行うことで家関係を強固にし、持続させようとする傾向が近年までみられた。

近年では「本家だから大事にしないといけない」や「分家だから可愛がってやらないといけない」などといわなくなっているが、本分家間では「本家だから」や「分家だから」といって本分家関係を大切にしている。不幸や目出度《めでた》があるとつきあうものとされる。しかし近年は葬式と法事が中心で、結婚式・出産・新築祝いでは付き合わなくなっている。これらの祝いごとは本分家ではなくシンセキがする。そのために「本家分家よりもシンセキの方が付き合いが広い」といわれる。

事例でも、本分家のツキアイは期間を限っていることがわかる。Ⅰ4（一九一七年生まれ・男）の家はAn姓では島で二番目の旧家といい、屋号もモトヤと称している。仏壇の位牌には元禄年間（一六八八～一七〇四年）や正徳年間（一七一一～一七一六年）の年号が記されている。このような旧家でも、本家と分家のツキアイは三代くらいで途絶えてしまい、その後は本家と分家が集まることはないと聞く。

Ⅰ12（一九二四年生まれ・男）の家は一〇代目になる。一七〇二（元禄十五）年に没した先祖の位牌を祀る旧家である。Ⅰ12は古い分家は親族ではないと考えており、大体五代目までを遡って分家と認識してつきあっている。

Ⅱ11（一九三九年生まれ・男）の家はⅡ11で六代目になる。ここでは、本家と分家のツキアイは二代くらいと考えている。

Ⅱ4（一九三一年生まれ・男）の家は八代目で、初代の位牌には没年が寛政年間（一七八九～一八〇一年）とある。現在も本家とツキアイがあるが、葬式と法事に限られ、しかも本家から一方的に与えられる関係になっている。例えば、本家にアンナイをすると香典が贈られてくるが、Ⅱ4からは香典を贈らず、葬式に参列もしない。本家からアンナイをされることもない。Ⅱ4は親の葬列では本家に役割を依頼して葬列に加わってもらっているが、本家の葬式ではアンナイされず、一般参加者と同じく巻花を持って参列した。

以上のように、本分家関係は一方的なツキアイとなる。一方、シンセキ関係は助け合いの精神でつきあうので、与えられただけ同量を返すのが決まりであり、この点が本分家関係と大きく異なる。

【カブウチ】

同族をカブ（株）やカブウチ（株内）という。名字に付けて「Ngカブ」や「Anカブ」などと呼んでいる。同じカブウチだと「お前のところは株内じゃけえのお」といったりする。次に説明するイッケと異なり、カブウチには嫁のシンセキが入らない。カブウチは「枝分かれした家」で、島に最初に移住した家とそこからの分家で構成される。したがって同姓でもカブウチとは限らない。An姓のカブは近世初頭に異なる先祖が違う時期に来島したと伝えているため、島には二株があるとされている。Kt姓の場合も、北木島から来島した石材業を営む家は同じカブウチに入らないとされている。

第二次世界大戦後もしばらくは共同漁撈が盛んで、漁師が村組と称する漁撈集団を形成してイワシアミ漁を行っていたが、その頃はカブウチが頻繁に集まったと聞く。当時はカブウチ同士で「おい、株、こっち来いや」と呼び合っていたと聞く。一九五〇年代にイワシアミ漁が解体したのでカブで漁撈を営むことはなくなり、カブ同士の関係に対する意識は弱まっている。古くはイッケと同じように冠婚葬祭を中心としたツキアイがあったというが真偽は定かでない。

カブウチは本分家関係なので「シンセキよりも広い」だとか「濃い」といったように島の住民は考えている。しかし、カブウチは同姓というだけで現在特別なツキアイがみられない。時々冗談で「カブウチじゃ」といわれる程度で、カブウチに対する義務や権利はみられない。そして、カブウチを構成する本分家関係はシンセキとしてツキアイを行っている。同族の集まりとしては、Km姓は現在も向条地区の「妙見さん」と呼ばれる妙見神社を一族で祭祀しているが、他姓には同族祭祀がみられない。

## ⑵親類と嫁の生家

【シンセキ・イッケ】

親類は自己中心的構造をもつことが指摘されているが、白石島ではシンセキ・イッケ・イッケウチという（本書では「シンセキ」と表記する）。なかでもイッケやイッケウチの語が古く、シンセキの語は戦後になって頻繁に用いるようになったとされる。本家や分家もシンセキの一員としてツキアイが行われている。島民の間では「シンセキはイトコまで」と一般に考えられている。成員には、キョウダイ、オジ・オバ、イトコなどが入る。また、イトコの子（あるいは親のイトコ）はイトコハン（いとこ半）といい、イトコの子同士はフタイトコ（二いとこ）という。イトコハンやフタイトコになると「イトコの端くれ」といわれてシンセキツキアイは希薄になる。ところがシンセキには明確な成員基準がない。父方と母方のいずれもつきあうが、父方のシンセキの方が「強い」や「濃い」と考えられていてツキアイが重視される。シンセキには姻族も含まれるので、妻やその親族のほか、兄弟姉妹の配偶者やその血縁者もシンセキになる。

シンセキにはツキアイの差がある。島では「濃い」とか「薄い」といった認識でツキアイが行われている。また、「このことならあの人に頼めば力が強いから」といった考え方をもっているので、ツキアイの差がみられる。また、居住の相互距離によってもツキアイが異なる。例えば、葬式のアンナイは白石島の居住者にはイトコまでに出すが、イトコであっても島外居住者にはアンナイを出さないことがある。カブのような同族組織と違ってシンセキの成員規制は曖昧だが、血族や姻族・養縁などの関係に限られる。よってそのほかの者に対しては排他的であり、タニン（他人）と呼び、冠婚葬祭に招くことはない。また、シンセキは家関係である。例えば「あそこはイッケ（シンセキ）じゃ」

とか「うちの○○とイトコじゃ」といって家同士でつきあう。シンセキ関係は島内を覆う形で錯綜しており、つながりは強固である。一九五〇年代には島の人口は二〇〇〇人以上を数えたが、当時はそれぞれにシンセキをもち、島民同士のことがよく認識できたという。現在も「島内《しまうち》だから元をたどれば他人の家などない」だとか「イトコやフタイトコになると島中が全部つながる」といわれる。

島のツキアイは派手で金銭がかかるという話は頻繁に聞く。「幸不幸」を中心に冠婚葬祭や年忌法事に付き合う。最近は高齢化で「死に生き」のツキアイが多くなっている。盆や正月になると、シンセキ同志が頻繁に行き来している。以前は農作業や屋根葺きのほか、姉妹が嫁いだ婿が船を新造した時は、餅・オミキ・金銭などを持参すると、家や旅館に招かれて御馳走が振る舞われた。病気見舞いは現在も盛んである。

I8（一九二三年生まれ・男）のシンセキツキアイは、葬式・結婚式・子供の祝い・建て普請などである。総体的にみて祝事よりも不幸時に多く交際している。結婚式はキョウダイやオジ・オバまでのツキアイである。病気見舞いは現在も行っている。I8が以前に入院した時はシンセキを含めて一〇〇軒近くの見舞いがあったといい、見舞い金の総額は一〇五万円に及んだという。また、二〇〇〇年に妻が入院した時には約一二〇軒から見舞いがあったという。貰った金額の半分を返礼している。また、妻の生家は白石島にあるため親密なツキアイが行われており、盆と正月には贈答がある。妻の生家へは「オヤネだから」という考えと「妻の先祖へ」といった気持ちから五〇〇〇円程の中元や歳暮を贈る。逆に、妻の生家からは同額程度の乾燥海苔などを貰っている。また、イトコなどの親族になると、訪問時にみかんなどの手土産を持参する程度で、互いに中元や歳暮は贈答しない。総体的に盆暮れよりも法事の交際が頻繁である。

I4（一九一七年生まれ・男）のシンセキツキアイは、島外の息子たちとの盆や正月のツキアイが中心である。シンセキは退職した高齢者が多く、日常はそうしたシンセキが頻繁に遊びに来ている。また、盆と年忌はシンセキが先祖供養に集まる。盆は仏壇だけを参るが、年忌には墓も参っている。八月十三～十五日までが盆で、十六日は送り盆と呼んでいる。この内で十三～十五日のいずれかにシンセキが訪れて来る。死者があった年のシンボン(新盆)は、親子兄弟や日常からツキアイがあるイトコは必ず来るという。正月はシンセキが集まる風習があり、半農半漁が多かった白石島では、生業暦の関連で「正月が唯一の娯楽」という考え方が一般的だったからである。

以上のシンセキツキアイは世代交代によって希薄になる。島には真言宗や日蓮宗などの仏教徒が多く、法事は五十年忌まで行い、五十年忌を境にシンセキとタニンを区別している。

【オヤネ】

妻の生家は、サト(里)やデショウ(出所)のほかにオヤネという。分家した弟が本家のこともオヤネと呼ぶが、オヤネとは「親の住む家」を意味するからである。また、デショウは生家の意味でもあり、家を出た者が養家や本家の意味にも用いている。一方、姻族は「嫁さんのシンセキ」と称してツキアイをする。例えば、嫁を迎えるとそのキョウダイやシンセキを招くのが仕来りである。特に妻は生家であるオヤネを頻繁に行き来する。妻の生家とのツキアイの期間は短く、世代交代によって一代で途絶えたりする。そのために分家の方がツキアイは「濃い」と考える人がいるが、オヤネはシンセキのなかでも特に懇意な関係であり、子の養育に深く関与している。

日常生活においては妻の生家の役割が大きく、妻が気軽に赴くような関係にある。ここでは遠方婚における里帰りのような意識はない。なぜなら島内の結婚が多く、生家は離れていても一km以内の距離である。なかには妻の生家が隣近所であったり、一〇〇m以内の近距離の例がある。そのような例では、嫁に来ていても里にいるような心持ちだという。時折妻が生家に帰ることがあっても、その日のうちに夜までに帰るのが一般的である。生家に帰るのは妻の自由である。しかし、近年は島外婚の普及で船に乗って嫁ぐので、以前のような気楽さがなくなっている。

## 三　白石島の出稼ぎと家族

白石島は出稼ぎが盛んな地域で、出稼ぎが家族のあり方に大きく影響している。高度経済成長期以降は島を離れて都市就労につく若者が急増している。しかし、この中には、その後も島を行き来する者が少なくない。なかには出稼ぎ先の住まいを引き払い、再び島に戻る者がいる。白石島では世帯主の六四・八％（二二七人）が島外居住の経験者であり、島外居住期間は平均で一六・五年に及ぶという報告がある［中桐　一九九四］。

瀬戸内海域の島々の住民にみられる生業活動は、松田睦彦がいうように、従来の「出稼ぎ」や「移住」では理解できない部分が大きい［松田　二〇一〇］。島の住民にとって島外の都市部は身近な場所である。近年は都市就労が一般化しており、島の住民は島の内外を気軽に行き来しながら家族と暮らしている。

ここでは現代の出稼ぎという生業活動を通して、白石島における家族の特性を明らかにしていく。一九五〇年代の高度経済成長期の白石島では、大阪湾周辺の艀乗り[17]としての就労者が数多くみられたため、大阪湾周辺の艀乗りに従事した白石島の住民とその家族の事例に注目してみていきたい。

### 1　大阪湾の艀乗り

#### ⑴従来の艀乗りの視点

大阪湾の艀乗りについては、戦前から大阪市や大阪府が「水上生活者」の観点から社会調査を実施している［大阪市社会部調査課　一九三〇・大阪府学務部社会課　一九三七］。これは近代の都市研究を進める上でも貴重な資料といえる。ただし、これらは不衛生で劣悪な生活状況や児童の就学率の低さなど、社会病理としての「水上生活」ばかりに強い関心が示されている。さらに従来の艀乗りの研究では、就労先の都市社会における分析が大部分であったため、艀乗りの出身地における分析はほとんどみられない。また、都市社会においては、艀乗りの劣悪な生活状況は社会病理として指摘されたが、一方で、艀乗りたちの出身地では社会問題として取り上げられることはなく、むしろ都市就労を推奨する傾向すら窺える。

以上から従来の研究の偏重がわかる。しかし、艀乗りについては、就労先の都市と出身地の地方との双方の社会から分析しなければ、艀乗りの社会生活を含めた全体像を理解することはできない。

### (2) 艀の形状と地域差

艀とは、港湾や河川において、沖合いの本船とオカ（陸）を行き来する小型の貨物運搬船で、その船頭を艀乗りという。白石島では艀をダンベ（団平）やフネ（船）といい、艀乗りのことはダンベノリ（団平乗り）やセンドウ（船頭）という。しかし、艀が木船から鉄船に移行した時代になると、港湾関連の就労者の考え方が次第に改善されて、ダンベノリではなく船長と呼ぶようになった。

各地の港で積載物が違い、艀の形状や呼び名は異なる。ただし、港間で艀乗り同士の交流はなく、艀乗りたちはほかの艀を異質に感じていたようである。艀乗りだった島民の話では、大阪湾に入港していた各地の艀をみて、その形状や業務の特徴を次のように捉えていた。東京のダルマ（達磨）は丸形、名古屋はエンジン付きの船に似た形、神戸のチョキ（猪牙）は部屋があって格好良かったという。神戸では一年中あらゆる食材を運び、正月はお節料理や数の子のほかにも小豆・団子・メリケン粉などの食材を運んだという。また、九州の艀は石炭ばかりを積んでいたが、これに対して、大阪の艀は「べたっと平ら」で何でも運んだが、鋼材が多いのが特徴であったという。

### (3)瀬戸内海の島社会と大阪湾の艀乗り

近年、艀はコンテナが普及して減少したが、かつては大阪湾に多くみられる主要な輸送手段であった。巨大な本船は堤防で荷を降ろさずに沖合いに停泊して、そこから艀を使い、セドリ（瀬取り）と称して荷物を積み込み、荷揚げ場まで運搬して降ろした。艀の運送ルートは無数にあるが、積荷の荷揚げ場で決まっていた。時には河川を遡って大阪城の近くまで運んだ。艀で川を上流へ遡ると川幅が狭い場所があり、積荷を満載していると船底があたる危険な場所がある。また、帰路は空船になるので橋にあたらぬように水を積んで引き返したように、艀を扱うには技術を要した。また、鋼材を扱う会社は数多く、遠方だと大阪で積んでから海路を通って、兵庫県の姫路市や加古川市まで運搬した。

大阪湾で艀が増えるのは、第一次世界大戦（一九一四〜一九一八年）の影響で阪神の港が活気付くようになったからである［笠岡市史編纂室　二〇〇三　五九五］。当時は笠岡諸島に限らず、瀬戸内海の島々からも多くの人が艀乗りになっている。笠岡諸島では六島の島民が先駆けて、鮮魚を運搬する活船の船頭から艀乗りに転向している［河野・石田　一九五九］。

艀乗りは水上生活者が多く、当時は深刻な社会問題になっていた。昭和初期になると、大阪府や大阪市が水上生活者の社会調査を実施している。大阪府の調査をみると、一九三〇年にすでに艀は二八四三隻、人口は一万一一六七人に及んだことがわかる。一世帯に平均三・九三人が暮らしたことになる。そのうちで船住者、つまり水上生活者は六五・三％に及ぶ。艀乗りは、本籍をそのまま故郷に残している。最も多いのが広島で（二八・五％）、次に岡山（一五・〇％）、大阪（九・三％）、香川（八・一％）、徳島（七・五％）、愛媛（六・四％）、兵庫（六・四％）等の順になる［大阪府学務部社会課　一九三七］。このように瀬戸内海域の出身者が大半を占めている。

### (4) 白石島からの艀乗り

白石島で艀乗りが増加したのは高度経済成長期である。戦前はそれほど多くはない。戦前の白石島では漁業が盛んで、大阪湾まで船団を組んで出漁している。戦後も漁船は帆掛け船で、エンジンは付いておらず、櫓を漕いで大阪湾まで漁に行っている。戦前は大阪湾で一本釣りをしてコチやスズキを市場へ卸すと島の倍値がついたという。島の近海で釣り上げて活船で大阪まで運搬するよりも利益が出たので、島民は少なくとも半年は家族を島に残して阪神方面に出漁していた。このように戦前から島民の移動性は高く、高度経済成長期以前から島民の間では島を行き来する生業活動が盛んに行われていたことがわかる。

白石島で艀乗りが広まったのは、隣接する北木島の出身者の中に大阪で海運業を始めた成功者がいたことによるとされる。口利きでその会社に入った人が多い。艀乗りになるにはシンセキが大きな意味をもつ。シンセキ同士で話を持ち合って仕事の世話を頼むのである。特に早くから大阪に行った人の中にはフナマワシと呼ばれる海運会社の責任者になる者がいて、島からの口利きとして大いに活躍した。ところで白石島では、昭和二十年代にイワシアミ漁が不漁になり、共同漁を行ってきた村組と称する漁撈組織が解体する。当時、島民の中には、漁業に見切りをつけて都市就労者となる者が現れ始める。艀乗りもその一つである。正確な実数は把握できないが、艀乗りの体験者の話では三〇～四〇人はいたと聞く。一九四九年は白石島において後にも先にも一回切りの大漁年だったという。大漁によって当時の納税額は高額となり、一〇〇円札を袋に詰め込んで税金を納めに行ったと語り伝えている。当時、イワシアミ漁の出資株を大口で持っていた網元の中には、大漁年の稼ぎを元手に艀を新造して阪神方面に持ち込み海運業を始めた人がいる。

昭和三十年代の神武景気(一九五六〜一九五七年)や岩戸景気(一九五八〜一九六一年)では、各地で橋梁を建設するようになり、艀業がその鋼材の運搬で栄えたという。しかし、昭和四十年代になると下火になったという。さらに近年は大型船が港の堤防に係留して荷を降ろし、港からはコンテナ輸送の方法を用いるようになったので、艀数は以前よりも減少している。そのために白石島からは艀乗りになる人がいなくなっている。ただし、現在も本船から直接に積荷を陸揚げできない場所があるので艀が利用されている。大阪港の天保山付近では現在も艀が活躍している。艀数は以前より減少しているが、近年は輸送量が増加したので艀が大型化している。以前は一〇〇tや一五〇tが大型の艀であったが、昭和四十年頃を境に木船から鉄船に移行したために、近年は五〇〇tや一〇〇〇t級の艀が一般的である。

艀乗りが活況であった当時、白石島から艀乗りになった人たちは大阪市の港区や大正区などの港付近に住んでいた。大半は海運会社に雇われたので、長男のように家の跡取りであれば定年後に帰島した人が少なくない。艀が衰退した現在も阪神方面の就労者は数多くみられる。艀乗りに限らず、島の住民の約半数は、一度は島を出て暮らすといわれている。

### (5)艀乗りの二種

艀乗りには二種類がある。一つは個人船主と称され、自身で新造して持ち込んだ「チャーター船」の艀に乗る人である。もう一つはヤトワレ（雇われ）と称され、会社に雇用されて「社船」に乗る人である。

艀を新造するには大金を要するので、白石島ではわずかしかみられない。一九六九年に三〇〇ｔの鉄船の艀を新造したⅡ13（一九四二年生まれ・男）は、当時五五〇万円という大金をシンセキ中から資金として集めている。一方、会社が所有する社船を借りて艀乗りになる場合は艀を新造する必要はないが、会社からは社船の使用料が徴収された。しかし、仕事が次第に減ると、個人船主の中にも会社に艀を買い上げてもらって社員契約を結ぶ者がみられるようになった。

白石島からはヤトワレの艀乗りが多い。その中には、先に島を出て行って艀で商売をしていたオヤカタに雇ってもらう者や、あるいは社船に乗船するヤトワレがいたが、なかには会社と個人契約をして艀を新造する者がいた。その中には、さらに一隻、二隻と艀を増やしていき、島から人を連れてきて船頭として雇うような商才をもった者もいた。しかし、こうした商売上手な者は多くは出なかったようである。

### (6) 操船技術

艀はエンジン付きの独航船と違い、動力船のボートが牽引する。艀の牽引方法に対しては次第に規制が厳しくなったが、三〜四隻の艀を牽引することがあった。艀は独航船のように操船技術が必要である。空船になって夜に潮が十分に引くと、夜中でもボートが来る所まで艀を出しておかないといけない。島の出身者であれば海に出るので、容易に艀の操作を会得できた。また、潮の干満による潮流の違いが生じても、それに応じた操船方法は、島の出身者であれば勘で理解したという。また、昭和三十年代までは四ｍはある櫂で艀を操船したので、ベタ足だと艀乗りが向いているとされた。また、艀は船舶免許が必要なく、機敏であれば誰でもなることができたので、白石島からは中学卒業と同時に艀乗りになる者がみられた。

### (7)海運会社

白石島の人々が艀乗りとして雇われたのは、M社やF社がほとんどである。どちらも船着場は大阪港の桜島埠頭にあった。ほかにも数社の名前を聞く。M社は隣の北木島の出身者が創業者であり、艀とトラックの部門に分かれていた。三〇隻ほどの艀を扱っていた頃は、トラック部門と事務員を含めると社員は七〇～八〇人を数えたという。一方、F社は淡路島の出身者が創業者である。現在は廃業しているが、一時は一四～一五隻の艀を扱い、その中で社船は約五隻を所有していたという。白石島からも一時は八人の社員がいたという。なお、大阪港には鋼材を扱う海運会社が多く、当時の鉄鋼業は大手二社に分かれていたようで、海運会社もどちらかに属したという。

### (8)艀乗りの階層

一二〇ｔほどの艀は一人で操船したが、積荷時は艀乗りが指図しながら四人ほどの仲間が加わって積載した。艀には積載方法が決まっており、適当な積み方をすると艀がねじれ、淦《あか》飲《の》みと称して船底に水が溜まる。それを防ぐために、木造の艀は朝晩に潮をかける。冬場は不要だが、夏場は木が乾燥して水が入るのを防ぐために欠かせない。ほかの艀であっても、若い艀乗りがいないと、ワカイシュの立場であればほかの艀にも水をかけねばならない。この作業は船頭になるまで行った。最も古株の船頭は大船頭と呼ばれ、三〇人ほどの船頭を束ねたという。大船頭になると社長に対しても対等に意見を述べる立場にあり、実力があって皆から尊敬される存在であったという。

### (9) 勤務時間

会社に雇用される艀乗りの就労形態は、労働組合の活動が盛んになる以前は劣悪である。通常は朝の六時に仕事が始まり、夜の八時や九時になっても就労したが、時間外手当は支給されず、土日も休みなく就労した。

艀乗りは朝に会社へ出勤して仕事の有無を確認し、仕事がないと一日中待機することになる。荷物を運搬して積み込みが完了すれば終業になったので、早く積載して早く終業できる仕事が与えられると運が良いが、仕事の内容次第では終業時間が遅くなった。本船の船底に積む場合は、ハッチが開くとすぐに積めるので早く退勤できる。積載が終了すると会社に連絡を入れてボートを呼び、艀が牽引されて終業となる。稼ぎはいかに多くの荷を運ぶかにかかっている。ただし、短時間で積載を終える上で重要なのは、川の水門の開閉時間が潮の干満で決まっていたので、それを知り尽くしていることが必要であった。

オールナイトと称して艀乗りは仲間と朝まで働くことがあった。大阪では神戸に比べて労働組合への加入年代が遅れていたため、非組合員であった大阪の艀乗りが神戸に行くと帰らないように指示が出されることが頻繁にあったようで、三日間はオールナイトをさせられたという。しかし、沖合いの本船に係留されるだけで仕事がないことも多く、会社と個人契約をしている艀乗りは一晩で一銭の稼ぎにもならないことがあったという。

### (10) 前借り

後述するⅡ6（一九三二年生まれ・女）の事例からみる。Ⅱ6の夫はF社の社船に乗っていた時期がある。一九六一年の当時、給料は月末に支払われた。ほかにも月貸しや中貸しと称して、社員ならば一ヶ月に五〇〇〇円の前借りができた。中貸しはその呼び名からわかるように中旬の十五日に借りて、それを半月の生活費にあてた。いずれの海運会社でもこのような前貸しを行っていたようで、賃労働の魅力だったといえる。

## ２　艀乗りの家族生活

### ⑴艀乗りになる

艀乗りになって島を出て行くには、シンセキを頼ることが多かった。先に阪神方面に出て行った人たちは、さらに島からシンセキの若者たちを呼び寄せている。また、海運会社の管理職になるフナマワシには、白石島からは二〜三人がなっている。そうした人は多くが島の資産家で、早くから漁業に見切りをつけて網元を廃業し、艀を新造して島を出ている。例えば、ボート免許を取得して乗船し、やがてオカに上がってフナマワシになった人がおり、そうしたフナマワシを頼って、漁師を廃業して艀乗りになった若者が島には多くみられた。

島からの艀乗りの大半は海運会社に雇用されている。一方で、島の人たちは口伝えに聞く噂話にとても敏感で、資金があると艀をつくって海運業を始めた人がいる。笠岡諸島の島々でも、借金をしてでも個人船主で儲けようと考えて阪神方面に出た人たちがいる。しかし、艀業を始めた家とまったく縁つながりがないと、都市部でほかの労働に就くことになる。縁つながりがあっても、都市就労の選択肢はさまざまである。電気屋の住み込み、工場におけるハム製造、左官の見習いなど多様である。なかでも白石島からの艀乗りが多かったのは、船乗りや船主への憧れが強かったからである。

白石島では家業が選択的で継承されにくい特徴がある。家長と嗣子が違う生業に従事することが少なくない。また、頻繁に家業を替えている。さらに家の経営は複数の生業で成り立つ面が大きい。それも農業や漁業の枠でなく、まったく業種の異なる複数の生業が収入源となっている。その上、本業や副業の区別が不明瞭で、相互に入れ替わりが容易である。時には季節労働が生計上で大きなウェイトを占めることがある。このように白石島における家の経営は、いわば選択的複合経営で成り立っている。

島では、手に職が多いほど好まれる。これはかつての白石島で盛んにみられたオヤカタドリ（親方取り）の風習にも示される。成年期になると誰もが筆親を選んでムスコ（息子）やムスメ（娘）にして貰った。そして年老いた年齢層になると、漁師と大工のように二つの仕事をもつ者が多かったというが、それは父親が漁をしているとテゴと呼ぶ手伝いをする一方で、筆親が大工だとそのテゴもして技術を会得したからである。

白石島では夫婦の独立性が強く、それが家の経営のあり方に表れている。そもそも家業という考え方が希薄である。そして、家の経営は家族員個々の生業活動の集合で成り立っている。例えば後述するⅡ6の夫は同居する父と一緒に大工で生計を立てていたが、跡取りであるにもかかわらず、結婚した翌月に妻であるⅡ6を連れて島を出て艀乗りになっており、夫婦の強い独立性が窺える。

本調査時に八十歳代だった島民には、特に漁師をやめて艀乗りになった人が多い。この年齢層は、十三歳頃に漁師になり、二十五歳頃から会社を定年退職するまで艀に乗っていたというケースがよくみられる。定年後は島に戻って漁業や農業に従事している。次の事例は、艀乗りにはならなかったが、十五年間を島外で暮らした男性である。

〔事例1〕Ⅱ4（一九三一年生まれ・男）

小学校を卒業後に漁師となっている。イワシアミ、マスアミ（定置網漁の一種）、フカシ（イカナゴ漁）などを行った。イワシアミとフカシは白石島近海で操業したが、マスアミでは父と二人で香川県の仁尾町（現在の香川県三豊市仁尾町）まで出漁して春の三ヶ月ほど漁をした。祖母が亡くなるまで漁師をしている。その頃、父は身体が弱く、祖父は老齢だったために漁を廃業している。その後は二十四歳（一九五五年）で大阪に出て、トラックの運転手を七〜八年勤めた。その間、タクシーの運転手を二〜三年勤め、この時に二十八歳で結婚している。妻は同時期に大阪に働きに出ていた白石島出身の娘である。その後はクレーンの免許を取得してトラック・クレーンの運転手をしている。当時は大阪万博の工事現場などで働いている。大阪万博が終わった三十九歳（一九七〇年）で帰島した。帰島後は島から笠岡市街まで定期船で通勤してタクシーの運転手をした。タクシー会社を退職後は島で畑仕事をして家族と生活している。

Ⅱ４は長男であったので、老齢になってからは家長として家族と島で生活している。上記のように、白石島の住民は就労可能な年齢内であれば、島の内外を行き来しながら何度も職を変えるケースが多い。なかには約六〇の職種を経験した年配者がいる。

### (2) 夫婦で出稼ぎする

島においては、都市部に出て働くには相応しい年齢があると考えられている。艀乗りになるには若い働き盛りの年齢で行っている。早ければ独身期である。あるいは結婚していてもまだ子がいない年齢や、子がいてもまだ幼少時である。出稼ぎでは島に老親を残す家族形態となるので、親子が別居になる。夫が単身で出て行くこともあれば、結婚していると妻がついて行くこともあった。オカに住まいを移すまでは、妻は同船して夫を手伝っている。子が生まれると島の祖父母に預けた。ほかにも最初から子を連れて行く人もいれば、途中から子を呼び寄せる人もいた。いずれも親夫婦と子夫婦が別世帯となるのが特徴である。そして家長や嗣子であっても島を出て働いている。

夫が単身で出稼ぎに行くと、妻が時々は会いに行っている。夫に浮気をさせずに真面目に働かせ、妻はその様子を確認しつつ夫から生活費を貰ってくるためである。例えば宮本常一は、愛知県佐久島から横浜に出稼ぎに行った艀乗りについて報告している。そこでは、佐久島で帆船の舸子から艀乗りへの転業が発生した理由の一つとして「夫婦いっしょにいさえすればイザコザのおこることはない」という「老女の知恵」があったことを述べている〔宮本 一九八六 一一五〕。この宮本の一節からは、夫婦とその家族のあり方が島の生業形態に規定されていることがわかる。

同じく笠岡諸島の六島でも、同時期に阪神方面に多くが艀乗りになって島を出ている。河野通博らの報告によると、六島でも白石島と同様に、水上生活や陸上生活といった居住形態に関係なく、家長や長男が島を出ている〔河野・石田 一九五九〕。このことから、六島では直系家族の同居よりも稼ぎが優先される社会であったことがわかる。

白石島では島を出て行かないと食べていけず、長男でも島から働きに出ることはまったく珍しくなかったという。そして「大阪に住む」といった大げさな考え方はなく「ちょっと出て行く」といった軽い気持ちで島を離れているのが特徴である。それに長男が島を出て行っても、将来は親の面倒をみるために島に戻らなければならないという考えを持ち合わせていたという。

### (3) 水上生活

次の事例で語られるように、艀乗りは一定の船着き場を生活の場とし、そこで会社から仕事が入るのを待った。

〔事例2〕Ⅱ13（一九四二年生まれ・男）

海運会社のM社に勤めていた頃、会社の中継基地は大正区南恩加島にあった。そこを船着き場にしていた。夜になると三〇隻は下らない艀がいた。他の会社の艀もいた。仕事がない時はこの船着き場で待った。艀にはすべて三号、四号、一〇号と号数がつけてあって、フナマワシが号数を呼んで荷物を積んでくるように指示を出した。積んで帰ってくると次は本船がいる場所のブイの番号が言い渡され、そこへ荷物を降ろしてくるようにフナマワシから指示が出た。

艀乗りとその家族の多くは、島を出てからしばらくは船上で水上生活をしている。水上生活は、労働組合や会社からオカに上がるように通達が出るまで続けられた。ただし、水上生活といっても絶えず船で移動するのではなく、生活の場は一定している。水場がある船着き場などが生活の場となっている。

大阪港には安治川・尻無川・木津川の三河川が並行して注いでいる。尻無川の河口は艀乗りの船着き場の一つで、そこで水上生活をする一家があった。尻無川の河口では、川幅が狭くなる程の四〇～五〇隻のさまざまな会社の艀が停泊していたという。船着き場では、艀乗りが所属する会社が異なっていても家族同士で親しくなり、交流が生まれた。また、瀬戸内海の島出身者が多く境遇が似ているため、親密になりやすかったのである。例えば、Ⅱ６（一九三二年生まれ・女）は、広島県因島出身で子供がいた艀乗り夫婦の家族と船着き場で親しくなっている。

**(4)船の家**

Ⅱ６は夫とともに白石島を出ており、次のような水上生活の体験を語っている。

〔事例３〕Ⅱ６（一九三二年生まれ・女）（図１‐22）

一九五七年に結婚した。結婚した翌月に夫が大阪に出て艀乗りになると言い出したので、夫について行くことにした。大阪に行ってから三人の娘を産んだ。船の家の生活は危険なので、娘たちが幼い頃は島で祖母が育てた。しかし、祖母は子供が親と離れて暮らすことに反対だったので、長女が小学一年生で次女が幼稚園児だった夏に二人を大阪に呼び寄せ、港区池島二丁目の「海の子の家」と呼ぶ寮に預けた。寮は大阪市が運営しており、親が船乗りで家を持たない子供たちを預かっていた。寮は小学生と中学生が別々になっていて全員で一〇〇人ほどが

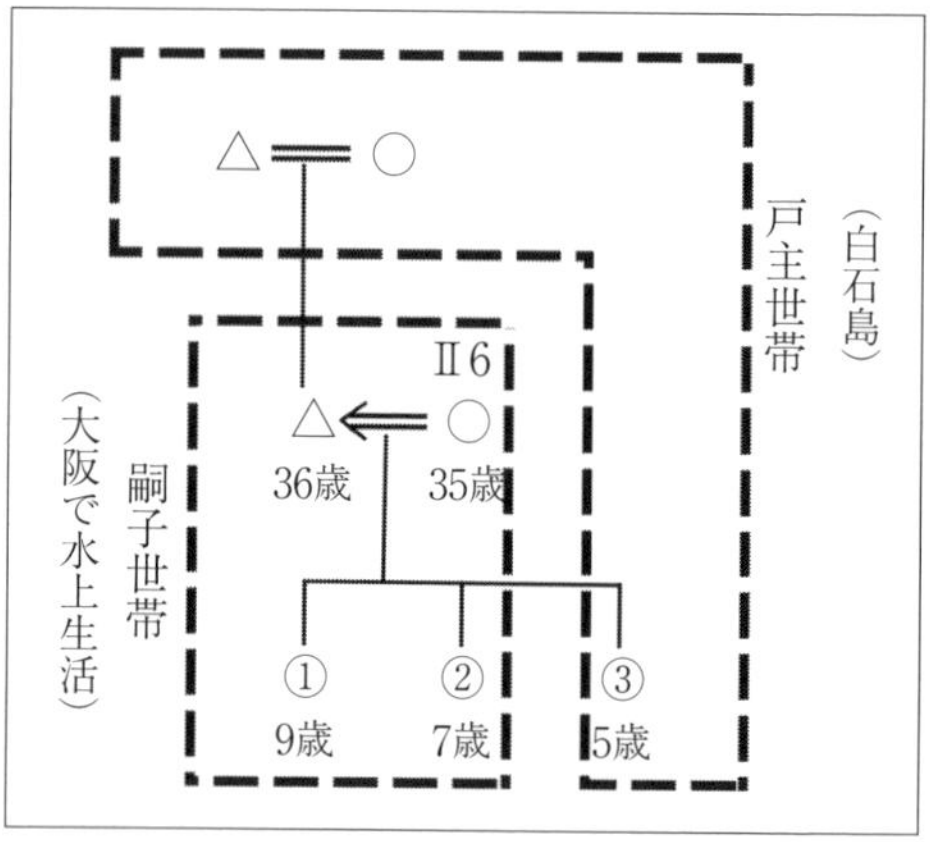


〔凡例〕

| | | | |
|---|---|---|---|
| Ⅱ6 | 話者記号 | △＝○ | 夫婦関係 |
| △ | 男 | △⇐○ | 夫方居住婚 |
| ○ | 女 | ①②③ | 長女、次女、三女 |
| ｜ | 親子関係 | | |
| ⊓ | 姉妹関係 | | |

**図1-22　白石島からの艀乗りの嗣子別居（1967年）**

いた。毎週土曜日になると夫婦で迎えに行き、週末は親子四人で過ごして、月曜日にまた寮に送り返した。長女が小学三年生の時に、Ⅱ6夫婦が「船の家」を所有していて家族の住まいがあることが寮に知れて、娘たちは寮を出なければならなくなった。それからは親子四人で「船の家」で水上生活をした。娘たちは「船の家」から学校に通い、娘たちは当時それが普通の生活だと考えていた。艀の運搬ルートは積荷によって異なる。時には娘たちを乗せて道頓堀のネオン街を通った。娘たちは嬉しそうにネオンにじっと見とれていたが、水上生活はたいへん惨めなものだった。橋の下を通ると上から人が覗くので、夫は妻子を見られるのが恥で「覗くな」とよく叫んでいた。また、怖い思いもした。大阪城の裏辺りまで行った時は、夫の留守中にアパッチ族(18)が何人もやってきて「ほいっ、ほいっ、ほいっ、ほいっ」と掛け声をかけながら、積荷の銑鉄を奪いに来ることがあった。

水上生活をする艀は「船の家」と呼ばれた。トタン屋根を乗せて一家が住めるように簡単に作り替えている。Ⅱ6のように、艀の船内に間仕切りをしてイトコと一緒に住む家族もいた。船着き場には、水上生活を営む艀がいくつも川岸に停泊していた。艀乗りたちは水上生活をするにあたって許諾を得ることはなく、当時はその必要もないと考えていたといい、また、他から苦情をいわれることもなかったという。

艀は大小さまざまだが、一般に全長が二〇mほどの艀がよく使われた。前をオモテ（表）といい、後をシモ（下）という。生活の場はオモテになる。生活の場からシモに向かって一五mほどが運搬する荷物の置き場となる。そこに屋根はない。そのために濡れてはいけない荷物はジョウドマイタで覆った上部に、さらにシートを掛けて防水の工夫をした。ここには鉄道レールのような長い荷物も積むことができた。

艀の生活空間はわずか二畳ほどの広さしかない。他には押入れが付属する程度である。そこに夫婦や子供が暮らした。天井は低く、立って歩くことは無理である。電気はなくランプで過ごす。ここには板間のダイドコロがあり、ガスやコンロがある。水上生活では水が重要で、水タンクには常に約一tの水を貯えていた。水タンクは杉材で作ると水が腐りにくくて重宝された。荷揚げ場には水道があり、ホースを引いて貯えて大切に使った。水が貴重なので米を研ぐのは海水で、当時の天保山の海水は研ぎ水に使えるほど澄んでいたという。食料を手に入れるには、商いをする船が食料を積んで艀まで頻繁に売りに来たが、島の人たちはオカに上がって買い物をした。

水上生活は絶えず危険が付きまとう。親にとって子の転落が最も心配の種だった。白石島では三〜四人の子が艀から転落して亡くなったという。そのために子が幼い頃は島で祖父母が育て、物心がつく頃になると呼び寄せて大阪の学校に通わせた。

**(5)オカに上がる**

次の事例で語られるように、艀乗りとその家族は水上生活を経験後に次第にオカに上がり、港周辺に住居を移して生活している。

〔事例４〕Ⅱ６（一九三二年生まれ・女）

船の家の生活をやめてからは、港区池島に住宅を購入して移り住んだ。大阪には市営住宅が数多くあったが、持家がないと夫が病気になった時に家賃が払えなくなるのが不安だったからだ。住まいは大阪市の土地に建てた文化住宅だったが、それでも持家があることに満足だった。しかし、夫が一人っ子の長男で跡取りなので、島を出た時からずっと島に帰るつもりでおり、島にも住居を建てていた。

妻子に水上生活をさせるのは良くないとして、次第に労働組合や会社からオカに上がるように通達が出されている。そのために、白石島の人たちは収入が幾分上がるようになると、大阪市の港区や大正区の港付近に民間アパートや市営住宅を借りたり住居を購入している。また、昭和四十年頃からは艀業が次第に不景気となり、仕方なく艀乗りをやめてオカに上がる人が現れ始める。それからは海運業と関連のない工場で働く人もいたが、海運会社の倉庫などの海運関連の仕事に多くが就いている。島に戻っても仕事がないので、艀業が衰退してからも仕事がある限りは辛抱して働こうという考えを持っていたようである。

白石島の人たちは港区や大正区などの港周辺に固まって住んでいる。町で会えば心安く声を掛け合っている。港区の八幡屋には大きな市場があり、生鮮食品などが手に入ったが、そこに行くと白石島の人が艀から上がって買い物をしていて頻繁に出会っている。大阪に現住する白石島出身者の話では、白石島の出身者は現在も交流が盛んだという。

また、オカに上がると妻は仕事をもったが、妻の稼ぎは島の両親への仕送りや子育ての足しになった。艀乗りとその家族は、島に住居を所有していても、出稼ぎ先にも住居をもちたがっている。しかし、住居を手に入れても、夫が長男だと将来は島に帰る考え方をもっていたため、定年になってから住居を引き払って島に戻った夫婦が多い。

## 3　艀乗りと故郷のつながり

### (1) 仕送り

次の事例で語られるように、艀乗りは妻と共働きで島の家族へ仕送りをしている。

〔事例5〕Ⅱ6（一九三二年生まれ・女）

三女がまだ幼ない頃は、福島区野田の保育所に預けて、妹の家に内職に通った。それで保母さんが港区で働ける仕事を紹介してくれた。そこは大阪府勤労者福祉協会が運営する出稼ぎ労働者の宿泊所だった。そこに一九七〇年から一九九三年まで二十四年間働いた。島で一番の稼ぎだったと思う。艀乗りの夫の給料と年金だけでは島に住む夫の親に仕送りをして娘三人を嫁がせることができなかった。大阪に出たことで自分にも年金をかけることができて良かった。

大阪湾周辺に出て行った艀乗りとその家族をみると、島の家族とつながりがみられる。例えば、島に残した老親に仕送りをしている。河野らによると、同じ笠岡諸島の六島でも仕送りをしていた事例を報告している［河野・石田一九五九］。妻の稼ぎは仕送りにも使われている。

### (2) 島と大阪を行き来する

大阪湾周辺と白石島に離れて親子二世帯が別居している間、互いに頻繁な行き来がみられる。昭和三十年代の白石島では麦と芋の二毛作が行われていたので、五月末から六月初旬に麦を刈り、その後に芋を植えて十月末頃に芋掘りをした。この春秋の農繁期には、老親を手伝うために帰島して、一家総出で農作業に従事した。また、老親の病気見舞いや島に残した子供の学芸会に参加したほか、ミウチやシンセキに不幸があると葬式に帰島した。正月は島に戻って一家三世代で迎えた。盆にも多くの島民が戻った。一方、子供を島の老親に預けて出ていると、島からも夏休みになると子供たちが大人に連れられて集団で大阪の親元を訪ねた。父が艀乗りだった男性は、子供の頃について次のように語っている。

〔事例6〕Ⅲ6(一九五〇年生まれ・男)

父は艀乗りとして単身で大阪に行っていた。そして白石島で祖父母に育てられたので、父の愛情が薄かった。父は正月に帰る程度だったので、父が帰島した時は「いつ帰ったのか」と感じるような父子関係だった。夏休みになると父に会いに行った。小学三年生から訪ねるようになった。島からはオバたちが艀乗りに行っていて、父の会社と同じだった。そして夏休みになるとオバとイトコに便乗して、島の子供たちが五~六人で一緒になってそれぞれの父に会いに行った。当時の鉄道は快速がなく各駅停車だったので時間を要した。中学一年生になるまで父に会いに行っていた。父が帰島したのは二十五歳の頃だった。

河野らの報告をみても、六島においても定期的に帰島しない人はわずか二割弱に過ぎず、年一回は帰島するケースが最も多い［河野・石田　一九五九］。それも正月のほかにも、盆の夏祭りに帰ることが最も多かったようである。

### (3)島に帰る

艀乗りは海運会社の社員が多く、定年を迎えると跡取りならば夫婦で帰島するケースがみられる。帰島に際して家財道具を引き払い、住居は売却している。船員保険に加入しておれば五十五歳から年金が受給できたので、島に戻ってから年金で暮らす人がいる。定年後に帰島する夫婦の傾向として、夫婦ともに白石島の出身者であることが多い。妻が「マチの人」であれば島に戻ることは少ない。また、年金のみでは大阪に住み続けるのが経済的に困難と考えられている。若い頃は島の生活ができなくても、老後は島に戻れば年金で暮らせるのである。

艀乗りだったⅡ13（一九四二年生まれ・男）の話では、一ヶ月の生活費としては、電気・ガス・電話代のほかは、夫婦で米を二〇kgほどと醬油と味噌を買い、おかずは畑から収穫している。島では贅沢ができないので金銭がかからなくて丁度良いという。Ⅱ13は中学校を卒業してから定年退職をして島に戻るまでは、海運関係のさまざまな仕事に従事してきた。自身で艀を新造して働いた頃があったが、十八年間は会社に雇用されて働いてきた。島に戻ってからは、月一二万五〇〇〇円の年金を生活費に暮らしている。しかし、金銭面ばかりでなく、島の人たちには家の継承に対する意識があるため、高齢になってからも帰島する傾向があると考えられる。

### (4)帰島後の老後生活

老齢で島に戻った艀乗りたちは、島の住人とかわることなく野菜作りなどをして暮らしている。大根・白菜・芋・みかんなど多様な作物を、商品としてではなく自給用に作付している。近年の過疎化で以前の畑地は荒れて草木の自生が目立つが、その中でわずかに野菜作りがみられる。高齢者が余暇を利用して健康づくりを兼ねて行っている。収穫した農作物は出荷するだけの量はなく、自家で消費するほかは島の住民に分け与えたり、島外に住む子供に送っている。

島の生活はツキアイが派手といい、年金生活の高齢者にとっては葬式や法事のツキアイが特に負担である。都市部で長年生活してきてもシンセキツキアイの頻度は島の人たちと変わらない。親のシンセキがいれば、自分のイトコやキョウダイもいる。それに島には知らない人などいないという。帰島者であっても交際費は重くのしかかる。

盆正月には、島外に住む子や孫たちがやって来る。妻子を車に乗せて、近距離をわざわざフェリーで島まで乗りつける家族が増加している。車で来るのは親が作った野菜を満載して持ち帰るためであるが、そのほかにも都会で豊かになった暮らしを島の人たちに誇示し、故郷に錦を飾りたいという気持ちがあるからである。
最後に、長年、大阪湾で艀乗りをしてきたⅡ13(一九四二年生まれ・男)の語りから、白石島の家族のあり方についてみておきたい。

〔事例7〕Ⅱ13(一九四二年生まれ・男)

Ⅱ13は五人兄弟姉妹の長男で、跡取りとして島で育った。父は祖父から継いだ腕のいい一本釣の漁師だったが、Ⅱ13が小学生の頃に一人で大阪へ出て行って艀乗りになった。母は島に残って畑を耕したが、月に一度は大阪に行き、一週間ほど父と艀で暮らした。そして父の給料を貰うと、また島に戻る生活を繰り返したのである。子育ては祖母の役目だった。父は盆と正月にしか島に戻らず、ようやく定年になると、六十歳前後で艀を手放してまた島へと戻り、死ぬまで漁をして妻子と暮らしたのである。父と同様にⅡ13もまた中学を出ると大阪に行き、十七歳で艀乗りになっている。二十六歳で結婚したが、妻も同じ島の出身である。独身の時はずっと艀で暮らしたが、結婚してオカにあがり、大阪市港区弁天町にアパートを借りて妻と暮らした。翌年に長男が生まれ、さらに翌年の一九六九年にはテッセンダンベ(鉄船団平)と呼ぶ鉄材の艀を新造している(写真1-1、写真1-2)。当時はまだ鉄船の艀が珍しく、三〇〇tのこの艀は五五〇万円で建造している。大正区鶴町のアパートにいた頃は、父も艀を持っていて大阪で艀乗りをしている。ただ、父はひとり艀で暮らし続け、たまにオカに上がるとⅡ13のアパートに寄り、そこでテレビをみたり、銭湯に行ってくつろぐ生活をした。さらにⅡ13は港区八幡屋の市営住宅に移り、ここに定年まで妻と住んだ。大阪にいても盆と正月は必ず島に戻る生活を長年繰り返してきた。二〇〇一年に定年で退職すると、ようやく住まいを引き払って夫婦で島に戻り、年金で暮らすようになったのである。二〇島では父の跡を継いで一本釣をするが、釣った魚の出荷はせず、また、毎日の漁はしない。空いた日は、妻が百

**写真1-1　テッセンダンベ**

写真は淡路島で建造された鉄材のテッセンダンベである。オモテ(船首)にシンセキから贈られた大漁旗を掲げ、新造下ろしを祝う様子。船名は「泰山丸」といい、船主のⅡ13が名前の一字「泰」と「山」を合わせて、山のように稼ぐことを願って名付けた。(1969年・大阪市大正区)

**写真1-2　テッセンダンベのニバ**

写真は船主Ⅱ13のテッセンダンベで、輸送物資を積載するニバは全長19メートルである。写真のように上部に木材のジョウドマイタを敷き詰めて輸送物資を保護した。雨天時は、ジョウドマイタの上からシートを被せて雨除けとした。(1969年・大阪市大正区)

姓仕事に一生懸命なのでそれを手伝っている。息子たちはそれぞれ大阪出身の女性と結婚して、大阪で暮らしている。なかでも次男と三男は、Ⅱ13が働いていた会社で船員をしている。息子たちが島に来るのは長期休暇だけで、その時は孫を連れて来る。

このように白石島の家族のあり方をみると、家長や跡取り息子であっても何年も老親を島に残したまま島外で生活する。出稼ぎによって家族が離散と集合を頻繁に繰り返すばかりか、家族の住生活においては、夫婦や父子などの近親者が共に暮らす期間が極めて短いのが特徴である。

### 4　出稼ぎにみる白石島の家族の特性

最後に、本節の出稼ぎの事例分析から白石島の家族の特性をまとめておく。白石島では、出稼ぎで人々が島の内と外を頻繁に行き来する。この出稼ぎによる移動性の高さが白石島の家族を特徴的なものにしている。ここでは高度経済成長期以降に白石島でみられた大阪湾周辺の艀乗りを取り上げた。事例分析からは、白石島の家族には次のような特性のあることが明らかになった。

①世帯主や跡取りである息子のほか、嫁や娘も一生の間に離島と帰島を繰り返す。
②夫の出稼ぎに妻子が伴い、親夫婦と子夫婦が島を越えて別居する。
③三世代家族が少なく世帯規模は小さい。島には高齢の単身者や老夫婦が留まる。
④戸主世帯と嗣子世帯が別居していても、一家同財の考え方が強い。
⑤長男夫婦は都市就労の定年を機に帰島して、跡目を相続する傾向がある。
⑥家業は世代ごとに選択的である。
⑦家業は、単一ではなく複数から成る。しかも本業と副業の境目が曖昧で、相互に入れ替わることがある。

以上のような地域社会を越えた家族の特性からは、従来の地域性を問題とする類型論の視点からは捉えられなかった現代家族の動態的なリアリティが見えてくる。家族員はそれぞれに生活形態を選択しているため、個々の家族員をみていかねばならない。従来の家研究のような地域性やその類型の問題だけでなく、村落と都市を行き来する個々の家族員を動態的に分析しないと、現代の家族の様相は明らかにできない。

なお、ここでは筆親と筆子の関係について触れなかったが、出稼ぎは家族だけでなく筆親筆子関係にも影響を与えており、現在は島を越えた関係性を生み出している。これについては、第七章の「筆親筆子関係の現代的変化」で詳しく述べることにしたい。

## 四　白石島の出稼ぎにみる家族形態の分類

### 1　白石島の出稼ぎ家族の分類指標

これまでは、艀乗り家族の事例から白石島における家族の特性について論じた。ここではさらに事例を増やして、出稼ぎで生じる世帯分離、つまり家族の別居に注目することで、白石島における家族の特性について論じる。

ある地域で出稼ぎ活動が生じるには、いくつかの社会的条件が関連する。なかでも結婚と居住は大きな要因である。まず結婚の指標は未婚か既婚の違いがある。結婚で家族生活は大きく変化し、定位家族のほかに生殖家族をも獲得することになる(19)。新たに夫や父という立場を獲得することで出稼ぎの目的が異なってくる。また、居住の指標は、言い換えれば誰と出稼ぎに行き、誰が本拠となる世帯に残るかである。家族関係には父子・母子・夫婦・兄弟姉妹などの多様な関係がみられる。この家族の中で誰が誰と出稼ぎに行くのか。一方、島に残る家族員は誰なのか。出稼ぎで生じる家族員のグループ化をみていき、そこで生じる家族の役目をみていくことで、家族の特性が明らかになる。

以上から、ここでは出稼ぎ者が未婚か既婚か、単身か家族同伴かという二つの基準で四種（Ⅰ～Ⅳ）に分類できる（表1-10）。表中のⅠは単身・未婚型である。ここに含まれるのは、次のようなケースである。高度経済成長期までは中学校や高校を卒業して就職する若者が多くみられる。女性では戦前戦後に笠岡市街の紡績工場などが就職先となった。近年は大学に進学するケースがある。また、表中のⅡの単身・既婚型は家長にみられる。戦前は漁業で多くみられた。白石島から大阪湾まで船団で出漁した例がある。東北・九州・朝鮮半島近海まで出漁した例は少ないながらも聞く。戦後は大阪湾周辺へ出稼ぎに行く者が多くなり、漁業から転じて都市就労が中心になっている。艀乗りなどの船員、

表1-10　白石島における出稼ぎの分類

| | | 婚姻 | |
|---|---|---|---|
| | | 未婚 | 既婚 |
| 居住 | 単身 | Ⅰ 単身・未婚型 | Ⅱ 単身・既婚型 |
| | 非単身 | Ⅲ 非単身・未婚型 | Ⅳ 非単身・既婚型 |

港湾関連の倉庫などで運輸関係の都市就労に従事するケースが多い。このほかに阪神方面の工場労働者や警備員などがいる。東海地域では名古屋で就労した事例がみられる。工場就労のほかにも左官などの技術習得者がいる。また、表中のⅢの非単身・未婚型は、漁業で父に付いて四国近海へ出漁する事例などがある。白石島近海では小型船舶による家族経営が多く、近年の漁では一人ないし二人程度で出漁している。また、表中のⅣは非単身・既婚型である。艀乗りの船員や港湾関係者はこの形態に入る。艀乗りは妻子を連れて水上生活をしており、その後はオカ上がりをして借家で生活する者や住宅を購入する例がある。妻子は途中で子育てのために帰島する者がいる。艀乗りなどで会社に雇用される者は、定年後に帰島する者がいる。

ここで注意すべきは、一人の者が上記の一つの型だけに適合するのではない点である。出稼ぎは何度も行われるし、その都度職を変更し、出稼ぎの形態を変えている。そのために一人の出稼ぎの遍歴をみると多種多様である。そこで以下の事例では、型の推移、つまり一個人の出稼ぎ形態の移り変わりに留意して分析する。

## 2　出稼ぎの諸事例

### (1) Ⅰ型（単身・未婚型）

〔事例1〕Ⅱ16（一九四五年生まれ・男）

白石島の生まれで三男である。高校を卒業すると二十歳くらいで白石島から出て行き、兵庫県尼崎市の製紙会社の変電所で一年半働いている。帰島して二十七歳で婿養子となっている。婿養子に入った妻の生家の家業は回漕店で、白石島港の定期船が接岸する桟橋を所有し、定期船の切符発券等の海運業を行っている。このような家業に従事しながら公民館長を務める。一九九八年から島づくり委員会を発足させ、公民館長として事務局において島の過疎化や高齢化問題に取り組んでいる。妻方の母と妻の三人で暮らしていたが、近年、息子二人が帰島して家業を手伝っている。現在は三世代五人暮らしである。

白石島では高校進学後に島外へ出て、卒業後は島に戻らずに就職する事例が多くみられる。さらに島外婚によって帰島するケースは一層少なくなる。しかし、Ⅱ16は三男なので島社会では相続を期待されない弟だったが、婿養子となり帰島している。Ⅱ16は島の出身で在住者の娘を妻にして婿養子に入っており、妻の生家を相続している。

次の事例は、Ⅱ16の長男の事例である。

〔事例2〕Ⅲ15（一九七四年生まれ・男）

二人兄弟の長男である。大阪で船舶の土台を作る会社で働いていた。三十二歳で大阪から白石島に戻り、家業の回漕店を手伝っている。弟は埼玉県に出ていたが、同じ頃に帰島して家業の手伝いをしている。現状では兄弟のどちらが跡取りというわけではない。現在は父と一緒に公民館の手伝いやＮＰＯの手伝いをしているが、無給なので苦労が多い仕事だとⅢ15は考えている。

父と同じく息子二人も単身・未婚で島を出たが、島に戻って家業を手伝っている。なお、家の相続者は定まっておらず、当人たちは家業を継ぐ自覚がなく、家の継承を目的に帰島していないことがわかる。

次は、高度経済成長期の出稼ぎの事例である。対象者は長男だったが、小学校を卒業すると大阪に働きに出ており、島に戻ってから分家しているのが特徴である。

〔事例3〕Ⅲ2（一九四八年生まれ・男）

白石島の生まれである。Ⅲ2は六人キョウダイの長男だったが、家を継がずに分家している。現在は西ノ浦集落に妻と二人で暮らしている。妻は白石島の生まれで嫁入りしている。小学校を出るとツテを頼って大阪市大正区南恩加島にあった大手水産加工業者のT漁業に就職した。近年は友達が先に阪神方面で就職しておれば誘われて仕事の紹介を得ているが、Ⅲ2の年齢層はシンセキ同士のつながりで誘われて働くことが多かったという。一方、当時の南恩加島の周辺では、ダンべと呼ばれる艀が数多く並んで係留されていたという。Ⅲ2のシンセキのようにキョウダイ同士で阪神方面に行って艀乗りになった者がいたり、妻の親も阪神方面に行って艀乗りになっている。Ⅲ2は現在、白石島郵便局の配達員として働いている。

Ⅲ2の事例のように、帰島するには生活費を得るための就労先が必要だが、Ⅲ2は帰島後に郵便局員として勤めている。

次の事例は、左官見習いで島を出た例である。

〔事例4〕Ⅲ6（一九五〇年生まれ・男）

白石島の生まれである。男三人、女二人の五人キョウダイの末子である。旧姓はHdだがKt家の婿養子となっている。生家は兄が継いでいて三代目になる。子は長女・次女・長男の三人である。

Ⅲ6は大阪で一〇年間、左官をしていた。母の友達のシンセキが大阪で左官業のオヤカタをしていたので、Ⅲ6は左官になりたくて世話を頼んで大阪に働きに出ている。一九六六年に中学卒業後に大阪に行き、左官の弟子入りをしている。二十六歳の一九七六年まで大阪に住んでいた。給料は月締めの一ヶ月決算で大工の棟梁から支給された。二十歳までは安かったが、二十歳で月八万円程度を貰っている。当時の一九七〇年頃はサラリーマンが月三万円程度の給料だったといい、サラリーマンからは倍以上の稼ぎで羨ましがられたという。それ以後は一日に一万二〇〇〇円を稼いだが、当時のサラリーマンの給料と比較して相当な稼ぎだったことがわかる。ただし、職人の頃は儲かるが、オヤカタになると不渡りを出すのが心配だったという。

一九七六年に二十六歳で大阪から白石島に戻り、三十歳くらいまで左官をしている。最初は何人かの大工のオヤカタについて食べさせて貰いつつ、個人的に頼まれる仕事をこなしている。島に戻ると賃金は半値となり、一日の稼ぎは六〇〇〇円に減ったという。しかし、二年ほどが経つと順調に稼ぎは上がり、一日に一万二〇〇〇円程度の稼ぎに達したという。その後に一人立ちをすると、さらに稼ぎが上がったという。島で左官業を営んでいた頃は、人手が必要な時は島の者を手伝いで雇用したり、施主の家族に手伝いを依頼して仕事をした。いつも仕事を終えて精算して請求書を施主に送付すると即入金されたというように、当時は好景気だったという。そして一週間に一～二回は島で仕事のない若者を連れ出して、福山市街へ飲みに出かけたという。さらにボートを購入してからは頻繁に街へ出向いている。翌日も仕事日の時は、仕事後に夕方六時から出向いて夜中帰りである。土曜日は晩から出て行き、日曜日の晩に帰る。毎回七～八万円を持参して遣い切り、毎月三〇万円ほどを飲み代に費やしたという。一方、当時のサラリーマンは月一五万円程の給料だったというように、Ⅲ6の交遊費が相当な額だったことがわかる。しかし、結婚後は遊びに行くことを辞めており、ツキアイで同業のオヤカタ連中と福山市街へ行くことがあっても、酒を飲まずに食事だけで島に戻るような生活形態に変えている。

現在は左官業を廃業して、隣の北木島の石屋で雇用されるようになって約二十年になる。左官業の廃業は島内での受注がなくなったためである。大阪から帰島した頃は、島にも左官三人と大工一〇人ほどがいてかなり多忙だったというが、現在の島では実際に仕事をしている大工が三人ほどで、左官は一人だけである。廃業時に再び大阪で左官をすることも考えたようだが、妻の親の許可が得られず、島に残って石材関連の仕事に従事したのである。給料は左官時代よりも安くなったため、妻にも頼んで共働きをしている。

左官業の収入が低いため、Ⅲ6は再び大阪で左官をしようとはまったく考えていない。退職後は島の漁師になることを考えている。Ⅲ6の生家は代々の漁師で、祖父や父は一本釣の漁師だったという。そしてⅢ6の夢は漁師として年三〇〇万円程度の収入を得ることである。島には漁師が使用しなくなった船が数多く係留されているため、年配者から漁船を譲り受けようと考えている。新造船は二〇〇〇万円程度を要するからである。白石島近海のコギ漁船は四級小型船舶免許で操船できるので元手はあまり必要ないが、妻の考えがⅢ6には心配事である。

上記の例では、単身で未婚期に約十年間、島外で生活している。末子だったが帰島して婿養子となっている。島でも左官を続けて、その後は石材業に転職している。なお再び筆者が会った時は、この話の通りに島で漁師をしていたが、生活費を稼ぐまでの漁はしていないという話であった。

### (2) Ⅲ型(非単身・未婚型)→Ⅳ型(非単身・既婚型)

次の事例は、未婚期に父と共に島を出ており、結婚後は長期間にわたって夫婦で島を出ていた事例である。出稼ぎは戦前からみられ、その典型例は漁業である。しかし、戦後は次の事例のように都市就労が主流となる。

〔事例5〕Ⅰ2(一九一二年生まれ・男)

白石島の生まれで長男である。子供の頃からあまり学校に行かずに仕事を手伝ったという。十六～十七歳から父について漁師を始めている。その頃は大阪湾まで出漁し、半年ほどのツリ(一本釣り漁)でスズキやコチなどの魚を売って生活をしている。大阪湾まで出漁して卸すと白石島近辺の倍値がついたという。

一九四〇年に二十八歳で兵役に召集されて約八年間は南方や北方に出征したが、戦争から戻ると再び島で漁師をしている。戦後は物資が統制になり、地元の漁協の規定で漁獲量に対して燃料が与えられるようになり、ツリでは目方がとれないのでコギと呼ぶ底引き網漁に漁法を変更している。

戦後に神武景気や岩戸景気を迎え、高度経済成長期に入るとさらに景気が上回り、白石島からは多くの島民が高収入だからと大阪湾の艀乗りに転向する者が出るようになったという。Ｉ２は一九五七年の四十五歳の時に妻と二人で大阪に出て、艀で海運の商売を始めている。親や息子たちは島に残したままである。当時の港湾では艀が主流だったという。Ｉ２は約四〇〇ｔの艀を新造して大阪に行っている。白石島に帰ったのは一九七七年の六十五歳の時で、大阪では夫婦で二十年間生活した。その間、長男は結婚して子が生まれ、島で漁師や百姓をして生活していたので、白石島に用事ができると島に戻る生活を続けてきた。

現在は白石島の向条集落に家族が三世代五人で暮らしている。妻(一九一六年生まれ)、長男(一九三九年生まれ)、長男の妻、孫(三女)と同居する。孫たちは笠岡市街や愛知県名古屋市に在住する。なお、Ｉ２は五代目になる。

現在は年金生活者である。長男は家業の漁を継いで小型定置網漁の漁師をしている。

戦前の生業形態に多くみられたのは半農半漁である。男が漁業をして、女が農業をする生業形態である。戦前は大阪湾近海にまで船団を組織して出漁したが、その期間は半年ほどに及んだ。出漁者は家長で、息子を伴って出漁することがあった。小学校の高学年から一緒に漁に出て仕事を覚えたのである。その間、島では妻子と老人が暮らした。

島は噂話に敏感で、都会生活の良さはすぐに話が入ってくる。するとシンセキや知人のツテを頼って出て行くので、島からは連鎖的に人々が出て行くようになる。戦後は島から艀乗りになる者が急増したが、それもこうした契機による。上記の例では、家長夫婦が連れ立って二十年の長期にわたり出稼ぎに行っている。その間、長男は結婚して子をもうけ、漁業と農業を生業として島で生活してきた。一方、家長夫婦は出稼ぎで島を離れており、冠婚葬祭などの用事ができた時にだけ帰島する生活だったことがわかる。

### (3)Ⅳ型(非単身・既婚型)

以下にあげる事例6は同じく戦前の出稼ぎだが、この事例のように都市の職人としての出稼ぎがみられた。

〔事例6〕Ｉ1(一九〇六年生まれ・女)

白石島の生まれである。生家の父は役場員であった。夫は白石島生まれの次男で分家している。夫の職業は大工である。Ｉ1が三十歳の頃に夫婦で兵庫県西宮市に出て行き、夫が大工をして生計を立てた。夫は家屋建築の大工で、周囲からは「棟梁さん」と呼ばれる存在であった。Ｉ1の印象では、夫は小柄で、性格は物事を主張するタイプではなく、忍耐強い性分の人だったようである。西宮市には夫婦で約十年生活していたが、終戦後に白石島に戻って現在まで生活している。Ｉ1の子は、娘二人のほかに息子が一人いたが、息子はすでに亡くなっている。長女は嫁ぎ先の神島に住んでおり、次女は大阪府堺市に住んでいる。Ｉ1には孫がいる。すでに夫は亡くなっており、息子の妻と白石島の中条集落に二人で生活している。

上記の事例からは、白石島では戦前から出稼ぎがみられたことがわかる。Ｉ1の生家は、Ｉ1の語りからは経済的に苦しい状況だったが、教育上は恵まれた環境にあったと聞く。しかし、結婚して大工に嫁ぎ、生計を立てるために出稼ぎに同行していることからは、生家の成育環境が出稼ぎに関連しないことがわかる。また、島からは職人の出稼ぎがあったのが特徴である。また、Ｉ1からは多くの苦労話やと貧乏話を聞いたが、戦前期に出稼ぎに行ったのはＩ1だけではないことから、経済的な困窮度だけが出稼ぎの理由ではないことがわかる。

上記の事例の特徴は、夫婦で出稼ぎに行った形態である。夫が分家していたので義父母の存在を気にせずに出稼ぎに行っている。夫婦による十年間の出稼ぎ後、再び島に戻る回帰性がみられるのが特徴である。

**(4)　Ⅲ型（非単身・未婚型）→Ⅰ型（単身・未婚型）→Ⅳ型（非単身・既婚型）**

次の事例は、戦後からの出稼ぎのケースである。未婚期から父に同行して長期間出漁している。その後は単身で阪神方面に行き就労している。そこで結婚してからは夫婦で生活している。その後は帰島して家を継いでいる。なお、前節「白石島の出稼ぎと家族」で事例をあげたが、内容を補足して再度みておく。

〔事例7〕Ⅱ4（一九三一年生まれ・男）

白石島の生まれである。長男で家を継ぎ八代目になる。小学校の卒業頃から家業の漁を手伝う。一九五四年に祖母が亡くなる頃まで白石島で漁師をした。最初にイワシアミをやり、次にマスアミ（定置網漁の一種）、その次にフカシ（イカナゴ漁）を経験した。家業でイワシアミとマスアミをやっていたが、一九四五〜一九四六年にフカシを加えている。

イワシアミは一九五二〜一九五三年まで白石島近海で操業した。二四〜二五軒の出資者が網元となって共同漁を行っている。当家では祖父が出資金を払って網元の株を得ている。ただし持株数はわずか二口（一斗樽に六杯の分配）と小規模の部類である。株数に応じて人足と分配が割り振られたので、二口を出資する当家では祖父と父が人足に出ていたが、祖父がオカにあがるのに代わってⅡ4が小学校六年生になると漁に出ている。そして祖父はイリコ製造のオヤカタ（工場長）として取り仕切るようになった。加工には母などの女手が従事した。

マスアミは大型の定置網で、小学校六年生から父に同行するようになり、父子で香川県の仁尾町（現在の香川県三豊市仁尾町）の沖まで出漁している。二月末から五月初めまでの三ヶ月を泊まり込みで行っている。当家がマスアミを始めたのは、明治期の終わりから大正期の初めである。

フカシは潮の流れに任せた漁で、白石島近海で操業した。当家では戦後から始めている。漁期は一月末から三月初めまでで、二月末からのマスアミの時期と少し重なる。フカシは父とⅡ4のほかに、Ⅱ4と歳が似通った白石島在住の一人をフナガタとして雇い、三人で出漁した。このフナガタは船を所有しない家の者で、当時はそうした者が多かったと聞く。しかし、一九五〇年代の初めに祖母が死んだ頃にすべての漁を廃業している。父が身体を悪くしたのと、祖父が高齢だったからである。

一九五三年の春(二十二歳)に、大阪で自動車免許を取得した。その後一年ほどは白石島に帰って就職もせずに遊んでいたという。一九五五年(二十四歳)に偶然に北木島の採石業者から、大阪の岸壁で石を運搬する仕事を手伝うように誘われて、トラック運転手の助手を始めた。トラックの運転手には七〜八年ほど従事している。その間にタクシー運転手も二〜三年ほど行っている。結婚は二十八歳である。当時、白石島から働きに来ていた同郷の娘を妻にしている。妻の両親の説得には、筆親のオトコオヤ(Nh姓)が毎晩訪問して説得したという。その後はクレーン免許を取得して、トラック・クレーンの運転手をして大阪万博の工事現場で働いている。大阪万博が一九七〇年(三十九歳)に終わって帰島している。帰島後は定期船で通勤して笠岡市街でタクシー運転手となった。

現在は白石島の奥条集落に家族と暮らしている。家族構成は六人で、妻、長女、長女の夫、孫二人である。長女の家族とは二世帯同居で別姓である。次女は婚出している。

白石島では大規模な共同漁のイワシアミは一九五〇年代に解体し、その後は家族漁が中心である。上記Ⅱ4の事例では、父子に手伝いのフナガタ一人を加えた小規模漁に転換しており、近海に数ヶ月出漁している。ここでの例のように、戦後は漁家の廃業が増加する。漁業は稼ぎの手段の一つと考えられているので、低所得のまま漁業を続けるこ

だわりはみられない。ただ、Ⅱ4のように廃業してしばらく無職の期間がみられることがある。廃業後に資本があり商売を始められる家では、艀を新造して大阪に出て行く者があった。そのような家は白石島に四軒ほどあって全て資産家だったと聞く。資本がない家は、縁つながりによって艀乗りとして雇用してもらう者も白石島には一〇人から二〇人はいたという。さらに縁つながりもない者は、Ⅱ4がいうようにほかの仕事を探して島を出て行くことになる。

Ⅱ4は長男で跡取りだったが、一時島を離れている。大阪に出て行くことに対して、Ⅱ4は軽い気持ちで島を出ているのが特徴で、また、長男なので親の面倒を見るために将来は帰島する予定で島を離れている。Ⅱ4が出稼ぎに行った理由は、跡取りの長男でも島を出て行かなければ生活できなかったからであった。長男が島から働きに出るのは決して珍しくはなかったという。そして当初から考えていたように、大阪万博が終わって工事の仕事に目処がついたのを機に帰島している。

Ⅱ4は島に戻ってからは島の諸役を務めるほか、家庭の食材となる野菜を露地栽培して、残りを島外の子や孫に送っている。家庭農園の規模は三a程度である。「年寄りの暇潰し」というように、水やりはバケツで汲み、排水管などの設備はない。島ではこうした小規模の農業に勤しむ高齢者が近年多くみられる。

**(5)Ⅰ型(単身・未婚型)→Ⅳ型(非単身・既婚型)**

次の事例は、高度経済成長期から海運業を中心に長期間の出稼ぎをしたケースである。未婚期に島を離れ、都市部で結婚して子育てをして、定年になって夫婦で帰島している。

〔事例8〕Ⅱ13(一九四二年生まれ・男)

Ⅱ13は、先程述べた事例の中で、左官業で大阪に出稼ぎに行ったⅢ6の兄である。Ⅱ13は男三人、女二人の五人キョウダイの長男である。白石島の生まれである。Ⅱ13の祖父や父は漁師であった。父の代までは櫓漕ぎ船の時代だが、島から船団を組織して大阪に出漁するほどに漁業が盛んだったという。父も船団に加わり、大阪に向かうと半年はそちらで過ごしていたという。父の一本釣りの腕前は島でも人に教示するレベルだったようで、大阪ではコチ釣りを得意とした。

Ⅱ13が小学校五~六年の頃に、父は漁師に見切りをつけて単身で大阪に行って艀乗りになった。その後は父が大阪で稼ぎ、母は島に残って畑仕事をした。島では祖父母・母・兄弟姉妹の八人暮らしであった。祖父は早くに死んだので、祖母がⅡ13たちキョウダイを養育した。父は大阪に行っている間も盆と正月の二回は帰島している。母は島で畑を耕作したが、毎月給料日が近付くと父に会いに行き、生活費を受け取って帰島する生活を繰り返していた。また、夏には母が末っ子の三男だけを連れて父に会いに行っている。

家は貧しかったといい、Ⅱ13は中学校を卒業後は高校に進学せずに、最初に神戸のオジのもとで艀乗りになった。現在までに五回以上の転職をしたというが、港湾関係の職では四十年以上の勤続表彰を受けており、島を出てからは人生の大半を船乗りとして過ごしてきた。定年までの二十年ほどは艀乗りで、大阪市港区の海運業I商店に七年半、同じくA物産に定年までの十三年間勤続している。I商店には白石島出身のフナマワシ(Hd姓)の紹介で就職した。この人物はⅡ13のフタイトコだったので仕事の紹介を得ている。

結婚したのは二十六歳である。結婚を機に水上生活をやめてオカにあがり、大阪市港区弁天町にアパートを借りて生活した。部屋が狭く、後に大正区鶴町四丁目の市営住宅に転居している。妻も共働きで九条商店街の接骨院の手伝いで十年近く働き、当時は月額一〇数万円の収入があったという。

Ⅱ13の退職を機に夫婦で白石島に戻っている。白石島での生活は港湾関連の就労で加入した厚生年金の受給で生活している。年金額は月額一二万五〇〇〇円である。帰島したのは、大阪では生活費が高額になるのが大きな要因である。島では一本釣りの漁師をしているが道楽だといい、毎日は出漁せずに漁協へも出荷していない。妻は島に帰ってから畑仕事をしており、Ⅱ13はそれを手伝っている。

現在、Ⅱ13は白石島の大黒集落に妻と二人で暮らしている。妻も白石島の生まれで三歳年下になる。Ⅱ13は長男で跡目を相続している。子は息子が三人いるが、いずれも島外で家族と生活している。長男は一九六八年生まれで、その他にも二〜三歳離れた次男と三男がいる。長男は大阪市城東区東太田に在住で、次男と三男は大阪市港区弁天町付近に在住である。次男と三男はⅡ13の口利きで入社し、Ⅱ13が勤めていた大阪の海運業A物産で船乗りをしている。長男は以前にT建設に勤務していたが、退職してリフォーム会社を経営している。

以上は、都市部で長年就労したケースである。この事例のように戦後からは一時、大阪湾の艀乗りとして小型貨物運搬船員となる者が多くみられた。この事例では都市部にも住居を持ち、盆や正月のほかにも冠婚葬祭があれば一時的に島に戻っている。そして都市部で結婚して子育てをし、四十年以上の都市生活をした後、島に戻り跡目を相続している。この事例のように老後は帰島して年金で生活するケースが近年増加している。

### (6)Ⅳ型（非単身・既婚型）

次も艀乗りなどの船乗りとして海運業に従事した男性の妻の事例である。結婚後すぐに夫婦で大阪へ出稼ぎに行っているのが特徴である。なお、前節「白石島の出稼ぎと家族」で事例をあげたが、内容を補足して再度みておく。

〔事例9〕Ⅱ6（一九三二年生まれ・女）

白石島の西ノ浦集落の生まれである。生家はイワシアミ漁の網元だが、漁の持株数が三杯（三株）と平均的な漁家といえる。父を幼少期に亡くしており、祖父母とⅡ6の三人でイリコ加工までの工程に従事したので、子供の頃を振り返ってⅡ6は相当の重労働だったという。

Ⅱ6が嫁いだのは一九五七年で二十五歳である。夫は一九三一年生まれで一歳年上になる。舅は大工で、一人息子の夫は早くから父に見習い、大工仕事をしている。当時の大工仕事はすべて手作業で重労働だったために夫は大工の職を嫌い、舅も「継がなくてもよい」という考えだったので、結婚の翌月に早々に夫婦で島を出ている。夫は跡取りだったが大工が性分に合わずに艀乗りになると言い出したので、夫の性分を知るⅡ6は一緒に出稼ぎに行ったのである。その後、大阪で三人の娘を産んでいる。

島を出てから夫は艀乗りになり、夫婦で水上生活を始めている。なお、Ⅱ6が「船の家」と呼ぶ艀の水上生活については、前節の艀乗りとその家族の事例で詳述したのでここでは省略する。白石島から出稼ぎに行った人たちは、港区や大正区に多く住んだ。港区の八幡屋市場は野菜類などの生鮮食料品を販売していたので、そこに行くと同様に艀から下船して買い物に来ている白石島の人に何人も出会うことができたという。沖縄の出身者は大正区に多く住んで県人会を組織したが、白石島の出身者は所属する県人会も同郷組織もなく、それでも島民同士で会えば心安く声を掛け合ったという。その時は、どこも景気は同じだったようだが、「どうじゃ、あんたらの会社は景気がええか」というような景気話をしている。

三女がまだ幼少の頃は、福島区野田の保育所に預けて、妹の住まいに内職をするために通っている。そのために知り合いの保育所の保母から、近くの港区での仕事の紹介を受けている。仕事先は大阪府勤労者福祉協会が運営する出稼ぎ労働者の宿泊所だった。そこで一九七〇年から一九九三年までの二十四年間を勤めた。大阪にいる間は白石島の親に仕送りを続けている。Ⅱ6は島での大工仕事の手伝いよりも、大阪での艀の仕事の方が楽だったと考えている。夫の給料と年金だけでは島の姑に仕送りをして娘三人を嫁がせることができなかったので、Ⅱ6は大阪に出稼ぎに行って年金受給者となれたので満足している。Ⅱ6は宿泊所の仕事によって、大阪に出稼ぎに行った島の女性の中では最高額の給料を得たと自負している。

大阪では白石島を行き来する生活で、年四回は島に帰っている。農繁期もその一つであった。当時は麦と芋の二毛作だったために、麦刈りや芋掘り時はほかの出稼ぎ者も帰島して収穫作業に従事した。また、Ⅱ6は長男の嫁なので、舅が身体の具合が悪くなると帰島している。娘は一時、島の幼稚園に通わせていたので、学芸会などがあれば舅や姑から島に戻るようにいわれていたので、その時は島に帰っている。盆や正月には休暇を取って帰島している。

夫は海運会社のヤトワレとして艀乗りを初めてから長年、船乗りとして海運業に従事した。転々と職を変えており、夫は一人っ子で我慢ができない性分だったという。夫は元船員として五十五歳で厚生年金が受給できたので、その年齢で会社を退職している。その後にⅡ6が退職したのを機に、一九九三年に夫婦で大阪から白石島に帰っている。夫は島に戻ってから亡くなっており、Ⅱ6は島で一人暮らしをしている。野菜作りや趣味の大正琴をして暮らす。島が稲作に不向きなために米は耕作しないが、食卓のおかずになりそうな野菜類を中心に作付けして栽培している。大根・白菜・さつまいも・みかんなど多様である。農作物は出荷せずに、島の者から「一升くれ、二升くれ」と頼まれると分け与えている。島外の娘たちやシンセキにも分け与えている。

Ⅱ6は長年の大阪暮らしを経験しているので、島の生活を不便で田舎だと感じている。次女は笠岡市街で生活しており、Ⅱ6も笠岡市街へは月一回の眼科医の診察に行っているが、それも億劫に感じている。例えば、近年は隣の高島には田舎暮らしに憧れる移住者や、観光で島に来て一日や二日を民宿に泊まると風景や空気の良さに憧れて転入する者がいるというが、実際に生活してみると不便さを強く感じるものだという。ただし、島の生活では贅沢ができないので都会の生活のように金銭を使わないのが利点だと苦笑する。

Ⅱ6は三人キョウダイの長女で、妹と弟がいる。次女は現在も大阪市福島区野田で生活している。弟が家を継いだが、弟は大阪市大正区で生活している。妹と弟は中学校を卒業後に大阪に行っている。父方のオバが大阪のY電気という個人経営の電気屋に嫁いでおり、妹はそこで配線の仕事を手伝い、弟は外交を手伝うために就職した。妹はそこから嫁いだが、弟は個人経営では先の見込みがないと考え、結婚前に海運業のF社の倉庫部門に転職して定年まで勤続した。定年後は海運関連の会社ではないが、兵庫県尼崎市の会社に再就職して働いている。また、子は娘ばかりが三人いるが、すでに嫁いでいる。長女は一九五八年生まれで奈良県香芝市に、次女は笠岡市街に、三女は奈良県天理市にそれぞれ家族と生活している。

以上は三十六年間、夫婦で大阪に出稼ぎに行った事例である。夫は艀乗りとなったので、家族で水上生活を経験し、その後はオカに上がっている。オカでは住まいを借りたり購入して生活する家族があったように、Ⅱ6夫婦は大阪で住宅を購入している。しかし、会社を定年退職後は住宅を売り払って夫婦で島に戻り、夫が跡目を相続している。

## 3　白石島の出稼ぎにみる家族別居の特性

これまでにみてきた事例からは、白石島における出稼ぎが多様な形態をもつことがわかる。表にまとめたので特徴をみていく(表1-11)。事例でみた男女九人の事例である。生年は一九〇六年から一九七四年まで幅広い。話者については、冒頭で述べた結婚と居住の二つの指標をもとに可能な限りさまざまな事例から選定した。ここでの結婚の指標は未婚か既婚の違いであり、一方、居住の指標は誰と出稼ぎに行ったかを示している。

出稼ぎはすでに戦前からみられる。戦前は漁業が中心だったが、戦後は都市労働が中心となり、阪神方面への出稼ぎが多いのが特徴である。戦前戦後に職人となる者もあったが、戦後は会社雇用が中心となっている。また、出稼ぎは男女にみられる現象である。ここであげた二例の女は夫と一緒に出るケースだが、戦前戦後に女が紡績工場へ勤めた例はよく聞くように、未婚期の出稼ぎは男ばかりではない。また、続柄もさまざまで長男も島を出ている。その中には帰島して跡目を相続している者がいる。ここでの事例はすべて島内婚なのが特徴である。一方、配偶者が島外出身者であれば島に戻らないケースが多い。島への回帰性が強いのは、夫婦が共に島の出身者のケースである。夫婦が島の出身者であれば、長期間にわたって島を離れていても帰島する率が高くなる。例えば、二十年以上を島外で暮らした後に帰島するケースがここでもみられる。また、出稼ぎは未婚や既婚の区別なくみられる。既婚者は配偶者を伴って島を出ることがある。ここの事例9では島を出てから子を生んでいるが、離島時に子を伴って行った例がある。つまり、家族において世帯分離がみられる。世帯分離の形態はさまざまで、老親を残して子を預けて都市部へ出稼ぎに行くことがあれば、子を連れて行くこともあった。島に子を残した場合でも、後に子を引き取って都市部で共に生活することがあった。

以上のように、親夫婦と子夫婦には世帯分離による別居が確認できるが、ここでは家族が分住することで複世帯の生活形態を選択しており、両世帯で一つの家を形成しているのが特徴である。つまり、出稼ぎ先の子世帯と島に残った親世帯をみると、両世帯の家計構造が一体として把握されており、両世帯が地域社会では一つの家族単位として認識されている。例えば経済的側面では、子世帯から親世帯へ定期的な仕送りがみられることは、両世帯が同財の観念を強く持ち得ていることを示している。また、宗教的側面からは、両世帯に先祖祭祀の共同がみられる。子世帯が新居に位牌や仏壇、墓石を新たに設置することはなく、親世帯と島において共同祭祀を行っている。また、社会的側面

| 主な離島期間 | 離島時の婚姻 | 主な島外の同居者 | 主な島外の職業 | 現住地 |
|---|---|---|---|---|
| 高校卒業～20歳頃 | 未婚 | なし | 製紙会社員 | 白石島 |
| 未婚期～32歳 | 未婚 | なし | 造船会社員 | 白石島 |
| 小学校卒業～？ | 未婚 | なし | 食品製造会社員 | 白石島 |
| 中学卒業～26歳 | 未婚 | なし | 左官 | 白石島 |
| 16、17歳～28歳 | 未婚 | 父 | 漁業 | 白石島 |
| 45歳～65歳 | 既婚 | 妻 | 船員（艀乗り） | 白石島 |
| 30歳～40歳頃 | 既婚 | 夫 | 主婦？（夫は大工） | 白石島 |
| 小学校卒業～22歳頃 | 未婚 | 父 | 漁業 | 白石島 |
| 24歳～39歳 | 既婚 | 妻 | トラック・タクシー運転手 | 白石島 |
| 中学卒業～定年退職時 | 未婚 | 夫・息子 | 船員（艀乗り） | 白石島 |
| 25歳～定年退職時 | 既婚 | 夫・娘 | 宿泊施設 | 白石島 |

からは、定期的に親元への帰島がみられる。その際は地域行事に参加し、農作業の生産活動に従事している。さらに子は出稼ぎ先において、定年退職などを機に帰島して家を相続する傾向が強くみられるのは、親世帯との一体性を示すものといえる。

次に、白石島の出稼ぎによって生じる家族別居の現象を踏まえて、白石島の家族の特性をみていく。白石島の家族は直系家族を志向する家族規範と社会経済活動のバランスによって、多様な住生活のパターンを示す。家意識が強いと島に留まる傾向が強くなるであろうし、一方で、社会経済活動を重視すれば長期間の出稼ぎの傾向が高くなるといえる。なかには島を出て行って戻らないケースがある。結果として、出稼ぎによる家族別居の多様な形態が示される。そこからは以下のような白石島の家族の特性が明らかになったので、トピックごとにまとめておく。

【出稼ぎ者の続柄と家族形態】

出稼ぎ者は、長男や次三男、主人や主婦、男女、未婚や既婚の大きな相違はなく、いずれも出稼ぎに行っている。跡取りの長男や主人であっても、島に留まる傾向が低い。また、男が出稼ぎに行って女が島に残るといった形態が必ずしも貫徹されているわけではない。さらに既婚者が家族のため

**表1-11　白石島の出稼ぎ形態**

| 事例番号 | 話者 | 生年 | 性別 | 続柄(家の帰属) | 婚姻居住 |
|---|---|---|---|---|---|
| 1 | Ⅱ16 | 1945年 | 男 | 三男(養出) | 嫁方(島内婚) |
| 2 | Ⅲ15 | 1974年 | 男 | 長男(生家) | 未婚 |
| 3 | Ⅲ2 | 1948年 | 男 | 長男(分家) | 夫方(島内婚) |
| 4 | Ⅲ6 | 1950年 | 男 | 三男(養出) | 嫁方(島内婚) |
| 5 | Ⅰ2 | 1912年 | 男 | 長男(相続) | 夫方(島内婚) |
| 6 | Ⅰ1 | 1906年 | 女 | 不明(婚出) | 夫方(島内婚) |
| 7 | Ⅱ4 | 1931年 | 男 | 長男(相続) | 夫方(島内婚) |
| 8 | Ⅱ13 | 1942年 | 男 | 長男(相続) | 夫方(島内婚) |
| 9 | Ⅱ6 | 1932年 | 女 | 長女(婚出) | 夫方(島内婚) |

前表の出稼ぎの分類Ⅰ～Ⅳに基づき本文で事例提示した順に記載

に出稼ぎに行くばかりでなく、未婚者も出稼ぎに行っている。さらに家族形態をみると、単身で出稼ぎに行くほかにも、出稼ぎ先では、夫婦、夫婦と子、父子などのさまざまな家族形態がみられる。以上からは、家族員が別居して複世帯を形成するのが特徴である。

【出稼ぎの期間】

出稼ぎによる離島期間は、短期から長期まで幅広い。数ヶ月から四十年以上に及ぶケースまで多様である。長期に及ぶ場合、帰島の契機は就労先で定年を迎えた時期が節目となっている。また、夫婦ともに白石島の出身者であれば共に帰島することがあるが、一方で、妻が都市部の出身者であれば妻の意見が強く反映されるために、夫婦共に帰島せずに都市部で一生を終えることがある。また、定年後の年金所得が低いと都市部で生活を続けることが困難であるために帰島しているのが特徴である。

【出稼ぎの種類】

白石島からの出稼ぎ者の特徴として、出稼ぎの職種が一定せず、何度も頻繁に転職するケースが多い。帰島後に再び出稼ぎに出る際は、異なる職種を選択するケースがある。そして、島民には単一の生業に対する執着がみられない。白石島内の生活では頻繁に転職する島民が多いが、出稼ぎ先でも同様のケースがみられる。また、職種をみると、第一次産業から第三次産業まで幅広い。漁業や海運業などは島社会の生活の延長上に位置付けることができる職種であるために、その分野の就労者が比較的多いが、その他にも製造業やサービス業などの島にはない新たな職種に従事する者がいる。職種の選択にあたっては、親族や友人・知人の紹介等で就労しているケースが多い。

【出身地との関係】

白石島の島民は何度も出稼ぎに行く傾向がみられ、若年期から高齢期に至るまでに島を行き来する生活形態となる。そして島と出稼ぎ先の両方に住居を構えて二地域の生活を送り、両方の地域を頻繁に行き来する。住居の種類はさまざまである。艀乗りには水上生活がみられたが、アパート等の借家に住む者のほかにも、一戸建て住宅の購入者がみられるように多様である。

白石島の出稼ぎの分析からは、以上のような家族の特性がみられることが明らかとなった。このような家族の特性からは、個々の島民が極めて高い移動性をもつことが指摘できる。その要因としては、一つには家規範の低さが考えられる。こうした家族の特性はすでに戦前の出稼ぎからみてとれることから、早くに島民の社会生活に定着しており、島の伝統的な家族構造の一要素と考えることができる。白石島の家族の特性は、ここでの筆親筆子関係にも影響を与えていることが考えられるので、次章以降で詳しく論じていくことにする。

## 小括

本章では、筆親筆子関係を形成する島嶼社会としての白石島について、その特徴を節ごとに次の四つの視点からみてきた。つまり、社会関係と生業の変遷、家族と親族の諸慣行、出稼ぎと家族、出稼ぎにみる家族形態の分類について明らかにした。

第一節では、地理・歴史的環境と社会組織や生業の変遷をみてきた。白石島は離島振興地域に指定さているが、内海に位置しており交通の便はさして悪くない。瀬戸内工業地域に属しており地方工業都市に近接する。こうした地理的条件から、高度経済成長期には阪神地方に多くの就労者を送り出している。歴史文化においては関西地方と深いつながりがみられる。戦後は漁業離れが進み、若者を中心に島外移住の傾向が進んでいる。近年は島の過疎化や少子高齢化が際立っている。高齢の単身者や夫婦のみの家族が多数を占め、子や孫は島外で暮らすのが一般的な家族形態である。白石島の歴史は近世初頭の移住に始まり、しばらくして開拓事業が開始されている。その当時のあり方が現在の家関係などの社会関係に大きく影響している。島内ではキンジョと呼ばれる近隣関係が親族関係に劣らず発達しており、社会生活上で頻繁なツキアイがみられる。特に近年の高齢化で葬式や法事のツキアイは一層盛んである。また、年齢集団では仮親子関係との関連が考えられる。戦前戦後と若者集団の発達が顕著だったが、こうした若者や娘による年齢集団の盛んな活動が仮親子のあり方に影響したことが想定できる。島の生業の変遷からは、島の基幹的産業として漁業と農業をみてきた。戦後以降は花卉栽培・果樹栽培・海苔養殖などの新たな事業が試みられたが、近年は漁業や農業離れによる衰退が進んでいる。

第二節では、家族と親族の諸慣行をみてきた。白石島は近世初頭に福山藩の干拓事業が行われており、それに前後して人々が島に移住してきたと伝えている。このような島の開発の歴史的条件が現在の社会関係に強く影響を与えている。柳田国男は「村の種類」という論考において開発当初の歴史的・社会的条件からムラを六種に分類したが［柳田　一九九〇ａ（一九二二）　九六〜一〇三］、白石島はその中の「新田百姓の村」の性格と類似しており、家関係が比較的均質で島の諸役にも変動が多くみられる。近年の白石島の家族構成では、夫婦のみの世帯が全世帯の半数近くを占める。次に一人暮らしが三割近くに及ぶ。以前は家族構成が現在よりも大きく、三世代家族が多かったようである。現在も直系家族を志向する家族規範が強いが、実態としては親子別居が定着しており規範とのズレがみられる。相続は長男が優位にある。しかし、家の継承では養子慣行がみられ、その際は親族を優先して養子を行うといった柔軟性がある。また、島では分家が盛んに行われてきたために同姓戸が多数みられる。分家が制限されることはなく、次三男の分家が盛んであった。現在は長男や次三男を問わず、島外移住者が多くなっている。また、隠居慣行はほとんどみられない。近年は高齢者の一人暮らしが増加している。結婚形態は大半が夫方居住婚で、夫婦の八割弱が島内婚である。島内婚率が高く、島では姻族を含む親類関係が社会生活上で重要な位置を占めていることがわかる。カブといった同族を示す民俗語彙を聞くが、実際に機能することはなく、本分家関係の二家間のツキアイに留まる。この本分家関係もシンセキやイッケと呼ばれる親類に包含される。しかし、近年は島外婚が一般化して、以前は多くみられた親族婚が忌避されるようになっている。シンセキやイッケと呼ばれる親類は自己中心的構造をもつ家関係を形成しているが、そこには血族や姻族を中心に本分家関係も含まれる。シンセキは社会生活で特に重視されており、近隣関係や友人関係がそれに次ぐ。シンセキでは冠婚葬祭を通じて頻繁なツキアイが行われてきている。

第三節では、艀乗りの出稼ぎに注目して白石島の家族別居について分析した。瀬戸内海域の島嶼社会は、すでに近世から人々の移動が非常に盛んな地域であり、生業活動で島民は頻繁に島を出入りしていたことが近年の研究で明らかにされている［松田　二〇一〇］。ここでは高度経済成長期に白石島で盛んにみられた大阪湾の艀乗りの出稼ぎの事例を取り上げた。島嶼社会では良い稼ぎ口があると噂で出稼ぎに行く傾向がある。大阪湾の艀乗りも同様に、シンセキなどが口利きをして、島から連鎖的に多くが出稼ぎに行っている。特に海運業は島民にとって身近な職業であり、転職しやすい稼ぎの方法として選択されてきた。艀乗りとその家族をみると、親と子が長年別居して別世帯を形成する。その間、家族員は冠婚葬祭や盆正月に島を定期・不定期に行き来する。老齢で都市就労を終えると、跡取りは再び島に帰って家を継ぐ形態の存在が明らかになった。

第四節では、島の出稼ぎで生じる複世帯、つまり家族別居の現象について結婚と居住の二指標から事例の分類を行い、白石島の家族の特性を明らかにした。島の出稼ぎの時期を未婚期と既婚期の二つに分け、さらに出稼ぎの形態を単身と妻子を伴う場合の二つに分けると、その分析からは白石島ではさまざまな家族の別居が行われてきたことがわかる。結婚と居住の指標による分析からは、白石島では、家族内での地位・身分・性別・未既婚に関係なく出稼ぎに行く傾向がみられる。出稼ぎの家族形態は、単身者や、夫婦、夫婦と子、父子などさまざまである。出稼ぎの頻度は定まっておらず、職種も一定せず、期間も短期から長期までさまざまである。以上のように、出稼ぎといった生業活動の分析からは、白石島の家族が極めて高い移動性をもち、家族が分住して複世帯の生活形態をとることが明らかとなった。

## 註

（1）『笠岡諸島振興計画』によると、普通船では神島外浦と高島を経由する一六kmの航路距離で、高速船では笠岡港から他島を経由せずに一二kmの航路距離で結ばれる［笠岡市企画政策課 二〇〇二 七～一一］。

（2） イワシ巾着網漁は船曳網漁法の一種で、通称はイワシアミのほか、キンチャクとも呼ばれる。

（3） 笠岡市企画部『定本笠岡地方干拓史―笠岡湾干拓事業完工記念―』には、「白石島新開は、第一期工事と第二期工事に分かれ第一期は天和二年（一六八二）着工、元禄四年（一六九一）完工、第二期は元禄七年着工、元禄十三年の完成となっている。水野家は元禄十一年の断絶であるから、第二期工事の中途で白石島の所領替えがあったわけであるが、干拓工事は引継がれて完成している」と記されている［笠岡市企画部 一九九〇 二八］。白石島の住民の伝承では、二期とも三期ともいう点が異なる。また、二期工事の中途で水野家は断絶している。

（4） 邦訳名は『江戸参府旅行日記』［ケンペル 一九七七（一六九一）］。

（5） 『明治十七年岡山県統計書』による。

（6） 白石島における転出者のデータについては、調査時において、笠岡市役所白石島出張所における第三者への閲覧が制限されていたために、関西学院大学地理研究会編『白石・馬渡』に掲載される白石島の「住民登録事件表」から転出者に関するデータを引用した［関西学院大学地理研究会 一九七四］。このために記載した転出者データについても、一九五三年から一九七二年までの期間のみの記載になっている。

（7） 白石島からの転出地のデータについては、調査時において、笠岡市役所白石島出張所における第三者への閲覧が制限されていたために、関西学院大学地理研究会編『白石・馬渡』に掲載される白石島の「転出届」から転出地に関するデータを引用した［関西学院大学地理研究会 一九七四］。このために記載した転出地データについても、一九五〇年から一九七〇年までの期間のみの記載になっている。

（8） 「テゴウ（手合）」と記述する場合がある。

（9）真田紐の組紐を「真田」といい、それを編むことを「真田組み」といった。

（10）未婚者の名称の「チョンガー」は、独身者を意味する外来語が定着したものと考えられる。『広辞苑　第五版』（岩波書店）には次のように解説されている。

チョンガー【総角】（朝鮮語ch'onggakの転）。①朝鮮の丁年過ぎの独身男子の蔑称。もと髪型の名称で、丁年未満の男子は、結髪せず冠を着けず、髪を後ろに編みさげる風習があった。②俗に、独身の男。

（11）ウタセ（打瀬網漁）と呼ばれる底引網漁の一種である。

（12）一九六八年のデータは漁法別漁獲量であり、二〇〇三年のデータは漁法別漁家数であるため、比較検討の際は注意を要する。

（13）笠岡市と白石島漁協の共同事業として、ノリ養殖・加工工場の運営が開始されている。近年の過疎化や景気等の社会問題を背景に、事業計画が頓挫した港湾整備等の土地や施設を有効利用する目的を兼ねてノリ養殖・加工事業が着手されている。

（14）「海洋牧場パイロット事業」とは、岡山県水産課が一九九三年度から白石島と高島の間に笠岡地区海洋牧場を設置し、音で魚を飼い慣らすシステムを導入し、放流魚や天然魚の生育環境を整え、育成しながら漁獲を目的とする事業である。笠岡地区海洋牧場は二〇〇一年度に整備を完了し、現在は漁業者を中心に組織された笠岡地区海洋牧場管理運営協議会により運営・管理が行われている［岡山県　二〇〇八　三二一〜三二二］。岡山県水産課によると、今後はこれらの利点を十分に活かして、漁協が直営で行う釣り施設の整備など観光漁業の導入を積極的に支援し、海洋牧場運営の自立を促進すると共に、観光振興を通じた地域の活性化にも役立てることを目指している［岡山県　二〇〇八　三二二］。

（15）白石島で一姓しかない世帯の総数は、全体の九・五％と少ない。しかし、島全体でみられる五〇姓の内で三二姓に及ぶ。このことは、本分家関係のほかにも新たな来島者を島が受け入れる素地があったことと、なかでも姻戚関係の発達による世帯の分出が想定される。

(16) 二〇〇〇年の国勢調査によると、白石島の六十五歳以上の高齢化率は五八・〇%である。同じく二〇〇〇年の白石島における調査からは、完全夫婦二四〇組のうち一八四組(七六・七%)が島内婚であったことを確認した。このことから、高齢者層は島内婚が主流であったことがわかる。

(17) 小川徹太郎は戦前日本の「水上生活者」に関する文献資料を整理した上で、今後の指針として、「近代水上都市の民俗誌」において「水上、水辺を舞台とした人々の関係が織りなす世界」や、その中でも「水と陸をつなぐ」人々の関係についての記述の必要性を提起している[小川　二〇〇六　一〇二]。また、田野登は大阪の「フナジョタイ(船所帯)」について「川筋における生業の調査からは、近代の都会が半農半魚を営む島々から移住してきた人々を受け入れ膨らんでいく過程を読み取ることができる」と指摘する[田野　二〇〇七　四四〇]。

(18) 朝鮮系住民の俗称を示す。

(19) 定位家族とは生まれ育った家族で、生殖家族とは結婚して創設した家族の意味であるが、両家族概念はウォーナー(W.L.Warner)の社会的研究に発している[老川　一九九六　六二〇]。

# 第二章　白石島の筆親筆子関係に関する特徴

## はじめに

本章では次章以下の考察を前提として、白石島の筆親筆子関係の総体的特徴を提示する。第一節では、白石島の筆親筆子関係の研究史を整理して、先行研究が明らかにした筆親筆子関係の特徴を示した上で、白石島の筆親筆子関係の研究における課題点を提示する。第二節では、白石島の仮親子関係における筆親筆子関係の位置付けを示した上で、オヤカタドリの儀礼や、筆親筆子関係の構造と家規範から特徴を提示する。また、筆親筆子関係の名称になっている「筆」の民俗語彙とその意味や、筆親筆子間の呼称に注目して筆親と筆子の関係性の特徴を明らかにする。

## 一　白石島の筆親筆子研究史

本書のフィールドとなる岡山県笠岡市白石島では、早くから各学術分野の共同調査や個人調査が行われている。民俗学的視点からの調査報告や論文もみられるが、筆親筆子関係に論究したものは極めて少ない。しかも多くは調査報告の中で触れられる程度で、具体的に考察された論文の数は少ない。その中でも本書で引用するものを中心に以下にあげて、その内容の特徴について述べる。

柳田国男が昭和初頭に笠岡諸島の結婚習俗に関心を寄せており、白石島とその周辺の事例について述べている［柳田　一九二七］。柳田は白石島周辺の嫁盗みの習俗などに関心を示しており、仮親子関係については触れていない。また、嶋村知章が『民俗学』に「備中小田郡の嶋々」を寄稿して、その中で白石島の結婚習俗について報告している［嶋村　一九三〇］。

白石島の筆親筆子関係についての古い資料としては、福島惣一郎が白石島で実施した離島調査（本邦離島村落の調査研究）がある。(1)離島調査は財団法人民俗学研究所が一九五〇年から三年間をかけて、全国各地の島嶼を対象に実施した民俗調査である。調査では島ごとに調査者が振り分けられ、各人が調査項目を携えて現地調査にあたっている。調査は各人が『離島採集手帳』（以下『手帳』と記す）に書き記す方法がとられている。

白石島の離島調査の担当となったのが福島である。福島は一九五〇年の八月と九月に白石島を採訪して聞き書きを中心に調査を行っている。さらに一九六五年の十一月に再訪して補充調査を行っており、調査内容は他の調査者の報告と一緒に『離島生活の研究』にまとめられている［福島　一九六六］。福島が『手帳』の中で筆親筆子関係について記述しているのは、「親方子方」「婚姻方式」「仲人」「義理」「贈答」の五つの調査項目である。記述は『手帳』に二頁ほどだが、今では聞かなくなった古風な習俗について古老から聞き書きしており、現在と比較すると民俗の変化がよくわかる資料である。婚姻・仲人・義理・贈答と筆親筆子関係の関連性についても少しだが触れていて貴重な資料である。ただし、ここでは島民の理念を記述することに留まっており、具体的な個別事例が調査されていない。この福島の報告については、第七章「筆親筆子関係の現代的変化」において現代的変化の視点から詳細に分析することにしたい。

一九七四年に岡山県教育委員会が『笠岡諸島の民俗』の民俗調査報告書を刊行している〔岡山県教育委員会　一九七四〕。この民俗調査は離島振興法の総合開発計画に伴って振興離島民俗資料緊急調査として実施されたものである。笠岡諸島の民俗総合調査であり、中山薫が「族制」の章立てにおいて筆親筆子関係について報告している。この報告書では島民の個別事例を数多く記録しているために、調査資料として大変参考になる。ただし関係締結の儀礼を中心に記述しているために、ツキアイなどを含めた習俗の全体像が把握できない欠点があるが、具体的にどういった時に誰を仮親にするのかを、さまざまなケースをあげて記述している。さらに笠岡諸島の島々の筆親筆子関係の諸事例についても記述しており、この習俗が笠岡諸島に広く分布しており、ほかの島々でも習俗の内容が類似することがわかる。笠岡諸島の中では白石島が筆親筆子関係をよく伝承しているが、少なくとも中山が調査を実施した一九七〇年代の初めには、笠岡諸島の島々でも散見されたことがわかる。なお、一九七六年に岡山県教育委員会が実施した岡山県内の「カナオヤ・カナコ」関係の分布調査では、県下西部の内陸部にも広範に伝承されていたことがわかる。これは筆親筆子関係に類似する「カナオヤ・カナコ」関係の分布調査だが、瀬戸内の島嶼部ばかりでなく本土の山間地にも広く分布したことがわかる（図2-1）〔岡山県教育委員会　一九七六〕。

中山は、一九八三年発行の『岡山県史　第一五巻　民俗Ⅰ』においても「擬制家族」と題して県下の仮親子習俗について記述しており、その中で白石島の習俗について述べている〔中山　一九八三〕。この論考では、岡山県下では他にも「取りあげ親」「名付け親」「仲人親」「拾い親」「カナ親・カナ子」「親分・子分」などの仮親子関係を列記している。「カナ親」の名称については、県下ではカナオヤ以外にもエボシオヤ・フデノオヤ・フンドシオヤ・ケイヤクオヤなどと称し、「カナ子」の名称については、カナゴ以外にエボシゴ・フデノコ・ケイヤクゴなどと称されていることから、県下ではさまざまな仮親子関係が広く分布していたことがわかる〔中山　一九八三　八七〕。特に成年期以

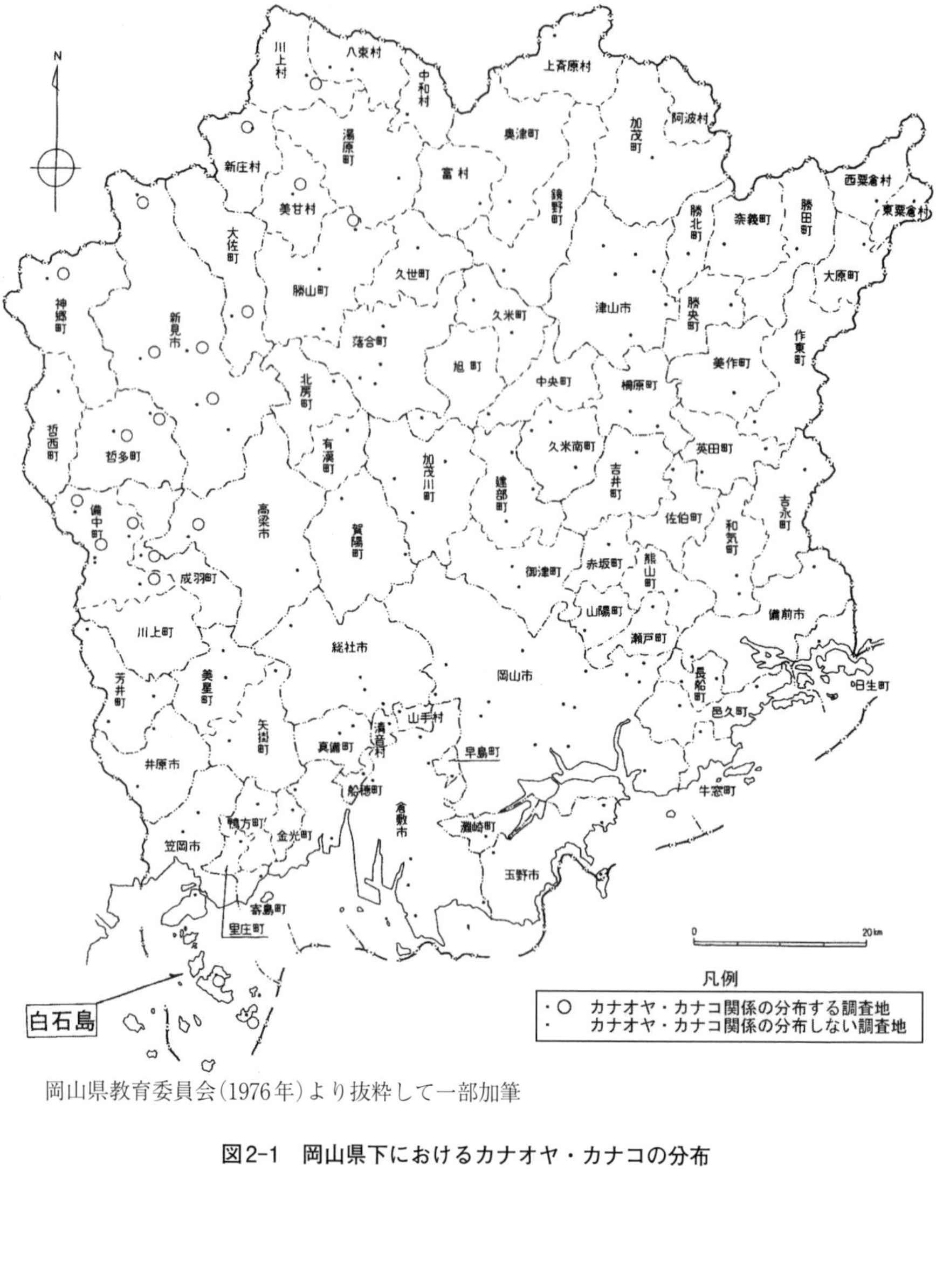


岡山県教育委員会(1976年)より抜粋して一部加筆

**図2-1　岡山県下におけるカナオヤ・カナコの分布**

降に社会経済的目的で締結された仮親子関係については豊富に記されている。さらに白石島の筆親筆子関係のことも述べており、名称や締結時の儀礼、締結して三年のツキアイ、筆子の結婚や筆親の葬式時の役目について書いている。

中山は『日本民俗学』においても「カナ親・カナ子」の名称で白石島の筆親筆子関係について次のような特徴を指摘している［中山　一九七八］(2)。つまり従来の研究では、成年期以降に締結される仮親子関係は社会経済的要素が強いために、網元と網子のような漁撈上の雇用関係と重複することが指摘されている。しかし、ここでの中山の論考では、白石島の筆親筆子関係は一九五〇年代の初め頃までのイワシアミ漁においても、筆子がその労働力として利用されることはなかったと指摘している［中山　一九七八　四七］。なぜ白石島の筆親筆子関係が漁撈組織で利用されなかったのかが課題として残されている。

一九七四年に関西学院大学地理研究会が『白石・馬渡』の中で、フィールドワークから白石島の生活文化についての調査報告書を刊行している［関西学院大学地理研究会　一九七四］。戦後の高度経済成長期を強く意識した調査資料であり、現代における白石島の生活文化の変化といった視点からのモノグラフである。ここでは筆親筆子の習俗についての記述は少ないが、戦後の白石島の生活文化を総体的に把握する上で有益な資料である。

一九九八年から三年間をかけて成城大学民俗学研究所が研究プロジェクト「沿海諸地域の文化変化の研究―柳田国男主導『海村調査』『離島調査』の追跡調査―」を実施している［八木橋他　二〇〇一］。ここでの成果からは、白石島の筆親筆子関係の変化についても述べている。そこでは「現在、筆親筆子関係を行っている家は皆無ではないが、ほとんど行われていないのが実状である。その最大の理由は若年層の流出にともなう島内婚の減少にある」と指摘している［八木橋他　二〇〇一　四三〇］。さらに続けて「この制度が大きく変化し始めたのは一九五五（昭和三十）年過ぎであるという話が多く聞かれた。高度経済成長にともなって漁業や農業に従事していた人びとが島を離れ、工場地帯などへ働きに出るケースが多くなったからだ」という〔八木橋他　二〇〇一　四三二〕。このように高度経済成長期以降の生業形態の変化によって若者層が流出し、その結果として結婚形態が変化し、筆親筆子関係が衰退したことがわかる。この結論は少なからず納得できるが、ただし実際に島の人々が各々どのように筆親筆子関係を生活に結び付けているのかについては事例からの説明がなく、すべての筆親筆子関係を一様に「衰退」として説明してよいのか疑問である。事例を一つずつ丹念に掘り起こす中から、現在の島で暮らすさまざまな人々の抱える問題を掘り起こし、解決の糸口を導き出すような視角が必要である。

近年の白石島の生活文化については、岡山大学の学生らを中心とする社会調査報告書がみられる〔藤井編　二〇〇九〕。筆親筆子関係の報告はされていないが、フィールドワークによって白石島が抱える社会問題を幅広く報告している。

以上のように、白石島の筆親筆子関係は調査報告や論考としては数が限られる。上記であげた一九六六年発行の『離島生活の研究』に収録された福島の「岡山県笠岡市白石島」と、一九七四年に岡山県教育委員会発行の『笠岡諸島の民俗』に収録された中山の「族制」が、筆親筆子関係の調査報告として詳細に記述されている。これらは一九五〇～一九七〇年代に筆親筆子関係を含む民俗事象を記録保存する目的から調査されており、約半世紀を経た近年の状況と比較分析するのに有用な資料といえる。この二つの調査報告が刊行されて以降は、白石島の過疎化や高齢化が顕著となる年代であり、そのために筆親筆子関係のまとまった調査報告等はみられなくなる。先述した二〇〇一年に成城大学民俗学研究所が発行した「海村調査」と「離島調査」の追跡調査においても、筆親筆子関係についての詳細な調査までは実施されていない。白石島の筆親筆子関係に関する先行研究を整理していえることは、従来の研究では、民俗事象の古態を記録保存する調査報告のためのアプローチが主流である。序章でも指摘したように、人々に記憶されたり潜在化した民俗を掘り起こすだけで、民俗の多様な変化において動態的に捉える視点が欠如している［湯川一九九八b］。そのために、近年の島社会における過疎化や少子高齢化などの社会構造の変動下において、筆親筆子関係の持続や変容からの研究的アプローチはされていないのが現状である。

## 二　筆親筆子関係の特徴

### 1　白石島の筆親筆子関係とオヤカタドリ

白石島にはいくつかの仮親子関係が伝承されている。その中で現在もよくツキアイがみられるのは、本書で取り上げるフデノオヤ（筆の親）やフデノコ（筆の子）などと呼ばれている関係である。(3) このほかにも出生時に関係を締結するもので、実親が数え年の四十二歳の時に生れた子や、幼少期に子が病弱であれば仮親を取る慣習がみられた。この慣習は日本各地で「拾い親」などと呼んでいるが、白石島では名称上で明確な区別がみられず、これもフデノオヤと呼んだり、あるいはナヅケオヤ（名付け親）と呼んでいる。

事例をみると、Ｉ15（一九二五年生まれ・女）は女児のナヅケオヤになっている。白石島で理髪店を経営していた父親が厄年にこの女児を授かったので、Ｉ15はナヅケ（名付け）を頼まれている。当時の佐藤栄作首相（在任期間一九六四～一九七二年）から一字をとって「栄子」と名付けている。この時は女児を辻に捨てることが事前に知らされた上で、Ｉ15は女児を拾っている。現在もこの女児はＩ15をオバチャンと呼んで慕っており、両者の関係がナヅケ後も継続されていることがわかる。

捨てた乳児を拾うという行為は、現在は行われていない。しかし、擬似的ではあるが、以前はこのような行為が頻繁に島で行われている。一九七〇年代の中山の報告にはこの関係もフデノオヤやフデノコと記されており、実親が四十二歳の時の乳児や、病弱だったためにコとなった事例が数件報告されている［中山　一九九七（一九七四）］。

筆親筆子関係は現在、フデノオヤやフデノコなどと呼ばれているが、戦後の調査報告ではエボシオヤやカナオヤ、カナコなどといった名称が記述されている［福島　一九五〇　九、八木橋他　二〇〇一　八］。この中でカナオヤやカナコの名称は一九七〇年代に中山が報告している［中山　一九七八］。近年の報告では八木橋伸浩らがカナオヤの名称を報告している［八木橋他　二〇〇一］。八木橋らによると「筆親筆子という名称は、親方が息子（娘）に筆二本を与えたことに由来するとされる。また、親方が息子（娘）に新たな名前を付けてくれたことから仮名親仮名子ともいう」と述べているように、カナは「鉄漿」ではなく「仮名」の意味であることを示唆している［八木橋他　二〇〇一　八］。しかし、筆者の調査ではカナオヤやカナコの名称が確認できたのは一例のみであった。しかも漢字で「仮名」と表記するのかどうかも話者から正確に確認できなかった。このように現在の白石島では、筆親筆子関係と成女式の鉄漿付け習俗、あるいは「仮名」に関する習俗との関連性については確認することが難しくなっている。また、エボシオヤの名称については、一九五〇年に福島が離島調査で白石島を調査した際に報告している［福島　一九五〇　九］。しかし、これに関しても現在は名称さえ聞かなくなっている。I9（一九二三年生まれ・女）は「エボシオヤは頭の高い人がするものなので漁師が多い白石島にはない」というように、エボシオヤの習俗は現在の白石島で聞くことはできない。

次に、白石島の筆親筆子関係の概要について、親子成りの儀礼を中心にみておきたい。白石島の筆親筆子関係はフデノオヤやフデノコなどと呼ばれる（以下「筆親」および「筆子」と略す）。一方、筆子はムスコやムスメと呼ばれることが多い。そして筆子が筆親に呼びかけるにはオヤカタ（親方）やオヤブン（親分）のほかに、オジサンやオバサン、なかにはオトウサンやオカアサンなどと呼びかける者もいる。逆に筆親が筆子に呼びかけるには実名だが、かつては筆親がナヅケで与えた「仮の名」で呼んだ。このように筆親筆子間の関係はさながら実の親子のようである。またこのような筆親筆子関係は、島内に居住する者なら男女を問わず誰もが締結できたのである。

筆親筆子関係は、締結してから三年目のネンアキ（年明き）[4]までの期間が一つの節目とされる。そしてこの期間の正月にはショウガツヨビ（正月呼び）と称して、必ず互いに贈答することとされてきた。その時に双方が贈る品は年ごとに大体決められていた。この時には互いが家に呼び合って挨拶をした。このような最初の三年間の贈答や挨拶が義務的に定められていたので、この期間が助走期間となって、一生のツキアイをしていくものとして次第に親交が深められていったのである。

親子成りである筆親筆子関係の締結のことは、オヤカタドリやあるいは「ムスコ（ムスメ）に行く」と呼ばれる。そして筆親には、健在で一組のそろった夫婦がなるものとされる。[5]筆親は三十～四十歳代の人生の最盛期を迎えた夫婦が適齢とされ、関係の締結時に死別や離別している夫婦（不完全夫婦）もしくは未婚者は筆親にはなれないとされる。よって筆親は夫婦を単位としている。そのために、筆子は筆親である夫婦双方に対して均等なツキアイを行うのである。

オヤカタドリは早ければ小学生で、遅くとも二十歳過ぎの頃までに行われた。かつては尋常小学校や高等小学校の卒業時、もしくは青年団や青年会の加入時に多くが行われた。また、筆親筆子関係は島内居住者だけで締結されてきた。これまでには島内居住者の大半がオヤカタドリを行ってきたように、白石島における一種の通過儀礼といえる。関係の締結は基本的に筆子側が選択して決定するが、その際、筆子は人を見る眼がないと考えられているので、実親などの身内が筆親を決めて依頼することが多い。筆親に依頼されると拒絶できないとされる。そして互いが事前に話し合ってオヤカタドリの日を決めた後、かつては日時や方位の吉凶を考慮しつつ、正月の差し迫った大晦日の頃に筆子となった。

筆子になる日は、夜になってから筆子は友人などを付き従えて「ムスコ(ムスメ)に来ました」と大声を張り上げて訪れる。その時に筆子はシラサギ(白鷺)という一升徳利の口に、昆布で鰯などの魚二匹を結わえ付けて持参する。その際、酒の量は八合に減らして持参するのだが、これは筆子自身が未熟で至らない証であり、それを筆親に満たしてもらい一人前にして欲しいという仕草である。

筆子になってから三日後はミッカノイワイ(三日の祝い)と称して、再び筆親が筆子を家に招いて御馳走を振る舞って祝う。その時は、後で筆子の家にも筆親を招いて祝う。このような筆親筆子関係を締結することによって筆子が日々の寝食する場を変更することなく、引き続き生家で実親と同居する。その後は先述した三年目のネンアキを経て、基本的に一代限りの関係として一生涯のツキアイを行うのである。

## 2 筆親筆子関係の構造と家

ここではオヤカタドリで締結された筆親筆子関係の構造について図で示していく。なお、ここで用いる各図は調査に基づく諸事例をもとに便宜上、島民の理念として抽象的な構造に再構築したものである。

筆親筆子関係において筆親は筆子を何人でももつことができるが、逆に筆子は筆親を一人しかもつことができないとされる。よって多いと一〇人、二〇人と筆子をもつ筆親がいる。また、一度関係を締結すると基本的に解消できない。筆親か筆子のどちらか一方が死ぬまでは、筆親と筆子の関係として何らかのツキアイが続けられることが多く、筆親筆子関係は基本的に一代限りの関係と考えられている。また、筆親は一組の夫婦を単位としている。そのために筆子は筆親である夫婦二人を筆親としてツキアイを行うのである。

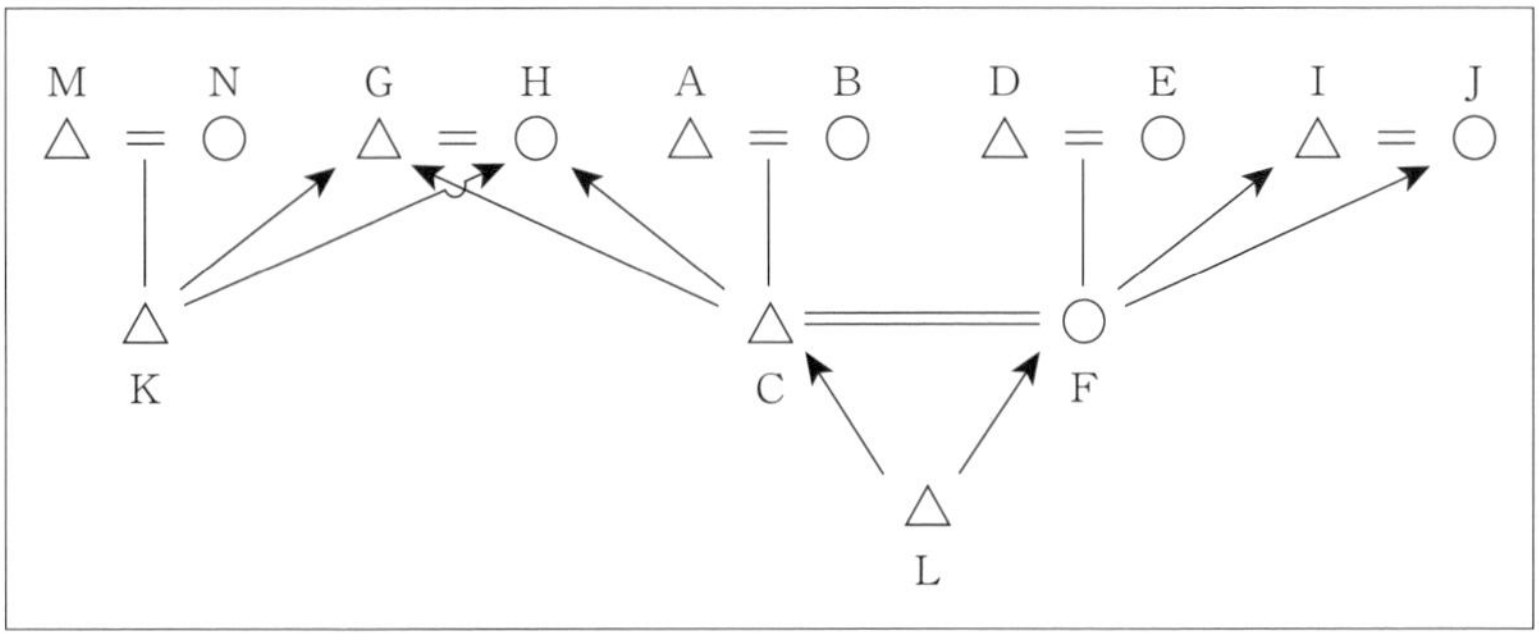


〔凡例〕
△　男　　　　　⊓　兄弟姉妹関係
○　女　　　　　△＝○　夫婦関係
｜　実の親子関係　　⟵　筆親←筆子

**図2-2　白石島における筆親筆子関係の構造（その1）**

図は島民が理念とする筆親筆子関係の構造である（図2－2）。ここではA～Nの一四人のうちで、時間の経過とともに結婚と筆親筆子関係の締結があったと仮定する。その展開の概要は次の通りである。まずAとBは結婚してCを生んだ。またそれに前後してDとEは結婚してFを生んだ。そしてCは少年期にGH夫婦の最初の筆子となったが、その後にKも同じくGH夫婦の筆子となった。それに前後してFは少女期にIJ夫婦の筆子なった。その後、CとFは成長して結婚した。CとFの結婚後、LがCF夫婦の筆子となった。時間的な展開は以上の通りである。まず、先述した筆親の単位について振り返っておく。Cを例にとると、CにとってGとHの二人が筆親となる。よって筆親筆子関係は一組の夫婦と一個人といった三者間で形成される。そのために、Cにとって実親のABとオヤのGHの間には、基本的に新たな関係は発生しない。

さらに筆親筆子関係の構造をその連鎖に注目して、三つの視点からみていきたい。第一の視点は結婚による視点であるが、結婚によって筆親筆子関係を基盤とするツキアイが拡大することはない。つまりCとFの結婚によって、CとIJまたはFとGHによる新たな関係は発生しない。よって、CF夫婦を媒介としてGH夫婦とIJ夫婦の間

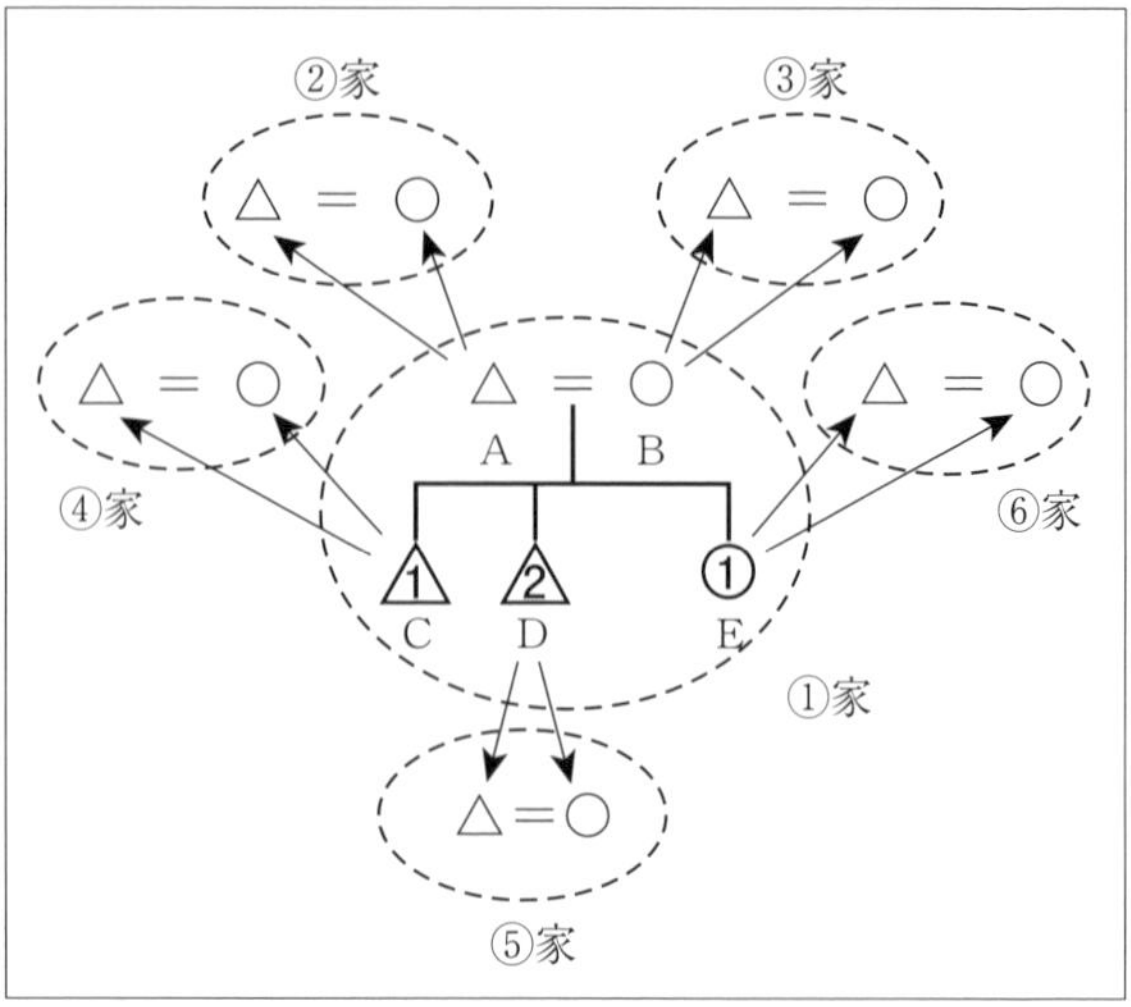


〔凡例〕　図 2-2 参照
1 2 ①　長男・次男・長女

**図2-3　白石島における筆親筆子関係の構造（その2）**

（筆親同士）で新たな関係が生じることもない。第二の視点は同位世代による視点であるが（筆子同士）、同位世代においても筆親筆子関係を基盤とするツキアイが拡大されることはない。つまりCとKが筆親を同じくすることで新たな関係が発生することはなく、兄弟姉妹的な関係が発生することはない。そればかりか、多くは互いの筆親が同じ者であることすら知っていない。第三の視点は上下位世代だが（隔世代関係）、上下位世代においても筆親筆子関係を基盤とするツキアイが拡大されることはない。つまり、血縁では祖父母と孫にあたる隔世代関係をみると、GHとL、もしくはIJとLによる新たな関係は発生しない。

　以上の三つの視点から、理念上は、筆親筆子関係は筆親である一組の夫婦と筆子である一人の個人の間でのみ機能する関係といえる。ただし、理念上だけでなく実態をみていくと多少のズレがみられ、筆親筆子関係が柔軟性をもつことがわかる。それについては、第四章「筆親筆子間の互助における一代性」で詳細な分析を進めていく。

　次に家の視点から、理念としての筆親筆子関係についてみていく（図2-3）。ここにある①家はA〜Eの五人が同居する。AとBは夫婦で、その子は長男C・次男D・長女Eである。そして、これらのすべての家成員が筆親筆子関係を締結したとする。その場合、ここに示したように筆親が家成員の中で重複する事例はみられない。また、性別や出生順が筆親の選択に左右することは少ない。それぞれが任意に筆親筆子関係を締結し、それぞれの間だけで権利や義務を行使することを原則とする。よって、家柄によって筆親層や筆子層が固定されることはない。

しかし、実の親子が同じ家の成員と筆親筆子関係を締結し、図の「袈裟型」のような関係締結の構造を形成することが時々ある（図2-4）。つまり、ここで示した①家のAと②家のC、および①家のBと②家のDにみられるような筆親筆子関係が見出せる。ただし、このような形態は家として永続的に継承されるものでないことは注意すべきであり、シンセキと呼ばれる親族を再編する意図で行われている。そこで、この親族関係の再編に関連して家の視点から見た場合に、相互に筆親と筆子を兼ねており、図の「タスキ型」のような関係締結の構造をもつことがある（図2-5）。ここで示した①家のBは②家のCを、また②家のDは①家のAを、それぞれ筆親としている。相互に筆親と筆子になることで、親族関係をさらに強化するのである。

これまで図でみてきたように、白石島の筆親筆子関係は当事者の関係であり、基本的に個々人の間のみで権利や義務を行使する関係である。しかし、実際のツキアイでは個人を媒介にしながら家関係のツキアイが行われている。つまり、個人が関係を締結していてもツキアイは家関係としてみられる。また、ツキアイの

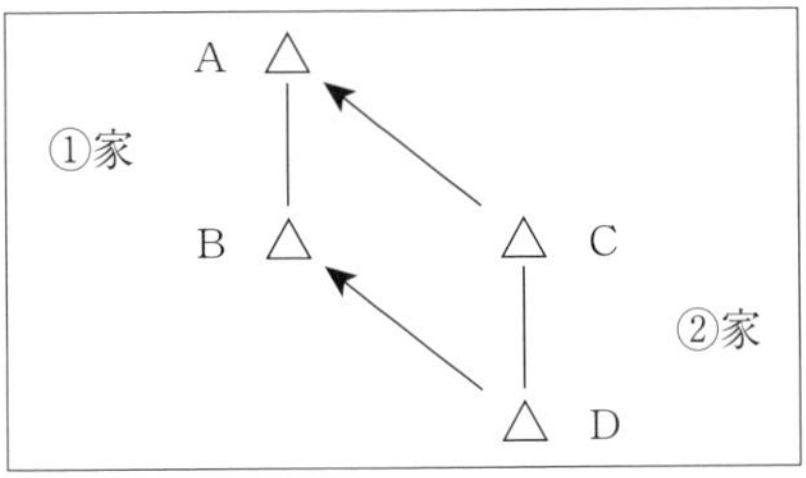


〔凡例〕図2-2参照

**図2-4　白石島における筆親筆子関係の構造（その3）〈袈裟型〉**

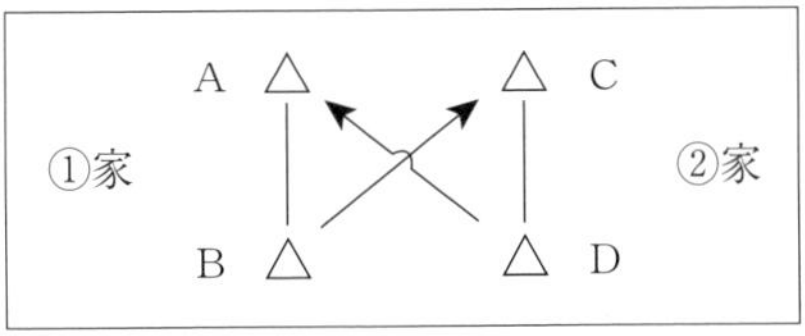


〔凡例〕図2-2参照

**図2-5　白石島における筆親筆子関係の構造（その4）〈タスキ型〉**

権利や義務は筆親筆子関係をたどって際限なく課されることはない。しかし、個々人の筆親筆子関係を連鎖的につないでいくと、島全体を網の目のように縦横に覆うネットワークとなって存在しているのである。

最後に、実子・養子・筆子の共通点と相違点から、白石島のさまざまな親子関係の特徴をみておく。まず、名称や呼称をみる限りは、筆子はムスコやムスメと称され、呼び捨てで呼ばれたりするので実子や養子と変わらない。なかには実子と同様に「オヤジ」「お父さん」「お母さん」などと呼ぶ筆子がいる。某氏（Ⅱ4の筆親だった人物）のように、筆子であっても筆親であるⅠ6（一九一九年生まれ・女）の「長男である」と冗談混じりに語る者もいた。一方で「親方に来とるんじゃ」とか「ムスコ（ムスメ）に来とるんじゃ」といった表現のように、筆親筆子関係だけで使われる表現がみられる。このことから、実の親子関係と筆親筆子関係には名称や呼称における共通点と相違点が窺える。

一方、白石島ではモライゴと呼ぶ養子慣行がみられる。モライゴは養親と同居し、時には家長となって財産相続を承継することにおいては実子と共通する。しかし、筆子にはこれらの特徴がみられない。筆子はオヤカタドリによって住居を変更することがなく、戸籍を変更することもない。筆親から財産相続や分与を受けることもない。また、実子や養子は老親を扶養するが、筆子は筆親を扶養しない。筆親と筆子の間で相互扶助が行われても、筆子が筆親の老後の扶養までを行う義務をもたない。

子が生まれない家があると「子に来てくれ」と頼んで筆子にしたように、実子がいない夫婦は多くの筆子を取る例がある。また、子が病弱であったり、片親が早世しておれば筆親を取る傾向が高い。さらに兄弟姉妹が多くて親が十分に手を回せないと筆子に行かせている。また、出生順でオヤカタドリに対する考え方の違いがみられ、次三男よりも跡取りの長男は本分家へ筆子に行かせている。このように長男は、本分家関係を強化するために関係を締結させることがあった。一方でこれとは異なる考え方が聞かれる。つまり、跡取りの長男はほかの兄弟姉妹よりも筆子に行か

表2-1　白石島の筆親筆子関係における家規範の稀薄性

| | ※ 先行研究のオヤコ関係事例 | 白石島の筆親筆子関係 |
|---|---|---|
| 関係の世代的連続性 | 世襲・永続的 | 一代限り |
| 家業の共同 | あり | なし(家業の相違が多し) |
| 分家の創出 | あり | なし |
| 家産の貸与 | 屋敷、耕地、家財等 | なし |
| 家名の分与 | 名字(の一部)を分与 | なし(オヤの名の一字から名付け) |
| コになる者 | 相続者のみ | 家族員の男女全て |
| 関係締結の関与・同行者 | 世襲的に固定 | 母親・トモダチ等 |
| オヤとの同居 | あり | なし |
| 関係性 | 主従 | 対等 |
| 強化・補充する関係 | 本家分家関係(家) | 親類関係(個人) |

※ 有賀喜左衛門の岩手県二戸郡荒沢村の事例[有賀 1967]、喜多野清一の山梨県北都留郡桐原村大垣外集落の事例[喜多野 1939]、上野和男の茨城県勝田市下高場と石川県鳳至郡穴水町鹿波の事例[上野 1992]

せるのを躊躇する傾向がみられる。筆子に行かせると他所《よそ》の家に子を奪われるような感覚が働くからである。しかし、このような後者の思考は血縁重視の観念が発達した現代において強く意識されるようになった可能性が高い。

### 3　筆親筆子関係にみられる家規範の稀薄性

既に述べたように、白石島の筆親筆子関係には家よりも個人の特性が強くみられるように、家規範の稀薄性が指摘できる。ここでは先行研究の諸事例と比較することで、白石島の筆親筆子関係にみられる家規範の稀薄性について、トピック順に考察を進めることにする(表2-1)。

【関係の世代的連続性】

比較すると、以下の先行研究の事例は世襲・永続的だが、白石島の筆親筆子関係は一代限りである。先行研究の事例では、有賀喜左衛門が提示した岩手県二戸郡荒沢村石神の大屋斎藤家と「名子」の事例が典型なので、以下では中心的に取り上げてみたい。(6) この事例では、一九三四年の時点で家族総数は二六人を数えたが、その内で一三人の召使家族を含む「同居大家族制」が行われていたことが報告されている［有賀　一九六七（一九三九）　五二～五五］。

特に注目すべきは、この大屋斎藤家という大家族の外郭には二種の分家がみられる点で、大屋の血族分家である「別家」と、奉公人分家である「名子」があった［有賀　一九六七（一九三九）　五五］。これらの分家は大屋とオヤコ関係になる。名子は大屋からさまざまに借財したが、借りている屋敷を買い取れば形式上は名子ヌケすることができた［有賀　一九六七（一九三九）　九八］。しかし、名子ヌケしても耕地における作子の関係を大屋と全く絶つことはできず、たとえ自作農になっても、大屋からは主従関係において何らかの形で生涯支配されたのである［有賀　一九六七（一九三九）　九八］。そして子や孫へと分家名子としての身分と相互の関係は相続され、世襲・永続的な関係となっている。

一方、白石島の筆親筆子関係では、関係の世代的連続性は基本的に一代限りと考えられている。祖父母や父母の死後も、当人の筆親筆子関係のツキアイが世帯主によって継承されることもあるが事例は少ない。

【家業の共同】

先行研究の事例ではオヤとコの家業の共同がみられるが、白石島の筆親筆子関係ではみられない。

柳田が「オヤコが一つの共同労働団」と指摘したように［柳田　一九九〇c（一九三七）　五二四］、オヤコ関係と生業は深く関連する。オヤコ関係が社会経済的背景をもとに締結されるケースは各地の報告からも枚挙に遑がない。有賀の大屋斎藤家と名子の事例のように、戦前の地主小作関係も同じく生業を背景に締結される関係である。例えばショクオヤ（職親）の名称で称されるオヤコ関係がみられるように、同業者間でオヤコになることがある。

しかし、白石島の筆親筆子は同業種間の締結が極めて少ない。漁業・大工・石屋等の同業種間の締結が若干みられるが、それが締結の主たる理由ではなく、互いに懇意にしていたことが一番の理由となっていた。白石島では、むしろ実親と違った職種の者を筆親にすることで、手に多くの職をつける利点が求められた。実際に、漁業以外に大工や左官の技術を身につけた者がいる。また、漁師間の関係締結についてみても、網元と船方の関係ではオヤカタドリはしなかったと指摘する報告がある［中山　一九七八］。

【分家の創出】

先行研究の事例ではコに分家させることがあるが、白石島の筆親筆子関係ではみられない。

有賀の大屋斎藤家の事例では名子について述べたが、名子にも「分家名子」と「屋敷名子」の二種があった［有賀　一九六七（一九三九）　六九］。分家名子は大屋に召使していた者が分家して名子となった者で、屋敷名子は大屋から屋敷を借用することで名子になった者である［有賀　一九六七（一九三九）　六九］。つまり、前者の「分家名子」のようにコを分家させることがある。また、喜多野清一の山梨県山村の大垣外集落の事例でも、奉公人分家をシンタクと称して、奉公人の中でも特に働きも性質も良い者に分家させたのである［喜多野　一九三九　八四〜八五］。そして、本家が「親分」として立つ一方で、その同族分家や全くの他家とともに「子分」として加わったのである［喜多野　一九三九　八二］。

一方で、白石島では、筆親が筆子を分家させるような事例はみられない。

【家産の貸与】

先行研究の事例では、コに対して屋敷・耕地・家財等の家産が貸与されるが、白石島の筆親筆子関係ではみられない。

有賀の大屋斎藤家の事例では、名子は役地《やくず》として屋敷や稲田・畑などの耕地が与えられ、全収穫が名子の取り分となったが、他にも分作地《わけさく》を借りて小作料を支払うことも多かった［有賀　一九六七（一九三九）　八一］。家財では、牛馬・衣類家具・炊事道具一式等が与えられ、いわば小規模な別家を出すような様相であったという［有賀　一九六七（一九三九）　八〇］。また、喜多野の大垣外の事例でも、奉公人分家としてシンタクを出させる際は、家屋は奉公金を貯えて建てさせたが、他にもオヤからは、麦一年分、夜具、日用品等を与え、もちろん「子分」として「親分」の土地を耕作させた［喜多野　一九三九　四五］。

一方、白石島の筆親筆子では、屋敷や耕地の貸与はない。一時的に互いの船や車等の個人的所有物を使用させることはあっても、長期間に及ぶ貸与ではない。また、オヤカタドリをして三年間は正月に衣類等がオヤから与えられたが、家財の分与としてではない。筆親夫婦からの贈答としての意味合いが強いものである。

【家名の分与】

先行研究の事例ではコへ家名の分与がみられるが、白石島の筆親筆子関係にはみられない。

有賀の大屋斎藤家の事例では、別家だけでなく別家格名子には同じく斎藤姓を与えており、名子にも各戸それぞれの因縁を辿って、他の適当な姓を定めて与えている［有賀　一九六七（一九三九）　八七］[7]。明治時代になってからも、奉公人を養子入籍させてから分家名子とした例があり、分家名子が斎藤姓を名乗るのもこのためであるという［有賀　一九六七（一九三九）　六九］。　また、喜多野の大垣外の事例でも、シンタクとして奉公人分家をさせた際には、オーカタの高橋家と同じ姓を取っている例がある［喜多野　一九三九　八四］。

一方で、白石島では筆親が名字やその一部を与えることは過去の例でも聞かない。昭和初期まではナヅケによって筆親が筆子に名前をつけていたが、筆親の名の一字を与えており、これは呪術的な意味で行われていたようである。

これには生児や病弱な子を筆子にすることで、筆親個人の生命力を付与する意味付けがある。トリアゲやヒロイといった生児に対する行為と同様のもので、家名の分与ではない。(8)

【コになる者】

先行研究の事例では、家族で相続者一人だけが代表してオヤを持ち、ムラにおいても家格によってオヤ層とコ層が定まる場合がある。アトトリのみがコとしての義務や権利を相続することになる。例えば、上野和男による茨城県勝田市下高場の事例では、イブシオヤとイブシゴの関係が結ばれるが、家族の中で一名だけが家族を代表して結ぶ性格が強い［上野　一九九二（一九七五）九六］。また、石川県鳳至郡穴水町鹿波の事例では、ヨボシオヤとヨボシゴの関係がみられるが、双方の家族では当人以外に関係を締結した者はおらず、家族内で一名に限定されている［上野　一九九二（一九七五）一〇六］。

一方で、白石島の筆親筆子は、家族員のうち身分や男女に限らず誰もが締結している。島で関係を締結してはいけないとされる者は誰一人おらず、石材業に従事する近代以降の移住者家族であっても筆親や筆子になっている。白石島では、家族員の全てがそれぞれ違った家族の夫婦のもとへ筆子に行く形態をとる。ここでは家よりも個人としての関係性が強い。

【関係締結の関与・同行者】

先行研究の事例では、関係締結に関与して、その時の同行者が家で世襲的に定められているケースがある。例えば、喜多野の大垣外の事例では、「親分取り」は結婚の際の仲人親として頼むことで開始されるが、A家のナカウドはB

家というように、ナカウドは家によって世襲的に定まっていた［喜多野　一九三九　八〇］。

一方で、白石島の筆親筆子では、筆親になってもらうための交渉役には母親が適任とされており、姻族から筆親が選ばれることも少なくない。また、ツレと称する同行者は友達が多く、ほかにもキョウダイやイトコの場合があって一定しない。総体的にみて同年齢層の者が同行することが多い。そこには家規範の影響はみられない。


【オヤとの同居】

先行研究の事例ではオヤとの同居が行われるが、白石島の筆親筆子関係ではみられない。有賀の大屋斎藤家の事例では、召使として大屋に同居し、大屋の世話で結婚し、初めはそのまま大屋に同居しており、後になってようやく大屋の世話で屋敷を借り、家を建ててもらって分家した［有賀　一九六七（一九三九）　六七］。結婚して少なくとも十年位は大屋に同居したのである［有賀　一九六七（一九三九）　六五］。

一方、白石島では、筆子になっても筆親と同居することはない。オヤカタドリをする日に筆子になる予定者は筆親の家を訪問して締結儀礼を行うが、その時も筆親宅に泊まらずに自宅に帰るのである。


【関係性】

先行研究の事例では、有賀の大屋斎藤家や喜多野の大垣外集落の事例でみるように、オヤコは主従関係で支配されており、庇護奉仕の関係が基本である。喜多野の大垣外の事例のように、ヂルイと呼ぶ同族の基底の上に、高橋オーカタ本家を頂点とする「親方子方関係」では家格差に基づく上下関係がみられる［喜多野　一九三九］。

一方、白石島の筆親筆子関係は対等に近い相互扶助がみられ、物心両面で支え合う。

【強化・補充する関係】

先行研究の事例では、本家分家による同族組織が強化されたり、補充されたりしている。例えば磯田進は「家格型」の村落構造をもつムラでは「擬制的親子関係」が同族を「補充」する「同族型」村落と、「擬制的親子関係」が同族を「代位」する「非同族型」村落があるとした［磯田　一九五四ａ・一九五四ｂ・一九五五］。このような村落社会では、オヤコ関係が同族と深く関連している。

一方、白石島の筆親筆子関係では、世代の経過とともに親類の特性(9)をもつシンセキが希薄になると、筆親筆子関係を締結することでシンセキが「強化」されている。また、シンセキ関係をもたないタニンと新たに関係を締結することで、シンセキが「補充」されることがある。つまり、筆親筆子関係は親類を強化・補充する関係である。この白石島の親類はシンセキとも呼ばれ、互いに家関係が形成される。しかし、関係の締結に先き立っては、個人関係を根拠とする親族関係に基づいて成立しているのが特徴である。例えばオジとオイ、オバとメイ、イトコ同士など、個人同士の親族関係が家関係成立の基盤となっている。

以上のように白石島の筆親筆子関係は、有賀・喜多野・磯田・上野などが提示した家規範の強い仮親子関係の諸事例とは大きく異なり、個人を媒介にして自己中心的に組織化される仮親子関係である。そして、シンセキと呼ばれる親類の補充や強化を目的として関係が締結され、シンセキの内の一つの親族関係として交際や相互扶助が行われるのである。有賀らの先行研究の事例が「同族」的性格が濃厚であったのに対して、白石島の筆親筆子関係は「親類」的性格が濃厚な関係である。つまり、白石島の筆親筆子関係は家規範による影響が極めて稀薄で、相互に一代限りの関係なのである。このような関係は家概念だけで理解できるものではなく、「個」に眼を向けた家族や親族を分析するための新たな民俗学的方法が必要である。

### 4 「筆」の意味

白石島の筆親筆子習俗の由来に関する古記録は確認できないため、古老からの聞き取りにより「筆」でシンボライズされる仮親子関係の性格付けをみていきたい。以下では、ナヅケ（名付け）、筆箱と扇子箱の贈答、筆の手習いの三つの視点からみていく。

【ナヅケ】

現在はみられないが、昭和の初めまでは筆親から名前が与えられた。そして筆子は出生時の戸籍名を変えずに、筆親から与えられた名前を使った。現在、島民たちはこの習俗をナヅケといい、筆親が与えた名前を「仮の名」「呼び名」「親方の名前」「通称」などといっている。こうしたナヅケ習俗が、フデノオヤやフデノコと呼ぶ由来の一つと島民は考えている。

筆親が与えた名前は島の社会生活の中で一般的に使われ、島民たちは筆親が与えた名前で呼び合ってきた。しかしナヅケが廃れてくると、葬式では死者の戸籍名が読み上げられたので、その時に初めて島民たちは死者が日常呼ばれていた名前が戸籍名ではないことに気付き、非常に驚くことが頻繁にあったと聞く。このような話はナヅケが廃れた現在の島では、島民たちの笑い話となっている。

Ｉ９（一九二三年生まれ・女）によれば、ナヅケは少なくとも近世末期には行われていたようである。侍が頭を剃ったのと同様で、古くは数えの十五歳になると海の潮が満ちている内に名前を変えたという。海に囲まれた白石島では、良いことはすべて潮が満ちている時に行ったという。I9の曽祖父は本名をSといったが、家を相続すべきソウリョウだったので、実親が「定七」という家の世襲名に変えさせた。「定七」の名前は「世が定まる」ようにという願いの意味があると聞く。ソウリョウは家の世襲名を継ぐので筆親が名前を付けなかったという。例えば、築出条集落には「与一郎」「与二」「与一兵衛」などの世襲名の家がある。しかし、世襲名のない家も多く、また、ソウリョウでない者もいたため、それらには筆親が名前を与えてやらねばならなかった。例えば、Sの七番目の弟のMがムスコに行くと、七番目に生まれたことから筆親が「長七」と名前を与えている。このMは向条集落のI2（一九一一年生まれ・男）の祖父である。以上のようにナヅケは古くは元服に由来すると語られ、男女ともにナヅケが行われた。

以下のように、中山が一九七四年に白石島を含む笠岡諸島の島々におけるナヅケの事例を報告しているのであげておく［中山　一九九七（一九七四）　一三〜一九］。戸籍名に対して、その後ろの括弧内がナヅケによる名前である（下記の傍線は筆者による）。

〔高島〕

真琴（正）、礼子（金子）、ミヤ（ミヤコ）、飛佐吉（ケン）、ヨノ（オノ）

〔白石島〕

文太郎（栄松…筆親は栄吉）、虎吉（竜平…筆親は栄吉）

〔真鍋島〕

セキ（イワ）、初一（長松）、イセノ（松子）、ユキコ（シゲコ）

〔小飛島〕

コサノ（トミヨ）、シメ（アサヨ…筆親は浅次郎）、伊勢松（勝太郎）
〔大飛島〕
ヨシノ（イチノ）

中山が報告する事例では、ナヅケの方法に共通性はみられないが、なかには筆親の名前の一部からナヅケをした名前がある。例えば、小飛島の「シメ」は「アサヨ」とナヅケがされている。これについては「フデの親は山河浅次郎といっていたので、山本シメ氏に新しくアサヨという名前をつけてくれた」（傍線は筆者）と中山はナヅケの理由を説明している〔中山　一九九七（一九七四）一九〕。また、「親方が横道岩蔵だったので、名前を岩男とした」（傍線は筆者）という事例も中山は報告している〔中山　一九九七（一九七四）一九〕。ほかにも「ミヤ」に「ミヤコ」の名前を与えるケースや、「ヨノ」に「オノ」、「ヨシノ」に「イチノ」の名前を与えるケースは、本来の戸籍名を留めた状態でナヅケをしたと思われる。

上記の中山が報告した事例では、関係の締結時に筆子が病弱であったり、実親の厄年に誕生した子であったり、キョウダイが少なかったりした事例が数多い。このことからは、呪術的な目的からオヤカタドリがされたことがわかる。オヤカタドリと同時に行われたナヅケでは、筆親の名前の一字を授かるなどしており、筆子は筆親の霊力によって保護され成長が期待されたことがわかる。

本調査の聞き取りにおいても、次のようなナヅケの目的が確認できた。ただ、話者たちはナヅケをしたりされたりしていないが、その目的は次のようであると伝え聞いている。括弧内は話者記号とその生年および性別である。

①戸籍名で呼びにくい場合（Ⅰ14・一九二四年生まれ・男）。

②筆子自身が「名前が悪い」と思った時にナヅケをしてもらう者がいた。なかでもナヅケはムスコによくみられた（Ｉ13・一九二四年生まれ・女）。
③筆親と筆子の縁組では男親が中心になるので男親が名前を与えた（Ⅱ２・一九二八年生まれ・男）。
④筆親を取らなくても、幼少期に身体が弱いとナヅケをした（Ⅱ４・一九三一年生まれ・男）。
ナヅケは昭和の初期に消滅している。筆者が話を聞いたナヅケの体験者は、白石島では次の事例の一人だけである。(10)

Ｉ５（一九一八年生まれ・男）によると、明治から大正期にかけては、一人前の歳になると「（ムスコに）行こうか」といって、名前を付けてもらう風潮が盛んであったという。本名は使わずに、筆親が付けた名前ばかりを使う人が多かったという。Ｉ５の筆親は名前を「英夫」といい、Ｉ５は「ヒデアキ」の名前を筆親から付けてもらっている。しかし、Ｉ５はその名前を一度も使わず、筆親もその名前で呼ばずに島の人たちが呼ぶように本名で「カッツァン」と呼んだという。現在はＩ５が亡くなっているためにナヅケの由来についての再調査が不可能だが、筆親の名前から推測すると、筆親の「英夫」は「英」の一文字をＩ５に与えて「ヒデアキ」と名付けたと思われる。

以上のように、戦後生まれの年齢層は、ナヅケの風習やナヅケをされた人を見知っていても、自身はナヅケをされなくなっている。


【筆箱と扇子箱】

少なくとも一九五〇年代中頃までは、筆親からムスメに筆箱を与える習俗がみられた。このように筆箱を与えた習俗については、フデノオヤやフデノコと呼ぶ由来の一つであると島民は考えている。以下では順に事例をみていく。

Ｉ１（一九〇六年生まれ・女）は筆子になってから三年目に歳暮をもって いくと、正月に筆親から筆箱をもらっている。筆箱はどこにでもあるような文具用で、島の中の店で売っているものだったという。また、ムスコになった者は、白扇の入った扇子箱をもらっていたという。

Ⅰ14(一九二四年生まれ・男)も同じ体験をしている。筆子になってからの三年間は、互いに歳暮を贈っている。Ⅰ14が筆親に歳暮をもっていくと、筆親からはそれ以上の良い物をお返しに貰ったという。筆子からの贈答品は決まっておらず、もって行くと良いと思う適当な物をもっていくと、筆親からは白扇が入った扇子箱を貰っている。当時、ムスメには筆の入った筆箱が筆親から与えられたという。

Ⅰ1やⅠ14のような年齢層でも、筆親が与えた筆や扇子は実用品ではなく、儀礼的な贈答品だったと考えている。次のⅠ13やⅡ5の例からは、そのことがよくわかる。

Ⅰ13(一九二四年生まれ・女)は数えの十三歳でムスメに行き、筆親から筆箱を与えられている。筆箱は筆二本が中に入った桐の箱であった。Ⅰ13は筆箱を家に持ち帰ってカミサン(神様)に供えている。筆箱の大きさは二〇㎝ほどで、中に入っていた筆は当時市販されていた毛筆の太筆で、習字用の筆だったという。Ⅰ13は筆の使い道について「口紅用にしては大き過ぎた」「お歯黒用かな」というように、本来は何のために筆親が筆を贈ったのかを知らない。また、当時ムスコには桐の箱が与えられ、その中には白扇一つが入っていたという。

Ⅱ5(一九三一年生まれ・女)は二十三歳で結婚する時にムスメに行き、筆親から筆箱を貰っている。Ⅱ5が与えられた筆箱は熨斗付きの桐の箱であった。家に持ち帰ってトシガミサンに供えたという。Ⅱ5は箱の中身を見なかったので、今でも何が入っているのか知らない。筆箱の中身は確認しないまま、Ⅱ5にムスメが来た時に義母が無断で与えてしまったので手元にないといい、Ⅱ5は現在も筆箱の中身を知らないままである。その時は「幸せを盗られてしまわないか」と心配したそうだが、返して欲しいとはいえなかったという。義母がムスメに与えてしまった理由は

「（筆箱は）ただ仕来りとしてあるだけで、印だけの物なので、それほど必要な物ではなかったから」という。また、当時はムスコに行くと筆親から扇子が与えられたが、Ⅱ5は扇子の使い道についても「結婚式に使うのだろうか」と推測するばかりで明確な使い道を知らない。Ⅱ5は鉄漿付け習俗についても知っておらず、伝え聞いてもいない。

Ⅰ9（一九二三年生まれ・女）の話は詳細である。Ⅰ9には約三〇人の筆子がいるといい、オヤカタドリの体験が豊富である。(11) Ⅰ9は、ムスコに来た男には、筆と白地に日の丸の扇を桐の箱に入れて与え、ムスメに来た女には、七色の糸と小さな扇子を桐の箱に入れて与えていた。これには筆親としてのⅠ9の思いが込められている。箱に針を入れてはいけないが、それは「突いたらいけないため」であり、「真人間《まにんげん》になって貰うため」だという。七色の糸は手毬に使うもので、「人間が丸くなり、誰とでも合うため」という意味が込められている。その糸は筆親のⅠ9が自身で紡いだ木綿糸で、染色も自身で行ったという。

以上のように、筆親や筆子の由来の一つとしては、ムスメに筆親から筆箱が与えられたためであると島では考えられている。ムスメだけに筆を与えるのは、かつては鉄漿付け筆を与えた名残と推測できるが、与えられる筆が習字用の毛筆であったり、鉄漿付けの伝承が皆無であることから、今後の調査による確認が必要である。

【筆の手習い】

白石島のフデノオヤやフデノコの「筆」の意味は、また一つには、筆の手習いのことと島民たちは考えている。一九七〇年代の調査で中山は筆親筆子を「カナ親」や「カナ子」と報告している〔中山　一九九七（一九七四）　一三〕。さらに近年の八木橋らの報告では「筆親筆子という名称は、親方が息子（娘）に筆一本を与えたことに由来するとされる。また、親方が息子（娘）に新たな名前を付けてくれたことから仮名親仮名子ともいう」と報告している（傍線は筆者）〔八木橋他　二〇〇一　八〕。このように島では「仮名親仮名子」と呼んだ上に、ムスコにも筆を与えたと記していることから、「筆」は成女式の鉄漿筆ではなく、手習いの筆として理解されていることがわかる。

ところで近世末期の笠岡諸島とその周辺では、手習いの寺子屋が数多くみられた〔笠岡市史編纂室　一九八九　五一三～五一四〕。この時代の白石島の寺子屋に関する記録はみられないが、島で唯一のK寺が島の中で寺子屋の役割を果たしたことは十分に考えられる。明治初期になると白石島にも寺子屋が存在したことが記されている〔笠岡市史編纂室　一九九六　一〇九〕。また、寺は近代以降も島民の社会生活と密接に結び付いていたように、K寺には島民が喧嘩沙汰をおこすと仲裁人や身元引受人になった文書が伝えられている。このように島の中で手習いの親子関係の素地が存在しても不思議ではない。また、白石島では裕福な家に体が弱い子がいると、高野山に行かせるなどして少しでも人に物事を教える人物に育てようとした話が伝わる。I９（一九二三年生まれ・女）の母方のオバは身体が弱かったので、幼少期に高野山に筆を習いに行っており、島に帰ってきてからは、現住職の母と一緒に島で字を教えたと聞く。

そのI９によると、筆親の「筆」は書くための筆で、お歯黒に使う筆ではないというように、成女式とオヤカタドリの関連性が島民の中には希薄であったことがわかる。白石島では近年まで文字が書ける人が少なかったので、男の子に筆を与えて、少しでも暇があると寺の住職に習いに行かせたという。I９の話からは、以前は筆が手習いの道具として重宝されていたことがわかる。また、筆親をフデノオヤカタ（筆の親方）と呼んだのは、筆親が文字に書いて筆子を諭し、筆子夫婦が喧嘩した際には仲裁して、筆子夫婦が行うべき行動を筆親が文字に書き示したからという。

しかし、実際に筆親が「筆」の文才を兼ね備えていなかったことは、近代に入っても島民の識字率の低さが示している。II４（一九三二年生まれ・男）の祖父は筆親になっていたが、一九八二年生まれで読み書きができなかったと伝えるように、当時の島民の大半は読み書きが満足にできず、小学校を卒業すると漁師になるのが一般的であったとされる。「筆」の才覚はあくまでもオヤに対する理想像であり、筆親の格を示す象徴としての意味をもつものだったといえる。

また、同じ笠岡諸島の真鍋島では、一九六〇年代の民俗調査報告にお歯黒に使ったとされる植物の報告がある。そこでは「フシの木の実をオハグロの実とよび、オハグロ壺で焚き、オハグロにしていた」と報告している〔岡山県教育委員会　一九六八　五二〕。この報告からは、隣の真鍋島ではお歯黒習俗がみられたことがわかる。すなわち隣接する白石島でも鉄漿付けをするお歯黒習俗が行われ、鉄漿付けを媒介とする筆親と筆子の関係があったことは十分に考えられる。また、福島が一九五〇年に白石島の「離島調査」で「親方をエボシオヤ或はフデノオヤとよび」と記しているることから〔福島　一九五〇　九〕、本来は男親が烏帽子親で、女親が鉄漿筆の親としての役割を担うような異なる存在だったことが推測できる。確かに筆親には二種があることは、早くから柳田が指摘している。ただし、柳田は『族制語彙』のフデオヤの項で、「筆親筆子は手習の師匠と弟子にも謂ふが、此場合のは鉄漿筆のこと、思はれる。瀬戸内海の島々にもこの筆親がある」と述べているように〔柳田　一九七五（一九四三）一三〇〕、白石島の筆親筆子関係が現在は手習の師匠のことと考えられているが、本来は鉄漿筆に由来する関係であったと考えられる。

以上のナヅケ、筆箱と扇子箱、筆の手習いの三つの由来からは、筆親筆子関係が本来の性格を留めることなく、時代の推移によって部分的に変容してきたことがわかる。そして現在の白石島の筆親筆子関係では、「筆」に関する次の三つの性格付けが複合されて形成されている。つまり、①成女式の鉄漿付け筆、②手習いの筆、③ナヅケの筆、である。すなわち現在の筆親筆子関係は、これらの性格が複合されて白石島独自の仮親子関係を形成している。

## 5 名称と呼称にみる筆親筆子の関係性

ここでは筆親と筆子の名称と呼称を通じて、白石島の筆親筆子の関係性について明らかにする。分析方法としては、序章の「資料の調査収集と分析方法」の項で述べたように、本書で対象とした四七人の話者の事例を、出生年齢から三つの年齢層に分類してみていく(表序-1)。

### (1)親子成りの名称

民俗学では一般に、仮親子関係の締結を「親子成り」と称している。「親子成り」の語源については、柳田が「親方子方」の論考で「オヤコナリの習俗」と記しており〔柳田 一九九〇c(一九三七) 五〇三〕、また『族制語彙』で「親子なり」の項を設けて諸習俗を説明したように〔柳田 一九七五(一九四三) 八四〕、民俗語彙から術語としたものである。

ただし、白石島では親子成りとは呼ばずにオヤカタドリと称するほか、島民の大半は「ムスコ(ムスメ)に行く」や「ムスコ(ムスメ)に貰う」と称している。また、仮親子関係自体はオヤコ(親子)やオヤコカンケイ(親子関係)といったりする。そこで本書では、白石島の「親子成り」を「ムスコ(ムスメ)に行く」や「ムスコ(ムスメ)に貰う」と記述すべきところだが、語句が長いため、ムスコを中心に呼んでいる「オヤカタドリ」に統一して表記する。

また、白石島の仮親子関係については「筆親」や「筆子」と表記する。ただし、白石島の地域性を強調する際は「フデノオヤ」や「フデノコ」と表記する。なお、日本各地の習俗を包括的に示すには「仮親子関係」とし、それぞれの関係は「仮親」や「仮子」と表記することで白石島の筆親筆子関係と区別しておく。

## (2) 名称

【筆親の名称】

筆親の名称を三つの年齢層に区分してみていく（表2－2、詳細は参考資料1）。名称は人によって異なるだけでなく、

表2-2　白石島における筆親の名称

| 年齢層 | 話者No. | 生年 | 性別 | 名称の類型 | | | | | | |
|---|---|---|---|---|---|---|---|---|---|---|
| | | | | ①筆系 | ②親系 | ③仮系 | ④カナ系 | ⑤烏帽子系 | ⑥名付け系 | ⑦その他 |
| Ⅰ | 1 | 1906年 | 女 | ○ | | ○ | | | | |
| | 2 | 1912年 | 男 | ○ | | | | | | |
| | 3 | 1916年 | 女 | | | | | | | |
| | 4 | 1917年 | 男 | ○ | ○ | | | | | |
| | 5 | 1918年 | 男 | | ○ | | | | | |
| | 6 | 1919年 | 女 | | | | | | | |
| | 7 | 1922年 | 女 | | | | | | | |
| | 8 | 1923年 | 男 | | ○ | ○ | | | | |
| | 9 | 1923年 | 女 | ○ | ○ | | | | | |
| | 10 | 1924年 | 男 | | ○ | | | | | |
| | 11 | 1924年 | 女 | | | | | | | |
| | 12 | 1924年 | 男 | ○ | | ○ | | | | |
| | 13 | 1924年 | 女 | | | | | | | |
| | 14 | 1924年 | 男 | ○ | | | | | | |
| | 15 | 1925年 | 女 | | ○ | | | | | |
| | 16 | 1926年 | 女 | | | | | | | |
| Ⅱ | 1 | 1927年 | 男 | | | | | | | |
| | 2 | 1928年 | 男 | | | ○ | | | ○ | |
| | 3 | 1930年 | 女 | ○ | | | | | | |
| | 4 | 1931年 | 男 | ○ | ○ | ○ | ○ | ○ | | |
| | 5 | 1931年 | 女 | ○ | | | | | | |
| | 6 | 1932年 | 女 | | | | | | | |
| | 7 | 1932年 | 男 | | ○ | | | | | |
| | 8 | 1933年 | 男 | ○ | | | | | | |
| | 9 | 1933年 | 女 | | | | | | | |
| | 10 | 1939年 | 男 | | | | | | | |
| | 11 | 1939年 | 男 | ○ | | | | | | |
| | 12 | 1941年 | 男 | | ○ | | | | | |
| | 13 | 1942年 | 男 | | | | | | | |
| | 14 | 1944年 | 男 | ○ | | | | | | |
| | 15 | 1945年 | 女 | | | | | | | |
| | 16 | 1945年 | 男 | ○ | | | | | | |
| Ⅲ | 1 | 1947年 | 男 | | | | | | | |
| | 2 | 1948年 | 男 | | | | | | | |
| | 3 | 1948年 | 女 | | ○ | ○ | | | | |
| | 4 | 1949年 | 男 | | | | | | | |
| | 5 | 1949年 | 女 | ○ | ○ | | | | | |
| | 6 | 1950年 | 男 | | | ○ | | | | |
| | 7 | 1950年 | 男 | | | | | | | ○ |
| | 8 | 1955年 | 男 | | ○ | | | | | |
| | 9 | 1956年 | 男 | | ○ | | | | | |
| | 10 | 1956年 | 男 | | | | | | | |
| | 11 | 1958年 | 女 | | | | | | | |
| | 12 | 1961年 | 男 | | | ○ | | | | |
| | 13 | 1971年 | 女 | | | | | | | |
| | 14 | 1973年 | 女 | | | | | | | |
| | 15 | 1974年 | 男 | | | | | | | |

一人がさまざまな名称で呼んでいる。聞き書きから得た名称を分類すると次の通りである。

①筆系…フデノオヤ（筆の親）、フデオヤ（筆親）、フデノオヤカタ（筆の親方）
②親系…オヤカタ（親方）、オトコオヤ（男親）、オンナオヤ（女親）
③仮系…カリノオヤ（仮の親）、カリノオヤカタ（仮の親方）、カリオヤ（仮親）、カリノナコウド（仮の仲人）
④カナ系…カナオヤ
⑤烏帽子系…エボシノオヤ（烏帽子の親）
⑥名付け系…ナヅケオヤ（名付け親）
⑦その他…カケオヤ

上記のように、名称は七つに分類できる。筆系（①）、親系（②）、仮系（③）の三つが多くみられる。④から⑦の名称を聞いたのは、それぞれ一名だけである。以下では順にみていく。

筆系（①）の名称は、筆親によるナヅケの行為や、筆と筆箱が与えられたことと関連して説明するのは年配者が多い。ナヅケをしたり筆箱を与える行為は現在では行われておらず、ナヅケは昭和初期に消滅している。また、筆親が筆や筆箱を与えたのはナヅケの風習が消滅してからも続き、一九五〇年代頃まで行われている。

親系（②）の名称は、①よりも若い中年層に多い。ナヅケや筆を与えられた経験がない中年層になると、名称にフデを付けずに単にオヤカタと称している。筆に関する習俗が消滅し、名称が抽象化していることがわかる。

仮系（③）は、①や②の習俗を指す場合のほか、結婚に際して急遽、筆親になってもらった場合を指す。よって③は正式な筆親とは区別される。例えば、フデノオヤに対するカリノナコウドと呼んでいる。

カナ系（④）については、おそらく鉄漿付け習俗や仮名の手習い師匠の意味による。この事例は一人だけである。

烏帽子系⑤も一人だけで詳細は不明である。ただし、福島が一九五〇年に行った白石島の「離島調査」の報告では、フデノオヤとは別にエボシオヤの名称を報告している［福島　一九六六］。そうであるならば、この半世紀でエボシオヤの名称は消滅したことがわかる。

名付け系⑥は、①と同じく、かつては成人すると筆親がナヅケをしたことによる。この名称も一人だけであった。一般には筆親を指さずに、出生児のナヅケを依頼された親に対していっている。

その他⑦として、カケオヤの名称が一人いた。当人は一九五〇年生まれだがオヤカタドリの経験がないため、名称の漢字表記についても「掛け親」であろうというが、当人の推測の域である。このようにこの年齢層に名称が曖昧なのは、オヤカタドリ習俗の衰退期にあたるからである。

以上からは、フデを冠した名称は中年層から高齢層まで幅広く聞く。筆親がナヅケをして、筆や筆箱を与えたことを理由に説明する者が多い。しかし中年層になると、自身が体験した習俗は「上の世代がフデノオヤと呼んでいたものとは違う」と考えており、本来のフデに関する習俗からの変容が強く意識されている。例えば名称にはフデを冠さずに単に「オヤカタ制度」と呼ぶように、年齢層が低くなるにしたがって名称が簡略化する傾向がある。さらに若年層になると筆の意味を知らなくなる傾向がある。

【筆子の名称】

筆子の名称はさまざまである（表2‐3、詳細は参考資料2）。聞き取りでは次のような名称を聞いた。

ムスコ（息子）、ムスメ（娘）、フデノムスコ（筆の息子）、フデノムスメ（筆の娘）、フデノコ（筆の子）、コカタ（子方）、コ（子）、コドモ（子供）、カリコ（仮子）、カナコ、カリムスコ（仮息子）である。

**表2-3　白石島における筆子の名称**

| 年齢層 | 話者No. | 生年 | 性別 | 筆子の名称 | | | | | | | | | | |
|---|---|---|---|---|---|---|---|---|---|---|---|---|---|---|
| | | | | ムスコ | ムスメ | フデノムスコ | フデノムスメ | フデノコ | コカタ | コ | コドモ | カリコ | カナコ | カリムスコ |
| I | 1 | 1906年 | 女 | ○ | ○ | | | | | | | | | |
| | 2 | 1912年 | 男 | ○ | ○ | | | | | | | | | |
| | 3 | 1916年 | 女 | | | | | | | | | | | |
| | 4 | 1917年 | 男 | ○ | ○ | | | ○ | ○ | | | | | |
| | 5 | 1918年 | 男 | | | | | | | | | | | |
| | 6 | 1919年 | 女 | ○ | ○ | ○ | | | | | | | | |
| | 7 | 1922年 | 女 | | | | | | | | | | | |
| | 8 | 1923年 | 男 | ○ | ○ | | | | | | | | | |
| | 9 | 1923年 | 女 | ○ | ○ | ○ | ○ | | | | | | | |
| | 10 | 1924年 | 男 | ○ | ○ | | | | | | | | | |
| | 11 | 1924年 | 女 | ○ | ○ | ○ | | | | | | | | |
| | 12 | 1924年 | 男 | ○ | | | | | | | | | | |
| | 13 | 1924年 | 女 | ○ | ○ | | | | | | | | | |
| | 14 | 1924年 | 男 | | | | | | | | | | | |
| | 15 | 1925年 | 女 | ○ | ○ | | | | | | | | | |
| | 16 | 1926年 | 女 | | | | | | | | | | | |
| II | 1 | 1927年 | 男 | ○ | | | | | | | | | | |
| | 2 | 1928年 | 男 | ○ | ○ | | | | | | | | | |
| | 3 | 1930年 | 女 | | | | | | | | | | | |
| | 4 | 1931年 | 男 | ○ | ○ | | | ○ | ○ | | | ○ | ○ | |
| | 5 | 1931年 | 女 | ○ | ○ | ○ | ○ | | | | | | | |
| | 6 | 1932年 | 女 | ○ | ○ | | | | | | | | | |
| | 7 | 1932年 | 男 | ○ | ○ | | | | | | | | | |
| | 8 | 1933年 | 男 | ○ | ○ | ○ | ○ | | | | | | | |
| | 9 | 1933年 | 女 | ○ | ○ | | | | | | | | | |
| | 10 | 1939年 | 男 | ○ | | | | | | | | | | |
| | 11 | 1939年 | 男 | ○ | ○ | | | | | | | | | |
| | 12 | 1941年 | 男 | ○ | ○ | | | | | | | | | |
| | 13 | 1942年 | 男 | | | | | | | ○ | ○ | | | |
| | 14 | 1944年 | 男 | ○ | ○ | | | | | | | | | |
| | 15 | 1945年 | 女 | ○ | ○ | | | | | | | | | |
| | 16 | 1945年 | 男 | ○ | ○ | | | | | | | | | |
| III | 1 | 1947年 | 男 | | | | | | | | | | | |
| | 2 | 1948年 | 男 | ○ | | | | | | ○ | | | | |
| | 3 | 1948年 | 女 | ○ | ○ | | | | | | | | | |
| | 4 | 1949年 | 男 | | | | | | | | | | | |
| | 5 | 1949年 | 女 | ○ | ○ | | | | | | | | | |
| | 6 | 1950年 | 男 | ○ | ○ | | | | | | | | | |
| | 7 | 1950年 | 男 | | | | | | | | | | | |
| | 8 | 1955年 | 男 | ○ | ○ | | | | | | | | | |
| | 9 | 1956年 | 男 | ○ | ○ | | | | | | | | | |
| | 10 | 1956年 | 男 | ○ | | | | | | | | | | |
| | 11 | 1958年 | 女 | | | | | | | | | | | |
| | 12 | 1961年 | 男 | ○ | ○ | | | | | | | | | ○ |
| | 13 | 1971年 | 女 | | ○ | | | | | | | | | |
| | 14 | 1973年 | 女 | | | | | | | | | | | |
| | 15 | 1974年 | 男 | | | | | | | | | | | |

**表2-4　白石島における筆親の呼称**

| 年齢層 | 話者No. | 生年 | 性別 | 筆親の呼称 |
|---|---|---|---|---|
| Ⅰ | 1 | 1906年 | 女 | 男同士だと「親方」、女同士だと「おばさん」や「名前＋ねえ」※ |
| | 2 | 1912年 | 男 | 親方 |
| | 4 | 1917年 | 男 | とくに漁師は「親方」、女の筆子は「おっちゃん」 |
| | 5 | 1918年 | 男 | 男親のことは「親方」、女親は「名前＋ねえ」※ |
| | 8 | 1923年 | 男 | オヤジ、親方 |
| | 9 | 1923年 | 女 | 男の筆子は男親を「オヤジ」 |
| | 12 | 1924年 | 男 | 親方 |
| Ⅱ | 2 | 1928年 | 男 | お父さん・お母さん |
| | 4 | 1931年 | 男 | 親方 |
| | 6 | 1932年 | 女 | おばさん |
| Ⅲ | 9 | 1956年 | 男 | 名前で呼ぶ |
| | 10 | 1956年 | 男 | オヤジ |
| | 12 | 1961年 | 男 | 親方、親分、(名前)＋さん |

※「ねえ」は「姉」の意味で、年上の女性に対する敬称

筆親の名称の分類と同様で、それに対応する名称がみられる。ただし、筆親の名称で島民があげた種類よりも数が少なくなる。ムスコやムスメは、幅広い年齢から最も多く聞いた。年配者になると、フデノムスコ・フデノムスメ・フデノコといったように「筆」を冠して呼ぶ傾向がある。カリコ・カナコ・カリムスコといった名称を聞いたのは、一人だけであった。

### (3) 呼称

【筆親の呼称】

筆親の呼称についてみていく(表2-4、詳細は参考資料3)。筆親の呼称はさまざまだが、筆親と筆子が同性か否かによって呼称に違いがある。

男同士はオヤカタと呼んでいる。特に漁師はそのように呼ぶ。今も会うとオヤカタと声をかけている。また、ムスコは筆親の男親をオヤジと呼ぶことがある。Ⅲ10(一九五六年生まれ・男)は白石島の生まれで大阪に住んでいるが、現在も白石島に住む男親を実父のようにオヤジと呼んでいる。

筆親と筆子の年齢差が呼称に影響する。Ⅲ12(一九六一年生ま

れ・男）は筆親の男親をオヤカタと呼ぶほかに、筆子になる以前のように「（実名）さん」と呼んでいる。筆親と年齢が近く、Ⅲ12が経営する民宿の前オーナーであり、筆親の仕事を何度も手伝った関係だからである。しかし、年齢差があれば「オヤジさん」と呼んでいたという。また、女親のことは名前で「テッちゃん」と呼んでいる。

女同士はオヤカタとは呼ばない。女親をオバサンと呼んだり、名前にネエ（姉）をつけて呼ぶ。ネエをつけた呼び方は、白石島では年配の女性に対する敬称である。年齢に関係なくこのように呼ぶ。例えばⅠ1（一九〇六年生まれ・女）のムスコやムスメは、Ⅰ1をミイネエ（みい姉）と呼ぶ。

ムスメが男親を呼んだり、ムスコが女親を呼ぶ時のように、異性の筆親を呼ぶ場合は特徴がある。ムスメが男親を呼ぶ時は、Ⅰ4（一九一七年生まれ・男）のムスメはⅠ4をオヤカタと呼ばずにオッチャンと呼んでいる。オジやオバでなくとも、オジサンやオバサンと呼んでいる。一方でムスコが女親を呼ぶには、Ⅰ5（一九一八年生まれ・男）は女親の名前がコウだったのでコウネエ（こう姉）と呼び、男親のことはオヤカタと呼んでいた。男親と女親で使い分けているのがわかる。

中山の一九七〇年代の調査報告では、オトウサンやオカアサンと呼ぶ例が数多く報告されているが［中山　一九九七（一九七四）］、現在は聞くことは稀である。Ⅰ15（一九二五年生まれ・女）やⅡ14（一九四四年生まれ・男）は筆親をオトウサンとは呼ばない。Ⅲ5（一九四九年生まれ・女）も筆親をオジサンやオバサンと呼び、皆もオトウサンやオカアサンとは呼ばなかったという。聞き取りでオトウサンやオカアサンと呼んでいたのは、Ⅱ2（一九二八年生まれ・男）のムスメの一事例だけであった。しかし、ムスメに対しては、Ⅱ2は名前に「さん」を付けて呼んでいる。実子は呼び捨てだが、ムスメには遠慮や礼儀を気にするからである。ただし、時にはⅡ2はムスメを呼び捨てで呼ぶが、それはムスメを自分の子と感じているからだという。

**表2-5　白石島における筆子の呼称**

| 年齢層 | 話者No. | 生年 | 性別 | 筆子の呼称 |
|---|---|---|---|---|
| Ⅰ | 1 | 1906年 | 女 | 名前 |
| | 2 | 1912年 | 男 | 名前 |
| | 4 | 1917年 | 男 | Ⅰ4に対しては名前(敬称なし) |
| | 5 | 1918年 | 男 | Ⅰ5に対してはカッツァン(本名の一字から) |
| | 9 | 1923年 | 女 | Ⅰ9の筆子に対しては名前(ユミ・レイコ・シュウイチなど) |
| | 11 | 1924年 | 女 | Ⅰ11の年長のムスコに対しては「ヒロ」(名前の一字) |
| Ⅱ | 2 | 1928年 | 男 | Ⅱ2のムスメに対しては「名前＋さん」 |
| | 5 | 1931年 | 女 | ムスコは「カズ」や「ヒサシ」、ムスメは「エミちゃん」 |
| Ⅲ | 12 | 1961年 | 男 | Ⅲ12に対しては「名前」または「名前の一字＋君」 |

【筆子の呼称】

筆子の呼称についてみていく(表2-5、詳細は参考資料4)。筆子の呼称は基本的に実子と類似する。ムスコに対しては筆親が実名で呼び捨てにすることが多いが、ムスメには実名に「ちゃん」をつけて愛称で呼んでいる。なかには「さん」を付けて呼ぶように、実子よりも遠慮する傾向がある。次に出生順に事例をみていく。

Ⅰ4(一九一七年生まれ・男)は、筆親から実名で呼ばれた。しかし、Ⅰ4よりも年輩者は筆親がつけた名前で呼ばれていたという。

Ⅰ5(一九一八年生まれ・男)の事例はすでに述べたように、筆親が「ヒデアキ」の名前をつけたが、当時はナヅケが廃れてきていたので、筆親は島民が呼ぶように「カッツァン」と実名で呼んでいた。

Ⅰ9(一九二三年生まれ・女)は、筆子を「ユミ」「レイコ」「シュウイチ」などの実名で呼んでいる。

Ⅰ11(一九二四年生まれ・女)の場合、三人のムスコのうち最初のムスコは実名の一部から「ヒロ」と呼んでいる。

Ⅱ4(一九三一年生まれ・男)は、ムスコを実名で呼び捨てにしている。

Ⅱ5(一九三一年生まれ・女)には、ムスコが二人とムスメが一人いる。ムスコは「カズ」と「ヒサシ」と呼んでいるが、ムスメは「エミちゃん」と呼ぶように、ムスメには「ちゃん」を付けた愛称で呼んでいる。

Ⅱ7（一九三三年生まれ・男）とその妻（一九三七年生まれ・女）には、ムスコ二人とムスメ三人がいる。五人の筆子を呼ぶには、Ⅱ7の妻は次のように呼びかけている。以下では、筆子になった順に呼称を記し、さらに関係締結前のシンセキ関係の有無について記す。(12)

①ジュンさん（女）…関係の締結前はタニン

②カネミツ（男）…関係の締結前はシンセキ

③トモタカ（男）…関係の締結前はタニン

④ミツエ（女）…関係の締結前はタニン

⑤トシちゃん（女）…関係の締結前はシンセキか？

Ⅱ7の妻による上記の呼称からは、ムスコは呼び捨てだが、ムスメは成長に合わせて一番目のムスメには「さん」を、一番下のムスメには「ちゃん」を付けた愛称で呼んでいる。また、筆子になる以前にシンセキだったかタニンだったかは、呼称とは関連がないことがわかる。

Ⅲ12（一九六一年生まれ・男）の場合、男親はⅢ12を実名のまま呼び捨てで呼んだり、実名の一部から「シイ君」と呼んでいる。

## 小括

本章では、白石島の筆親筆子研究史を整理した上で筆親筆子関係の特徴を述べた。白石島においては仮親子関係が数種みられる。広くみられるのは、本書で取り上げるフデノオヤやフデノコなどと呼ばれる筆親筆子関係である。このほかにも拾い親の習俗が報告されている［中山　一九七八］。これは四十二歳の時の乳児や病弱な子に対して、オヤの霊力によってコを生かそうとする習俗である。このような呪術的側面を関係締結の目的とすることが筆親筆子関係にもみてとれることから、平山和彦が指摘するように、子の出生時や幼少期ばかりでなく、成育した未成年にもオヤの霊的な力が必要とされたことがわかる［平山　一九七四　三四〇］。また、拾い親の習俗が確認できるのは、コーホートによる年齢層Ⅰの一九二六年以前の出生者であるが、さらに若い年齢層では確認できなかった。このように現在では捨てた乳児を拾う行為は消滅しており、筆親の呪術的な霊力に依存しようとする行為はみられなくなっている。

白石島の筆親筆子関係は、オヤカタドリなどと呼ばれる締結儀礼によって、早ければ小学生の頃に、遅くても二十歳過ぎまでに締結されている。島の男女を問わず誰もが関係を締結しており、島の通過儀礼として位置付けることができる。この関係はオヤカタドリから三年目のネンアキまでを節目として、その後は一般的に一生のツキアイが行われる。

白石島は社会構造上で家格制が発達しておらず、筆親筆子関係では固定した筆親層や筆子層の形成がみられない。自己中心的に関係が締結されるので、個々人の筆親筆子関係を連鎖的につないでいくと、島全体を網の目のように縦横に覆うネットワークが存在することになる。このような筆親筆子関係の構造は、服部治則が山梨県下で指摘した「上湯島型」や、上野和男の「拡散的構造」、福田アジオの「自己中心型」などの類型に類似する。

白石島の筆親筆子関係の分析をさらに進めると、構造上で次のような特徴が明らかになった。筆親筆子関係は、筆親夫婦と筆子の三者関係を基本としている。また、複数の筆親をもつことはないが、筆親は何人も筆子をもつことが可能である。なかには筆親一人に対して、一〇人、二〇人と筆子が集中することがある。ただし、ツキアイは限定的である。オヤカタドリをしてからは、筆親同士、筆子同士、隔世代関係が形成されず、ツキアイが家を越えて派生することはない。また、「袈裟型」や「タスキ型」のように、家関係を強化する目的で二重に筆親筆子関係が締結されることがあるが、筆親層や筆子層が固定していない。同じ家の成員がそれぞれに異なる家の筆子となっている。総体的にみて筆親筆子関係の永続性は弱く、基本的に一代限りの親子関係になるのが特徴である。

白石島の筆子は、実子や養子と同じようにムスコやムスメと呼ばれており、名称においては実子や養子と類似する。しかし、筆子が実子や養子と大きく異なる点は筆親との不同居である。各地でみられる宿親宿子習俗のような住まいを媒介とする同居がみられない。また、筆子が年老いた筆親の扶養者とならない点でも実子や養子と異なる。さらに家の相続や財産分与が生じないのが特徴である。[13] 筆親や筆子は家成員としての権利や義務をもたず、家成員に準じる関係にある。

白石島の筆親筆子関係の構造は東北日本型[14]のものと大きく異なる。有賀が指摘した岩手県二戸郡荒沢村石神の大屋斎藤家の事例では、一九三四年の調査で非親族の召使一三人を含む二六人の大家族が同居している［有賀　一九六七（一九三九）五二］。なかでも名子は同居し、時には別家として財産分与を受けており、同一の家成員であることを有賀が指摘している。しかし、白石島の筆親筆子関係にはそれらがみられないことから、各地の仮親子関係には家成員とそうでないものの二種が存在することが指摘できる。

また、白石島の筆親筆子関係を有賀の岩手県二戸郡荒沢村の事例や［有賀　一九六七（一九三九）］、喜多野の山梨県北都留郡桐原村大垣外集落の事例などと比較した結果［喜多野　一九三九］、岩手・山梨の事例は家規範が強く示されるが、白石島の事例はそれが希薄であり、個人の意思が強く示される関係であることが明らかになった。また、岩手・山梨の事例には同族的結合が強くみられるが、白石島の事例には親類的結合が強くみられるという特性も明らかとなった。

白石島の筆親筆子関係における「筆」の意味においては、ナヅケ・筆箱・手習いの三つの由来が聞かれるが、これらの意味は時代によって容易に変容してきたと考えられる。つまり白石島では、成女式の鉄漿付け筆、手習いの筆、烏帽子親のナヅケなどの意味が複合し、現在のように筆記具にシンボライズされる仮親子関係の性格が男女ともに形作られている。そしてコーホートによる分析では、総体的にみて近年は「筆」の意味が薄れ、筆親と筆子の性格の変化や、習俗の衰退がみられる。「筆」が社会関係を形成する媒体として強く意識されたのは、コーホートによる年齢層Ⅰの一九二六年以前の出生者までである。

筆子へのナヅケは幼少期に身体が弱いと行われたという事例が少なからずみられたように、筆親が筆子に対して呪術的側面から生命力を付与しようとする観念が見出せる。その典型としては、筆親が名前の一字を与えた事例が少なからずある［中山　一九九七（一九七四）］。しかし、ナヅケは一九三〇年代頃までは行われていたが、コーホートによる年齢層Ⅰの一九二六年以前の出生者からも一例しかみられない。このように現在では消滅したことから、関係締結の目的として筆親に霊的力を期待する観念は早くに衰退したと考えられる。

筆親筆子関係に関する名称と呼称からは、筆親と筆子の意味や双方の関係性を読み取ることができる。筆親の名称は島民の間でもそれぞれだが、これは筆親の機能が複合的であることを示している。名称は七種に分類できるが、筆系・親系・仮系の名称が多くを占める。その他は、カナ系・烏帽子系・名付け系・その他と続く。コーホートから総体的にみて、フデを冠した名称は若年層から高齢層まで幅広いが、中年層になると筆の意味が忘れられ、名称も簡略化している。一方、筆子の名称はさまざまだが、筆親の名称の分類と同様であり、筆親の名称に対応する筆子の名称がみられる。

筆親の呼称では、年齢層による特徴はあまり見出すことができなかった。実親に対する場合と同様な呼び方をしている例があるが、シンセキや親しい目上の人と同じように呼ぶ例もあって多様である。オトウサンやオカアサンのように実親のように呼びかける例もあるが、総体的にみて親族のオジやオバに対する呼びかけに近い。一方、筆子の呼称は実子とあまり変わらないが、ここでも実子よりも親密さに欠ける。島民たちは筆親筆子関係が実の親子関係と変わらないと語る一方で、呼称だけをみても、仔細にみていくとこのように実の親子とは異なる側面が明らかとなった。

## 註

(1) 福島は白石島において離島調査を実施する以前の一九四七年に「備中白石島」の論考を記している[福島　一九四七]。そこでは筆親筆子関係について記載していないが、島の概観、荒神信仰、白石踊について記している。

(2) ほかにも中山は、岡山県下の備中北部から美作西部、笠岡諸島にみられる「鉄漿親」についてまとめている［中山　一九七五　八九］。

(3) 以下では、白石島でフデノオヤやフデノコと呼ばれる民俗事象を示す時は「筆親」や「筆子」と表記する。また各地の親子成りによる関係を包括的に示す場合は「仮親子関係」と表記する。

(4) ネンアキはネンアケ(年明け)と呼ぶことがある。ネンアケまでの三年間は、筆親と筆子の間でツキアイが義務付けられていると島民に考えられていることから、ネンアケは「年季明け」の意味と推測できる。ただし、筆親筆子関係に年季という意識はみられないことから、本来は契約に基づく上下関係であったことが推測され、過去の事例を検証する必要がある。

（5）鎌田久子は、仲人は社会的地位や保証人としての意味ではなく、形の上で夫婦二人そろっていることが大切であり、これは「一種のまじない」であり「呪術的要素」と指摘している［鎌田　一九九〇　五九～六〇］。

（6）現在の岩手県八幡平市石神。

（7）名子に姓を与えた例として、橋本は橋の本《もと》、欠端《がけはた》は崖の端《はた》、山本は山の本《もと》であるという理由で名付けたり、土沢や馬場は出身地の名をとって名付けたという［有賀　一九六七（一九三九）　八七］。

（8）本書では詳述しなかったが、トリアゲやヒロイという呪術的意図からナヅケをするケースが、笠岡諸島の島々で散見されている。中山薫の調査報告では四事例を報告しているので、参考までに以下に引用しておく［中山　一九九七（一九七四）　一三～一九］。一例目は、高島王泊の河田満徳夫婦の事例である。満徳夫婦の筆子は、近隣の竹田民枝の長男（一九四一年生まれ）である。「その子が体が弱いので、タジョウの頃に拾い子の形式でフデの子とした」とあり、「戸籍上では真琴であるが、フデの親である満徳夫婦が正という名前を新しく付けてやった」とある［中山　一九九七（一九七四）　一五］。二例目は、先述の満徳夫婦の八人の子供の内、一九四七年生まれの娘である。「近隣の人に拾ってもらって、フデの親をとった。体が弱かったからである。捨て方は四辻に捨てた」とあり、「戸籍では礼子であるが、フデの親が金子という別の名前をつけている」とある［中山　一九九七（一九七四）　一五］。三例目は、真鍋島岩坪の浜本ユキ（出生年不詳で調査時八十四歳）の事例である。浜本ユキには三人の息子と娘がおり、息子（調査時五十五歳）は「兄が早死したうえ、二才の頃に体が弱かったので、捨て子にしてフデの親をとった」とあり、「戸籍上では初一であるが、フデの親が長松とつけた」とある［中山　一九九七（一九七四）　一八］。四例目は、小飛島の横道仁太郎の母（一九六七年に八十歳で死亡）の事例である。仁太郎の母には四人の筆子がおり、その内で釜本良一の妹（出生年不詳で調査時五十歳前後）は「小さい時、体が弱かったので、捨て子の形式でフデの親をとった」とあり、「イワノという戸籍上とは違う名前を付けられていた」とある［中山　一九九七（一九七四）　一九］。

（9）　日本社会の親族組織は、組織化する方法において二分類されることが知られている。例えば、山本質素によると次の通りである［山本　一九八三　二四］。一つは、共通の先祖を基点とした「祖先中心的組織化」の方法と、もう一つは、一人の個人を起点とした「自己中心的組織化」の方法である。つまり、日本社会の「同族」は祖先中心的な親族組織と対応し、同じく「親類」は自己中心的な親族組織と対応する。

（10）　二〇一二年に白石島に隣接する高島で、筆者は一九四二年生まれの高島出身の女性から自身が名前を付けられた体験があることを聞いた。この女性は本名を洋子（ようこ）といったが、筆親はタカコと名付けて、筆親や集落の人たちはタカチャンと呼んでいたという。二〇一二年当時もこの女性のことを島の中で三人ほどはタカチャンと呼んでいるそうだが、筆親が付けた名前は大人になると呼ばなくなる傾向だったという。本名以外で呼ばないように学校が指導していたからだったという。なお、タカコの漢字表記は当人も知っていない。二〇一二年当時、高島の子供たちは、この女性が名付けの名前で呼ばれているのを不思議に思って聞いてくるという。

（11）　Ｉ９は筆子にナヅケを行っていない。

（12）　ここでの事例は、本書の話者四七名（表序-1）の体験ではないので、表2-5ではなく本論に掲載することにした。

（13）　筆親の実子が死亡して跡取りがいなくなった場合でも（戦死を含む）、筆子に家の相続をさせたり財産分与が行われることはない。

（14）　例えば、大間知篤三による家の類型に示される「東北日本の家」や［大間知　一九七五ａ（一九五〇）　一二一九］、蒲生正男の「東北日本型」の家族を参照のこと［蒲生　一九七八（一九六〇）　七五］。

# 第三章　筆親の選択と関係の締結における実親の関与

## はじめに

本章では、筆親の選択と関係の締結における実親の関与について明らかにする。第一節では、オヤカタドリにおける筆親と筆子の年齢に関する変化について明らかにする。第二節では、筆親筆子関係の依頼について分析し、筆親の依頼者と、筆親に相応しいと考えられる人、筆親になる人の特徴とその変化について考察する。第三節では、オヤカタドリをしなかった人たちに着目し、実親の意識変化から筆親筆子関係の変化を明らかにする。第四節では、オヤカタドリの儀礼とその変化について明らかにする。本章では、序章の「資料の調査収集と分析方法」の項で述べたように、分析の主方法としてコーホートによって話者を出生年齢から三つの年齢層に分類して事例を考察する（表 序－1）。

## 一　オヤカタドリにおける筆親と筆子の年齢

オヤカタドリに相応しい年齢は、筆子だけでなく筆親にも認められる。まず筆親となるには、夫婦がそろって元気でなければ筆親にはなれないとされる。したがって未婚者はもちろん、ゴケやヤモメに筆子を行かせることはない。

元気で人生の上り調子にある三十～四十歳代までは筆親の依頼が来るが、五十歳を過ぎると人生は下火になってくると考えられているので、筆子の依頼が来ないのが通常である。以前は平均寿命が低く、五十歳を過ぎると年寄りと考えられていたからである。

Ⅲ９（一九五六年生まれ・男）が筆子になった時は、筆親は四十代の半ばよりも少し若いくらいであったが、一般には子供がいれば手が離れる年頃になると高校を卒業した二十歳頃の者を筆子にしたということから、筆親は筆子の実親よりもかなり若い年齢になる。フデノオヤと称していても、筆子よりも十四～十五歳ほどの年長者に過ぎなかったのである。

筆親を選ぶ時に、男なら男の筆親を、女なら女の筆親を選ぶ傾向がある。それに男には男の、女には女の筆親が必要だと考えられている。そのために、女の人に筆親の名前を尋ねると女親の名前を回答されることが多い。しかし、夫婦の代表者は夫であると考える傾向があるため、表向きには男親の名前が筆親としてあげられる。これまでは男性優位の「男社会」と考えられてきたので、一般には夫を差し置いて妻に筆子が来るという考え方は少ない。ムスメに行く時は男親の名前をあげて「○○のウチ（家）にムスメに行った」と表現される。

筆子がオヤカタドリをする年齢については、年齢層ごとに表に示した（表３-１、詳細は参考資料５）。オヤカタドリの年齢は定まっておらず、性別や出生順による大きな違いはない。大体は男女ともに独身期に筆子となる。オヤカタドリの年齢は時代とともに次第に高くなる傾向がある。コーホートをみると、高齢者の中には小学生の時にオヤカタドリをしているが、中年層になると二十歳を過ぎてからムスコやムスメに行った者も多い。結婚の話がまとまって急いでオヤカタドリをした者もいる。かつては「オヤがいないと結婚ができない」といった危機感が共有されていて、オヤカタドリをすることが白石島では社会通念となっていたからである。数少ないが、結婚後に筆子になる例もあっ

**表3-1　白石島におけるオヤカタドリの年齢**

| 年齢層 | 話者No. | 生年 | 性別 | 締結の年齢 | |
|---|---|---|---|---|---|
| | | | | 未婚時 | 結婚時 |
| Ⅰ | 1 | 1906年 | 女 | 独り身の若い年齢 | － |
| | 2 | 1912年 | 男 | 数えの13歳の頃 | － |
| | 4 | 1917年 | 男 | 17歳か18歳の頃 | － |
| | 5 | 1918年 | 男 | 小学生の頃、一人前の歳 | － |
| | 8 | 1923年 | 男 | － | 結婚時<br>(ただしカリオヤ) |
| | 9 | 1923年 | 女 | 数えの13歳ぐらい？ | － |
| | 12 | 1924年 | 男 | － | 結婚時の28歳<br>(ただしカリノナコウド) |
| | 13 | 1924年 | 女 | 数えの13歳 | － |
| | 15 | 1925年 | 女 | 小学生の時 | － |
| Ⅱ | 1 | 1927年 | 男 | 14歳の頃 | － |
| | 2 | 1928年 | 男 | 15～16歳 | － |
| | 4 | 1931年 | 男 | 20歳 | － |
| | 5 | 1931年 | 女 | － | 結婚時の23歳 |
| | 6 | 1932年 | 女 | 18～19歳の頃 | － |
| | 7 | 1932年 | 男 | 郵便局に勤めていた頃 | － |
| | 8 | 1933年 | 男 | － | 結婚時 |
| | 9 | 1933年 | 女 | 14～15歳 | － |
| | 10 | 1939年 | 男 | 20歳代 | － |
| | 14 | 1944年 | 男 | 18歳か19歳 | － |
| | 16 | 1945年 | 男 | － | 結婚時の27歳 |
| Ⅲ | 1 | 1947年 | 男 | 20歳の頃 | － |
| | 5 | 1949年 | 女 | 小学校6年か中学校1年の時 | － |
| | 6 | 1950年 | 男 | － | 結婚時<br>(ただしカリオヤ) |
| | 8 | 1955年 | 男 | 25歳か26歳の頃 | － |
| | 9 | 1956年 | 男 | 20歳になる頃 | － |
| | 10 | 1956年 | 男 | － | 結婚時 |
| | 12 | 1961年 | 男 | 19歳 | － |

た。

結婚に際して急遽締結する筆親筆子関係のことは、フデノオヤと呼ばずにカリオヤ(仮親)と呼ばれて厳密には区別されている。結婚時の体裁を繕うための一時的なオヤなので、結婚後はオヤコとしてつきあうことはあまりない。カリオヤが顕著にみられる年齢層は、古くは戦時中に少年期や青年期を過ごした者たちである。戦後以降もカリオヤがみられるが、カリオヤを依頼したのは島外に働きに出ていて筆子に行けなかった者たちである。しかし、時代が下がってくるとカリオヤさえ不必要と考えられるようになり、結婚式に筆親を依頼しないまま、タノマレナコウド(頼まれ仲人)[1]と呼ぶ結婚式の場だけの仲人を依頼するようになっている。次に、年齢層ごとに事例をみていくことにする。

### (1) 一九二六(大正十五)年生まれ以前

I層は一九二六年生まれ以前の年齢層である。この年齢の多くは青年期以降に戦争を体験している。戦前はワカイシュナカマの活動が盛んであった。ワカイシュナカマは後に青年団と呼ばれている。また、娘たちは友達同士で決まった家に集まってサナダクミで夜鍋仕事をしたが、これが小遣い稼ぎの場だけでなく、娘たちの娯楽の場であった。また、戦前には娘の集団として処女会があったが、戦後は女子青年団が女性の活動組織になっている。

結婚時だけに役割を担うカリオヤやカリノナコウドを除くと、I層の一六名のうちすべてが未婚時に筆子になっている。関係の締結年齢が早い者では小学生が二人いる(5・15)。当時は一人前の成人年齢と考えられていたからである。例えばI15(一九二五年生まれ・女)は小学生でムスメに行っているが、なかには娘の年齢に達してから筆子になる者もいたという。

年齢は数えの十三歳から結婚時までと幅広い。男女ともに十三歳という年齢を答えた者が三人いる(2・9・13)。

十三歳が成人年齢と考えられていたと思われる。岡山県の内陸部の旧神郷町でも「子供は十三歳になった時、カナ親をとる」と報告されている［中山　一九八三　八七］。数えの十三歳が成人を意味する特別な年齢だったことがわかる。

Ｉ2（一九一二年生まれ・男）によると、当時はムスコもムスメも大体は小学校を卒業した数えの十三歳ぐらいで筆子になったという。Ｉ2は長男だったのでソウリョウムスコとして家を相続したが、それは関係ないようである。十三歳が小学校を卒業して一人前として認められる基準だったようで、Ｉ2も数えの十三歳頃にワカイシュナカマに加入している。祖父につきそってもらって青年団長の家に行き、「ワカイシュになったけえ頼むけえ」と挨拶をして加入したという。

Ｉ4（一九一七年生まれ・男）はＩ2の弟である。三男なので婿養子となって他家を継いでいる。筆親筆子関係の締結年齢は十七歳か十八歳であったので兄のＩ2よりも遅かったが、兄との相違点は特にみられない。

Ｉ層で特徴的なのは二例で、結婚時に急遽、関係の締結をしたカリオヤの例である（8・12）。筆親はムスコやムスメの結婚で親代わりとなって骨を折るのが当然と考えられていたので、筆親がいない者は、結婚式を控えて急遽体裁をつくろうためにカリオヤを取る傾向がみられた。

例えばＩ8（一九二三年生まれ・男）は結婚時に急遽、カリオヤを父の妹夫婦に頼んで結婚の仲立ちを依頼している。Ｉ8はカリオヤを筆親と考えていない。Ｉ8は高等小学校を卒業してすぐに満蒙開拓青少年義勇軍として単身で満州開拓に行っている。六人兄弟の三男だったので口減らしのためである。一九三七年から一九四七年の節季までを旧満州で過ごしたために「ムスコに行く暇がなかった」ことからカリオヤを取っている。また、戦死した兄の嫁を妻にしているが、身内のオジとオバに妻を説得してもらうこともカリオヤを頼んだ理由である。

Ｉ12（一九二四年生まれ・男）も筆親がおらず、結婚時に急遽、カリノナコウドをキンジョの夫婦に頼んでいる。結婚したのは一九五二年の二十八歳である。Ⅰ12は長男で家の相続者だが、十三歳で旧満州に渡って南満州鉄道の車掌になっている。その後は関東軍に入隊したが、戦後はシベリヤ抑留を経験して二十三歳で帰島した。そのために筆親を取る暇がなく、カリノナコウドを頼んでいる。

### (2) 一九二六(昭和元)年〜一九四五(昭和二十)年生まれ

Ⅱ層は二十歳までに戦争を経験した年齢層である。この年齢層になると、実際に出征した者は一人で、戦争で筆子になる機会を逃した者はいない。

例えばⅡ1(一九二七年生まれ・男)は数少ない出征者である。高等小学校二年で海軍飛行予科練習生(予科練)に合格して、茨城県の土浦海軍兵学校に入学している。ムスコに行ったのは十四歳の一九三一年である。

ムスコに行く年齢に制限はないため、Ⅱ層の者もさまざまである。一方、Ⅱ層の者はオヤカタドリを成人儀礼と考える傾向が強いが、Ⅰ層と比較して関係の締結年齢が上昇している。さらに男女ともに十三歳を成人年齢と考えなくなり、関係の締結年齢は幅広くなっているが、学校卒業が一つの目安になっている。

Ⅱ2(一九二八年生まれ・男)は一般に中学校を卒業後に筆子になったというように、Ⅱ2は十五〜十六歳でムスコになっている。

Ⅱ4(一九三一年生まれ・男)は二十歳でムスコになっている。Ⅱ4は「昔の元服のようなもの」というように成人儀礼と考えていることがわかる。

Ⅱ9(一九三三年生まれ・女)は小学生や小学校卒業後に筆子になったというように、Ⅱ9は十四〜十五歳でムスメに行っている。当時は戦後まもない頃で「みんなが(筆子に)行った」というように、Ⅱ層のコーホートでは島の通過儀礼としての意味付けが強くみられる。

Ⅱ14(一九四四年生まれ・男)も十八歳か十九歳でムスコに行っている。

一方、二十歳を過ぎてから結婚時に筆親筆子関係を締結した者が三人いる(21・24・32)。カリオヤのような結婚時だけの関係とは違い、締結後もツキアイがみられるが、仲人としての目的が強い。結婚までに島外で修学や就職する者がみられ、締結年齢が遅くなる要因になっており、考え方の多様化がみられるようになっている。

Ⅱ5(一九三一年生まれ・女)は二十三歳の結婚時にムスメになっている。

Ⅱ8(一九三三年生まれ・男)は二十七歳の結婚時に仲人として筆親を依頼している。K寺の住職を継ぐための修行を兼ねて、和歌山県高野町のK大学に入学して一時、島を離れた時期がある。卒業後に帰島して、周囲の勧めで檀家総代のⅠ10を筆親にしている。

Ⅱ16(一九四五年生まれ・男)は二十七歳の時にミアイで結婚しており、三男なので婿養子となっている。妻を紹介したのはオバ(Yk姓・父の妹)の夫である。結婚が決まって急遽、筆親として仲人をオバ夫婦に依頼している。嫁入り婚では新郎側はオトコオヤを仲人に立て、新婦側はオンナオヤを立てるのが通例というが、Ⅱ16は婿養子という理由で、新郎側がオバを仲人に立てている。オトコオヤが当時体調を悪くしていたのも理由の一つという。

Ⅱ層では、筆子にならなかった者が三人いる(19・28・29)。筆子に行くか行かないかは実親の判断が大きい。Ⅱ層でオヤカタドリが減少しているが、実親が行かせなかったことに大きな要因がある。

### (3) 一九四六(昭和二十一)年生まれ以降

Ⅲ層は戦後生まれの年齢層である。高度経済成長期以降に筆子になった者が多い。この年齢層はムスコやムスメになった者が減少する。筆子になっていない者が七人に及ぶ。一方、筆子に行った者も二十歳以降や結婚時が大半で、筆親筆子関係の締結年齢が遅いのが特徴である。

Ⅲ層は仲人を目的に筆親を頼んだ者が多い。ただし、筆親が従来のような仲人役を務めなくなっている。そして、筆親がいても結婚式だけのタノマレナコウドを別の者に依頼したり、筆親がいないとタノマレナコウドを依頼している。筆親による仲人の役割が低下し、仲人役そのものが軽視される傾向がみられる。以下では事例をみていく。

Ⅲ5(一九四九年生まれ・女)は小学校六年か中学校一年でムスメになっている。この年齢層では珍しく早い。実親が勧めたからである。

Ⅲ12(一九六一年生まれ・男)がムスコになったのは十九歳である。ここでは実親がムスコに行くように促している。

Ⅲ9(一九五六年生まれ・男)は二十歳頃にムスコに行き、結婚したのはそれから十年ほど後である。

Ⅲ8(一九五五年生まれ・男)は二十五歳か二十六歳の頃に筆子になっている。周囲の者よりも遅かったという。結婚はそれよりも後である。

一方で、この年齢層にも結婚を控えてカリオヤを急遽頼む事例がみられる。事例をみておく。

Ⅲ6(一九五〇年生まれ・男)は自身がムスコに行く気がなくて行っていない。しかし、当時の結婚式は筆親が「付き物」と考えられていたので、Ⅲ6は結婚話が急だったこともあり、結納の体裁を整えるために急遽、オジ(父の弟)にカリオヤを頼んでいる。そして結納では嫁方から挨拶に来て、Ⅲ6・父・カリオヤの三人で出迎えている。ただし婿養子だったので、結婚式ではⅢ6のカリオヤが仲人をせずに、妻の筆親夫婦が仲人を務めた。

高度経済成長期と重なり、この年齢層は就職で島外へ転出した者が多い。それでも島に戻って筆親に依頼の挨拶に行く者があった。

Ⅲ10（一九五六年生まれ・男）は島で生まれたが、若い頃から大阪に住んでいる。結婚時に実兄か誰かが筆親を見つけてくれたようで、島に戻ってきてムスコに行っている。ムスコに行った時は酒一升を八合に減らして「二合足りませんが」と挨拶して筆子にしてもらっており、当時としては珍しい。

母親から聞いた間接的な事例であるためにここでの話者一覧表に載せていないが、参考までにコーホートのⅢ層の事例を以下で追記しておく。一例目は島外移住者でありながら筆子になっているケースで、二例目は親に勧めを拒絶して筆子にならなかったケースである。いずれも年齢層Ⅲの特徴をよく示している。

Ⅰ16（一九二六年生まれ・女）から聞いた長男（一九四六年生まれ）の事例である。Ⅰ16の長男が筆子に行ったのは二十一歳である。結婚時に市議会議員のⅠ10に筆親を頼んでいる。カリオヤではなく正式な筆親として頼んだが、結婚式の媒酌人はシンセキのⅠ8が務めている。つまり筆親がいるにも拘わらず、別の者に媒酌人として結婚式だけの仲人を依頼したケースである。現在は岡山県浅口市鴨方町に母親のⅠ16たちと暮らし、家を相続している。

Ⅱ9（一九三三年生まれ・女）から聞いた長男（一九五二年生まれ）の事例である。Ⅱ9の長男には「筆親もタノマレナコウドもいない」というが、詳細を聞けば結婚式時に仲人を依頼しており、以下の通りである。長男は市議会議員のⅠ10から妻を紹介してもらって結婚している。結婚したのは一九八〇年で二十八歳の時である。父がすでに亡くなっていたので「（Ⅰ10の）ムスコに行くか」と母のⅡ9が勧めたが、長男は「世話をしてもらった関係だけで十分で、もうそのような関係は必要ない」と反対したという。長男が煩わしく思っていたのを感じて、Ⅱ9はそれ以上勧めていない。ただし結婚式では、結婚相手を紹介してくれたⅠ10に仲人をしてもらっている。結婚式の仲人は四人で、Ⅰ10夫婦と、妻のフデノオヤ夫婦が務めた。この事例では「結婚式では筆親もタノマレナコウドもいなかった」といっていることから、式に出席した仲人は筆親やタノマレナコウドではなく、極度に形式化した媒酌人だったことがわかる。

## 二　筆親筆子関係の依頼

### 1　筆親への依頼者

筆親筆子関係になるには筆親側から頼むこともあったが、一般的にはどの年齢層も筆子側から選んで依頼するものと考えられている。筆子が自身で筆親を決めることもあったが、家族やシンセキが決めることが多い。筆子になろうとする者がまだ子供なので人を見る目がないと考えられていたからである。子が学校に通うようになると、実親たちは「子供の筆親をそろそろ決めておかないといけない」と考えるようになる。そこで実親たちは子の筆親に相応しい者を選び、その家を訪問して「フデノオヤになってくれんじゃろか」と話を持ちかける。事前に話がまとまると、子に伝えて承諾を得た後、筆子に行くように仕向けるのである。こうした対外的な交渉役は、父親よりも母親の方が適任とされた。

筆親を依頼する相手については「まったくツキアイのないタニンの所には筆子は来ないものだ」といわれるように、日頃から親しいツキアイがないと筆子に行かないものである。この傾向は年齢層が高くなるほどみられる。見ず知らずの相手ではなく、親が懇意にしている者から選んだりしている。筆親筆子関係を形成すると互いにツキアイが頻繁になるので、筆子側からすれば、日頃から気心の知れた者に依頼してムスコやムスメに行かせるのである。例えば「シンセキだと心安い」といって、シンセキ同士で話し合って決めることが多かった。

実親が子を筆子に行かせるのは、子のためだけでなく実親自身のためでもある。ムスコやムスメに行かせることで、実親自身のツキアイを広げることになるからである。筆子自身が筆親を選ぶのでなく、実親のような大人たちが筆親

**表3-2　白石島における筆親の依頼者**

| 年齢層 | 話者No. | 生年 | 性別 | 依頼・決定者 |
|---|---|---|---|---|
| Ⅰ | 2 | 1912年 | 男 | 実親 |
| | 5 | 1918年 | 男 | 実親などの保護者（ジーサンが締結に同行） |
| | 13 | 1924年 | 女 | 実親 |
| Ⅱ | 2 | 1928年 | 男 | （オジが締結に同行） |
| | 4 | 1931年 | 男 | 本人 |
| | 6 | 1932年 | 女 | 本人 |
| | 7 | 1932年 | 男 | 筆親と本人 |
| | 8 | 1933年 | 男 | ある人 |
| | 9 | 1933年 | 女 | 母親 |
| | 14 | 1944年 | 男 | 実親 |
| | 16 | 1945年 | 男 | オジ（父の妹の夫） |
| Ⅲ | 5 | 1949年 | 女 | 父方祖母のイトコの女性 |
| | 8 | 1955年 | 男 | 筆親と本人 |
| | 9 | 1956年 | 男 | 双方のシンセキになる人 |
| | 10 | 1956年 | 男 | 実兄か誰か |
| | 12 | 1961年 | 男 | 実親 |

を見つける傾向は、年齢層が下がるにしたがって一般化している。近年では子はますますオヤカタドリに消極的になる傾向がみられ、実親たちの言いなりで関係を締結している。そのためにオヤカタドリに消極的な家庭では、筆子に行っていないのが特徴である。

次に、筆親の依頼者についていくつかの事例を選び、Ⅰ〜Ⅲの年齢層ごとにみていきたい（表3-2、詳細は参考資料6）。

**(1)　一九二六（大正十五）年生まれ以前**

Ⅰ2（一九一二年生まれ・男）の筆親はオジ（父の弟）で、実親が「あそこへ行け」といってムスコに行っている。ムスコに行ったのは十三歳の頃である。この事例では、父親が弟に息子の筆親を頼んでおり、兄弟で話し合いをして決めている。

**(2)　一九二六（昭和元）年〜一九四五（昭和二十）年生まれ**

Ⅱ4（一九三一年生まれ・男）は二十歳で自分から筆親をみつけてムスコに行っている。当時、Ⅱ4は漁師だったために、仕事上で島の鍛冶屋をしていたオトコオヤの所に頻繁に出入りしていて、日頃から心安くしていたからである。しかし、オトコオヤと親族関係はなかった。この事例のように、本人が筆親を決める例は年齢層Ⅱになると少ない。

Ⅱ6(一九三二年生まれ・女)は十八~十九歳でムスメに行っている。Ⅱ6が「オバサン、ムスメに行こうか」というと「うん、来いよ」と返事をされて「冗談が本当になったようなものだった」ということから、筆親筆子関係が極めて軽い気持ちで締結されていたことがわかる。

Ⅱ7(一九三二年生まれ・男)は郵便局に勤めていた時にムスコになったというから、筆親筆子関係の締結年齢は二十歳前後であろうかと思われる。筆親は郵便局の同僚で先輩だったⅠ10である。どちらともなく「ムスコに来るか」「ムスコになってくれるか」といった話になって筆親と筆子になっている。また、Ⅱ7がⅠ10の弟とも親しかったのも理由の一つである。シンセキではなかったが、筆親とその兄弟と懇意な間柄だったことが関係締結の契機になっている。

Ⅱ8(一九三三年生まれ・男)は結婚時にムスコになっている。Ⅱ8が大学を卒業して島に戻り、住職を継いでいた時に、住職であることから知人の勧めで檀家総代のⅠ10を筆親にしている。先代の住職だった父親が亡くなっていたため、知人が筆親を選んでいる。

Ⅱ9(一九三三年生まれ・女)の場合、筆親は母親のイトコである。母親が筆親に相談して話を決めてから、母親から「この人のムスメに行けばどうか」と勧められてムスメに行っている。ムスメに行ったのは十四~十五歳である。この事例では母親がイトコに筆親を頼んだように、イトコ同士で話し合って決めている。

Ⅱ14(一九四四年生まれ・男)の場合、実親がすでに筆親を決めていて、実親から「行け」と指示されてムスコに行っている。筆親は母方のイトコハンである。

### (3) 一九四六(昭和二十一)年生まれ以降

Ⅲ5(一九四九年生まれ・女)がムスメになったのは、小学校六年生か中学校一年生である。筆親側から頼まれてムスメに行っており、依頼者はオトコオヤの実母である。この人はⅢ5にとっては父方祖母のイトコなので遠戚になる。世代交代でシンセキツキアイが切れそうなので、それを継続するために依頼している。通例は筆子側から「ムスコ(ムスメ)に取ってくれ」とか「親方になってくれ」と頼むことが多いが、この事例のように、筆親側から「ウチへ来い」というケースもある。Ⅲ5は子供だったので、当然ながらシンセキツキアイを継続するためという考えはなく、オトコオヤの実母たちが話し合って決めてムスメに行かせている。

Ⅲ8(一九五五年生まれ・男)は白石島の採石業者で、筆親は石材加工業者であり、仕事上のツキアイから筆親筆子関係になっている。関係締結の契機は、どちらともなく「行こうか」「来るか」という状況から筆子になっている。筆子になったのは二十五歳か二十六歳である。当時の筆親たちは「ムスコを取ることがステータスだ」と考えていたようだが、Ⅲ8がいうように筆子たちにとっては「何でもなかった」という。最終的にⅢ8自身が判断して筆子になったのだが、Ⅲ8が「何となく商売がらみで行った」という関係である。このように年齢層Ⅲになると、関係の締結に対する意思の低下が特徴としてみられるようになる。

Ⅲ9(一九五六年生まれ・男)は島で左官業を営んでいる。オトコオヤは島内のH建設の経営者である。左官と大工の関係として共に仕事をしていたことから筆親筆子関係になっている。ムスコになったのは二十歳頃である。互いにシンセキではなかったが、双方のシンセキにあたる人が紹介者になって仲立ちをしている。この紹介者はⅢ9の母のイトコになる女性である。オトコオヤにとっては姪のような親密なシンセキらしいと話すように、Ⅲ9はこの女性とオトコオヤの親族関係についてははっきり知らないことがわかる。自分で筆親をみつけたのではなく「行くか」と紹介されて「まあええか、行ってもええかのお」といった軽い気持ちでムスコになっており、この年齢層の特徴がわかる。

Ⅲ12(一九六一年生まれ・男)は十九歳で筆子になっている。実親から「あそこに行っとけ」といわれて筆親に決めている。筆子に行く日についても実親から突然に「今日、ムスコに行っとけ」といわれて、その日のうちに挨拶に行って筆子になっている。Ⅲ12のオトコオヤは島内のH建設の経営者である。シンセキではなかったが、当時は生家の旅館に長年頻繁に出入りしていたので実親とは懇意な関係であり、Ⅲ12も筆親の会社の建設作業をよく手伝っていたことから親しい間柄だったことがわかる。

一方で、筆子自身が筆親を選択して決めることがあった。このような積極的なケースは年齢層が高くなると多くなる。次に示すのは年齢層Ⅰの事例である。

Ⅰ1(一九〇六年生まれ・女)の筆子の事例からみていく。Ⅰ1には四人の筆子がいる。ムスコが二人とムスメが二人である。この中には、自分からⅠ1を筆親に決めて筆子になった事例がある。調査時は筆子たちが孫をもつ世代になっており、オヤカタドリをしてから五十〜六十年が経過していた。この四人が筆子になった契機は次の通りである。(2)

①HK(Hg姓・男)

最初のムスコ。Ⅰ1の息子の同級生で、よく遊びに来ていて筆子になった。当時の若い娘は友達を頻繁に家に呼んで大勢で集まり、そうした家には毎晩、若い男達が「あそこには娘がおる」といって遊びに行ったという。Ⅰ1の家には娘の女友達が毎晩集まり、そこに若い男たちが遊びに来ていたという。HKはその一人で、遊びに来るうちに筆子になっている。

②ＫＩ（Km姓・男）

二番目のムスコ。シンセキではなかったが、ＨＫと同様に、Ｉ１の家に頻繁に遊びに来ていたからである。そのうちに「ここ、ムスコに来おかあ」といって筆子になった。

③ＮＩ（Ng姓・女）

最初のムスメ。白石島にあるＩ１の生家は弟が家を継いでおり、その弟にＮＩの姉が嫁いでいた。そのためにＮＩとは「濃い関係」としていつも「懇意なツキアイ」をしていたので、結婚前に筆子になっている。

④ＡＦ（An姓・女）

二番目のムスメ。Ｉ１の息子（その後に早世した）の友達には、互いの家に寝泊まりする仲の良い同級生がいた。その同級生が高島に住んでいたＡＦを妻にしてからＩ１の家に来て「（ＡＦを）ここにムスメに来さすから頼むで」といってきた。それでＩ１は「そらあ来させたらええで」と返事をして筆子にした。

五十～六十年前には友達同士で家に集まり、互いの家へ宿泊することが盛んだったことがわかる。コーホートのＩ層にはそのような機会が筆子になる契機になっており、筆子自身の積極性が見出せる。当時はシンセキに筆親を依頼するのが主流だったというが、シンセキの中でも筆子に行く所がない者は、自分が遊びに行っていた懇意な家の筆子になったのである。上記の三例では友達が関与している。一九五〇年代までは青年団や女子青年団の活動が盛んで、同級生などの友達がオヤカタドリに関与するケースがみられた。しかし時代が下がると、友達に代わって、次第に筆子の実親やシンセキが関係締結に関与するようになっている。

## 2　筆親に相応しい人と筆親になる人

ここではどのような人が筆親に相応しい理想像なのかを、序章の「資料の調査収集と分析方法」の項で述べた分析方法から三つの年齢層ごとにみていくことにする（表　序‐1）。

### ⑴一九二六（大正十五）年生まれ以前

Ｉ1（一九〇六年生まれ・女）によると、シンセキにしたいと思う人や、懇意にしているのでムスコやムスメに行きたいと思う人を筆親にする。大抵はシンセキだが、あまり筆子に行く所がない人は、自分が遊びに行っていて懇意にしている所に筆子に行ったという。

Ｉ2（一九一二年生まれ・男）によると、筆子に行くといろいろとツキアイをしなければならないので、タニンではなくシンセキを筆親にする。シンセキだと融通が利くし、心安いからである。Ｉ2が筆子になった頃は、タニンよりもシンセキ同士が多かったというように「シンセキを引っ張る」ような筆親筆子関係になったのである。また、古くは漁師同士で筆親筆子になった。また、財産家が普通の家の筆子になったように、資産規模で筆親層と筆子層が決まるわけではなかった。

Ｉ3（一九一六年生まれ・女）によると、古くはタニンよりもシンセキを筆親にしたという。

Ｉ4（一九一七年生まれ・男）によると、頼りになる人をオヤガワリ（親代わり）として筆親にした。頼るのは物心両面で、精神面や金銭の融通を期待した。また、Ｉ4には筆子が多いが、父が神島外村の時代に村会議員をしていたからといい、本人でなくとも役所に勤めるような親がいれば信頼されて筆親を依頼された。

I5(一九一八年生まれ・男)によると、信頼できるような人を選ぶ。顔役ほどではないが、島で顔が利く人を筆親に選ぶ。

I7(一九二二年生まれ・女)によると、古くはシンセキ同士で筆親筆子になったという。

I8(一九二三年生まれ・男)によると、筆親は「いくらかでも血のかかった人」に頼みに行くという。タニンだと筆親に対しても無理がいえないので「この人だと心安く、何事もいいやすく頼みやすい」と思う人を選ぶ。「身《み》から身《み》へ頼む」というように、シンセキに頼むことが多かったようである。

I9(一九二三年生まれ・女)によると、祖父母の頃は漁業が盛んで漁師の弟子になる子供が多く、男は漁の上手な者やシンセキのオジにムスコに行ったという。また、I9によれば、家のアトトリは本家へ筆子に行かせるものだという。例えば、AT(An姓・男)は本家がI4家なので、そこのムスコに行っている。しかしI9の本家は絶家していたので、長男は分家のYY(Yk姓・男)のムスコになっている。すると本家と「血の繋がり」が段々と薄くなって消滅したり、本家や分家が潰れることがあっても筆親と筆子になっていれば心配ないという。それで、二軒の分家の中でもう一軒の分家がI9の筆子になっている。

I9は、自身の筆子は三〇人ほどいるという。最後に筆子になったのは、高校一年生の時にムスメに来たYという娘だったという。I9の筆子はタニンが多いが、一般的にはシンセキ同士が多いという。最初に筆子をもったのは、夫が市役所に勤務する前である。終戦後は親が戦死や病死したオヤナシゴ(親なし子)が島に数多くいたので、I9は可哀そうに思い、夫に相談して五~六人のオヤナシゴにソロバンを教え始めたという。しかし、そのオヤナシゴたちが「ムスコに行く所がない、みんながムスコに行っとる、ムスメに行っとるそうに」と嘆くので、I9が「あんたらまとめて来るか」と誘って筆子にしたのが始まりだという。夫は筆子に来るようにいったのを後悔していたそうだが、

Ｉ９は「あれらは皆ウチの子供なのだから」と思って世話をしてきたという。筆子の中でもオヤナシゴだった者は、島に来ると夜中でも構わずにＩ９の家に来る気安さがあるという。何年か経って島に帰って来た時は、自分の家よりも真っ先に会いに来るという。何をするにも実親がいない分だけ「本当の親」として接することができるので、オヤナシゴの筆子の方が意外とツキアイがしやすいという。一方、同じ筆子でも実親が生きている筆子とは、何日も島に帰っていても筆親には「今日は行ってくるわ」とか「今日は戻っとったんじゃ」といった挨拶で済ませる程度の間柄になってしまうという。

Ｉ10（一九二四年生まれ・男）によると、古くは「箸と親方は強い方がいい」といわれ、そうした人を筆親に選んだという。

Ｉ12（一九二四年生まれ・男）によると、筆親はウスイシンセキ（薄い親戚）か、あるいはキンジョの中から非常に「心安い間柄」の人を選ぶ。

Ｉ15（一九二五年生まれ・女）によると、夫のＩ10と同様に、古くは「箸と親方は強い方がいい」といった。この理由から「あの人は偉い」「あの人は強い」「あの人はいいな」という人を筆親にした。「貧乏の所には行きたくない」と考えられていたように、経済的理由が関係締結に関連していることがわかる。それでＩ15は渡航船の大徳丸を経営していたＨＹ（Hd姓・男）夫婦のムスメになっている。なお、一般には「亭主と箸は強いがよい」や「箸と味方は強いほどいい」などのことわざが辞書にも記載されているが、白石島では「箸と親方は強い方がいい」といっており、これらのことわざをモチーフにしていると推測される。また、Ｉ15の生家はイワシアミ漁の網元だったので一〇人ほどの使用人を雇用していたという。父は使用人からオヤカタ（親方）と呼ばれていたそうだが、使用人と筆親筆子関係を締結することはなかったようである。

子になっている。長男が自身で筆親を決めており、その理由は、筆親は市議会議員で「力があったから」だという。

Ⅰ16（一九二六年生まれ・女）によると自身は筆子になっていないが、長男が市議会議員であったⅠ10（Hd姓・男）の筆子になっている。長男が自身で筆親を決めており、その理由は、筆親は市議会議員で「力があったから」だという。

以上から、この年齢層Ⅰでは、懇意、心安い、頼りになる、顔が利く、偉い、裕福などと考える人を筆親の理想像と考えている。そのため、シンセキやキンジョの人を筆親の理想像と考える一方で、具体的には、役場員・網元・会社経営者・漁師関係などの職業の者があげられた。なかでも「懇意」や「心安い」といった言葉は頻繁に聞かれ、その対象としてシンセキが最もよくあげられた。

### (2) 一九二六（昭和元）年〜一九四五（昭和二十）年生まれ

Ⅱ2（一九二八年生まれ・男）によると、島の有力者には筆子が多く、筆親のＨＭ（Hd姓・男）は島の財産家で一〇人ほどの筆子がいたという。筆親には、島の有力者かシンセキかを半々で選ぶ傾向があったという。島の有力者は「分限者」が筆親になった。イワシアミ漁の最盛期には、その中で筆親筆子になることがあったという者がいる。子供も船方として雇ってもらうためだったという。そのために、息子だけでなく娘も筆子に行かせていたという。しかし、近年は市議会議員が筆親になって結婚相手の世話や仲人をしている。選挙では一票でも票が多い方が良いので喜んで引き受け、議員側からも筆子に欲しいと依頼してくるという。以前は中学校を卒業してからも島に残ったが、近年は卒業後の就職に懸命なために議員を筆親にしておけば就職が頼めるからである。次にもう一つ、シンセキで筆親筆子になる場合は「細くならないようにシンセキのネ（根）を広げるため」である。どちらか一方が死ぬとシンセキ関係が「切れる」時に筆親と筆子になる。実親は「ワシが死んだら〇〇とはタニンになってくるが、〇〇とはいつでもシンセキでおりたいから」と思い、自分の実子を筆子に行かせることで「つなぎを取る」のだという。すると子や孫ができても、子や孫が筆親の家と贈答し合ったりするのでツキアイが継続される。なお、シンセキ同士で筆親筆子になるには、父方や母方、夫方や妻方は関係なく、どちらかを優先させることはないという。以下で事例をみていく。

Ⅱ3（一九三〇年生まれ・女）によると、年配者が頻繁に「フデノオヤと漬物の重石は重い方がいい」と話していたのを聞いたという。

Ⅱ4（一九三一年生まれ・男）によると、力のある人、権力のある人が筆親になったという。特に学校の先生や市議会議員は筆子が多く、さらに島の有力者で資産家が多いという。なぜなら人望があっても資産がないと筆子の世話ができないので、資産は必要条件と考えられていたからである。総体的にみて当時の実力者の中から筆子自身が話しやすい人を選ぶ。島の中で実力者が自然と多くの筆子をもつようになる。しかし、あまり偉い人だと話しにくくなるので、筆子に行くことを避ける傾向がある。

Ⅱ4の筆親はタニンであり、Ⅱ4は筆親を決める時にシンセキかどうかはあまり意識していない。シンセキは心安いが、シンセキとタニンを比べて決めるようなことはなかったという。一番の条件は気心が知れているかである。ただし、割合としてはタニン同士が多いという。

Ⅱ6（一九三二年生まれ・女）はオジとオバが筆親で、母の兄夫婦になる。オトコオヤ（Nt姓）は島の郵便局長を務めた人で偉く賢い人だったという。したがって「ムスメも何十人と、ムスコも何十人と大勢いた」という。

Ⅱ7（一九三二年生まれ・男）によると、筆親を選ぶにはシンセキツキアイを強めることよりも筆親が筆子を気に入って、筆子も筆親を一番に気に入らないといけない。よって、互いが気に入ることが最も大切だという。

Ⅱ8（一九三三年生まれ・男）によると、筆子になるには「信用のある人」や「ステータスがある人」を頼って行った。なかでも農業や漁業の従事者は、同業者間で筆親筆子になっており、網元がいた頃は特にその傾向があったという。

また、本人が筆親に適当と思う人に筆親になって貰うので、シンセキかタニンかはあまり関係がなかったという。

Ⅱ10（一九三九年生まれ・男）によると、筆親を選ぶには「この人と思った人」のところに行くものだという。

Ⅱ11（一九三九年生まれ・男）によると、市議会議員のように「何かに出る人」は人望が集まるので多くの筆子がいる。選挙になると「いいように働くから」である。渡航船の大徳丸を経営していたHY（Hd姓・男）は商売柄から「客をひきつけなければならなかった」ので多くの筆子がいたという。現在は市議会議員のⅠ10が一番多くの筆子がいるという。

Ⅱ12（一九四一年生まれ・男）は筆子に行っていないが、筆親はまじめな人が相応しいという。「真面目な人だとハズレがないから」である。筆子が筆親を利用しようとすれば、筆親も筆子を利用しようとする。一方、利害をあまり気に留めずに筆親筆子になると、筆親も筆子を利用しようとしない。筆親と筆子は似通うという。

Ⅱ16（一九四五年生まれ・男）によると、以前は漁業を守るために筆親と筆子になったので、現在のように市議会議員の筆子になるのとは意味が違うようである。筆親は選挙のためだが、筆子は別に頼みたいことがあるからだという。以前は人同士や仕事上の関係だったが、近年は少し違ってきているという。

以上から、年齢層Ⅱでは、第一に互いに気心が知れる人が良いとされる。心安いのも同じである。シンセキは重視されるが二の次である。その上で、有力者（分限者）、権力者、資産家、教育水準の高い人、信用のある人、ステータスがある人、真面目な人といった条件が重視される。具体的な職業では、漁業が盛んな戦前までは網元で、時代が下がると市議会議員・教師・郵便局長などがあげられる。

### (3) 一九四六（昭和二十一）年生まれ以降

Ⅲ1（一九四七年生まれ・男）は「薄くなったシンセキ」を筆親にしたが、このほかにも島の実力者や家業で筆親を選ぶことがあるという。

Ⅲ4（一九四九年生まれ・男）は筆子になっていないが、妹がⅠ10のムスメになっている。妹がⅠ10を選んだのは家柄が良かったからで、市議会議員だったことも関係する。また、Ⅲ4のように筆子は長男よりも弟や妹が多いといい、実親が長男を家に残そうとしたからだという。

Ⅲ5（一九四九年生まれ・女）の家は港で回漕店を経営しており、筆親は船乗りであった。しかし、仕事上のツキアイはなかったという。

Ⅲ6（一九五〇年生まれ・男）によると、筆親になる人は市議会議員などが多い。仲人で筆親を呼ぶと「格好がつく」からという。

Ⅲ7（一九五〇年生まれ・男）は筆親がいないが、市議会議員を筆親にする者が多いという。筆子は仕事の斡旋や就職の世話を受ける。市議会議員の派閥でなければ地元の会社の入社試験を受けても入社できなかったという。

Ⅲ9（一九五六年生まれ・男）によると、「薄うなってきたシンセキ」を筆親にしたが、次第に「全然関係ない他人」でも筆親にするようになったという。

Ⅲ15（一九七四年生まれ・男）によると、必ずしも同じ生業で筆親を選んでいない。例として、島の年配者は二つの仕事ができる人が多いが、それは筆親と筆子の生業が異なっていて、実親の仕事のテゴ（手子）をしながら、筆子に行くと筆親のテゴもしたからだという。例えば、漁師と大工仕事の両方ができる人がいるという。

以上から年齢層Ⅲでは、年齢層ⅠやⅡで重視されたシンセキや心安い間柄が後退し、市議会議員といった実力者を重視するようになっている。特に離島者が増加傾向にある世相を反映して、就職や仕事の斡旋を目的としてオヤカタドリを行う傾向が強くなっている。

以上のように、三つの年齢層から事例をみてきた。いずれの年齢層にも、頼りになる者を筆親に選ぶ傾向がある。「箸と親方は強い方がいい」や「箸と漬物のオモイシは重い方がいい」といったことわざが島民に伝わっている。就職の世話や、時には金銭の融通を依頼している。将来は仲人として実親に代わって筆子の結婚式で差配したので、金銭的に頼れる人を選ぶ。ただし、頼りになる人であっても普段からツキアイのない人は筆親にしない傾向がある。あくまでも懇意にしていて双方の気心が知れている者を選んでいる。

高齢層にはシンセキから筆親を選ぶ傾向がある。例えば身近なオジやオバを筆親とする例が多い。そこには、希薄になったシンセキ関係を再編する目的がみられる。例えば本分家間で関係を締結したり、希薄になったイトコ・イトコハン・フタイトコなどを筆親に選んでいる。しかし、時代が下がるとタニンから筆親を選んでいる。目的をみても、人々が島を出て行くようになって就職の世話を期待する側面が強くなっている。現在では最も多くの筆子がいると噂されるのは市議会議員のような島の実力者である。

近年、過疎化で島を出て行く者が増え、それによって筆親と筆子が期待する内容は変化し、筆親に相応しいと考えられる理想像が変化している。かつては漁撈組織で網元と船方の間にも筆親筆子関係が形成されたという者がいるが、近年はそうしたことはない。ただし、現在も実生活と深く結びついているのはどの年齢層も同様である。

次に、実際に「筆親になる人」を全四七人の事例からみていく（表3－3、詳細は参考資料7）。参考資料には筆親を選択した理由も記載した。特徴的なのは、関係の締結にあたって島民自身が、筆親とシンセキであるかタニンである

| | | タニン | |
|---|---|---|---|
| イトコハン | フタイトコ以上 | 仕事関係 | その他 |
| | | | |
| | | | |
| | | | |
| | | | |
| | | (オヤ)フナヌシ<br>(コ)手伝い人 | |
| | | | |
| | | | |
| | | | |
| | | | 筆親は<br>トナリキンジョ |
| | | | 筆親は海運業経営者 |
| | | | 筆親は海運業経営者 |
| | | | |
| | | (オヤ)鍛冶屋<br>(コ)漁師 | |
| | | | |
| | | | |
| | | 郵便局の同僚 | |
| | | (オヤ)檀家総代<br>(コ)住職 | |
| 母方祖母の姉の娘 | | | |
| | | 漁師の先輩後輩 | |
| 父方祖父の弟の長男<br>(分家の跡取り) | | | |
| 母の父の妹の息子 | | | |
| | | | |
| | フルイシンセキ | | |
| | 父のフタイトコ<br>(父の母の母のキョウダイの娘の息子) | | |
| | | | |
| | | (オヤ)石材加工業<br>(コ)採石業 | |
| | | (オヤ)建設業経営者<br>(コ)左官 | |
| | | | |
| | | (オヤ)建設業経営者<br>(コ)手伝い人 | |

**表3-3　白石島における筆親になる人**

| 年齢層 | 話者No. | 生年 | 性別 | シンセキ | | |
|---|---|---|---|---|---|---|
| | | | | オジ・オバ | イトコ | |
| | | | | | 父方 | 母方 |
| I | 1 | 1906年 | 女 | 父の姉 | | |
| | 2 | 1912年 | 男 | 父の弟(分家者) | | |
| | 3 | 1916年 | 女 | | 父の姉の娘 | |
| | 4 | 1917年 | 男 | | | 母の男兄弟の息子 |
| | 5 | 1918年 | 男 | | | |
| | 8 | 1923年 | 男 | 父の妹夫婦 | | |
| | 9 | 1923年 | 女 | | イトコ | |
| | 10 | 1924年 | 男 | 父の弟 | | |
| | 12 | 1924年 | 男 | | | |
| | 15 | 1925年 | 女 | | | |
| II | 1 | 1927年 | 男 | | | |
| | 2 | 1928年 | 男 | | 父の義理のイトコ | |
| | 4 | 1931年 | 男 | | | |
| | 5 | 1931年 | 女 | | | |
| | 6 | 1932年 | 女 | 母の兄夫婦 | | |
| | 7 | 1932年 | 男 | | | |
| | 8 | 1933年 | 男 | | | |
| | 9 | 1933年 | 女 | | | |
| | 10 | 1939年 | 男 | | | |
| | 11 | 1939年 | 男 | | | |
| | 14 | 1944年 | 男 | | | |
| | 16 | 1945年 | 男 | 父の妹 | | |
| III | 1 | 1947年 | 男 | | | |
| | 5 | 1949年 | 女 | | | |
| | 6 | 1950年 | 男 | 父の弟 | | |
| | 8 | 1955年 | 男 | | | |
| | 9 | 1956年 | 男 | | | |
| | 10 | 1956年 | 男 | | イトコ | |
| | 12 | 1961年 | 男 | | | |

かを心意において区別していることである。その区分に従ってみていく。

シンセキの事例からみていくことにする。シンセキから選んだ人は一七人と多い。内訳は、オジやオバが七人、イトコが五人、イトコハンが三人である。フタイトコ以上のシンセキは二人で、その内訳は、フルイシンセキと呼んでいる三代前の戸主の妻の生家にあたる人が一人、父のフタイトコ(父の母の母のキョウダイの娘の息子)が一人である。なお、イトコハンはイトコの子供、もしくは親のイトコになる親族関係である。フタイトコはイトコの子供同士の親族関係である。

オジやオバのような親族関係は「懇意」だとか「心安い」といった間柄で、「心強い」存在と考えられており、最も筆親に選ばれる傾向がある。また、イトコ・イトコハン・フタイトコになると、シンセキ関係が希薄になるのを恐れて、筆親筆子になって繋ぎとめようとする考えが強い。つまり、オヤカタドリをしてシンセキ関係を「濃く」し、「強める」のである。また、シンセキでは父方と母方のいずれかを優先する傾向はなく、両系ともに好まれる。シンセキ間の筆親筆子関係の締結は、厳密には二種がある。一つは、イトコ・イトコハン・フタイトコなどの親族関係において関係が締結される。もう一つは、スジ(筋)という系譜関係が認められる本分家関係において筆親筆子関係が締結される。前者も個人を包含する家関係なので、いずれも家を意識した締結になる。

一方、タニンを筆親に選ぶ事例は一一人で、シンセキ同士よりも少ない。特徴をみると仕事上から関係を締結している例が多い。八人が仕事関係である。残りの内で二人は、子供時分に筆親の職業(渡航船の経営者)に憧れて筆子になっている。これは厳密には仕事上の関連から除いた。また、残り一人はキンジョで心安い間柄だったものである。

また、仕事関係で締結した八人の内訳を職業からみていく。漁師同士が二人、鍛冶屋と漁師が一人、石材加工業と採石業が一人、建設会社経営者と左官が一人、住職と檀家総代が一人、郵便局の先輩後輩が一人、筆子の生家の旅館に出入りして筆子が建設業の仕事を手伝っていたのが一人である。

タニンを筆親に選ぶ事例からは、いずれも島内の関係を基盤に、異業種間で筆親筆子関係を締結しているのが特徴である。従来の仮親子研究では同業者間の締結事例が数多く報告されている。そこでは、職業上の上下関係が指摘されている。例えば地主小作関係のほか、網元と舸子、鉱山の寄親と寄子などと数多い。しかし、白石島では異業種間の関係締結がみられる。聞き取りでも島の者は二つの仕事ができる者が多かったと語られるように、実親の仕事の手伝いをする一方で、筆子に行くと筆親の手伝いをしたからである。例えば漁師と大工仕事ができる者がみられた。筆親筆子になる以前の関係をみると、タニン同士であっても、以前から当人や家同士に緊密な関係があるのが特徴である。普段からツキアイがある者を筆親とすることで、一層親しくなろうとしている。しかし、依頼される筆親にとっては金銭的な出費が相当にかさむので、単なる知り合いの関係であれば筆親になるのを嫌って断るケースがある。

以上のように筆親となる人はシンセキとタニンの二種があるが、いずれも関係締結の意図は共通しており、シンセキとしてツキアイをする点にある。例えばシンセキと関係を締結する場合、世代交代とともにシンセキは次第に薄くなると考えられている。しかし、今後もツキアイを継続したいために筆子になって「つなぎを取る」のである。一方でタニンを筆親にするケースにおいても、ミウチが親しくしていて年頃の子がいれば「あそこに行かんかあ」と勧めて筆子に行かせた。すると筆親がタニンの場合でも「濃い」シンセキと同じようなツキアイになると考えられている。年齢層ごとに特徴をみると、一概にはいえないが古くはシンセキから筆親を選んでいたが、次第にタニンからも筆親を選ぶようになっている。以前は「薄くなってきたシンセキ」を筆親にしたが、現在では「全然関係ない他人」であっても筆親にするような変化が生じている。

## 3 選挙と筆親筆子関係

近年の筆親筆子関係は市議会議員選挙と強く結び付いている。ここでは元笠岡市議会議員のＩ10（一九二四年生まれ・男）の事例をみていく。白石島の市議会議員の議席数は二人である。その中で在職当時のＩ10は古参である。辞職後も島の誰もが認める名士で、市議会議長のほかに島の諸役を数多く務めた経験をもつ。Ｉ10は一九五五年の笠岡市の合併時に初出馬し、以後半世紀近くを市議会議員として務めた。白石島の住民たちは島で最も多くの筆子がいるのはＩ10であろうというように、Ｉ10夫婦がすぐに思い出せるだけでも筆子の数は一五人に及ぶ。ただし島の住民たちの話しぶりでは、この人数よりも筆子の数が多いと推測される。

Ｉ10と妻のＩ15（一九二五年生まれ・女）によると、Ｉ10が議員に出馬した当時はまだ筆子は三～五人だったが、その後は次第に増えていったという。かつては正月になると筆子たちが家に大勢集まったというが、女親のＩ15でさえ筆子の多さに正確な人数はわからないという。なぜなら、筆親を引き受けただけでほどんど会っておらず、筆子だったかどうかも定かでない筆子もいて、Ｉ10とＩ15の二人とも顔さえ知らない筆子がいるからである。近年は島の中学校を卒業すると若者は島外に出て行くので、筆子たちの多くは島外で生活していて島に集まることはないが、Ｉ15は「何かあると皆が来てくれる」という。

Ｉ10とＩ15の夫婦には実子がいないが、それがムスコやムスメを多く引き受けてきた理由の一つと考えられる。また、Ｉ10からは、若い頃に結核病を患い肋骨切除の手術を受け、療養所に長期間の入院をした体験を聞いた。このことは島民ならば周知であったと考えられる。その中でＩ10夫婦に多くの島民が筆親を依頼したのは、社会経済的な力ばかりでなく、筆親がもつ身体的な生命力の強さも評価されていたと考えられる。

かつてはタニンに対しては遠慮があったが、現在はタニンであっても筆親に頼む事例がみられる。なかでもＩ10の事例のように、市議会議員に筆親を依頼するケースが際立って多い。筆者が調査を始めた一九九八年には二例のオヤカタドリを確認したが、二例とももう一人の島在住の市議会議員に筆親を依頼していた。近年の市議会議員を筆親とするケースは従来のオヤカタドリと大きく異なる。筆子は筆親の選挙活動を支援し、筆親は筆子だけでなく、その子やキョウダイの就職の世話をするなど、より実生活に結び付いた庇護奉仕関係で筆親と筆子が結ばれている。筆親筆子関係のツキアイは互いの家族にまで及ぶ。時には島外に住む家族にまで影響が及ぶ。近年は島を越えて筆親と筆子の関係が形成されているのが特徴である。

筆親筆子関係は基本的に家同士がシンセキやキンジョであるケースが多いが、なかには知らない間柄で筆親を引き受けている。なぜなら筆親になることを頼まれると断ってはいけないとされるからである。ただし筆親の負担が大きいので、親しくないと関係の締結にあまり気が進まないという。なかには筆親が「ありがた迷惑だ」と口にしてしまう筆子もいる。実の親子関係と違って社会的親子関係としての筆親には、生みの親にはない苦労や悩みが窺える。

次にⅠ10とⅠ15の夫婦からの聞き取りをもとに、筆親筆子関係の締結順に筆子の事例をあげて、関係締結の契機とツキアイについてみていく。

①ＮＫ（Nt姓・男）

すでに亡くなっている。Ⅰ10のイトコだったので筆子になっている。

②Ⅱ8（Nm姓・男）

白石島にあるＫ寺の住職である。当時の総代が知らせもなく、大学を卒業して間もない住職を連れてきた。市議会の会期中でⅠ10が島に戻っているところに大勢の人がやってきた。最初、Ⅰ10は妻が一人で話を進めたと勘違いして

「偉い者、ムスコにもらったなあ」と妻に漏らして驚いたという。

③Ⅱ7（Fi姓・男）

島の郵便局に勤めていた時のⅠ10の同僚である。八歳年下で、どちらともなく「ムスコに来るか」「親方になってくれるか」という話になり、筆親と筆子になった。それに、筆子になる以前からⅠ10の弟は友達で親しかった。

④ⅠM（Im姓・女）

オンナオヤであるⅠ15のイトコだったので筆子になった。現在は岡山市に嫁いでいる。

⑤AH（An姓・女）（旧姓Hd姓）

シンセキだったので筆子になった。

⑥某（Yk姓・男）

YM（Yk姓・女）の息子というが、Ⅰ15は下の名前は思い出せないという。顔見知り程度の関係だったので筆親に頼まれた時は驚いたという。

⑦NM（Nt姓・男）

タニンだったが、NMの実親が「行け」といって筆子になったという。現在は福山市に住む。選挙になると帰島して手伝っている。

⑧IS（Ii姓・男）

現在は大阪に住む。

⑨AN（An姓・男）

結婚時に筆子になった。現在は島で旅館を営む。選挙時はここから料理を頼む。

⑩ＴＭ（Th姓・男）

島で石材業をしていたが、現在は笠岡市内に住む。女親であるＩ15は「みっちゃん」と呼んでいる。

⑪某（Uk姓・女）

下の名前は不明という。子供の時に北木島から移住して、下浦地区で石材業を営んでいた。筆子の母親が依頼してきた。シンセキではなく、家に来たこともなく、関係を締結するまでは知らない間柄であった。筆子にしてからもあまりツキアイはない。現在は京都に住む。

⑫ＫＹ（Km姓・男）

現在は島で歯科医を開業する。母親同士が姉妹でイトコだった⑬と二人で、子供時に筆子になった。オヤカタドリでは、一度は⑬がツレノヒト（連れの人）になって二人で来たが、⑬が急いで家に走り帰って母親に「僕もイトコじゃけ、行くんじゃけな、酒買うて来て」といい、急遽、二人で筆子になっている。その晩は「ついでに一緒に」といった⑬の言葉に、Ｉ10とＩ15の夫婦は笑い通しだったという。

⑬ＹＨ（Ym姓・男）

現在は笠岡市街の小学校で教員をつとめる。

⑭ＹＨ（Yk姓・男）

筆子になる前は、顔を見たことがある程度でツキアイがなかった。現在は島で石材工場を経営する。

⑮ＨＹ（Hd姓・男）

オンナオヤのＩ15は、母方のシンセキになる。現在は島で建設会社を経営する。農協の理事を務める。選挙では手伝いに来る。

以上のように、市議会議員を筆親とする例では、互いがタニンや見知らぬ間柄でも積極的に関係を形成しているのが特徴である。島が過疎化し、島の住民たちは多くの不安を抱える中で、筆親と筆子は生活上の切実な願いをかなえるために結び付いており、市議会議員に筆子が集まるのはその顕著な例である。また、市議会議員を筆親とする関係は島を越えて形成される。当人同士だけでなく、家族やシンセキを巻き込み利害関係で結び付いている。そして選挙になると、たちどころにミウチやシンセキのネットワークが顕在化するのである。近年の市議会議員を筆親とする筆親筆子関係は、白石島の住民の眼からみても、従来の筆親筆子関係とは異なる新しい関係のように認識されている。

## 三　オヤカタドリをしなかった人たちと実親の意識変化

年齢層Ⅰ～Ⅲのすべてのコーホートに、筆親筆子関係になっていない島民たちがいる。第一はオヤカタドリをしなかった「未締結者」で、第二は筆親を依頼されても断った「依頼拒絶者」で、第三はオヤカタドリをしたが自身で縁を切った「関係解消者」である。依頼拒絶者と関係解消者については別に述べるので、ここでは未締結者についてみていく。

### 1　オヤカタドリをしなかった「未締結者」

本書で取り上げた年齢層Ⅰから Ⅲまでの四七人すべての話者の中には、カリオヤ関係の締結や不明な者を含めてオヤカタドリをしなかった一一人がいる（表 序-1）。若年層ほど未締結者が増加する傾向があり、現在の十代や二十代は未締結者が大半である。以下では未締結者の中から四人の事例を取り上げる。この四人は年齢層のⅡとⅢに属するが、現在のオヤカタドリをしない十代や二十代の若い年齢層の先駆けになる。この四人の事例からオヤカタドリや筆親筆子関係に対する考え方をみていく。

### (1) Ⅱ12の事例

Ⅱ12（一九四一年生まれ・男）は未婚者で、姉と二人で島の生家に暮らす。姉も未婚者である。両親はすでに亡くなっている。Ⅱ12は水道検査員として笠岡諸島の島々を巡回して生計を立てている。性格は、自分から集団の中に入っていき、遠慮なく何事にも発言する積極的なタイプである。

Ⅱ12は若い頃から筆親筆子になる慣習を知っていたが、当時はすでに同級生の中に筆子に行かない者が多く、当時から筆親筆子関係を時代遅れのように思っていたため筆子になっていない。Ⅱ12の話では、兄弟姉妹が多いと実親が十分に手を回せないので、筆子に行かせることが多かったという。筆子には生活の世話を頼みたい者がなったといい、筆親に頼んで巧みに職を得た者がいたという。Ⅱ12は若い頃に化学肥料会社K社の就職試験を受けて落ちたが、その理由として、筆親のような有力者のコネがなかったからと考えている。ただ、当時は就職の世話よりも結婚のために筆親を取っていた例が多かったようである。Ⅱ12は当時を振り返り、筆子になって上手く筆親を利用すれば現在よりも違った生活が望めたかもしれないと後悔している。

### (2) Ⅱ13の事例

Ⅱ13（一九四二年生まれ・男）は大阪で艀乗りなどの海運業に長年従事してきた。定年後は島に戻っている。男女五人の兄弟の長男である。両親はすでに亡くなっていて家を継いでいる。Ⅱ13はムスコに行っていないが、長年島を離れていたからではない。オヤカタドリは「金持ちがすることで貧乏垂れはしなかった」というように、Ⅱ13の兄弟は誰一人として筆子になっていない。貧しいと筆親や筆子が葬式に招き合うようなツキアイができないため、筆子にならなかったという[3]。また、筆子になると筆親が嫁を世話するのを知りつつも「貧乏垂れには（オヤカタドリの）縁がなかった」という。Ⅱ13やその兄弟が筆子になっていないだけで、当時はオヤカタドリが盛んだったという。Ⅱ13は他家の父親同士が「お前の所の息子を子にくれや」「ウチもこれ（実子のこと）やるわ」と言い合って決めていたのを見聞きしている。Ⅱ13は、筆親筆子関係は「古い時代の話なので今は意味がない」と考えている。

### (3) Ⅲ6の事例

Ⅲ6（一九五〇年生まれ・男）は先述のⅡ13の末弟である。末子なので婿養子となりKt姓に変わっている。Ⅲ6は兄のⅡ13と同様にオヤカタドリをしておらず、結婚時にオジ（父方叔父）夫婦にカリオヤを依頼している。結婚は二十七～二十八歳の時である。カリオヤとのツキアイは結婚時だけで、その後はツキアイをしていない。なかには結婚時に仲人をカリオヤに頼み、結婚後は正式にオヤカタドリをして筆親筆子関係になる者もいたというが、Ⅲ6はオヤカタドリをせずにツキアイもしていない。

Ⅲ6によると、自身が貧乏人の子で親がオヤカタドリに無関心だったために二十歳までオヤカタドリを知らなかったという。結婚してから三十歳頃に一度だけ、三歳年長の大工から「ムスコに来いや」と誘われている。誘ったのは白石島のH建設の経営者の弟である。しかしⅢ6は「（ムスコに）行ったら堅苦しくなる」と考えてムスコにならなかったが、その人とは現在も筆親と筆子のようにツキアイを続けているという。筆親筆子関係ではないが、引越しがあれば手伝いに行くような親しい関係にある。

Ⅲ6は「（筆親筆子関係が）あるのは良いが、あると縛られるのが嫌だ」という。筆親が「頼むで」といえば「はい」と要求に応じねばならず、筆親に「嫌です」とはいえないからである。最初から無理をいわない筆親もいるが、筆親によっては「きつく出る」からである。Ⅲ6は人に頭を下げたり偉そうにいわれたくないので、ムスコにならなかったという。

### (4) Ⅲ11の事例

Ⅲ11（一九五八年生まれ・女）は三人姉妹の長女である。Ⅲ11は結婚して奈良県香芝市で家族と住んでいる。ほかの妹二人も島外に嫁いで暮らしている。両親が若い頃に大阪に出稼ぎに行ったので、Ⅲ11たち姉妹は大阪育ちである。そのためにⅢ11は筆親筆子関係のことを知らず、妹二人もムスメになっていない。

Ⅲ11の母親Ⅱ6（一九三二年生まれ・女）からもⅢ11たち三人の娘の話を聞いた。母親のⅡ6は定年退職してから夫婦で島に戻ったが、その後に夫を亡くして、現在は島で一人暮らしである。長女のⅢ11は恋愛婚をして、結婚式では夫の会社の社長が仲人をしている。母親のⅡ6は娘三人の子育てをすべて大阪で終えたのと、当時はオヤカタドリが衰退していたために三人の娘に筆親を取らせる気はなく、三人とも筆子になっていない。

以上の事例から、オヤカタドリをするかどうかは実親の考え方が大きく影響していたことがわかる。筆子になるとツキアイが増えるので、金銭的に余裕がない家庭は親が筆子に行かせなかったのである。また、成人後も周囲で筆子になる風習が廃れてくると筆子になろうとしなくなっており、ツキアイの煩雑さを避ける傾向がみられる。一方でⅡ

12のように、結婚や就職をしてきた周囲の人たちをみて、筆親をうまく利用すれば良かったという後悔の意識もみられる。

## 2 実親の意識変化

次に、オヤカタドリに対する実親の意識変化についてみていきたい。オヤカタドリには実親が大きく関与している。子がまだ幼くて判断力をもたないと考えられていたので、実親が子の筆親を選んで筆子に行かせたからである。そしてオヤカタドリが衰退したのは、若者の考え方の変化ばかりでなく実親の考え方が変わってきたからである。以下では五人の話者から実子にオヤカタドリをさせなかった理由を聞いたものである。

### ⑴ Ⅱ9の事例

Ⅱ9(一九三三年生まれ・女)は一九五二年生まれの息子がいる。息子はアトトリなので島で一緒に暮らしていたが、その後は妻子と笠岡市街に移り住んでいる。息子は隣の北木島の農業協同組合に勤めているが、妻は福山市内の病院で看護婦をしているため、妻の通勤を考慮して島外に妻子と移り住んだのである。Ⅱ9は息子たちとは別居で、島で一人暮らしをしている。

Ⅱ9の息子はオヤカタドリをしていない。息子の結婚は二十八歳の一九八〇年である。筆親がいなかったので、結婚式では息子と妻の双方から二組の夫婦が仲人をした。息子の結婚相手はⅠ10が紹介してくれたので、夫が亡くなっていたこともあってⅡ9はⅠ10のムスコになるように勧めたが、息子は関係の煩わしさを嫌ってムスコに行っていない。息子が嫌うので、Ⅱ9はムスコに行くように無理には勧めなかった。

息子の結婚式では、配偶者を紹介したⅠ10に仲人を頼んでいる。ただし、Ⅰ10夫婦は筆親ではなく、結婚式だけのタノマレナコウドでもないとⅡ9の息子は考えている。しかし、祝い事などがあれば結婚後もツキアイがある。これはⅠ10がシンセキだからである。つまりⅠ10（長男）の弟（次男で現在は大阪住）の妻（長女）の妹（三女）が、息子の妻になる。それで仲人関係がなくても「何かあると出入りをしなければならない」といったシンセキ関係にある。例えば、本調査をした一〇年以上前にⅠ10の母が亡くなっているが、その時は息子夫婦だけでなくⅡ9も訪問して葬式を手伝っている。

Ⅱ9の息子夫婦には二人の娘がいて、二十歳と十八歳である。この孫も筆親がいない。祖母のⅡ9は、孫には筆親をとらせようとは考えていない。だが、Ⅱ9は「オヤカタドリは良いことだ」と考えている。なぜなら今後は島から若者が減っていきシンセキ関係が希薄になるとⅡ9は考えているので、実親の気持ちとしては子がオヤカタドリをしてシンセキを持ってくれると節目ごとにツキアイができるからとⅡ9は考えているからである。Ⅱ9の言動からは、過疎化や高齢化によって従来のシンセキ関係が希薄になることへの危機感が読み取れる。

### (2)Ⅱ15の事例

Ⅱ15（一九四五年生まれ・女）は、娘のⅢ13（一九七一年生まれ・女）をムスメに行かせなくてよかったと考えている。Ⅱ15はムスメに行ってツキアイが増えたので、ツキアイを煩わしく感じることがあるからである。例えば、Ⅱ15は「（筆親が）死んでもその家とのツキアイは続く」と考えており、実際に筆親が亡くなった現在も、筆親の家で年忌法事や結婚式があればツキアイをしている。

娘であるⅢ13からも話を聞いた。Ⅲ13の話でも、両親は「ムスメに行くことを一度も勧めなかった」という。また、

「同級生にもオヤカタドリをした者はいない」というように、この年齢層ではオヤカタドリがすでに行われていない。Ⅲ13の兄や姉もオヤカタドリをしておらず、オヤカタドリの風習を知らないようである。Ⅲ13はオヤカタドリをしていないので、オヤカタドリがそもそもどういった風習なのかよく知らない。子供の頃に両親が「ムスメに行く」などといっていたのを聞いて「よくわからんことを言いよる」と思っていたようである。また、両親が「ムスメに行っとったから」とか「世話になったから」といって、冠婚葬祭があれば筆親とツキアイを続けてきたのはⅢ13も知っているが、その程度の認識だという。Ⅲ13は、古い風習の中でも祭には関心があって参加しているが、オヤカタドリには関心がないのが特徴である。

### ⑶Ⅲ5の事例

Ⅲ5（一九四九年生まれ・女）は息子が二人いる。この聞き取りをした時は、二十八歳の長男は大阪府下で働き、二十六歳の次男は埼玉県下で働いていたので、母のⅢ5からの聞き取りである。Ⅲ5は現在ではオヤカタドリの風習がほとんどないというように、息子たちに筆親を取らせようとは考えていない。しかし、筆親がいれば何か困った時に相談できるし、現在はまだⅢ5が元気なので息子にそこまで世話をやかないが「（実の）親がいなくなれば頼る所は（筆親の）そこだけ」と考えており、オヤカタドリにまったく否定的ではない。シンセキはいるが、現在も筆親の役割も重視している。

### ⑷Ⅲ8の事例

Ⅲ8（一九五五年生まれ・男）は下浦地区に家族六人で暮らす。調査時の家族構成は、Ⅲ8夫婦、両親、長男（高校一年生）と長女（中学二年生）である。採石業を廃業して漁協の事務職員に転職して間もない時に話を聞いた。Ⅲ８がムスコに行った頃は、筆親にとってはムスコを取るのが「ステータス」だったが、一方で、筆子は筆親を取る必要があるとは考えなくなっていたという。Ⅲ８は筆親を依頼されてもなりたいとは考えていない。二人の子がいるために「他所の子までは知らない」と考えている。また、子に筆親を取らせようとも考えていない。子に筆親を取らせてまで「しがらみを増やしたくない」と考えている。

### ⑸Ⅲ９の事例

Ⅲ９（一九五六年生まれ・男）は島で左官業を営む。父は採石業を営む石屋だったが、Ⅲ９が子供の頃に廃業している。調査時は妻と子二人の四人で島に暮らしていて、長男は愛媛県の商船関係の高校で寮生活をしていて別居であった。子三人を出生順に記載すると、長男（高校二年生）、長女（小学六年生）、次男（小学四年生）である。

Ⅲ９はムスコになっているが、その良かった点を聞くと、結婚式で仲人が必要と考えられていたので「誰かに仲人を頼む手間が省けた程度に過ぎない」という。現在では、Ⅲ９は頼まれても筆親になりたいとは考えていない。実子の養育だけで大変なので筆子を貰いたいとは考えていない。現在はゆとりがなくなったという。また、子に筆親を取ってやろうとも考えていない。Ⅲ９がムスコになった頃と現在ではシンセキツキアイが変わったといい、ツキアイの全てが「だいぶ薄うなってきている」という。例えば、以前はキンジョ同士で料理が多いとお裾分けをしたが、現在はあまりしなくなったという。

以上の実親たちは、いずれもムスコやムスメに行った経験をもつ。しかし、Ⅱ９のように実子が筆子に行くように勧めた事例がみられるものの、実子のオヤカタドリに対しては大半の実親が消極的である。筆子になるとシンセキツキアイを形成したが、現在はそのツキアイの意義が島民の間で低下している。また、現在の子育て層は実子の養育に精一杯であり、筆子の世話まではしようとしない。実子だけに養育対象を限定する考え方に変化している。

## 四　オヤカタドリの儀礼

親子成りに相当する白石島のオヤカタドリは島内居住者の大半が行ってきており、島の通過儀礼と位置付けることができる。筆親筆子関係は島の出身者や居住者である島の者の間で関係が締結されている。以下では、白石島のオヤカタドリの儀礼をトピックごとにみていく。

【依頼と拒絶】

オヤカタドリは早ければ小学生の頃で、遅くても二十歳代までにみられた。かつては小学校の卒業時や青年組織の加入時に行われていた。オヤカタドリは基本的に筆子側が筆親を選ぶ。先述したように、筆子はまだ幼くて人を見る目がないと考えられていたので、実親が決めて依頼することが多かった。依頼されると断ってはいけないとされる。例えば実親は事前に筆親と話を進めておき、それとなく子に伝えて筆子に行かせるようにしたのである。

ただし筆親の意思とは別に、例外的に筆親を断ることができた。筆子をもらって筆親になった場合、一年間はほかに筆子をもらってはいけないとする禁忌がある。それは筆子の人生の運がどちらかの筆子に偏ってしまうという考えに基づく。例えば、一方が警察になり一方が泥棒になると考えられている。そのために、筆子をもらって一年が経たないうちに別の者が筆子になりたいと依頼してきた時は、そうした事情を述べて一年は待ってもらう。そして一年が経ってから良い日を見計らって筆子にもらうようにしたのである。しかし、実際には一度依頼を断ると、禁忌の一年間が経っても再び依頼に来ることはまずないという。

Ⅱ2（一九二八年生まれ・男）の場合は、ムスメをもらった年に別の家からもムスコにして欲しいと頼まれたが、一年以内に二人を筆子にしてはいけないとされていたので、その男の子には一年間は待つように伝えている。しかし、その男の子は一年以内に船員になって海外へ行ってしまったので、結局はムスコにしていない。

また、筆子側から依頼があると断ってはいけないとされているが、実際には禁忌以外の個人的理由から筆親になるのを断ったケースがある。ツキアイが派手になるのを嫌うのが大きな理由である。特に双方に親族関係が認められない場合は、筆親筆子関係になりたがらず、世話をしたがらない傾向がある。

Ⅰ8（一九二三年生まれ・男）とⅠ11（一九二四年生まれ・女）の夫婦は、ムスメからの依頼を断ったことがある。その理由は、すでに三人のムスコがいる上に、さらに同じ年頃のムスメを貰うと世話が大変なためである。特にムスメは「ツキアイが派手になる」からである。さらに理由として、タニンの関係だったことをあげている。

Ⅰ5（一九一八年生まれ・男）の場合も「息子の親方になってくれ」と頼まれたが、世話をしたくないし、世話ができないのを理由に断っている。Ⅰ5は、自身の生活水準が低いことに加えて、住まいの老朽化などに表れる周囲に対する負い目を理由にあげている。

以上のように依頼と拒絶にまつわる禁忌によって、筆親筆子関係の相互扶助が持続しやすくなっている。どちらかの一方的な搾取関係ではなく、双方に負担がかからないための知恵である。筆親は筆子からの依頼を拒絶できないかわりに、例外的に一年以内に二人以上の筆子をもつことが禁忌になっており、筆親の負担が軽減されるようになっている。筆親が養育をできなくなるようでは両者の関係そのものが成立しないからである。また、基本的に筆子側から依頼することと、それを断れないとすることで、経済的に裕福な筆親には多くの筆子が集まる結果となる。それゆえに、島全体の利益が一極に集中せずに配分されるシステムになっている。筆親筆子関係は、相互扶助を島の中で上手く成り立たせるように工夫された民俗社会の生活知であることがわかる。

【日取りの決定】

オヤカタドリは「いい日」や「めでたい日」を選ぶ。現在では大安が良い日とされるが、かつては日や方位の吉凶を考慮しつつ、大晦日や正月の頃にムスコやムスメに行かせていた。高度経済成長期に入ってからも島では旧暦が重視されている。かつてのオヤカタドリは旧暦で行われており、筆子になるのは旧暦の正月が差し迫る頃であったといわれる。新暦では二月初旬の節分の時期にあたるので、節分の頃にオヤカタドリをしたという者がいるのも新暦のことである。この頃は農閑期にあたるので、オヤカタドリをするのには調度良いと考えられていた。

筆子に行くには、まずその日の良し悪しを見定め、それから筆親の家がどの方向になるかを照らし合わせて「いい日」を選んだ。したがって、大安の日であっても方角がキョウ(凶)の日は駄目だといって差し控えたのである。また、大晦日や正月を選ぶのには、次のような考え方が背景にあった。つまり、十二支の干支は子《ね》を北にして順に始まる。そして子は北なので「向きが悪い」と称して、子の日は筆子に行かなかった。ただし、大晦日と節分はこれが関係しない全てが「最高の日」と考えられていたからである。

日や方角の吉凶から行動を決める傾向は年配者ほど強い。現在の年配者にも、入院時に日や方角の吉凶を考慮する者がいる。また、結婚は大安が優先され、方角も考慮される。正月の門松を山で採取する行事が現在も各家で行われているが、その時は「今年はどっちの方向が良い」と判断した上で山に入っている。また、島では十七日は「行くな」という。その日は結婚式だけでなく、筆子に行くことなど全てにあてはまる。単なる語呂合わせではないといわれるように「戻る」のを嫌う日もあり、それは二十五日と考えられている。

以上は年齢層ⅠとⅡの話者を中心に聞いた内容であり、これらの年齢層までは、生活の中で物事を決めるのに、日や方角の吉凶を占い判断していた。生活の出来事が自然現象に左右されやすい島の生活を反映しているといえる。しかし、高度経済成長期に離島者が次第に増え始めると、正月だけでなく盆の帰省時に筆子になる例が多くなり、社会環境の変化によってオヤカタドリの日取りが移り変っている。

【ツレノヒト】

オヤカタドリは夜になってから行くものとされる。その際、ツレノヒト（連れの人）、トモノヒト（供の人）、ツキソイ（付き添い）、カイゾエニン（介添え人）などと呼び方はさまざまだが、(4) このような者が筆子に連れ立って訪問する。この者は間に立って世話役のような役目を果たすが、関係締結の証人でもあるという。ツレノヒトは誰でもよいが、よく耳にするのは同級生などの一番の友達である。同級生に「ついて来てくれ」と頼むのである。子供の頃ばかりでなく、二十二か二十三歳でも同級生の付き添いをした者がいる。友達関係の中でも同級生は特別な存在だったことがわかる。

ツレノヒトは、友達のほかにも、イトコ・オジなどの親族や、兄弟姉妹・祖父などの家族だったりする。姉が妹に「一緒に行くか」と誘って付き添わせた例がある。ただし実親が付き添った例を聞かないのは、実親の存在は筆子にとってはある種の禁忌だったのではないかと考えられる。「シンセキの筆子になる場合はシンセキが連れて行く」といった考え方も聞かれる。また、ツレノヒトは筆子の関係者ばかりでなく、筆親の関係者からも選ぶ。Ⅲ8(一九五五年生まれ・男)の場合、二十五歳か二十六歳でムスコに行ったが、その時は筆親の関係者の中から筆親よりもかなりの年配者が付き添っている。

友人一人を連れて行くという人が多いようだが、二人を連れて行った例があるように、ツレノヒトの人数に決まりはない。また、名称ではツレノヒトやトモノヒトといっているが、実際はこの者が先導者の役目を務める。とはいうものの、同級生だと儀礼的な堅苦しさはない。そして筆親の家に着くと、ツレノヒトが「ムスコ(ムスメ)に来ましただとか「ムスコ(ムスメ)を連れてきました」、あるいは「今、ムスコ(ムスメ)を連れて来たのでよろしくお願いします」などと大声を張り上げて訪れたことを知らせる。それから家にあがり、カタメノサカズキ(固めの盃)を行う。その間、ツレノヒトも一緒に筆親夫婦の接待を受けるのである。

オヤカタドリの儀礼で留意すべきは、嫁入りの儀礼と酷似する点である。戦後に財団法人民俗学研究所が行った離島調査では、福島惣一郎が書き残した『離島採集手帳』においてオヤカタドリと嫁入りの儀礼を報告しているが、そこでは両方の儀礼が類似していることがわかる[福島　一九六六　三八五~三八七]。また、筆者の聞き取りでも、オヤカタドリと類似することが確認できた。結婚におけるヨメドリの一連の儀礼の中で、夜に行くことや、ツレが同行することと、この他にも第五章で述べるが、持参されるオミキと肴などには共通性がみられる。このように、結婚と親子成りにおける関係締結の儀礼上の類似からは、両者の社会的意味付けに共通性があることが指摘できる。

【オミキ】

オヤカタドリで筆親の家を訪問する時は、筆子は一升瓶の口にイリコ二匹を昆布で結わえて持参した。これは酒の肴と考えられている。その際、酒の量は八合に減らす。オミキが一升瓶ならば、封を切ってわざと八合に減らして持参した。これは筆子自身が未熟で至らない証であり、それを筆親に満たしてもらい、一人前にして欲しい仕草なのである。なかには筆親が「一升にする」などといって、Ⅲ9（一九五六年生まれ・男）が二十歳頃にムスコになった時のように、実際に酒を継ぎ足して一升に満たして貰う者もいた。

酒や肴などの持参品は子供が準備するのは難しいので、母などの実親が事前に準備をして持って行かせることになる。Ⅲ5（一九四九年生まれ・女）の場合は、ムスメに行ったのは小学校六年生か中学校一年生の頃だったので、オヤカタドリの時はすでに親が持参品を用意しており、「これだけを持って行きなさい」と言い聞かされて持参している。このように幼少期のオヤカタドリは筆子の主体性が低く、実親が深く関与していたことがわかる。

事例は少ないが、ムスメの場合は八合に酒を減らすケースは聞かなかった。八合に酒を減らす風習は戦後生まれの世代にも顕著にみられるが、特にムスコの間で盛んだったようである。なお、一九五〇年の調査による福島の『離島採集手帳』にも八合のオミキを持参した記述がある〔福島　一九五〇　一〇〕。ただしⅠ1（一九〇六年生まれ・女）は、明治末期の生まれで古い事例なのだが、二合ほど入るカントックリ（燗徳利）に酒を入れて持参しており、酒の量が少なかったことがわかる。Ⅰ1の話では、一升瓶を持参するのは「張り込む人」で、時代が下がってからは一合や二合といった少量ではなく、一升程度を持参するのが当然となっている。

オミキでも、結婚儀礼と類似する点がみられる。福島の『離島採集手帳』の「婚姻方式」の項には、次のようにオヤカタドリと儀礼上で類似する記述がみられる。「婚礼にはまずムコの方からオミキをもってゆくのであるがその時、シラサギ（トクリ《ママ》）の口に、コブの中にイリコを入れたものをしばりつける」と記している〔福島　一九六六　三八五〕。白石島では、シラサギと呼ぶ徳利はさまざまな行事に用いたが、八合に酒を減らすのはオヤカタドリだけだったようである。また、イリコをしばりつける意味は不明である。イリコについては、戦後しばらくはイワシアミ漁が盛んだったので、イリコが肴として盛んに用いられ重宝されたと考えられる。なかにはⅠ5（一九一八年生まれ・男）のように、「尾頭付きの魚を付けるが単なる印《しるし》なので、出汁雑魚《だしじゃこ》でも何でもよい」という。これは「神さんに（神饌を）捧げるのと同じ」といい、こうしたことを「目出度い位に思ってやっていた」という。

筆親の家に着くと、ツレがムスコやムスメを連れて来たことを伝える挨拶をして、家に上がった。筆親と筆子が挨拶を終えると、カタメノサカズキやカタメノサカモリ（固めの酒盛り）などといって盃を交わし、少し酒を飲み、手の込んだ料理が出されて食べた。未成年で筆子になる者が以前は多かったようだが、そのために酒が飲めずに酔う者も多かったと聞く。

【料理】

オヤカタドリの日は、筆親の家では心づもりをしていて料理を作って待っている。この日はゴチソウ（御馳走）と称しても簡単な料理である。筆子が到着すると挨拶を交わした後に盃を酌み交わし、料理を食べる。この時、ツレノヒトも同席して飲食する。同席するのは筆親夫婦と筆子とツレノヒトだけである。ほかに誰かを招いて披露したという話は聞かない。

Ⅰ15（一九二五年生まれ・女）の話では、筆親の家には事前に筆子が行く日を伝えているので、その日は「ちょっとしたゴチソウ」をして待った。そして筆親と筆子になるための挨拶が終わると、酒を少量飲み、ゴチソウを食べたという。

料理の献立に決まりはない。Ⅱ12（一九四一年生まれ・男）が同級生の付き添いで行った時の料理は、次のようなものである。島の日常料理は現在でも、生・煮付け・焼き物・鱠《なます》だが、筆親が漁師だったこともあって、この日は刺身と魚をつけた大根鱠が出されている。島の大根鱠は、大根と人参を千切りにして南京豆を入れたり、コノシロなどの青魚を入れるのが一般的である。

戦後になってからも、オヤカタドリでは筆子に食事を出していた。Ⅲ12（一九六一年生まれ・男）が十九歳でムスコに行った時は、筆親がゴチソウを作って振る舞っている。また、Ⅲ12がムスコを取った時も同様にゴチソウを作って筆子に食べさせている。

【ミッカノイワイ】

現在の古老たちはオヤカタドリを大晦日の頃に行い、三日後にミッカノイワイ（三日の祝い）と称して再び筆親が筆子とツレを家に招いた。ミッカノイワイの日取りは大体が正月である。そして今度は前よりも盛大に祝い、筆親はオゴチソウをして筆子に食べさせた。そして後で筆子の家からも筆親を招いて祝った。また、ミッカノイワイでは筆子が小さな餅をもっていくと、筆親は大きな餅を与えることがあった。

Ⅰ14（一九二四年生まれ・男）もオヤカタドリから三日が経つと筆親に呼ばれてゴチソウを食べさせてくれたという。Ⅰ14によると、ミッカノイワイと称して再度三日後に食べさせたのは、筆親と筆子になった日は急なことでゴチソウができないので三日が過ぎて改めて食べさせたからという。

Ⅰ15（一九二五年生まれ・女）はミッカノバン（三日の晩）と称しているが、ミッカノイワイのことであろう。夜にオヤカタドリをしていたことがわかる。筆親筆子になってちょうど三日後は、今度は筆親がオヤカタドリの時の「ちょっとした料理」ではなくオオゴチソウをして筆子を家に呼んでいる。

筆親筆子関係の特徴は、オヤカタドリによって住まいを変更しない点である。筆子はオヤカタドリをした日も筆親の家に泊まらず、ツレノヒトと一緒に家に帰るのである。古老たちの伝え聞きからも宿泊した例は聞かない。その後は三年目のネンアキを経て、基本的に一生涯をかけてツキアイを行っていく。意見が合わずに筆親と喧嘩すると行き来しなくなるが、そうしたことは滅多にないという。

【三年間の正月贈答】

筆親筆子になると三年間のツキアイはツトメ（務め）と称して、日常のツキアイのほかにも暮れや正月には互いに贈答した。三年目になるとネンアキと称して、ツトメは終わりとなった。その後は互いにそれぞれの思いでツキアイをしていくことになる。ただし、この三年間の贈答の風習は年齢層ごとに相違が大きい。そこで以下では、序章の「資料の調査収集と分析方法」の項で述べた分析法により、三つの年齢層から三年間の贈答の変化についてみていく（表序-1）。

**(1) 一九二六（大正十五）年生まれ以前**

I1（一九〇六年生まれ・女）は筆子になってから三年間は歳暮を贈った。筆親に歳暮をもっていくと、正月にムスメには筆箱を、ムスコには扇子箱に入った扇子が与えられた。筆箱は特徴があるわけではなく、家の近くで売っていたという。筆子になってからの三年間に筆親から貰う歳暮は、ムスコやムスメがそれぞれ使うような物である。ムスメには着物や履物で、ムスコにも男物の着物などが与えられた。I1は筆親に何を持参したのか覚えていないが、筆親はもともとシンセキで心安かったので、たいした物は持参しなかったようだという。ただし、三年目にカタガワ

（片側）[5]と呼ばれる幅広の帯を筆親から貰っており、これは嬉しくてよく覚えているという。その帯は帯に仕立てただけの物でなく、オタイコ（御太鼓）[6]をするために片面ずつ異なる布地で仕立てた帯である。家が貧乏でカタガワを買ってもらえず、使わずに大切に持っていたが、成長して娘になると似合わなくなったので、今も使わないまま大切にしまっているそうである。

I2（一九一二年生まれ・男）によると、筆親と筆子で贈答していたが、現在は仕事上や自分が世話になった人に歳暮や中元を贈るのが中心だという。

I4（一九一七年生まれ・男）はオヤカタドリをして三年間は筆親に歳暮を贈っている。I4の場合、一年目は牛蒡《ごぼう》か何かをもっていくと、筆親は鰤《ぶり》をくれたようである。二年目以降は何か適当に持って行ったが覚えていない。持参品に明確な定めはなかったが、総体的に筆子は「粗末な物」を持参すると筆親は「しっかりした物」をくれたという。双方の贈答品は食品や衣類が中心であった。筆親からはシャツやズボンなどの衣類を貰い、I4からは塩鮭などの食物を持参したという。一方、盆には「平常のツキアイ」しかしなかったという。I4は現在では筆子に歳暮を贈らなくなっている。贈答をするとしても以前に贈った鰤のようなものではなく、現在は品物を贈るようである。

I8（一九二三年生まれ・男）によると、筆親と筆子のツキアイは三年間が節目となる。しかし、ツキアイは筆子によって異なる。I8の場合は三人のムスコがいるが、一人は三年が過ぎた途端にツキアイがなくなったという。残る二人のムスコとは現在も中元や歳暮を贈っている。例えば、酒が嫌いなムスコには素麺やうどんや米などを贈るようにして、互いの趣向を考えて返礼を忘れずに行っている。

I10（一九二四年生まれ・男）によると、筆親と筆子のツキアイは多くが最初の三年間である。その三年間は正月に相互に贈答をする。贈答品は毎年違う物をする。I10の場合は、三年が経つとネンアキになり、その時は筆親に大きな鰤をもって行った。すると筆親は「何か食べ物」をもって来た。現在はこのような贈答はしないという。

Ⅰ14（一九二四年生まれ・男）によると、筆親筆子になってからの三年間は歳暮を贈っている。筆子から歳暮を持参すると、筆親からはそれ以上の良い物をお返しにくれたという。筆子から持参する物は決まっておらず、筆子が「持って行ったら良いと思う適当な物」を持参した。すると筆親からは、ムスコは扇子箱に入った扇子を貰い、ムスメは筆箱に入った筆を貰ったという。

Ⅰ15（一九二五年生まれ・女）によると、筆親になると毎年三年間は、男の子には着物を贈らねばならず、女の子だと毎年贈る物が違ったのを覚えている。

### (2) 一九二六（昭和元）年～一九四五（昭和二十）年生まれ

Ⅱ1（一九二七年生まれ・男）は三年間の贈答を知らない。数え年の十五歳で茨城県の土浦海軍兵学校に入学したからである。筆親から貰った物では、いつ貰ったのか忘れたが鉄瓶を貰ったのは覚えている。その後は、嫁をもらう時に一緒について行って貰ったことしか覚えていないようである。

Ⅱ2（一九二八年生まれ・男）は、最初の三年間は互いに挨拶と贈答をしている。正月は酒などを持参して筆親を訪ねて「また宜しくお願いします」と挨拶に行くと、筆親からは身体のサイズを聞かれ、後日、衣類が贈られてきたという。

Ⅱ4（一九三一年生まれ・男）は、最初の三年間は互いに歳暮と中元を盛んに贈っている。Ⅱ4は何を貰ったか覚えていない。正月の贈答品に決まりはないが、筆子には「身につける物」が贈られたようで、ムスコには紋付や袴が贈られ、ムスメには着物・履物・扇子などが贈られた。また、筆親には「口に入る物」として食物を贈ったという。

Ⅱ6（一九三二年生まれ・女）は十八～十九歳（昭和二十五～二十六年）でムスメに行っている。三年間の盆と正月は、筆親へ「何かちょっとしたしるし」になる物を持参している。すると筆親からは下駄か草履などが与えられたという。Ⅱ7（一九三二年生まれ・男）は最初の三年間には互いに贈答をしている。一年目は「ムスコには扇子だったか、ムスメが扇子でムスコがネクタイだったか」というように記憶が不鮮明である。二年目は記憶していない。三年目は着物を貰い、ムスメの場合も着物を貰っていたようだという。また、三年目は筆親に鰤一本を持参して、それで「ツトメは終わりとなった」という。三年間にこうしたツキアイをすることでツキアイは一層「濃く」なったという。

Ⅱ10（一九三九年生まれ・男）は、筆親に仲人をして貰った後に三年間のツキアイをしている。それ以外に特別なツキアイなく、歳暮と中元を贈る程度だという。

Ⅱ14（一九四四年生まれ・男）は、筆親筆子になってからの三年間は、筆親に中元や歳暮を持って行ったという。

Ⅱ16（一九四五年生まれ・男）が筆子になった頃は、三年間の贈答が廃れていたという。

### (3)一九四六（昭和二十一）年生まれ以降

Ⅲ8（一九五五年生まれ・男）によると、以前は筆親に中元や歳暮を贈ったが、現在はしなくなっているという。サラリーマンが仲人を依頼すると数年間だけは仲人に中元や歳暮を贈るのと同じだという。

Ⅲ9（一九五六年生まれ・男）は三年間の贈答を知らない。三年目でツトメが終わる人の話を聞くと「いいなあ、（自分のように）死ぬまで（ツキアイを）しよる人もおるのに」と羨ましそうに話す。Ⅲ9は亡くなるまで筆親とつきあうのが当然のことと考えている。

以上からは、三年間の贈答について以下のようにまとめることができる。コーホートによる年齢層ⅠからⅢの中では、高年齢層は三年間の贈答が盛んである。そして関係の締結時には、ムスメは筆親からフデバコが与えられている。三年間の贈答では、筆子は食物を贈り、筆親は衣類を贈った。筆子の贈答品は筆親よりも粗末な物でよいと考えられている。ここからは、筆子が若い内は庇護者としての筆親の役割が明確であることがわかる。また、筆親は筆子たちの全員と贈答をしたので、金銭的負担はかなりに及んだ。特にムスメは衣類等に多額の金銭を要するので、筆親の負担はムスコの時よりも大きくなった。

この三年間の贈答の意味付けには変化がみられる。例えばⅡ10（一九三九年生まれ・男）は、筆親に仲人をして貰った後に三年間のツキアイをしている。本来は子供時に関係の締結をして三年間の贈答を行い、その後は結婚時に仲人をしてもらうものであった。しかしⅡ10の事例のように関係締結の年齢が次第に遅くなり結婚時と近くなって締結の主目的が仲人の依頼に変わってくると、結婚後の三年間に仲人役の御礼のために贈答するように変化している。Ⅲ8（一九五五年生まれ・男）が「サラリーマンが仲人を依頼すると数年間だけは仲人に中元や歳暮を贈るのと同じだ」と語るように、三年間の贈答の意味が変化している。

さらに戦後生まれの年齢層では三年間の贈答がみられなくなる。Ⅱ16（一九四五年生まれ・男）が語るように戦後は消滅している。戦後生まれの年齢層にも中元や歳暮を贈る行為はみられるが、先ほど述べたように、筆親に仲人を務めてもらってから何年か贈答をしてやめてしまう。島外の一般的な中元や歳暮の風習と変わらなくなっている。また、三年間の贈答は三年目のネンアキまでで、それを終えるとツトメが終わると考えられていたので、ネンアキ後はツキアイをしない者もいた。しかし、オヤカタドリ後にこうした三年間の贈答が定められていたので、Ⅱ7（一九二三年生まれ・男）が語るように、この三年間が互いの関係を深める助走期間になったことがわかる。

## 小　括

本章では、筆親の選択と関係の締結における実親の関与のあり方について明らかにするために、オヤカタドリにおける筆親と筆子の年齢、筆親筆子関係の依頼、オヤカタドリをしなかった人たちと実親の意識変化、オヤカタドリの儀礼について、コーホートを設定して三つの年齢層の事例から分析を試みた。その結果、大きな特徴としては筆子の実親がオヤカタドリに深く関与することがわかり、筆親と、筆子の実親の間には親密な親同士の関係が形成されていることがわかった。個別の分析からは、具体的に以下のような特性が明らかになった。

関係締結の年齢は、筆親が三十〜四十歳代で人生の上り調子の年齢が相応しいと考えられている。筆親には一定の経済的な扶養力が期待されるからである。また、筆子の締結年齢は年齢層が若くなるほど遅くなる。これは島社会において成人とみなされる年齢が上昇し、島社会の諸事に従事し始める年齢が遅くなったことを示している。早くは小学生で、目安は数え年で若者の十五歳や娘の十三歳だったのが次第に遅くなり、結婚時やなかには結婚後にもみられるようになっている。

いずれの年齢層でも、筆親は基本的に筆子側から依頼するものと考えられている。その際、筆子自身が幼くて人を見る目がないと考えられているため、身内の大人が選ぶことが多い。なかでも交渉役には母親が適任とされる。子の育児とそのツキアイは母親が大きく関与している。そして実子を筆子に行かせることは、実親にとっても自身のツキアイを広げるための手段になっている。

オヤカタドリが行われると、実親は筆子の生みの親というよりも、筆子の後見人のような立場に変化する。もちろん家庭の中（家の内）では、実親が変わることなく生みの親として養育に携わる。しかし、家庭から離れた島の社会生活（家の外）では、筆親が親代わりとなって世話をするようになる。(7) 家の内外で異なるオヤの干渉を受ける二面的な状況が作られるようになる。生みの親と筆親の役割は仔細にみていくと異なる。生みの親ができないことは筆親が引き受け、筆親ができないことは生みの親が行う傾向がある。いずれもオヤには違いないが、役割が異なる。

筆親の決定者を年齢層ごとにみると、本人が決めて行く場合は若年層になるにしたがって減る。風習が廃れてくると子は一層オヤカタドリに消極的となる。特に実親がオヤカタドリに関心が低いと、子も筆親がいない者が多くなる傾向がある。逆に、筆子が自身で筆親を見つけるような積極的な場合は、年齢層が高くなるほど多い。現在のような高齢化した島社会とは違い、以前は若年層の活動が盛んで、娘が夜なべで集まる家に若者が遊びに行き、次第にその家の筆子になることがあった。

筆親を家柄で決める傾向は少ない。そのために固定的な筆親層は形成されず、一つの家をみても家成員がそれぞれに筆親や筆子になっている。また、どの年齢層でも頼りになる者を筆親に選ぶ傾向がある。以前は就職の世話や金銭の融通のほか、将来の仲人となってもらうことを見越して金銭的にも頼りになる者を選んだ。しかし、たとえ頼りになる者でも普段からツキアイがないと筆親には選ばないし、選ぶと迷惑がられることがある。日常から懇意にしていて双方の気心が知れている者を選ぶ傾向がある。

実際に筆親になった者を年齢層ごとにみていくと、シンセキとタニンの二種に分けられる。ただし二種とも関係締結の意図は同じで、シンセキとして家同士のツキアイを行うためである。シンセキの中から筆親を選ぶ傾向が高年齢層に多くみられる。例えば近親のオジやオバを筆親にする例が多い。その背景には、懇意なシンセキとは希薄になる親族関係を再生したいという目的が強い。さらにシンセキ間の関係締結にも二種がある。一つは、本家と分家のような系譜上の認識を前提とした同族関係による締結である。もう一つは、イトコ・イトコハン・フタイトコなどのように、個人的な親族関係による締結である。このようにシンセキは島の社会生活で重視されていたことがわかる。

一方、タニン同士の関係締結は年齢層が若くなると増加の傾向がある。その大半は仕事の関係者同士である。なかでも異業種間の締結が特徴である。仮親子研究における従来の各地の報告では同業者間の締結事例が多く、その場合、職業上の上下関係が指摘されている。しかし、白石島では異業種間で締結されており、上下関係よりも対等性が強い。漁師と鍛冶屋、採石業と石材加工業のように協力関係がみられる。さらに異業種同士であるために、筆子が自身にない技術を筆親から身に付けるといった長所がみられ、島社会であらゆる技術を獲得し、経済的に自立していくための島民のしたたかさが関係締結の目的からみてとれる。

特に年齢層が下がってくると、タニンでも懇意にしていれば自身の筆親になってもらう傾向がある。若年層の関係締結の目的においては、近年の離島者の増加に伴って島外の企業などへの就職の世話を期待する意識が強い。なかでも近年は、選挙と筆親筆子関係が結び付くことが顕著で、島出身の市議会議員が筆親になる例がみられる。このような者を筆親にするのはタニン同士が多い。こうしたケースは従来のオヤカタドリと大きく異なる。筆子は筆親の選挙活動を支援し、筆親は筆子だけでなくその子や兄弟姉妹の就職の世話をするなど、より実生活と関わりの深い庇護奉仕関係で結ばれている。ツキアイは互いの家族にまで及び、時には島外に住む筆子の家族にまで関係が及ぶ。島を越えて筆親と筆子の関係が形成されているのが近年の大きな特徴である。近年は過疎化で島を出て行く者が増え、筆親と筆子が互いに期待する目的が変化しており、筆親の理想像が変化している。かつては漁撈組織の網元と船方で筆親筆子になったというが、近年はそうしたことがない。しかし、どの年齢層も同じく社会生活に深く結び付いていることは共通する。

関係締結の現代的変化をみると、オヤカタドリにおいて実親が深く関わってきたため、意識面における実親の考え方の変化が筆親筆子関係の変化に大きく影響を与えている。例えばオヤカタドリが盛んな頃も筆親や筆子にならなかった島民がいたが、これらの少数者の事例の分析からは、実親の考え方によってオヤカタドリをしなかったことがわかる。特に現在の十代や二十代の若年層になると未締結者が大半である。こうした若年層になると、実親だけでなく当人にもオヤカタドリに対する考え方がみられなくなる。そしてオヤカタドリを古い風習と考えるようになっている。近年は筆親筆子関係の存続の是非について「どちらでもよい」といった曖昧な考え方の者が多くなっており、習俗そのものが必要とされなくなっていることがわかる。伝統的な社会関係を懐かしく思う一方で「煩わしい」と考える人の数が増加している。年齢層Ⅲの養育者たちは、実子の子育てに精一杯で筆子の面倒まではみようとしない。実子の養育ばかりを重視するようになってきている。このように近年は、血縁関係を特に重視する傾向が筆親筆子関係にも影響している。

最後に、オヤカタドリからネンアキまでの三年間の諸儀礼について事例をあげて分析したところ、次のような特徴が明らかとなった。白石島のオヤカタドリにおいては、ツキアイの出費と煩わしさによって筆子側からの依頼を断る筆親がいるが、基本的に依頼された筆親は断ってはいけないとされている。したがって人気が高い筆親には必然的に多くの筆子が集まるが、筆子側もよく見知っていて、そうした筆親は経済的にも富裕層である。筆親筆子関係は、島社会において貧困層であっても富裕層から扶養を受けられるように上手く工夫された習俗といえる。それによって経済格差の均質化が図られ、経済的に下層家庭に属していても筆親筆子関係を締結することで富裕層から生活援助を受けられる仕組みになっている。

オヤカタドリは旧暦の大晦日や正月に、日や方位の吉凶を考慮して行われてきた。現在も旧来の慣習に依存する島民がおり、物事を決めるのに日や方角の吉凶を占いで判断している。しかし、のちには農閑期や盆に帰島した際にオヤカタドリを行っており、サラリーマン世帯の増加による生活リズムの変化が指摘できる。また、オヤカタドリは夜に行うものとされたが、その時に筆子はツレノヒトなどと称される付き添い人を連れて行った。筆親を決めるのは大人であっても、付き添いは同級生などの友達が担うことが多く、友達関係が特別な位置を占めていたことがわかる。また、関係の締結儀礼のオミキをみると、筆親は単なる筆子の生活支援者ではなく、教育者としての側面も大きかったことを裏付けている。筆子はわざと酒一升を八合に減らして持参したのだが、これは筆子自身が未熟で至らない証であり、それを筆親に満たしてもらい一人前にして欲しいという仕草である。

関係の締結はオヤカタドリとミッカノイワイの二段階で行われたが、これには重要な意味がある。最初のオヤカタドリは筆親と筆子の個人関係の締結だが、次のミッカノイワイは家同士がシンセキになる意味が読み取れる。個人を媒介にしてシンセキとしての家関係が形成される。特にミッカノイワイでは双方の家が盛大な料理をして招待し合っている。ここからは、双方のツキアイが相互扶助的で階層差が関連しない関係であることがわかる。なお、白石島の筆親筆子では双方が同居せず、宿親制度と違って、オヤカタドリでは住まいを変更しない。ツキアイは基本的に一生となるが、別々に暮らす親子形態をとっている。親子関係といわれるが家成員ではなく、親類関係の一種であることがわかる。

筆親筆子関係になってからの三年間は双方で贈答がみられる。一方的な庇護奉仕の関係ではない。コーホートによる年齢層の違いをみると、基本的に筆親は筆子よりも高価な物を贈っている。筆子は食料で筆親は物品という時代があった。経済的には筆親の方が少なからず負担を強いられるので、こうした世話が筆親を引き受ける際の大きな障害になったのである。関係締結の年齢は時代の推移とともに遅くなる傾向がみられるが、それに伴って三年間の贈答の意味付けにも変化が生じている。本来は子供の時に締結をして衣類や食料の贈答を行っていたのだが、締結期が結婚時へと遅くなってくると、仲人としての筆親への御礼としての意味に変化している。サラリーマンが仲人に中元や歳暮を何年間か贈るのと同じような贈答へと変化している。そして、厳密な意味での三年間の贈答は、戦後生まれの年齢層になるとほとんどみられなくなっている。

オヤカタドリをして三年目になると、ネンアキといってツトメが終わりになる。その後は双方がそれぞれの思いで付き合うので、この時点でツキアイが希薄になったり、疎遠になったり、途絶えることがあった。ただ、三年間の贈答にも重要な意味があって、この期間が双方の関係を築く助走となり、一生のツキアイをしていくのに互いの立場を確認し合い、関係を一層深めていく期間となっていたのである。

**註**

（1）ヤトワレナコウド（雇われ仲人）やヤトワレバイシャク（雇われ媒酌）とも呼ぶ。
（2）ここでの事例は、本書の話者四七名（表序-1）の体験ではないので、表3-2ではなく本論に掲載することにした。
（3）白石島では、経済的に困窮した家庭の子をさしていう。
（4）以下ではツレノヒト（連れの人）に統一して記述する。
（5）「片側帯」の略称。片面ずつ異なる帯地を合わせて仕立てた女帯の一種。異なる布地によって、帯を結んだ時に帯地の違いを楽しむことができた。
（6）女の帯の結び方の一種で「御太鼓結び」の略称。帯の余った部分を背中で折り込み、太鼓の胴のように丸く結んだもの。

（7）　事例としては後で述べるが、Ｉ8の三番目のムスコがオヤカタドリをした際には、依頼者であった実父が「ああ、もうくつろいだ、何もいうことはない、もうこれで思い残すことはない」といって肩の荷を下ろしたという。実親が実子を筆子に行かせると、後は筆親に結婚などの一切の世話が任されたからである。

# 第四章　筆親筆子間の互助における一代性

## はじめに

本章では第五章と第六章で論じる結婚と葬送の互助を除き、筆親筆子間の互助における一代性について明らかにする。第一節では、ツキアイと称される互助の期間について明らかにする。第二節では、周囲の認知と近親の関与について いてみていく。第三節では、筆親と筆子の間柄について、オヤガワリ・シンセキツキアイ・相互扶助の三つの視点から明らかにする。第四節では、ツキアイの機会について考察する。第五節では、家関係の再編と構築の視点から筆親筆子関係の考察を進める。本章の一部においても序章の「資料の調査収集と分析方法」の項で述べたように、コーホートにより三つの年齢層に分類して事例の分析を行う（表序-1）。

## 一　ツキアイの期間

### 1　一代限りのツキアイと関係の解消

筆親筆子関係を締結してからはツキアイを継続する者もいれば、ツキアイを継続せずに筆子に行っただけの者もいる。ツキアイの期間は各人によってさまざまである。オヤカタドリをしてから三年間の贈答を終えるとネンアキとなり、その時が大きな節目となる。筆親と筆子になってから三年間の贈答が済んでしまえば関係が疎遠になる者も多い。その後は盆正月や日常の贈答をやり取りする者としない者に分かれる。三年後も互いに贈答する者は几帳面な者と考えられており、その数は少ないようである。

ネンアキ後は関係が疎遠になる者が多いが、まったくツキアイがなくなるのではない。冠婚葬祭があれば互いの家を行き来しており、たまには家を訪問する。何らかのツキアイがみられるようである。

Ⅱ14(一九四四年生まれ・男)の場合は、筆親とのツキアイは「ムスコになって三年ほどで済ませていつまでもしないものだ」というが、不幸や祝い事があれば互いにツキアイがある。時折は筆親を訪問している。歳暮は持参しないが、訪問時は手土産を買って持参している。

結婚が節目になるケースがある。若年の未婚時に筆子になると、結婚時は式で筆親に仲人をしてもらい、それがツキアイの節目となることがある。

Ⅱ6(一九三二年生まれ・女)は十八〜十九歳でムスメに行き、二十五歳で嫁入りしている。結婚してからは筆親とツキアイがない。ただしⅡ6の筆親は母の兄夫婦なのでオジ・オバにあたり、母の生家なので、シンセキとしてのツキアイは続けている。筆親の病気見舞いに行ったり、Ⅱ6が大阪で暮らしていた時は、帰島時に筆親が元気で暮らしているか否かを気にかけて訪ねている。

以上のように、オヤカタドリをして三年目のネンアキを節目にツキアイが一気に減ることが多い。さらに筆子の結婚がツキアイの節目となった。そして冠婚葬祭などのハレの機会や、時折の訪問のような非日常的なツキアイが中心になるのである。ただし、島内と島外に暮らす者の間では考え方が異なる。近年は都市部への移住者が増加しており、都市移住者たちは筆親筆子関係を断つこともできると考えている。しかし、島内居住者の場合は、たとえツキアイが希薄になっても互いに筆親筆子関係になったことが記憶されているため、関係の締結時のような深いツキアイがなくても「(筆親や筆子に)何かあれば行かねばならい」という考えを持ち続けている者が多い。

筆子は「オヤが死ぬまではつきあう」という者が多いが、実際はオヤが二人とも亡くなってからも筆親の家とツキアイを継続していたりする。筆親と筆子の双方が亡くなるまでツキアイが続けられる。このように筆親筆子関係は基本的に一代限りの関係と考えられている。次に、実際のツキアイについて事例をみていく。

Ⅱ1(一九二七年生まれ・男)は、オンナオヤのHT(Hd姓)が健在なので現在もツキアイがある。祖母の五十年忌にⅡ1はHTにアンナイを出している。その時にHTは九十歳の高齢だったので出席せずにオソナエだけを贈ってきたため、Ⅱ1はオカンキノミ(御観経の実)[1]と御膳料を返礼している。

Ⅱ4(一九三一年生まれ・男)の筆親のNT(Nh姓・男)はすでに亡くなっているが、Ⅱ4は現在も筆親の家とツキアイがある。互いの家で法事があれば行き来している。NTの法事に限らず、NT家の先祖の法事にも参っている。

Ⅱ15(一九四五年生まれ・女)の筆親は死んでいるが、筆親の家でオカンキ(御観経)[2]や結婚式があればⅡ15は現在もツキアイをしている。

Ⅲ5(一九四九年生まれ・女)の筆親は二人とも死んでいるが、現在もムスメになった頃と同じように筆親の家とツキアイを続けている。筆親は遠戚にあたるので、もし筆子にならなかったら葬式などに招かれない関係になっていたという。Ⅲ5が筆子になっているので、現在も筆親の家で葬式があればアンナイを受けて行っている。Ⅲ5の家に葬式があった時にも、筆親の家へは「ムスメに行った家」なのでアンナイを出して来てもらっている。

以上の事例からは、筆親が片親になったり、筆親夫婦が二人とも亡くなっているが、その後も筆子がツキアイを続けていることがわかる。しかも筆親を媒介にしてその家に対してツキアイが行われている。

ただし、当事者が亡くなって以降はその近親者が筆親筆子関係を認識しておらず、双方の家に混乱が生じることがある。特に祖父母の筆親や筆子であったり、父母の筆親筆子関係でさえ身内が知らないことがある。特に葬式や法事の際に周囲からは「どういった関係で列席しているのか」と疑問に思われることがある。以下では事例をみていく。

Ⅱ2（一九二八年生まれ・男）は婿養子であるため、Ⅱ2の養母とその筆子のケースである。約四十年前に養母が亡くなった時にアンナイをしていないのに養母の筆子が葬式に来ていて、本来はシンセキではなかったのでⅡ2は「誰だろうか」と疑問に感じたという。その後も養母の三十三年忌のオカンキに来ており、その時も同様に不思議に思ったという。

Ⅲ7（一九五〇年生まれ・男）も同様の経験をしている。Ⅲ7の場合は日常のツキアイの場で母のムスメの存在を新たに知っている。Ⅲ7の母は亡くなっており、母の死後も頻繁に家に来てⅢ7の世話をしてくれる女性がいたが、Ⅲ7はその女性が母のムスメであることを長年知らずにいた。それでⅢ7はこの女性に「なぜ世話をしてくれるのか」と尋ねたことで母にムスメがいたことを初めて知ったのである。

以上のように、筆親と筆子が生存中は葬式や法事を中心につきあうものと考えられている。そして筆親や筆子といった当事者の葬式や法事だけでなく、家の先祖の法事においても相互にアンナイを出して行き来するのである。また、筆親の死後も法事を中心にツキアイを続けるケースがある。

次に、筆親筆子関係の解消についてみていく。筆親と筆子は盃をかわしてオヤコの契りを結ぶ。しかし、盃を返す行為、つまり関係の解消について聞くことはほとんどない。なかには筆親筆子関係を締結してからは「（その関係が）邪魔にならないのでそのままだ」という人がいる。

Ｉ５（一九一八年生まれ・男）の場合は「（ツキアイが）ほったらかし」である。Ｉ５は小学生でムスコに行って筆親から名前を与えられているが、その名前で呼ばれることはなかった。また、筆親に何か頼みに行って世話になることもなく、筆親の世話をすることもなかったというように関係締結後のツキアイがみられない。Ｉ５の場合は極度にツキアイがないが、日常生活ではあまり意識せずにツキアイをしている筆親や筆子が多いようである。

Ⅲ12（一九六一年生まれ・男）の場合は関係を解消することはないという。「（筆親に）何かあれば駆けつけねばならない」ので「ヤクザよりも強い関係だ」というように、Ⅲ12のツキアイからは強い絆が示されている。しかし、現在はⅢ12のように一生のツキアイをする者が少ない。

筆親と筆子が関係を解消するのは、よほど何かが生じた場合である。そのような事例を聞くことができた。次の事例は選挙絡みで関係を解消している。

Ｉ10（一九二四年生まれ・男）によれば、一九五〇年に笠岡市が合併時に行った市議会議員選挙において候補者の一人だった筆親と絶縁して、別の候補者であったＩ10に投票したある筆子がいたという。通常では考えられない筆親筆子関係の解消が生じたように、自治体合併は島社会において大きな社会変動であったことがわかる。

もう一例は、筆親の言動を聞き入れずに勘当された事例である。

Ⅱ４（一九三一年生まれ・男）によると、筆親と筆子が関係を解消することは通例はないようだが、島で民宿Ｍ屋（現在廃業）を営むＡＹ（An姓・男）からⅡ４は次のような話を聞いている。ＡＹは最初にＨ（女）の所へムスコに行ったが、その後にＡＹの父が戦死したので心配した筆親は「早く結婚するように」とさまざまな娘を紹介したという。しかし、ＡＹは筆親からの紹介をすべて断って「結婚するつもりはない」と返答したので、筆親から勘当されたという。そして、ＡＹは別のＡＮ（An姓・男）のムスコになっている。

以上の事例のように、筆親筆子関係の解消は存在したが極めて稀である。なぜなら実の親子関係と異なり、筆親と筆子はある程度の距離をおくことが可能なためである。よほどのことがない限りは絶縁することはないといえる。

## 2 代替わりとツキアイの継承

シンセキと同様で、筆親と筆子のツキアイは世代交代によって次第に希薄になり、最後はツキアイが途絶える。代替わりで新たにツキアイが増えるので、古いツキアイは次第に淘汰されるのである。次にいくつかの事例をみていく。

I2(一九一二年生まれ・男)にはムスコ一人のほかにムスメ(Hn姓)が一人いる。現在はムスメの方から用事があると訪ねて来ており、I2からも葬式やオカンキに呼んでいる。しかし、筆子が結婚して子や孫ができてからは、筆子は子や孫とのツキアイが中心になっている。また、筆子が結婚して仕事をするようになれば筆親は「用済み」のような状況になってくるので、多少はツキアイを「薄める」ようになってきているという。

I4(一九一七年生まれ・男)の場合、オトコオヤはすでに亡くなっており、オンナオヤのHT(Hd姓)が島で一人暮らしをしている。年齢が離れているので日頃のツキアイはほとんどないが、現在もツキアイをしている。一方、I4には筆子が一〇人ほどいるという。すでに死んだ筆子もいれば遠いので年賀状だけで済ませる関係の筆子もいて、ツキアイは筆子によってさまざまである。オヤカタドリからかなりの年数が経過しており、筆子とあまりツキアイをしなくなっている。

I8(一九二三年生まれ・男)のムスコにYH(Yk姓)がいる。YHの子については「娘でありすでに結婚している」ことと「アトトリ(の息子)は結婚していない」ことをI8は人づてに聞いており、その程度の情報や近況しか知らない。将来、YHの子が結婚して子を産んだとしても突然にムスコのYHが孫を連れてきて「いつ結婚したんじゃ」とI8

を驚かせることになるだろうという。今後はムスコに何かあっても現在よりもI8へ知らせが来なくなるだろうとI8は考えている。

I9（一九二三年生まれ・女）の筆子は三〇人ほどがいるという。そのうち一人は死んでいるが、ほかの筆子たちは健在で、すべての筆子とツキアイがあるという。しかし、最近は筆子が家に来ても「この子はウチのムスコじゃったかな」とI9が思い返すことがよくあり、老齢になると筆親の方から忘れるようである。最近はI9が筆子を忘れないようにすべての名前を書き出しており、それをみて「これだけ（筆子が）おったか」と驚いたという。筆子の中でも遠くに嫁に行ったムスメはあまりツキアイがないようである。近年は島外の「他所の人」と結婚する者が多くなったので、筆親が知らないうちに結婚したり、あるいは離婚する者さえあり、I9は以前では考えられないことだという。

I11（一九二四年生まれ・女）の筆親はNN（Nt姓・男）である。NNが死んでからはその子が家を相続しているために「繋がりが薄くなった」という。そして二〇〇〇年にI11が入院した時は、以前は筆親の家から来ていた見舞いが来なくなっている。

以上のように、筆親と筆子の関係は世代交代によって徐々に希薄化し、最後は途絶える関係である。筆子が就職や結婚をして子が生まれるとツキアイが希薄になる。筆子が社会的に自立するたびに、逆に筆親の役目は少なくなっていく。また、島外移住者が増加してからは筆親筆子関係が一層希薄になっている。筆子の結婚や離婚において、筆親は以前のように関与しなくなっている。

次に、ツキアイの継承についてみていきたい。筆親筆子関係の当事者の死後も家同士でツキアイを継承することがある。このようなケースは、家長がツキアイに対して「丁寧な人」と考えられている。

I8（一九二三年生まれ・男）の事例は第七章でも取り上げるので、ここでは事例の要点だけを簡単に述べておく。

I8は相続者で妻と二人で暮らしている。息子が二人いるが、島外で家族と暮らしている。実の息子のほかにも、筆子であるムスコが三人いる。そしてI8は亡くなった父母の筆親筆子関係を継承しており、現在もオカンキなどの死者供養の機会を中心にツキアイがある。具体的には父母の筆子の息子や、母の筆親の孫とツキアイがある。両親が亡くなって三十年以上が経つが、現在もツキアイがみられるのが特徴である。

この事例のように、死者の筆親筆子関係を継承するのは家制度を強く踏襲する者に多い。両親の法事では筆親や筆子の家の者を招く。しかし、死後何年も経過すると次第に法事に招かなくなり、代替わりでツキアイを「切り捨てる」ようになる。

次の事例はI12(一九二四年生まれ・男)である。I12は近年、母の五十年忌に母の筆親の家にアンナイをしている。葬式や法事で祀られる死者の供養にあたっては、死者の筆親や筆子にはアンナイをするものであるという考え方をI12がもっているからである。具体的にみると、I12の母は奥条集落から嫁いでおり、一九九七年に九十七歳で亡くなっている。母の筆親はキンジョだったがすでに亡くなっているために、母の筆親の家と日常のツキアイはまったくみられない。現当主は母の筆親の曽孫《ひまご》か玄孫《やしゃご》の代になっているようで、I12から「来てくれ」とアンナイを出して招いている。しかし、その家からは招かれる理由がわからずに聞き返してきており、I12が事情を説明して来てもらっている。

以上のように、孫の世代に至ると家族でもその筆親や筆子を知らないものである。I12の事例では祖父の筆親までは認識していない。家族の筆親や筆子を記憶している内はアンナイが出されるが、代替わりをして忘れていれば「アンナイができなくても仕方がない」と考えられている。なかには記憶していても「何十年忌にもなると呼ばなくてもよい」と考えることがあり、ツキアイの継続期間については家庭によって考え方が多少異なる。また、近年は島が過疎化や高齢化によりシンセキなどの社会関係が希薄になったために、家族の筆親筆子関係を継承してツキアイを持続させるケースがある。

## 二　周囲の認知と近親の関与

家族であれば両親や兄弟姉妹の筆親筆子関係が認識されている。例えばⅡ2(一九二八年生まれ・男)はアトトリである兄のⅠ8(一九二三年生まれ・男)に三人のムスコがいることを知っているが、祖父母の筆親や筆子は知らない。さらにタニンの筆親や筆子については島民同士において大半が知らない。自身の筆親筆子関係を周囲に伝えることが嫌われる行為ではないが、基本的に自身からは話さない。また、島民はタニンの筆親筆子関係には比較的興味がなく、聞き出そうとしない。

Ⅲ9(一九五六年生まれ・男)が中学生の時の同級生は約四五人だったが、同級生それぞれの筆親が誰であるのかは重要ではなく強いて話題にしなかったという。Ⅲ9は自身の筆親筆子関係を隠そうとしなかったため、会話の流れで「○○のムスコに行っている」と話すことはあったが、強いて自身からは話さなかったという。

島民がタニンの筆親筆子関係を知る機会の一つは葬式である。島民は葬式に参列して会葬者の顔ぶれをみることで、死者の筆親や筆子を初めて知ることになる。タニンのシンセキ関係は島民同士ならばよく理解し合っているが、タニンの筆親筆子関係については島の出来事を熟知した年配者でも驚くほど知っていない。このことから筆親筆子関係は当事者とその家が中心となる関係であることがわかる。

次に、規範としてどの範囲までの近親者がシンセキとして関与しているのかを、ツキアイが生じる関係と生じない関係からみていきたい。筆親筆子関係を締結すると、当事者同士を媒介にして家同士のシンセキ関係が形成される。また、関係締結者の近親者にはツキアイの権利や義務が生じるが、ツキアイの範囲はおおよそ定まっている。

最初に筆親筆子関係を媒介にしてツキアイが生じる関係をみていく。

①親同士の関係（筆親と、筆子の実親）

実親が子の筆親を決めることが多く、親同士（筆親と筆子の実親）は関係締結以前から親密であったりする。なかには親同士がさらに親密になることを目的に、子を筆子に行かせている。そして親同士はそれまでの関係をさらに強めている。また、近年は若者が就職や結婚のために島外で生活するようになり、筆子が島外で生活する一方で、筆親は島に残ることがある。その場合は子に代わって実親が筆親とツキアイをしている。

Ⅱ2（一九二八年生まれ・男）の場合はムスメの母を世話している。ムスメは大阪に家族と住んでいる。ムスメの兄は家を継いだが、白石島ではなく兵庫県西宮市に住んでいる。そのために、島ではムスメの母が九十歳を過ぎて一人暮らしをしている。Ⅱ2は、ムスメの兄夫婦からムスメの母の世話を頼まれている。ムスメの母はキンジョに住んでいるので、Ⅱ2はムスメの母に対して無関心では済まされない関係だと考えており、ムスメの母を時々気にかけている。ムスメの母は最近耳が遠くなっており、Ⅱ2は心配なので家に上がり込んで様子を見舞い、火の元を確認している。しかし、Ⅱ2は筆親としての立場を越えないように深入りはしないことに決めている。さらにムスメの母の老化が進行して容体が悪化した時には、Ⅱ2は島内のムスメのシンセキに知らせ、島外のムスメたちに電話をして島に来させるつもりでいる。

また、N屋旅館で働いているⅢ3（一九四八年生まれ・女）は実の娘が二人おり、そのほかに筆子はムスコとムスメが一人ずついる。筆子たちは島外に出て行ったが、Ⅲ3は筆親であることを理由に、島のムスメやムスコの家族と葬式や法事があればつきあっている。筆親と筆子は「シンセキみたいなもの」と考えているからである。

②筆親の実親

Ⅲ6（一九五〇年生まれ・男）の長女（一九八〇年生まれ・女）の事例である。この長女のオトコオヤはアトトリだったが、島に両親を残して島外で家族と生活してきた。先年、オトコオヤの実母が亡くなっている。その時は、この長女もオトコオヤ夫婦たちと帰島して葬式のツトメをした。

③筆子の実子

Ⅱ2（一九二八年生まれ・男）は「ムスメの子は孫になる」と考えており、祝いに金銭を郵便で送った。男の子ならば三万円で、女の子ならば半分か二万円が相場という。ムスメからは、祝い金の半額以下に定めて酒の金券が返礼として送られている。

④配偶者の筆親

Ⅰ1（一九〇六年生まれ・女）によると、夫は結婚後もⅠ1の筆親とツキアイをしてきた。一方、Ⅰ1も夫の筆親に対して「自分の筆親のような気持ち」になってツキアイをしてきた。このように、結婚後は配偶者の筆親に対してもツキアイが生じることがわかる。ただし一様ではなく、Ⅱ4（一九三一年生まれ・男）のように配偶者の筆親は関係ないといった考え方の者もいる。

次に、筆親筆子関係を締結してもツキアイが生じない関係をみていく。

①筆親同士

筆親同士であることから新たにツキアイが形成されることはない。[3] また、兄弟分関係が生じることもない。

②筆子同士

筆子同士を理由とするツキアイはみられない。兄弟分関係が生じることもない。以下では、兄弟分関係も含めて事例をみていく。

Ⅰ1(一九〇六年生まれ・女)によると、Ⅰ1の筆子たちの間に上下関係はないという。ただし、筆子になった順番によって筆親の葬式の役割が違う。

Ⅰ2(一九一二年生まれ・男)によると、筆子同士で仲のよい者はいたかも知れないが、兄弟分関係を結ぶことはなかったという。

Ⅰ4(一九一七年生まれ・男)によると、筆子全員の職業が違い、年齢差があるので、筆子同士のツキアイはなかったという。

Ⅰ5(一九一八年生まれ・男)によると、筆子同士はほとんど付き合わないという。実の兄弟姉妹にも気の合う者と合わない者がいるのと同様だという。また、筆子になった順番や年齢で上下差が生じることもないという。

Ⅱ2(一九二八年生まれ・男)の筆親のＨＭ(Hd姓・男)は筆子が一〇人ほどいたようだが、筆子同士が兄弟分関係を締結することはなかったという。

Ⅱ4(一九三一年生まれ・男)は兄弟分関係を聞いたことがなく、漁師にもそのような風習はないという。

Ⅲ5(一九四九年生まれ・女)がよく知る同級生はⅢ5と同じ筆親のムスメになっているが、姉妹関係は締結していない。そもそも「姉妹と思ったことはない」という。

Ⅲ9(一九五六年生まれ・男)も同級生が同じ筆親のムスコになっているが、兄弟分になっていない。そもそもⅢ9

たち以外に筆子が何人いるのかを知っていない。Ⅲ9の年齢層は島から出て行った者が多く、筆親の実親の葬式には筆子の実親が代わりに行っているので、筆子同士の関係にあることを確認できる場がないという。

Ⅰ15（一九二五年生まれ・女）から聞いた事例は上記の事例と異なり、筆子同士が積極的に顔を合わすケースである。その詳細は「選挙と筆親筆子関係」の項で触れたので要点だけを述べておく。夫のⅠ10（一九二四年生まれ・男）は市議会議員だったので、以前は正月に新年会を開催すると三〇人ほどの支持者が家に集まったという。筆子ではない出席者もいれば、筆子であっても欠席する者もいたようである。Ⅰ10が議会で多忙になって以後は新年会が休止されている。このように筆子同士が顔を合わすケースは珍しく、選挙活動を基盤とする特異な事例である。

③筆子の筆子

筆親にとって、筆子の筆子に対する権利や義務は生じない。例えばⅠ10（一九二四年生まれ・男）は筆子の筆子までは干渉しない。

④筆子の兄弟姉妹

Ⅱ2（一九二八年生まれ・男）のムスメは五人の兄弟姉妹の末子である。しかしⅡ2はムスメの兄弟姉妹とツキアイをしておらず、年賀状のやり取りもない。ムスメの父の葬式でムスメたちが島に戻っていた時も、ムスメにだけは「特別な土産」を用意して与えているが、兄弟姉妹には差をつけていつもは与えないようにしている。先方から持参した時にだけ返礼するようにしている。

以上の事例から、オヤカタドリを行うと当事者だけでなくその近親者の一部はシンセキとして認識され、親族関係によるツキアイが生じる。親同士（筆親と、筆子の実親）、筆親の実親、筆子の実子、配偶者の筆親などにツキアイが生じている。そして互いの家に冠婚葬祭があればツキアイをする。例えば「ムスコの親だから」や「オヤカタの親だから」といったように考えられてツキアイが行われる。ただし、島外に別居した家族に対してはあまりツキアイがされていない。

一方、ツキアイが生じないのは、筆親同士、筆子同士、筆子の筆子、筆子の兄弟姉妹などの関係である。養子縁組や結婚に基づく法制度では六親等内の血族、配偶者、三親等内の姻族を親族の範囲と規定しており(4)、実際には白石島では「イトコまで」といわれるように、慣習上の親族は民法の規定よりも狭小な範囲になる。そして、筆親筆子関係ではさらに兄弟姉妹を除く近親者の範囲だけで親族関係が認識されているのが特徴である。筆子同士であっても兄弟姉妹の意識が生じないのは、それを顕著に示している。

## 三　筆親と筆子の間柄

ここでは筆親と筆子の間柄について、オヤガワリ・シンセキツキアイ・相互扶助といった三つの視点からみていく。分析の方法としては序章の「資料の調査収集と分析方法」の項で述べたように、ここでも三つの年齢層に分類して事例の分析を行う(表 序-1)。

### 1　オヤガワリ

筆親はオヤガワリという。古老たちの年齢層では結婚式に実親が出席せず、翌日にオヤヨビをして初めて実親同士が顔を合わせた。オヤガワリをするのは結婚式などの儀礼時だけでなく、精神的にも実親に似た意識がみられる。一方で、オヤガワリといわれながらも実の親子との相違点がみられる。以下では事例を年齢層ごとにみていく。

**⑴一九二六（大正十五）年生まれ以前**

年齢層Ⅰは一九二六年以前に出生した人々である。この年齢層がもつ筆親への考え方は次のようなものである。

Ⅰ5（一九一八年生まれ・男）によれば、筆親はいわば父親のような存在である。Ⅰ5の場合は筆親と頻繁なツキアイをしなかったが、父親のような気持ちがある。

Ⅰ15（一九二五年生まれ・女）は筆親を「お父さん」と呼んだりはしないが、父親と同様に筆親を大切にしている。以上のように、筆子は筆親を実親のように考えていることがわかる。ただし、この年齢層Ⅰには、筆子の養育方法の考え方に対しては実親と相違がみられる。Ⅰ9（一九二三年生まれ・女）は家ごとに子育てが違うと考えており、筆子たちには意見を控えている。例えば金遣いについて、実親がいない筆子には限度額を言い聞かせているが、実親が健在な筆子には金遣いに気付いても口出しをしないようにしている。さらに、この年齢層がもつ筆子への考え方はどうか。

Ⅰ8（一九二三年生まれ・男）はムスコを実の息子と同様に扱い、筆子は実の息子と同じと考えている。Ⅰ8は実の息子に対するのと同様に、ムスコにも今以上の責任を掛けたくないという気持ちがある。Ⅰ8は、自身の死後も息子やムスコが仲好く生活することを願っており、最近はツキアイが疎遠になったムスコのHM（Hn姓）に対しても、機会があれば筆親として「無理をするな」と声を掛けたいと考えている。

**⑵一九二六（昭和元）年～一九四五（昭和二十）年生まれ**

年齢層Ⅱは一九二六年から一九四五年までに出生した人々である。

Ⅱ1(一九二七年生まれ・男)の筆親はタニンだったが、筆親になってもらってからはオヤガワリと考えている。筆親には特に世話になったので、実親の次に大事な存在と考えている。また、筆親はシンセキと同様と考えており、良い時も悪い時も関係なくツキアイをしている。筆親とのツキアイは、イトコのツキアイよりは「濃く」、オジ・オバのツキアイよりは「薄い」関係だという。ただし遠方に住むオジやオバと比較して、近隣に住む筆親とのツキアイの方が「濃い」関係だという。筆親との年齢差からみても、オジやオバに近いツキアイをしているという。

Ⅱ2(一九二八年生まれ・男)のように、筆親や筆子は実の親子と異なって「遠慮がある」と考える者がいる。例えば、Ⅱ2は実子に対して呼び捨てにするが、筆子に対しては「○○さん」と呼んでいる。また、筆親に対しては、筆親の家を訪問した時はいつも履物を揃えるように、Ⅱ2は筆親の家の敷居が高いと感じている。

以上のように、オヤガワリについて年齢層ⅠとⅡの事例をみてきた。なお、年齢層Ⅲではオヤガワリの事例を聞かなかったが、それが年齢層Ⅲの特徴なのかを判断するには追跡調査が必要である。総括すると以下のような特徴がみられる。

年齢層Ⅰは筆親と実親を同様に考えている。筆親は親しく心安い間柄である。「お父さん」とは呼ばないが、実親と同じく大切な存在と考えている。また、筆子と実子に対しても同等に考えている。ただし、養育のあり方においては、この年齢層Ⅰにも筆子と実子の区別がみられる。家庭によって異なる養育方法が尊重されていることがわかる。

年齢層Ⅱは筆親をオヤガワリと考えているが、筆親と実親を明確に区別しており、実親が一番で筆親が二番と考えている。オジ・オバとイトコの中間くらいのシンセキツキアイと認識している例がある。また、筆子に対しては実子と異なって遠慮がみられる。筆子は呼び捨てにしていない。筆親の家を訪問する際にも、敷居を高く感じる事例がみられる。

以上のように、ここでは事例が少なく年齢層の傾向が十分に読み取れなかったが、筆親筆子関係は実の親子関係と同様と語られる一方で、相違面も少なからず存在することが指摘できる。

## 2 シンセキツキアイとの類似性

筆親筆子関係は法定親族と異なる社会慣習上の親族関係なので、シンセキと同様に冠婚葬祭では権利や義務を担う。島民を大変困らせる質問だが、筆親筆子関係がほかのどのような親族関係に類似するかを質問した。以下では事例を年齢層ごとにみていく。

### (1) 一九二六(大正十五)年生まれ以前

I1(一九〇六年生まれ・女)によると、筆親と筆子のツキアイはシンセキツキアイになる。ただし「あそこは親方じゃから」と協力する者がいれば、ムスコやムスメでも「知らん顔」の者がいて「人それぞれで気持ち次第」というように、筆親筆子関係は個人によってツキアイに差があることがわかる。

I4(一九一七年生まれ・男)は、冠婚葬祭では兄弟姉妹と同様にシンセキツキアイをしている。

I12(一九二四年生まれ・男)によると、筆親と筆子の間柄はイトコハンより「濃く」、イトコ程度のツキアイだという。

いう。

### (2) 一九二六（昭和元）年〜一九四五（昭和二十）年生まれ

Ⅱ4（一九三一年生まれ・男）によると、筆親と筆子のツキアイはシンセキツキアイと同じで特に変わる点はないという。

Ⅱ7（一九三二年生まれ・男）は、筆親と筆子は「血のつながったシンセキ」と同じと考えている。筆子は「息子や娘になるが、ツキアイはシンセキと同じ」と考えている。

Ⅱ9（一九三三年生まれ・女）も筆親や筆子とはシンセキと同様にツキアイをしている。不幸時が中心のツキアイで、何かあった時にツキアイをしている。

### (3) 一九四六（昭和二十一）年生まれ以降

Ⅲ3（一九四八年生まれ・女）によると筆親と筆子は「友達のような関係に近い」が、「親子と友達の中間のような関係」である。また「シンセキのようなツキアイ」なので「実の親子のようではない」とⅢ3は考えている。例えば葬式において実子は一切を取り仕切るが、筆子はそこまではせず、また、養子も家の行事に関わるが、筆子は家の行事に「入り込まない」という。

このほかにもこの年齢層Ⅲでは、筆親筆子関係がシンセキツキアイのように世代交代によってツキアイが希薄になることを指摘している。

以上のように、いずれの年齢層も筆親筆子関係のツキアイをシンセキツキアイと考える傾向がある。ただし、それぞれでツキアイの程度が異なるために一概にいえない。ここでの若干の事例からみると、実の親子よりはツキアイが希薄で、イトコ程度のツキアイになることがわかる。なかでも友達関係に類似すると指摘されるように、筆親と筆子が対等関係であることがわかる。

### 3　相互扶助

筆親筆子のツキアイは相互扶助である。筆親からの一方的な搾取関係ではなく、対等関係の特性がある。以下では事例を年齢層でみていく。

#### (1) 一九二六（大正十五）年生まれ以前

Ⅰ2（一九一二年生まれ・男）によると、筆親と筆子のツキアイはあまり頻繁ではないが「本当のタニン」よりも何かにつけて頼みやすい面があるという。筆親が何かを頼みに来ても「親方が言うのだから仕方がない」として引き受ける。

Ⅰ10（一九二四年生まれ・男）も筆親と筆子は互いに面倒をみあう関係だという。

#### (2) 一九四六（昭和二十一）年生まれ以降

Ⅲ12（一九六一年生まれ・男）は実親にはない筆親の利点を強く意識している。Ⅲ12によれば、筆親と筆子は「シンセキ以上」で「シンセキよりも近いツキアイ」になる。Ⅲ12は筆親や筆子を「家族」と考えて「一緒に暮らす家族のようなツキアイ」をしており、互いに愚痴をこぼし、タニンには話せないことを話す。そして筆親はⅢ12を全面的に信頼しており、特別な目でみてくれ、頼みごとを快く聞いてくれるという。実親は文句をいって聞いてくれないが、筆親は実親以上に無理が利くという。さらに加えて、筆親は実親以上に「いろいろと持っている」という。例えば、筆親は建設会社を経営しているので無条件で車両を借りている。また、Ⅲ12から頼みごとをするだけでなく、互いに遠慮せずに何かにつけて頼みごとをし合っている。何かをしようとして筆親に相談すると、筆親は納得して協力してくれる。Ⅲ12は自身のことは極力自身で行おうと考えているが、筆親は「力になろう」とわざわざ口に出すことなく協力し理解してくれる存在だという。

事例は十分ではないが、以上のように筆親筆子関係における相互扶助のツキアイの特徴が年齢層ⅠやⅢから明確に見出せる。そして筆親筆子関係の対等性が指摘できる。筆親や筆子の間柄が「心安い」「懇意な」「親しい」関係であると頻繁に語られるように、これらの表現は両者の相互扶助的な対等性をよく示している。

## 四　ツキアイの機会

### 1　筆親のⅠ8・Ⅰ11夫婦のツキアイ

オヤカタドリから三年間は義務的な贈答が課されたが、その後、さらにツキアイを頻繁にする者がいる一方で、ツキアイを減らす者もいる。ツキアイは各自の裁量に任されている。そこで次に示すのは、筆親になっているⅠ8・Ⅰ11夫婦の事例である。この筆親には三人のムスコがいるが、それぞれの筆子とのツキアイの事例からツキアイの内容と程度をみていきたい。

最初に事例としてみる筆親と筆子の概要を述べておく。筆親であるⅠ8（一九二三年生まれ・男）とⅠ11（一九二四年生まれ・女）の夫婦には二人の実の息子のほかに、ＹＨ（Yk姓）、ＨＫ（Hd姓）、ＨＭ（Hn姓）の三人のムスコがいる。

Ｉ8は生活上で筆子との関係をかなり重視している。Ｉ8が高齢なため、これまでにツキアイを行ってきたシンセキとは世代交代が生じていることも原因と思われる。Ｉ8によると、自身の家族を除いて重視するツキアイは、筆子との関係に次いでキョウダイ、オイやメイ、イトコ、キンジョの順である。オジやオバ、妻の兄弟はすでに死んでいるためにツキアイがない。

筆子に対しては、これまでに「媒酌人」を務め、葬式や法事があれば相互にツキアイをしてきている。それ以外は筆子ごとに必要に応じたツキアイをしている。Ｉ8は三人のムスコの身内に不幸があると必ず世話をしている。筆子の父が死んだ時は「最初に電話が来た」というように、深い関係であることがわかる。一方で日常は挨拶を交わす程度だが、Ｉ8が道端で会うと「おい、親方」とムスコの方から親しげに声を掛けられる。女親のＩ11に対しても、ムスコは島の中で会うと家まで招くことはないが道端で立ち話をしている。ただし、日常のツキアイはまったくの筆子任せで、筆子によって差がみられる。Ｉ8は「（ムスコが）何かをしてくれたら返すが、（ムスコが）してくれないと何もしない」というツキアイの仕方である。筆子の考え方や生活水準によってツキアイが異なるので、それに対してＩ8の方から筆子に指摘はしない。

ツキアイはオヤカタドリから三年が経つと節目となる。よってその後もツキアイが継続されたとしても、筆子の結婚式で「媒酌人」を務め終わると、さらにツキアイが少なくなる傾向がある。三人のムスコの中では、ＨＭとのツキアイは三年でなくなったという。現在までのツキアイでは、端午の節句や雛祭りには筆子の子を祝っている。日常は筆子に物を与えたりする。例えば、福山市に住むＨＫが来た時は、子に食べさせるように島のみかんを土産に持たせた。また、病気になると見舞いを互いに贈り合う。近年はＩ11が入院した時に筆子から見舞いを貰い、それに対して返礼をしている。見舞い額は実の息子二人からはいずれも三万円だったが、ムスコは三人ともに金額差がみられる。「ツキアイがなくなった」とI8が指摘するHMからもこの時は見舞いが届けられている。

ムスコの中でもYHとHKの二人とは現在もツキアイがある。盆と正月はムスコから贈答され、I8からは同額の食料品をお礼に贈っている。I8がこのムスコ二人と会うのは最近では盆と正月が中心である。近年は筆子の子が成長したので家族全員で島に来ることが難しくなっているようで、従来と比較してムスコが盆や正月に帰島する回数が減っている。

次に、I8・I11夫婦の筆子ごとにツキアイの内容をみていく。

### ⑴ 筆子YHのツキアイ

ムスコのYHはI8夫婦の最初の筆子である。YHは毎日、島からの連絡船で笠岡市神島の化学肥料会社K社に通勤している。I11が笠岡市民病院に入院した時は、見舞い途中のI8と港で出会うと「オヤジ、どこ行きよるんならあ」と声をかけられ、I8は「(妻を)見舞いに行きよるんじゃあ」と返答してから、笠岡港に着くまでは船内で世間話をしている。島では住まいが近接しており頻繁に会うので挨拶を頻繁にしている。

近年は毎年の盆と暮れにI8が酒好きなのを知っていて酒屋から注文した酒が贈られている。また、正月は朝のうちにYHが島の氏神に宮参りをした帰途に、I8の家に立ち寄って年始の挨拶に訪れている。I8は、毎年正月は多少の正装をして心積もりをして待っているが、最近は立ち寄らないことがあるという。

I8の家の離れを増築時は当時大工だったYHが建築しており、以前は日常に手伝いをしてもらっている。しかし現在はI8が「昔ほどに骨を折ってやらなくてもよい」というように、互いにツキアイが希薄になっているようだが、現在も相互にツキアイをすべき関係であると強く意識している。例えばＹＨの母が高齢なので、何かあれば相談にのってやらねばならないとＩ８は考えている。

### (2) 筆子ＨＫのツキアイ

二番目のムスコのＨＫは広島県福山市に住み、市内の大手鉄鋼メーカーのＮ社で働いている。最近までＨＫの母が島で一人暮らしだったので、ＨＫは頻繁に島に帰っていたようで、その時にＩ11が出会うとＨＫの方から「元気でしよりました」と挨拶をかわしている。しかし島に特別な用事がないと、何日か過ぎるとすぐに福山に戻っていたようである。また、最近はＨＫの母が島外の病院に入院したので、現在はＨＫが島に来ることはほとんどないという。

ＨＫはＩ８夫婦の次男と同様にＮ社に勤めているが、近年は盆休みが取れず、次男と同様に島に戻っていない。ただし、毎年の盆にＩ８が酒好きなのを知っていて酒やビールのほかに、素麺・コーヒー・米などが贈られている。年の暮れにも歳暮が贈られている。中元や歳暮はＨＫの母が代わりに注文して贈られている。

ＨＫの母が入院した時はＩ８から見舞いを贈り、返礼されている。その後も見舞いを贈っているが、その時は先方から気を利かせて「度々なので見舞いは必要ない」と返してきている。なお、Ｉ11の入院時はＨＫから三回の見舞いを貰っており、すべて返礼している。

### (3) 筆子ＨＭのツキアイ

ＨＭとの間では、オヤカタドリをして三年が経ってからはＩ８が「ツキアイがなくなった」という。最近は家を改築したので出費がかさむようで、Ｉ８は「仕方ない」と考えている。ただし、近年にＩ11が入院した時はＨＭから見舞いが贈られている。

### (4)盆暮れのツキアイ

二〇〇一年の暮れと二〇〇二年の盆の贈答から、三人のムスコのツキアイをみておく。毎年の贈答は筆子から先に贈られる。それに対して、筆親のI8夫婦がほぼ同額の食料品を選んで返礼している。

二〇〇一年の暮れは、ムスコから酒が贈られている。I8が酒好きなのでムスコからの贈答品は酒が多い。一方、ムスコたちへは子がいることを考慮して、I11が農協に注文してもち米一〇kgを贈っている。白石島ではもち米を作付けしないので、農協で購入して贈っている。食料品の中から嗜好や家庭の状況を考慮して「便利なよい物」を贈答している。

盆の贈答時期は毎年大体八月十二〜十三日までに双方が贈答を済ませている。二〇〇二年の盆の贈答は次の通りである。

YHには八月十二日にI11が毎日の診療所通いの帰途に農協に注文して、缶ビール二箱を贈っている。YHからは八月十三日に尾中北地区のY商店から、瓶ビール一ケースが届けられている。例年はYHから先に贈られてくるというが、同じ頃に注文されるので、この年は一日先にI8からの贈答品が先に届けられている。

HKからは毎年母が贈答品を選んでI8に贈っているので、二〇〇二年の盆はその母が入院したので何も贈られてきていない。二〇〇一年までは盆になるとI8が酒好きなので酒が贈られている。一方でHKは酒を飲まないので、I8夫婦からは米や素麺を贈っている。

HMとはオヤカタドリをして三年が経ってからは盆暮れの贈答がない。ただし、HMから贈られてくればI8も贈り返す考えを持っている。

## 2 ツキアイの多様性

上記のほかにも筆親と筆子にはさまざまなツキアイがみられるので、次にトピックからまとめておく。

### ⑴「何かあった時」

筆子の結婚時は筆親が仲人をして、筆子に子が誕生すると筆親が祝儀を持参した。その後は明確に定められたツキアイがない。しかし、その後も筆親と筆子は「あれはオヤカタじゃから」や「あれはムスコじゃから」といって互いの家を行き来している。付き合うのは「何かあった時」といわれるように不幸事が最優先で、次に祝事である。葬式や法事、病気見舞いが多く、次に結婚式や出産などがあれば互いにツキアイをする。

日常は全くツキアイがない場合でも、筆親の家に不幸があれば葬式への訪問が行われている。筆親の方からも、年忌法事だけのツキアイであってもその時はすべての筆子にアンナイをする。筆子が島外で暮らしていても、筆親の家族に死者が出ると筆子は帰って来て訪問すべきものと考えられている。土葬の頃は筆子が筆親を埋葬するために墓掘りまで行っていた。

かつては筆親や筆子を漁船の新造下ろしに招き、新築祝いでは互いに手伝いをして、棟下ろしでは祝いあった。近年は高齢化で手伝いに訪問しても十分な役に立てず、そして「年寄りに怪我をされても困る」と迷惑がられる。そのために業者だけで建築作業を行っている。

近年は一人暮らしの高齢者が増えたために、筆親や筆子の義務として互いの身内の様子を心配するケースがみられる。しかし、筆子が老齢になった筆親の介護や金銭的援助はしない。筆子のツキアイは見舞いまででそれ以上は関与せず、それは家族やシンセキの役割と考えられている。

**(2)ショウガツヨビ**

かつてはショウガツヨビ（正月呼び）と称して、正月に筆親が筆子を家に招いて祝った。消防団長などの島の諸役を務めたAN（An姓・男）は筆子が多く、正月にショウガツヨビをして筆子全員を家に招いていたという。また、市議会議員だったI10（一九二四年生まれ・男）は、以前は正月に支持者を家に招いていた。筆子以外も含めて約三〇名が集まったという。

**(3)年祝い**

「十二天の餅」と称して、シンセキと共に筆親と筆子が互いに行う歳祝い行事がある。数え年で男は四十二歳、女は三十三歳で行う。(5) このほかにも男女ともに数え年のロクイチ（六十一歳）の還暦に「十二天の餅」と呼ぶ餅を交わす。特に男の四十二歳の時に行っている。これらの歳の誕生日に餅を搗いて祝うのである。その時はオカガミ（御鏡）の餅を作るが、それとは別に一二個の餅を作る。それには一二柱の天津神に幸せを願う意味がある。

一二個の餅は、シンセキの中でも特に「濃い」とされる兄弟姉妹を中心に一二軒に配る。キンジョにも配ることがある。これは現在でも配られている。配る日時は搗いた日の朝早くである。ただし、夏は物が腐り易くて「夏の餅は犬も食わぬ」といわれるので、夏は餅を配らずに品物を配る家庭がある。

現在でも家の新築時や漁師が船を新造した時に、餅を搗いてオカガミを作り、それとは別に「十二天の餅」を作って一二軒の「濃いシンセキ」に配っている。

### ⑷相談

男女共に、実親に話せないことや困ったことを相談する。特に結婚時の相談が多かった。結婚相手は実親が決めることが多かったようで、結婚したい相手がいると実親には話せないので、筆親が相談に乗って実親を説得した。また、夫婦仲が悪くなった時も、筆親が相談に乗って離婚をやめさせるように説得した。

### ⑸贈答

同じ島で生活していると日常は会って話すので、中元や歳暮を改まって贈ることはない。日常のツキアイはそれほど多くないが、例えば漁師は大漁時に魚を持参したり、電話で魚を持って来てくれるように依頼する。旅行帰りには相互に手土産を持参している。

### ⑹離島者からの贈答

最近は歳暮をせずに新年の正月に年賀状で済ます者が多いようである。特に筆親や筆子が島外に移住していると年賀状のやり取りが中心である。ただし、筆子が島外に住んでおれば筆親に会う機会が少ないために贈答する者もいる。なかでも中元は仏前への供え物の意味を兼ねるので、歳暮よりも盛んに贈る者がいる。

Ⅱ11（一九三九年生まれ・男）の三人の筆子はいずれも島外に移住している。二〇〇一年の歳暮と二〇〇二年の中元の事例から、離島した筆子とのツキアイをみておく。最初の筆子はＡＳ（An姓・男）である。現在は名古屋に住んでいる。最近は歳暮を贈らずに新年の年賀状だけである。盆はＡＳから缶ビール一箱（約三〇〇〇円相当）を贈ってきている。二番目の筆子はＯＴ（Oh姓・男）である。現在は福山市に住んでいる。歳暮は贈らずに年賀状だけである。盆は帰島しており、水ようかん一箱（約二〇〇〇円相当）を持参している。三番目の筆子はＹＫ（Yk姓・女）である。笠岡市街に住んでいる。約一〇年前に夫と離婚してからは白石島にあまり帰って来ない。離婚前までは島に帰るとⅡ11の家に挨拶に来ていた。正月は年賀状が届き、盆は水ようかんなどの中元を贈ってきている。

### (7)他界した筆親への仏前供養

筆親が亡くなっていると盆の帰島時に中元を供え物として持参し、筆親の家の仏壇を参る筆子がいる。このような事例は近年の過疎化によって発生した現象である。ここではＩ９（一九二三年生まれ・女）の事例から、二〇〇二年の筆子による盆の里帰りと亡くなった筆親への仏前供養についてみておく。

Ｉ９には筆子が約三〇人いるといい、この中には亡くなった筆子もいる。筆子の中には島外の生活者がいるが、生家は兄が相続しているために現在も時々島に来る筆子がいる。二〇〇二年の盆は、八月十三日から十五日の三日間に一三人の筆子がＩ９を訪ねている。その時に筆子たちが生活している地域の土産を持参している。土産は仏前への供え物として持参している。贈答品の一部はすでにＩ９の次男が持ち帰っていたので、写真の贈答品は一部である（写真４－１）。内訳は菓子等が七箱と本一冊である。持参品と筆子の住所は次の通りである。

①冊子『平等院鳳翔館』（京都府京都市）

Ｉ９が正月に会った時に「平等院に行ってみたいが高齢で行けない」と話したので、筆子がこの年の盆に忘れずに買って持参した。
②カステラ（岡山県岡山市）
③饅頭（岡山県津山市）
④漬物（大阪府）
⑤せんべい（兵庫県三田市）
⑥塩昆布（大阪府）
⑦ブドウ（岡山県井原市）

**写真4-1　筆子から贈られた手土産**
この年の盆は島外から13人の筆子が手土産を持参して写真の筆親を訪ねた。写真は手土産の一部。（2002年8月・白石島）

岡山県井原市に嫁いだムスメのR子が婚家で作ったブドウを八月十四日に持参した。
⑧酒（岩手県）
亡くなったI9の夫が酒好きだったのを思い出して、ムスコが「オヤジと一緒に飲みたかった」といって持参して供えた。

筆子は毎年盆に来るとI9家の仏壇と墓を参るという。筆子の訪問は八月十三日のムカエボン（迎え盆）が多い。I9家は港の近くに立地するので、筆子の中にはI9家のホトケを優先して参る者がいる。そうした筆子はまず先にI9家の仏壇を拝んでから生家に行って仏壇を拝み、その後にK寺の仏舎利塔を参り、I9家の墓参りを済ませ、それから生家の墓参りに行く。ほかにも同居の祖父母が亡くなっている筆子がおり、その筆子は八月十三日に自家のホトケを拝まねばならず、十四日に訪ねてきた筆子も一人いて、これらの筆子は一日でＩ９家の仏壇と墓を参ってから帰っている。

## 五　家関係の再編と構築

筆親と筆子は個人関係にとどまらず、シンセキになることで家関係を形成する。すでに述べたが、締結前の筆親筆子関係にはシンセキ同士とタニン同士の二種類があり、オヤカタドリにおいて異なる民俗的思考がみられる。結論を先に述べると、シンセキ同士の場合は「シンセキを濃くする」と称し、シンセキ関係を再編する目的がみられる。一方、タニン同士では「シンセキを拵《こしら》える」と称し、シンセキを構築する目的がみられる。以下ではいくつかの事例から、この二種類のオヤカタドリにおける島民の民俗的思考の意味について考えていく。

### １「シンセキを濃くする」

ここではシンセキ同士でオヤカタドリをした事例から、シンセキの再編を目的とした筆親筆子関係の締結についてみていく。

#### ⑴婚出したオバを筆親にする

Ｉ１（一九〇六年生まれ・女）は父の姉（オバ）が筆親になる。Ｉ１は親族の中から筆親を依頼することで「シンセキを濃くする」という。オバを筆親にした理由は「タニンの家にムスメに行って迷惑をかけるよりもオバの家に行った方がよい」とＩ１が思ったからである。近年は互いに懇意だとタニンでも筆親を依頼する者がいるが、すると相手が迷惑するし、そして持って行ったら持って行っただけのことをしなければならなくなるからである。

女親であるオバはすでに亡くなっており、その息子も戦死したので、オバの家は養子が相続している。オバの血縁者は絶えたが、現在も筆親の家から「あそこはシンセキじゃから」と称して葬式があればＩ１の家にもアンナイされてツキアイが継続している。

**⑵分家したオジを筆親にする**

Ｉ２（一九一二年生まれ・男）の筆親はＹＷ（Yk姓・男）である（図４－１）。父の弟であり、分家したオジになる。筆親のＹＷは妻の生家の身代をなくさないために、道楽だったという妻の兄からYk姓を継いでいる。したがってＩ２のKt姓とは名字が違うが、同じKt姓のスジ（筋）であることに変わりはないとＩ２は考えている。そのためにツキアイを「濃く」しようとして筆子になったのである。また、本家から分家に筆子に行っているがまったく気にならないというように、分家を格下と考える意識がないことがわかる。Ｉ２はキョウダイやシンセキが少なかったので、

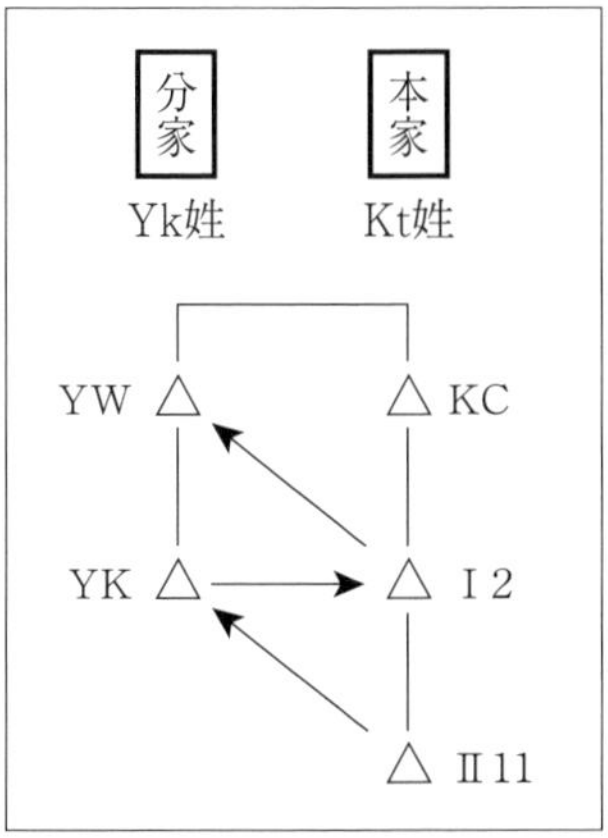


〔凡例〕
Ｉ２・Ⅱ11　話者記号
△　男
○　女
⧍̸ ∅　死者
□　性別不詳
｜　親子関係
⊓　兄弟姉妹関係
△ ⇐ ○　夫方居住婚
△ ⇒ ○　妻方居住婚
←　筆親←筆子

**図4-1　白石島のＩ２家における本分家の筆親筆子関係**

シンセキツキアイを「強める」ために分家の者の筆子になっている。また、筆子に行くといろいろとツキアイをしなければならないが、シンセキだと融通が利き、ツキアイを派手にする必要がなく心安いという。

### (3)母方のイトコを筆親にする

Ⅰ4(一九一七年生まれ・男)の筆親のＨＹ(Hd姓・男)はイトコであり、母とＨＹの父がキョウダイになる。ＨＹは笠岡間の渡航船「大徳丸」を所有し、船舶会社の経営者であった。そのために約一〇人もの筆子がいたといい、当時でも筆子が多い方である。

Ⅰ4がムスコになったのは「シンセキにムスコに行けばそれ以上にシンセキツキアイが広がらなくて済む」からである。なぜならⅠ4の母のキョウダイは七~八人いて、シンセキが多かったからである。一般にはシンセキが少なく、あるいはシンセキがいない者はタニンの筆子になり、Ⅰ4のようにシンセキが多い者はシンセキウチ(親戚内)でムスコに行く傾向があるという。

### (4)父方のギリノイトコを筆親にする

Ⅱ2(一九二八年生まれ・男)の筆親のＨＭ(Hd姓・男)は当時の白石島では有力者で、十指に入る財産家だったという。それで筆子が集まり、全盛期には約一〇人もの筆子がいたという。

Ⅱ2はＨＭ家とシンセキで、それまでと同じようにシンセキツキアイを続けるためにムスコになっている。ＨＭの親族関係を図に示す(図4-2)。父の姉が後妻で嫁いでいたが、前妻の娘の入り婿となっていたのがＨＭである。Ⅱ2とギリノイトコ(義理の従兄弟)になる。

父の姉は一人娘（Ｉ15）を産んでいたが、アトトリは前妻の子（次女）を重視するので、その娘にＨＭを婿に迎えて相続させている。そして、Ｉ15はＩ10へ婚出させている。するとＨＭの家と「血の繋がり」のある者は父の姉しかいなくなるが、その女性が死ぬと誰も「血の繋がり」のある者がいなくなることになる。たとえ父の姉の法事に五十年忌まで呼ばれても、シンセキツキアイはタニンのツキアイのようになってしまう恐れがある。そうならないようにⅡ2はこの家の相続者だったＨＭを筆親にしたという。

### (5) 母方のイトコハンを筆親にする

Ⅱ9（一九三三年生まれ・女）の事例を図４－３からみていく。Ⅱ9の筆親はＹＫ（Yk姓・女）である。イトコハン（母方祖母の姉の娘）になる。Ⅱ9は二人キョウダイで、アトトリの弟がいる。しかし弟は筆子に行かず、Ⅱ9だけが筆子に行っている。

Ⅱ9は「シンセキを強める」ためにムスメに行っている。母は白石島から新潟に嫁いだが、父が死んでから母はⅡ9と弟を連れて島に戻った。そのためにシンセキが少なく、母は神島から嫁いだイトコのＹＫと親しくしていた。それで母とＹＫはⅡ9をムスメにしようと話し合った。Ⅱ9は母から「この人のムスメに行けば」といわれて十四～十五歳でムスメに行った。例えば本分家でも二代、三代となると「薄くなる」ので、一人はムスコに行かせておけば「繋がりが消えない」と考えて筆子に行かせる家が当時は多かったという。

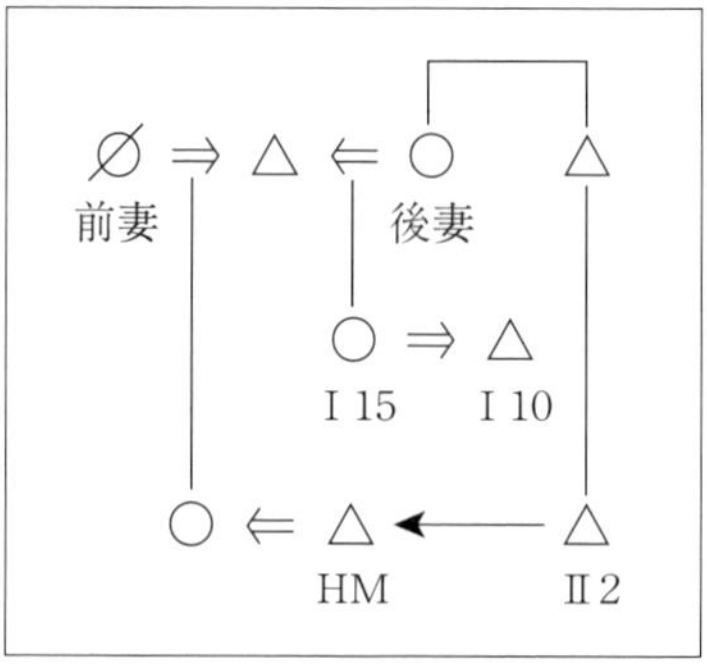


〔凡例〕　図4-1参照

**図4-2　白石島のⅡ2家における父方ギリノイトコとの筆親筆子関係**

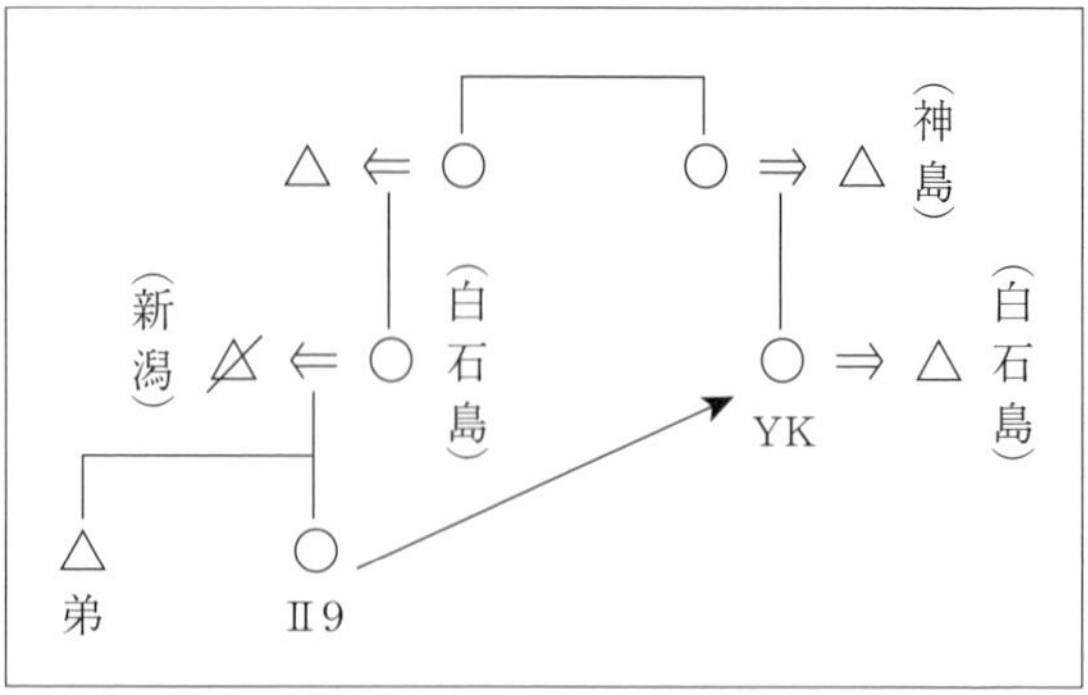


〔凡例〕図4-1参照
（　）居住地

**図4-3　白石島のⅡ9家における母方イトコハンとの筆親筆子関係**

**(6)分家の相続者のイトコハンを筆親にする**

Ⅱ11（一九三九年生まれ・男）の筆親については再び図4－1で示す。Ⅱ11はⅠ2の長男でアトトリである。筆親はＹＫ（Yk姓・男）であり、父の筆子でもある。このＹＫは分家の相続者であり、イトコハン（父方祖父の弟の長男）になる。本分家関係を強めるために関係を締結している。ここで注目されるのは、二代に渡って筆親筆子を締結し合っている点である。それによって一層の本分家関係の強化がはかられている。

**(7)フルイシンセキを筆親にする**

Ⅲ1（一九四七年生まれ・男）の筆親は「古いシンセキ」で、白石島の西ノ浦地区のＮＭ（Nh姓・男）である。三代前の戸主の妻、つまり曽祖母の生家の人である。

筆子に行ったのは二十歳の頃である。目的の一つは「結婚する時に仲人をしてもらわなければならないから」だが、もう一つの目的は「三代も四代も前になるとシンセキが薄くなるから」である。なぜなら白石島は仏式が多いために五十年忌をこえると法事に招かなくなり、双方の関係がタニンになってしまうので、その前に「親子関係」を結んでおいたという。また、父が早くに死んだので現在は母方のシンセキツキアイの方が頻繁だが、母は島外の岡山県和気郡の出身なので島にシンセキが少ない。「何かあった時」のためにシンセキは少しでも多い方がよいからである。筆親のNMはすでに亡くなっているが、その妻(オンナオヤ)は健在なので、Ⅲ1はこのオンナオヤが死ぬまではツキアイを続けるつもりでいる。

### ⑻父のフタイトコを筆親にする

Ⅲ5(一九四九年生まれ・女)の事例を図4-4で示す。筆親は父のフタイトコ(父の母の母のキョウダイの娘の息子)の夫婦である。関係締結の依頼者はオトコオヤの実母である。この女性(父方の祖母のイトコ)の方から「このままだとシンセキが途絶える、イトコ同士なのが段々とタニンになるから来てくれ」と頼んできたからである。オトコオヤの実母と父方の祖母がイトコで、シンセキ関係を維持するためにⅢ5を筆子にしたいといってきたのである。そのためにⅢ5は、その女性のアトトリである息子夫婦の筆子になっている。当時は小学校六年生か中学校一年生で、「(筆子に)行こうとか(筆子に)来てくれとか言われると断わっちゃいけん」といわれていたので、Ⅲ5は依頼を断らずにムスメに行ったのである。

現在は筆親夫婦が亡くなっていて、同級生の娘が家を継いでいる。その娘は血縁関係があるが遠戚なので、Ⅲ5はすでに「血の繋がりはない」と考えている。もし筆子に行っていなかったら、シンセキツキアイはすでに途絶えていたという。また、今後のツキアイについてⅢ5は、筆親夫婦はすでに亡くなっているので今

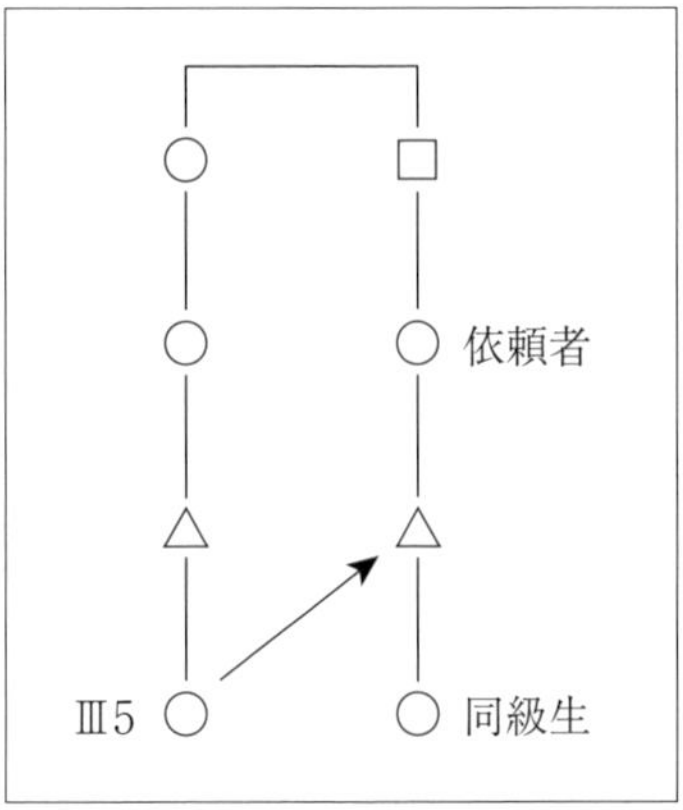


〔凡例〕図4-1参照

**図4-4　白石島のⅢ5家における父のフタイトコとの筆親筆子関係**

後は葬式のアンナイが来ないだろうという。それに筆親の娘とのツキアイは「筆親の家の娘」というよりも、現在では「同級生」としての意識の方が強いという。

## 2 「シンセキを拵える」

ここでは非親族間のタニン同士でオヤカタドリをした事例から、シンセキの構築を目的とした筆親筆子関係の締結についてみていく。

### (1) 採石業者が石材加工業者を筆親にする

Ⅲ8(一九五五年生まれ・男)の筆親は、下浦地区のK石材店のAT(An姓・男)である。シンセキではなかった。Ⅲ8の場合はシンセキツキアイが多いので、シンセキと筆親筆子になってまでツキアイを増やそうとは思わなかったので、シンセキではないATを筆親にしている。また、石屋(採石業)を個人経営しているので、結果的に仕事関係で筆親を依頼した。Ⅲ8が採掘した石を石材加工業の筆親が買い取って加工する仕事上の関係から筆子になっている。

Ⅲ8はどちらから頼んだかを覚えていないが「行こうか」「来るか」という状況になって筆親と筆子になっている。二十五歳か二十六歳で筆子になっているが、筆親と歳が離れていたので筆子になる以前に一緒に遊んだりはしていない。ムスコになってからは、Ⅲ8は「シンセキの誰かに頼むよりは親方なんじゃけえ、どないかしてくれ」といった考えをもっており、筆親のATも「面倒をみるかわりに何かあった時は一番になって動いてくれ」といった考えをもっている。

### (2)左官が建設会社の経営者を筆親にする

Ⅲ9(一九五六年生まれ・男)の筆親は島のH建設経営者のHY(Hd姓・男)である。左官と大工の関係のため、一緒に仕事をしていて筆子になっている。筆親はシンセキではなかった。母のイトコが「行くか」と紹介したので「それじゃあ行ってもええかのお」という程度に思い、二十歳の頃に筆子に行っている。結婚式では「段取り」は実親がしたが、あとは筆親が「勝手に決めてくれるような形」で世話をしている。

筆親はタニンだったが、Ⅲ9は「濃いシンセキ」と同じようなツキアイをしているという。筆親と称してもシンセキとしてツキアイをしているので特別なことはなく、シンセキが一軒増えたといっても大変助かったこともないという。しかし、島に住んでいればそれなりに筆親とツキアイがあるという。Ⅲ9は死ぬまで筆親とツキアイを続けるのが当然と考えており、ツキアイを煩わしいとは思っておらず、実際に煩わしいと思うほどの深いツキアイはしていないという。

以上のように、第一項の事例からは、シンセキ同士の関係締結ではシンセキを強化する目的がみられる。その場合はシンセキを再編している。一方、第二項の事例からは、タニン同士の関係締結ではシンセキを補充する目的がみられる。その場合はシンセキを構築している。例えばシンセキ同士だとツキアイを「濃く」する、「強く」する、「シンセキの根を広げる」などと語られるが、タニン同士だとツキアイを「拵える」や「シンセキの根を増やす」などと語られる。筆親筆子関係の締結のことは「ムスコに行く」や「ムスメに行く」などと総称されていても、実際にはその中で、島の住民たちはこのように異なる民俗的論理から筆親筆子関係を締結している。

シンセキ同士の関係締結については、これまでも各地から同様の事例が報告されており、西南日本だけでなく北陸の能登や加賀、東北の津軽でも同様の事例がみられ、日本の東西に広く分布することがわかっている。また、服部治則が早くからいくつかの事例を取り上げて分析しており〔服部　一九七八　五三〕、ほかにも各地から事例が多く報告されているが、その示す意味に論究した論考は少ない。そこで注目したいのは、関係の締結において積極的と消極的という相反する心意がみられることである。そしてシンセキツキアイの調節が行われている。新しくツキアイを増やしたくない場合がある。例えばⅠ4の事例で「シンセキにムスコに行けばそれ以上にシンセキツキアイが広がらなくて済む」というのもそのためである。また、同じ考え方でもⅢ8の場合は逆で、シンセキと筆親と筆子になってまでツキアイを増やそうとは思わずにタニンを筆親に選んでいる。いずれにせよツキアイを際限なく広げようとするのでなく、社会生活を維持する上である一定に調節しておこうとする意図がみられる。また、シンセキ同士の関係締結では、父母両系の内でどちらか一方を重視することはない。両系のいずれも好んで締結されている。本家と分家で関係を締結する場合でも、同族ではなく親類としての親族関係を強化する目的が大きいと考えられる。

## 小括

本章では、筆親と筆子のツキアイに注目して筆親筆子間の互助における一代性について明らかにした。

筆親と筆子の関係は、筆子が三年目のネンアキを迎えるまでの期間が一つの節目となる。ネンアキが済めば一生のツキアイをするものと考えられているが、なかにはツキアイをしなくなる者がいて一様ではない。ネンアキ後のツキアイは、現在では日常のツキアイよりも冠婚葬祭のようなハレの機会に訪問するような非日常的なツキアイが中心である。また、筆親と筆子の関係解消は極めて稀である。実の親子関係と異なり、適度な距離が取れるので、筆親と筆子が仲違いをする事例はほとんどみられない。

筆親と筆子になるとシンセキになり、双方に家関係が形成される。シンセキツキアイと同じく、筆親と筆子のツキアイは世代交代によって次第に関係が希薄になり、最後は行われなくなる。代替わりで新たなツキアイが増えるので、古いツキアイは順次淘汰される。筆親と筆子の関係も代替わりで次第に希薄になる性質をもつ。筆親と筆子は基本的に一代限りで、一生涯のツキアイとなる。双方が生存中は互いの家族の葬式や法事で特に頻繁なツキアイがある。筆親や筆子といった当事者の葬式や法事だけでなく、家の先祖に対しても互いにアンナイを出し合って行き来している。筆親筆子関係は基本的に一代限りだが、家で継承されることがある。それは家長がツキアイに対して実直な場合である。また、近年は島の過疎化や少子高齢化の影響によりシンセキ関係が希薄になったために、家の先祖にみられる筆親筆子関係の中から選択的にツキアイを継承する傾向が生じている。

他者の筆親筆子関係については、親子間では把握されている。しかし、家族間であっても祖父母の筆親筆子関係については不明なことが多く、孫の代くらいまでのツキアイが継承されるケースが一般的である。また、タニンの筆親筆子関係はほとんど知られておらず、そもそも興味がなく知ろうともしないようである。内輪の社会関係としての性格が強い。筆親と筆子になるとシンセキとして家関係が生じるので、ミウチと呼ぶごく身近な家族に対してはツキアイが生じる。一方で基本的にツキアイが生じないのは、筆親同士はもとより筆子同士や筆子の筆子、あるいは筆親の筆親にもツキアイが生じない。この点が養子縁組や結婚に基づく姻戚関係と違っている。筆親筆子関係では、兄弟姉妹の関係や祖父母と孫の関係などが生じないのが特徴である。

筆親と筆子の間柄は、オヤガワリ・シンセキツキアイ・相互扶助といった三つの特徴がみられる。第一に、オヤガワリは結婚式などの儀礼的場面だけでなく、物心両面で実親の代わりを果たす。年齢層ⅠやⅡなどの一九四五年生まれ以前の者にみられる。一九四六年以降に生まれた年齢層Ⅲではみられなかった。ただし、オヤガワリといわれるが実の親子関係とは異なる。近年の高齢化でも筆子は筆親の介護までは行わずに一線を画している。第二に、筆親と筆子の関係は白石島ではシンセキツキアイになる。この考え方はコーホートからはどの年齢層にもみられる。筆親と筆子は戸籍上の法定親族ではないが、シンセキと同様に権利や義務を担う生活組織としての側面をもつ。第三に、筆親筆子のツキアイにみる特性として相互扶助があげられる。これもどの年齢層にもみられる。極めて対等な関係で、筆親からの一方的な搾取関係ではない。

これまでは筆親と筆子のツキアイが最優先されたが、近年は日常のツキアイが減少している。「何かあった時」といわれるように、非日常の危機的状況に顕在化している。そして現在は葬式や法事のツキアイが盛んである。また、従来はショウガツヨビといった正月の訪問や筆親の年祝いが行われていたが、近年は衰退している。これまでは筆親が日常生活の相談相手として過度に期待されており、特に未婚の筆子にとっては結婚の悩みを相談できる者として、関係締結の重要な要因となっていた。しかし、近年は筆親に知らされずに筆子に子が生まれている。筆親と筆子が海を隔てて島内外で生活することが増えたことにも原因がある。一方で近年の過疎化や高齢化で新しい現象がみられる。島外居住の筆子が盆に里帰りをして手土産を持って筆親を訪ね、死んだ筆親の仏前に供え物をすることが近年の新しい現象である。

筆親と筆子の関係に注目すると、関係を締結する際に島民はシンセキ同士とタニン同士の二者を意識的に区別している。この二種類の締結は違った民俗的思考による。シンセキ同士だと「シンセキを濃くする」と称して、シンセキ関係を再編する目的がみられる。一方でタニン同士では「シンセキを拵える」と称して、シンセキを構築する目的がみられる。筆親筆子関係の締結では積極的と消極的という相反する心意が読み取れるが、こうした二種類の締結を使い分けることで、ツキアイを際限なく広げようとするのでなく、社会生活を維持する上である一定に調節しておく作用がみられる。これらは島民が地域社会で繋がりを持続していくための民俗知識であることがわかる。

**註**

（1）年忌法事の訪問者に手渡す返礼品の意味。白石島では、菓子や飲料などの安価な品物を紙袋に入れて手渡す風習がある。

（2）「御観経」の意味。白石島では単にカンキとも称している。転じて、白石島では年忌法事の意味も指す。

（3）筆親同士であることを媒介に新たな関係が形成されることはない。しかし、筆親は島で諸役を務める有力者がなっている場合が多く、筆親同士の関係は別としても、筆親同士に相互の協力関係が生じることがあった。例えば、Ｉ15（一九二五年生まれ・女）の話では、夫で笠岡市議会議員のＩ10（一九二四年生まれ）は、ＡＹ（An姓・男）と一緒に白石島でさまざまな公共事業を手掛けている。二人が協力すればできないことはないと島民たちが認めるほどであり、このことから二人の協力関係がみられる。ＡＹは白石島消防団長等の諸役を務める島の名士で、そのために筆子も多かったという。その後にＡＹは白石島農業協同組合長を務めたが、病気になってすぐに辞めており、死期が迫ると「あとはＩ10に任せる」といい残して亡くなったという。Ｉ15からの聞き取り時から五～六年前にＡＹは亡くなっている。

（4）民法第七二五条を参照。

（5）女の数え年の四十二歳は「女のシジュウニ（四十二）は袖の下で祝え」といわれるように、白石島では派手に祝わない風習である。

# 第五章　結婚において縁を司る筆親

## はじめに

本章では、結婚において縁を司る筆親について明らかにする。第一節では、結婚における筆親筆子関係を考察する前提として、白石島における結婚習俗の諸相について提示する。第二節では、筆親による仲人としての社会的役割を中心に分析し、結婚習俗における筆親の役割について明らかにする。

## 一　結婚習俗の諸相

### 1　結婚成立の諸段階

白石島では古くは足入れ婚の婚姻形態をもち、現在のようなシキ（式）は伴っていない。このような婚姻形態は古老の世代にも知る者はわずかである。したがって以前の足入れ婚における筆親の役割が、その後の嫁入り婚時代のそれとどのように違うのかは不明である。次の事例は足入れ婚を知る数少ない話者の一人である。

I1（一九〇六年生まれ・女）によると、嫁の引き移りであるキゾメ（来初め）が済まなくても、婿方から「今日からウチに来てくれ」と頼まれると娘は婿方で寝泊まりするようになった。婿の場合も、現在でいう結納のノシイレ（熨斗入れ）をして結婚の約束を交わすと、その日から嫁方で寝泊まりした。ようやく数年経った頃に、その日の吉凶を判断して「今日はよい日じゃからちょっとここ（夫の生家）にキゾメしてもらおうか」と夫の生家から伝えてくると、まだ筆親が生きておれば妻は筆親に連れて行ってもらったのである。キゾメの日は御馳走などは食べずに、魚を買って料理する程度の気軽さであったという。現在のような結婚式はなく、正月に「濃いシンセキ」が集まった時などに、派手さはないが簡素な祝いの席をもつ家があったという。

上記の事例では、一定期間嫁方に婚舎が置かれて妻問いが行われている期間がある。この期間には、妻が夫の家の労働力として寝泊まりする期間もみられるなど、大間知篤三の定義する「足入れ婚」[1]とは多少の相違がみられる。しかし大間知が「足入れ婚」の特質としているように、婚姻成立後は一定期間婚舎が嫁方に置かれた後に嫁の引き移りがみられることから、足入れ婚の一形態といえる。そして嫁の引き移りが行われるまでは、妻の帰属不安定な期間が何年も続いたのである。

白石島の結婚習俗については、嶋村知章が昭和初期に調査を行い、足入れ婚について報告している［嶋村　一九三〇］。嶋村によると、白石島の「結婚が媒酌人に委せられるやうなことは殆どなく、本人同士の約束に基いて決定するのださうである」ことや、「無論結婚の式を挙げることは云ふ迄もなく、この時は見物人は新夫婦に墨をつける習慣が今でも行はれて居る」ことのほかにも、「結婚しても決して直ちに夫婦同居せず、男が女の家に通ひ、子供でも出来ると家をもつのが普通である」と報告している［嶋村　一九三〇　二五七］。ここでは筆親筆子関係との関わりについては述べていないが、先ほどのＩ１による古い結婚形態と重複する特徴を見出すことができる。以上のような足入れ婚の体験者は現在の島民にはいない。次のように、現在の島民が経験した結婚は儀礼の諸段階が明確に位置付けられており、婚舎の引き移り時期は明確である。

次に、現在の高齢者たちが経験した結婚の流れをみていきたい。まず縁談はノシイレで成立する。ノシイレは一般にいう結納である。ノシイレから結婚まではあまり日にちを置かず、長くても一ヶ月後に結婚式をする。心変わりしないために早い方がよいとされたからである。また「茶々を入れる」者がいたからである。ノシイレに派手さはなく、酒と肴に熨斗を持参する程度であった。酒はシラサギと呼ぶ徳利に入れた。肴は「尾頭付き」の鯛が好まれたが、冬は鯛が手に入らないので代わりに出世魚を持参した。訪問日時は事前に相手方に伝えておくが、嫁入りするのは夜である。シンセキは「心安い」ので「(嫁を)貰いに行ってくれ」とノシイレを頼まれたりする。その時は男二人ほどが嫁を迎えに行った。

ノシイレは金銭を持参するのが近年では一般的だが、その返礼をノシガエシ(熨斗返し)と呼んだ。貰った金額の三割ほどを返すのが相場である。ただし年長者を敬う傾向があるので、大体は年上には三割、同輩には半額、年下には全額を返す。また、以前は「女よりも男の方が上」と考えられていたので、妻側からのノシガエシは夫側の三割ほどでよいとすることがあった。また、日時の吉凶に対しては現在でも島民は大変気を遣う。結婚は大安を好み、方角も考慮した。また、嫁入り道具を運ぶのは婿がノシイレに来てからで、結婚式までにシンセキや筆親が運び入れた。持参したのは長持くらいで、運ぶには棒を一本挿して両方から二人で担いだように、現在と違って極めて簡略である。

結婚はヨメドリ(嫁取り)という。白石島の嫁入り行列はかなり遅くまで行われており、島外では嫁入り行列が廃止されてからも白石島では続けられている。羽織袴を着用し、弓張り提灯を持参して、夜に迎えに行くのが仕来りであった。ヨメドリには筆親やオジなどが婿に付き添った。島外婚の普及後もヨメドリはこの様相で続けられており、嫁入り行列の習俗はかなり遅くまで行われていたことがわかる。嫁方ではヨメドリに来るのをシンセキたちが待ち受ける。一行が到着した後、嫁の出立時にカドイレと称して、婿方と嫁方の全員が盃を交わす。出立時には、幼い子供が来ていればヨメガシ（嫁菓子）を与えた。嫁はカミノマ（上の間）の縁側から出立する。日常はカミノマからは人が出入りしないように、ここは葬式や法事で死者や僧侶が出入りする場所であり、この場からの出立が別れの意味をもっていると考えられる。嫁入り行列ではハウタ（端唄）が歌われた。ハウタは祝い唄で、新築や船の新造下ろしにも歌われた。

嫁入り行列が婿の生家まで来る途中で、若者がいたずらをすることがあった。これはスミツケ（墨付け）といい、子供が二～三人くらいで嫁や婿に墨を付ける習俗で、若者が結婚に関与していた頃の名残と考えられる。入家時に嫁の頭上に鍋を被せるなどの風習が全国各地でみられるが、白石島ではこのような嫁の帰属の変更を示す儀礼はみられない。ヨメドリ前から婿方に帰属する側面が大きかったためと考えられる。そのためにノシイレ前から結婚が決まるとすぐにでも日取りを決めて、それからは妻は夫の生家の仕事を手伝いに行っており、その時から食事も夫の生家で一緒にとった。寝る時だけは生家に帰るが、翌日は朝に再び来るので、結婚前からすでに夫の生家に帰属するような状況になった。

結婚式では夜になってから婿方で盛大な飲食が行われた。祝言はサカズキゴト（盃事）といい、三々九度の盃はナンド（納戸）の部屋で行った。サカズキゴトは一般に六人で行い、婿と嫁にその筆親が一人ずつ付き添い、盃を渡す役目の子供一人と、盃に注ぐ役目の子供一人が立ち会う。座席は向かって左に婿、その左隣にオトコオヤが座し、向かって右に嫁、その右隣にオンナオヤが座した。そして幼い子供が三々九度の盃をした。その役は一般にシンセキやキンジョの女の子が行ったが、子供は穢れがないと考えられていたからである。

サカズキゴトが終わるとシンセキが集まって披露宴になる。披露宴は結婚式と同じく婚家で行ったが、時代が下ると結婚式は婚家で行うが披露宴は島の旅館で行うように変化している。さらに現在は島外の結婚式場を利用する。かつての屋内の披露宴では、田の字型の家屋の場合はオモテ（表）の二間を使い、障子を取り払って宴席とした。座順は向かって左に婿、右に嫁が座った。両側にはそれぞれのシンセキが年齢の高い者や「濃いシンセキ」から座る。披露宴には婿と嫁の筆親夫婦が二人ずつ出席した。酒を飲み出すと皆が車座になって酌をし合うようになる。

披露宴は、出席者が毎日入れ替わって何日も行われた。初日は結婚式に出席したオジ・オバやキョウダイなどのシンセキが出席して祝う。翌日は必ずイトコヨビ（いとこ呼び）と称してイトコを招いて祝う。翌々日は婿や嫁の友達のほかに、祖父や父の友達のような家族全ての友人が訪ねて来て祝った。友達だけは入れ替わり立ち替わり訪ねて来るため、披露宴は何日も続いた。古くは一週間ほど行ったようだが、現在の古老の頃はすでに簡素になっている。それでも一九五九年に結婚した夫婦の例では、二日間に渡って披露宴が行われており、初日にシンセキを招き、二日目にイトコやそのほかのシンセキを招いている。

結婚後の挨拶回りの風習はなく、島内婚が一般的で皆が見知った間柄になるので改めて挨拶を必要としなかったと考えられる。結婚後の新婚旅行の習慣も、現在の古老たちの頃の結婚ではまだ定着していない。一九五五年に嫁入り婚をした夫婦の事例をみると、夫は島出身の島外生活者で、妻は島外出身者だったため、新婚旅行や挨拶回りをしている。この夫婦は新婚旅行で約一週間の箱根と日光旅行に行っており、さらに島では姑が嫁を連れてキンジョに挨拶回りをしている。このように島外婚の普及により一九五〇年代には新しい結婚習俗が発生しており、現在に定着している。

次に結婚の居住方式と通婚圏に関してだが、すでに第一章で具体的に述べているのでここでは簡単にまとめておく。現在は島外出身者との結婚が主流だが、以前は島内婚が中心であった。二〇〇〇年に実施した調査では、白石島に居住する存命の夫婦は二四〇組である（表1－8）。また、表に記載していないが、結婚形態は夫方居住婚が大半であり、妻方居住婚はわずか八％（一八組）であった。通婚圏については島内婚が七七％（一八四組）で最も多い。「島の者はすべてシンセキになる」と語られるように、島内はシンセキと呼ぶ双系的親族関係が錯綜していることがわかる。また、周辺の島と漁業上のトラブルが生じることがあったが、漁業と結婚は別と考えられているため、北木島・高島・神島などから嫁入りがみられる（表1－9）。庄屋格相当の家柄では近世期には島外婚を行っていたことが島民の話からわかるが、庶民の間では大正期の終わりまでは本土との結婚がほとんどなかったといわれている。しかし近年になってからは嫁が俗に「輸入品」と揶揄されるように、都市部出身の「マチの人」が大部分となっている。

## 2 配偶者の選択と決定

現在の高齢者は島内婚が主流だったことはすでに述べた。ただし島民同士は皆が見知った間柄なので、島の結婚は都市部のように恋愛婚や見合い婚の範疇では理解できない。白石島では本人以外から配偶者を紹介された結婚をミアイ（見合い）と呼ぶが、一方で島内婚の場合は、配偶者を紹介された場合でもレンアイ（恋愛）と考えている。なぜなら島内婚は配偶者を紹介された場合でも、紹介される以前からすでに見知った間柄だからである。また、白石島では配偶者の紹介や仲介に筆親が関与したので、白石島の結婚を理解するには筆親の存在に着目する必要がある。

現在の高齢者は、結婚では自身で決めた配偶者が優先されたようで、好意を寄せる相手がいれば実親や筆親は別の相手を無理に勧めず、筆親が間に入って縁談をまとめた。しかし実際は自身で配偶者を見つける者は少なかったようで、恋愛対象の相手がいなければ実親や筆親だけでなくキンジョからも縁談を紹介した。そして、実親から子の筆親に相手方の説得を頼み、縁談がまとまれば筆親に仲人を依頼した。このようにかつての島内婚は、子の意思が尊重されつつ実親と筆親の三者が協力して縁談を進める配偶者選択の方法だったことがわかる。

親が決めた縁談で強引に子を結婚させることがあったが、決して多くはない。「泣き泣き嫁に行った」という事例は財産家にみられた。財産所有が配偶者選択の一つの指標になっており、実親が子にミアイをさせた理由としては財産の分散を避けるためである。なかには「嫁に欲しい」と再三いってくるので仕方なく嫁に出す場合は、土地をつけて行かせたが、多くはなかったという。

島では一九六〇年代頃までヨバイ（夜這い）が行われていた。夜に若者仲間が連れ立って娘の家にアソビ（遊び）に行くことをヨバイといった。転じて恋愛のこともヨバイといった。Ⅱ４（一九三一年生まれ・男）は次のようなヨバイの体験を語ってくれた。

　ヨバイは若者が一～二人で行くこともあったが、夜更かしをした若者が四～五人で娘の家に行く。大体はいつも親しい同じ娘の家に行く。娘が一人の時のほかにも、友達を連れて来ている時がある。いつまでも娘が起きない時は蹴り飛ばすか、頭を叩いて起こした。わざと娘に大きな声を出させて逃げ、誰が一番早く走って逃げるかを競った。時にはハサミを持参して、娘のパンツを切って逃げた。その場合は親を先に起こすので叱られはしない。なかには娘を押さえ込む連中もいたが、その時は一～二人で出かけて行き、一人は見張りをして、もう一人が家に忍び込んだ。

ヨバイはアソビだといわれるように、当時の若者たちの娯楽の一つと考えられていた。そのために、結婚に結び付くことは少なかったようである。娯楽が少なく、地芝居や四年に一回の神楽が若者の数少ない楽しみだったように、ヨバイは娯楽感覚で行われている。ヨバイで結婚する者もわずかにあったようだが、「夜這い子」ができて結婚するケースは稀だったと聞く。また、島の生活では男女が知り合う機会がいくつかあり、その中で盆踊りはよく知られるが、「二十三夜」の講もかつては島の若い男女が知り合う場になっていた。旧暦一月二十三日に島民がK寺に集まって夜通しで「お籠り」をしたが、信心から純粋にお籠りをする者がいる一方で、男女の出会いの場にもなっていて、別室ではいつも「手慰みの場」ができていたという。

先に述べたように、実親が子の配偶者の選択に関与することがあった。なかにはイイナズケ(許嫁)と称して「お前のところにオナゴ(女子)が生まれたらこれ(息子)の嫁に貰うけえ」といったように、子が幼少のうちに親同士が縁組を約束することがあった。親が子の配偶者を選ぶ際には、長男と次三男では多少考え方が異なる。家のアトトリになる長男にはある程度の「良い家」の娘を妻に選んだが、次三男として家から他出する者には好きにさせたように、男系の長子を優遇する傾向があった。また、家柄は「素姓」などといい、Km姓で嘉惣次《かそうじ》や喜惣次《きそうじ》の家名をもつ家を指す。これらは近世初頭に島の干拓事業を采配した家筋と伝える。しかし島では「家柄というほどのものはなく何代も経つと家柄もなくなる」といった考え方が示されるように、家々の階層差は少なく、階層間の入れ替わりは著しいことがわかる。このことが配偶者の選択にも強く影響している。また、配偶者の選択においては、嫁方からも諸条件をみて判断が下された。例えば家に井戸があるか、畑を持っているか、家が新しいか、姑が優しいかなどの諸条件を実親が考慮して結婚させた。また、夫婦の年齢差は夫が年上の場合が多いが、好意をもって結婚するのに年齢は関係ないと考えられている。

なかには実親が勧める縁談に子が反発したように、結婚に対する子の主体性が窺える。以前は妻にするために強引に娘を連れて行ったり、他所に嫁ぐ途中の娘を強引に連れ去ったりしたと聞く。柳田国男の昭和初期の論考にも「白石島などには、嫁を取る一方式として略奪の遺風がつひ此頃まで普通であつた」と記している[柳田 一九二七 一八一]。なかには実親の縁談に反対して何日間も嫁がシンセキの家に隠れたり、さらには「嫁をかたぐ」と称して駆落ちする夫婦がいたと聞くが、一九五〇年代になると「嫁をかたぐ」ことはしなくなったという。子供たちが「嫁さんかたいでアッシッシ」といった戯言でふざけ合うほどに島の中で話題になる出来事があったことを、現在の老人の語りから確認できる。

かつてはムラの若者が結婚に関与したことは、各地の事例報告からも多数指摘されている。白石島には戦前にワカイシュと呼ばれる青年団が存在したが、ここでも少なからず若者が結婚に関与したことがわかる。ある古老の記憶では、白石島の娘との婚約を破談にして北木島へ入り婿した若者がいた。その時は青年団が激怒して北木島へ乗り込み、大人たちまでがこの若者を替え歌にして罵倒したという。この事例からは、青年団が島の結婚に対して制裁を行うほどに強く関与していたことがわかる。また、戦前の若者や娘の様相として、個人宅に毎晩のように遊び訪れた風習が話によく伝えられていることからは、同年や同世代の関係が強固であったことがわかる。特に親しい者はツレやトモダチと称しており、同年生まれの者に対しての特別な感情が強くみられるのが特徴である。

最後に離婚についてみておく。離婚は俗に「別れる」という。島民には嫁入り婚が多く、婿の生家が婚舎となることが多かったので、離婚のことを男は「逃げられた」と称し、女は「出戻り」と称している。筆親は仲人として縁談を取り結ぶ役割だけでなく、破談の際の「別れ話」では筆親が仲裁に努めて説得した。近年は「フデノオヤが少なくなったので離婚が増えた」といわれるように、離婚件数の変動の真偽は別として、筆親は筆子夫婦の仲を取り持つ役割を期待されていたことがわかる。

以上をまとめると、白石島では階層が比較的均質で入れ替わりが激しく、家柄は一般的に結婚の指標にならなかったようである。戦前戦中に生まれた年齢層ⅠやⅡでは、諸条件をもとに実親同士が子の配偶者を選定し、さらに子の承諾を得て結婚させている。このように考えると、恋愛婚と見合い婚、あるいは子の主体性と実親の関与といった基準軸のどちらか一方で白石島の結婚形態を理解するのは的確ではなく、これらの並存が白石島の結婚形態であるといえる。また、白石島の結婚は役割分業的である。実親・筆親・本人などが各立場で結婚に関与している。好意を寄せる異性がいないと、実親や筆親による配偶者選択が行われる。しかし、好意を抱く異性がすでにいれば子は筆親に相談する一方で、実親からも筆親に相談がなされ、筆親に助力を頼み、筆親は筆子の結婚相手の家を訪問して説得に務めた。

## 3 血縁観と結婚観の変化

シンセキ同士の親族婚が白石島の年配者の間では散見される。「身内を固める」ためや「シンセキの根を増やす」ために、かつてはイトコミョウト(いとこ夫婦)が志向された。ただし、親族婚は戦後から次第に忌避されるようになったようである。一つには、一九五九年に皇太子が近代以降で初めて民間出身の皇太子妃と結婚した時に島民は強く影響されたといわれるように、この頃から白石島では親族婚が強く忌避されるようになったという。

イトコミョウトは実親同士が決めるのが一般的とされる。イトコミョウトには財産の分散を避ける意図がある。イトコミョウトの家があれば「財産がたくさんある」と島の人たちが勘付いたといわれるように、財産家は実親が子に説いて結婚させた。イトコミョウトは父母両系でみられるが、父系と母系に対して血縁の優劣は余り気にかけられない。どちらかといえば父方を優先させるが、なかには「父のキョウダイを避けるようにし、なるべく母のキョウダイになるようにした」というイトコ婚の事例がある。この理由としては、母方は父方よりも「血が薄くなる」のでなるべくは母方と結婚したというものである。また、本分家間においても世代交代によって「縁が薄くなる」と称して盛んに結婚した例がみられる。これらの目的はシンセキ間で筆親筆子関係を締結するのと同様であるために、嫁入りは本家と分家の双方から行われている。

ただし、上記の母方のイトコミョウトの事例については、オヤカタドリと同様に結婚がシンセキ間や本分家間で頻繁に行われたことを考慮すれば、本来は関係を「濃く」することが目的であるべきで、父方のイトコミョウトは好んで行われたと考えられる。しかし戦後になってからは、島民の間では関係が「濃い」ことを次第に忌避するようになると、「薄い」母方とイトコミョウトになるという消極的な方法が選択されるに至ったと考えられる。さらに現在は親族婚が忌避され、「血が濃いと良くない」とする考え方が島民に共有されている。以前は親族婚が多くみられたために、現在の島民には「頭がよい者がいない」や「血が濃いので馬鹿ばっかり」だとか、「今は（島外の）施設に入っているが、以前は島に障害者が五～六人と多くいた」などという言説が島民の間で普通に話されている。

次に、現代の結婚観の変化についてみていく。一九五〇年代頃から就職目的の離島者が増加したために、現在は島外婚が一般化している。高校を卒業後に帰島せずにそのまま就職し、島外出身者と結婚する者が大半である。結婚式は島外で行うようになっている。島には北海道や九州から嫁いだ女性もいる。漁家は相続の問題が深刻であり中国人妻が三件みられる。最近は若者が減少し、結婚件数は島外移住者を含めても年間数件ほどである。逆に高齢化で葬式件数は年間約一五件を数えるが、結婚件数はそれを大幅に下回る。また、島が高齢化しており結婚は多くの島民にとって孫世代の出来事なので、住民の多くの耳に入らないのが実状のようである。さらに近年は島外の式場を使用するので、島民の話題に上がることは少ない。また、島から就労に出た夫婦の子供は島外で成長し、島外の者と結婚する傾向にある。Ⅲ11（一九五八年生まれ・女）の父母は大阪に出稼ぎに行ったので、Ⅲ11は大阪で中高を卒業してそのまま就職し、夫とは大阪の職場で知り合い結婚している。親は白石島の出身者と結婚するように勧めたが、Ⅲ11は反対を押し切って職場の人と恋愛婚をしている。

戦後からの島外婚への移行期には、筆親のほかにも職場の上司などに仲人を依頼する風習がみられた。職場の上司などにタノマレナコウドとして仲人を依頼する一方で、筆親の仲人を「正式な仲人」と称して、タノマレナコウドよりも上位の存在として式へ招いている。さらに筆親による仲人の慣行が消滅してからも、近年まで仲人を依頼する傾向がみられた。その場合は会社の上司や、なかにはシンセキなどに仲人を依頼している。現在はこのような仲人をタノマレナコウドと称して、筆親よりも一段低くみる風潮が残っている。しかしタノマレナコウドではあるが、結婚式だけのツキアイだけではなく、子が生まれると祝儀を贈っている。

近年の若者の結婚観に対して、島の老人たちの多くは不満を抱えている。特に近年増加した実親や親族が関与しない結婚や妊娠、あるいは離婚の増加に対する反対意見が多い。特に島からの移住者の考え方は、これまでの島の風習を疑問視する傾向があり、島民と大きく隔たりがみられる。例えば次のⅢ10（一九五六年生まれ・男）の再婚事例は、近年の離島者と島の筆親との関係をよく示している。Ⅲ10は白石島の出身者だが大阪在住で、妻は亡くなったので独身である。二〇〇九年の調査時点ではⅢ10が同年に再婚を予定しているため、シンセキに会うために来島しているとのことであった。再婚相手とはインターネットの出会い系サイトで知り合ったという。Ⅲ10には白石島に住む筆親がいるので、これまでも来島時に挨拶するツキアイを続けている。初婚時は筆親が仲人をしたが、今回の再婚では「話が難しくなると困る」のでⅢ10は筆親に仲人を依頼せず、結婚の報告をしない考えである。以上のⅢ10の事例のように、島外居住者にみられるインターネットを利用した配偶者選択の方法や、筆親へ結婚報告をしないあり方は、近年の結婚のあり方や筆親筆子関係の変化を顕著に示している。

## 二　結婚習俗における筆親の役割

### 1　結婚におけるオヤガワリ

筆子の結婚では筆親が仲人をするものと考えられてきた。筆親はオヤガワリといわれるように、筆子の縁談をまとめることに始まり、結婚式の段取りを行い、結婚式には実親ではなく筆親が出席した。戦後生まれの年齢層Ⅲの事例でも結婚式の段取りは実親が行ったが、あとは筆親がすべて決めるような状況だったと聞く。筆親には金銭的負担がかなりに及んだので、筆親としての依頼を断るのは禁忌とされながらも、実際には断る者がみられた。

現在の老人たちの結婚では、実親が結婚相手を決めることが多かったといわれるが、一方で、実親が直接的に子の結婚に関与するのは大変はばかられることと考えられていた。そのために嫁を迎えるには誰かを仲人に選び、その者に骨を折ってもらうのが建前とされた。そして実親は子の筆親に「あそこに娘さんのええんがおるけえ（あの家に良い娘さんがいるので）うちの息子の嫁さんに貰いたいんじゃが」とか「一つどねえな気持ちか口を聞いてみてくれや」と依頼した。それを受けた筆親は、娘の家を訪問して「あの人はどうじゃろうか」と遠回しに仲に入って聞いたのである。そして相手の感触で「調子がえがった」となれば正式に交際する。それから筆親は「こういう場合じゃからひとつ来てもらえんか」とか「ひとつよろしゅう頼むけえ来てやってくれ」というように機会をみて結婚の意思を伝えて、結婚へと導いたのである。

一方、筆子が好意を寄せる異性がいるか否かを筆親が確認した際に、すでに恋仲になっている場合がある。すると比較的容易に話が進むものであるという。筆親は筆子の実親にも話を伝えて了承を得ておく。そして筆親は「今日はいっちょ日がいいので行ってみるか」と思い立つと、筆子の結婚相手の両親を説得に訪問した。一回では承諾して貰えないものなので、時にはオトコオヤだけでなくオンナオヤが交代して訪問し、何度も説得が試みられたのである。例えば、Ⅱ4(一九三二年生まれ・男)は二十歳でムスコになり、二十八歳で結婚している。実親から「そろそろ嫁を貰ってもよかろう」と説かれ、筆親からは「誰かよい人がいれば貰いに行くぞ」といわれていた。当時、Ⅱ4は大阪で働いており、同時期に白石島から働きに来ていた娘がいたが、Ⅱ4はその娘に好意を抱いていることを筆親(Nh姓・男)に話したところ「(嫁に)貰いに行こう」と決まった。それから筆親は毎晩、娘の家に押しかけて承諾を得るまで飲んで居すわり、筆親は「(嫁に)貰うまで来る」と豪語していたという。その後は縁談が無事にまとまり、後日、筆親が男の人を同行してオミキを持参して訪問している。上記のような若者の事例だけでなく娘の場合も、筆子になる大きな理由は、結婚したい時に実親には話し難いので相談者が欲しいからであった。なかには自身で結婚相手をみつける娘がいたが、その時に実親が反対する場合がある。そういう時に筆親が説得してくれたからである。

オヤカタドリが盛んに行われてきたのは、結婚の適齢期を迎えた時に、相手方から承諾を得るために説得に訪問してくれる者がいないと困るからである。現在の老人たちの一世代前までは、最初の訪問時はまったく話がされていない状況だったので、まずは筆親が何も持参せずに何回も説得に訪問し、先方からは「やらん」とまでは返事しないが「考えさせて貰います」と断られて何度も訪問したという。しかし、現在の老人たちの世代はすでに根回しをしてから訪問するようになっていたので、訪問時は万全の状態で酒二升を携えて訪問している。結婚相手の承諾の際には、訪問する側も迎える側も大体は二人である。オトコオヤが筆子のシンセキを連れて訪問した。その時にオンナオヤは同行しないが、結婚式には出席した。

結婚式は実親が出席しなかったので、筆親がオヤガワリで出席した。例えば、婿と嫁の筆親夫婦四人とオジ・オバが中心になって結婚式を執り行った。筆親は仲人を務め、三々九度を執り行い、高砂くらいは唄わねばならないとされた。そして翌日はオヤヨビと称して、初めて両親を招いて実親同士が顔を会わせた。Ⅱ7の妻（一九三七年生まれ）の話では、弟（一九三九年生まれ）の結婚式は自宅で行ったにも拘わらず両親が出席していない。一方、彼女は姉だったので式に出席している。そして翌日のオヤヨビで初めて両親が出席している。このように、なかには一九六〇年代頃までオヤヨビを行う結婚がみられた。しかし、オヤカタドリをしていない現在の若者の結婚式では実親が出席しており、式場へは島から皆が一緒に行くようになっている。

以上から、筆親はオヤガワリとして実親とは別の役割が期待されていたことがわかる。一方で筆子も、筆親が実親とは異なる存在と認識していたことがわかる。実親が子の結婚に関与することは禁忌ではないが、大変はばかられる行為と考えられていたのである。そのために筆親には、筆子の恋愛や結婚の相談や仲人の役割が期待され、縁を司る役割を担ったのである。

## 2　仲人Ｉ8の事例

ここでは具体的な事例から、筆親による仲人の役割をみておく。事例はＩ8（一九二三年生まれ・男）である。Ｉ8には三人のムスコがおり、全ての結婚で仲人を務めている。

### ⑴ＹＨの結婚

ＹＨ（Yk姓・男）は最初のムスコである。二十一歳で筆子になった。本調査時は四十歳代である。白石島の尾中北集落に住み、神島の化学肥料会社Ｋ社に通勤している。家業は祖父から三代続いた大工だったが、仕事が激減して働かない日が多くなったので、Ｉ８がイトコで市議会議員のＩ10に頼んでＫ社の工場長に話をつけてもらい、大工を廃業して会社勤めのサラリーマンに転職した。

関係締結の契機は、「シンセキが薄くなる」のでＹＨの母がＩ８に筆親を頼んできたからである。ＹＨはＩ８のイトコハン、つまり、Ｉ８の母の姉の長男の三男（兄が死んだので実質上は次男）になる。なお、ＹＨの母は嫁入り（婚入者）なのでＩ８と血縁関係がない。

ＹＨの結婚時は、Ｉ８がＹＨの母の兄弟と二人で家を訪問して承諾をもらっている。事前にほかの者が話をつけており、行く日も知らせてあったという。それで酒二升を携えて、背広を着用して正装で訪問している。Ｉ８は会社の休日を利用して行ったが、相手は漁師なので沖に出て留守だったため、しばらく帰るのを待ち、先方が帰ってきて風呂から上がってから、ようやく対面している。内諾はすでにほかの者が得ていたので、一度しか訪問していない。対面して早々に「本日はお日柄も良くおめでとうございます、この度はYk家のご縁談のご承諾をお受け下さいまして誠にありがとうございます、末永く宜しくお願い致します」と決まりきった口上を述べている。すると相手側からは「お見かけ通りの者ですが宜しくお願いします」と結婚を承諾する返事が即答された。そしてまずは生のままでオミキを交わし、それからは燗をしたオミキを飲みつつ、先方で準備していた料理を食べた。その頃からは別の話もいろいろと交わし、その後にＩ８は帰宅した。

ＹＨの結婚式は笠岡市街の農業会館の近くで行われたというが、Ｉ８は明確な場所までは覚えていない。式場でＩ８は突然に白石踊の音頭取りを頼まれ、皆に披露している。ＹＨは筆子の最年長で、Ｉ８に何かあると現在でも一番に動いてくれるという。

### ⑵ＨＫの結婚

ＨＫ（Hd姓・男）は二番目のムスコである。白石島の尾中集落の生まれである。高校を卒業すると広島県福山市に住み、福山市の鉄鋼業大手のN社に勤めた。それから二十一歳で筆子になった。本調査時は四十歳代である。最初の筆子ＹＨよりも若い。筆親筆子関係の締結時に島外在住だったＨＫをムスコにしたのは、Ｉ11（Ｉ８の妻）によれば、筆親筆子関係が当時はすでに結婚式だけの関係になっていたからだったという。

ＨＫの夫婦はトリコトリヨメである。養父母に実子が生まれなかったからである。Ｉ８はＨＫの母とイトコだったので、ＨＫの母がＩ８の家に足を運んで筆親の依頼をしている。つまり、養母が筆親を頼んだことになる。何度も来ては会わずに帰ったといい、経済的負担を考えると筆親をなかなか依頼できなかったからである。ＨＫの結婚相手からの承諾のことは、Ｉ８はよく覚えていない。しかし、結婚式は笠岡市街のＡホールで行い、Ｉ８が「媒酌人」を務めたことを記憶している。

ＨＫは現在、福山市に家族と住んでいる。子は二人で家族四人で暮らしている。ＨＫの養父はすでに亡くなっており、養母は入院中である。ＨＫは会社勤務が多忙なため、Ｉ８と会うことはほとんどない。

### ⑶ＨＭの結婚

ＨＭ（Hn姓）は三番目のムスコである。白石島が出生地である。二十歳を過ぎてから筆子になった。本調査時は四十歳代である。二番目の筆子のＨＫよりも若い。白石島の尾中集落に住んでいる。仕事は笠岡港を行き来するフェリーの船員である。

ＨＭはＩ８の妻のイトコの子（イトコハン）になる。そのために「次々にシンセキが死んでいって薄くなる」のでＩ

８に筆親の依頼があった。筆親になってもらおうとＨＭの父が何度も家の前まで足を運んだが、玄関前まで来るといつも遠慮して入ることができなかったという。金銭がかかることなので、頼みにくかったからである。来ては何度も引き返したので、それを聞いたＩ８の次男が電話を掛けてきて「オヤジ、受けてやれ」と説得したのだという。次男は幼い頃からＨＭと同級生で仲が良かったからである。それでようやく筆子にする決心をしたという。そして後日、いつものように神島のＫ社に通勤するために港から三洋汽船に乗り込んだところ、当時、その船で乗組員をしていたＨＭに出合ったので、ＨＭへ「父が言っていることを引き受けるので父と母に伝えてくれ」とＩ８は伝えたという。そして後日にＨＭの父を「祝い酒」に招待したが、その時にＩ８は「(今日来るまでに)何回ここに来たことか…、今日は面をかぶって来た」というオヤカタドリまでの経緯を聞いている。そしてＩ８が正式に筆親を引き受けると伝えると、ＨＭの父は「ああもうくつろいだ、何もいうことはない、もうこれで思い残すことはない」といって肩の荷を下ろしたという。当時は、子供を筆子に行かせると、後は筆親が結婚などの一切の世話をしたからである。

ＨＭの結婚相手への承諾については、Ｉ８が一人で訪問したようだが、それ以外はＩ８も明確に記憶していない。ＨＭの結婚式は白石島のＯ旅館で行っている。結婚式では、Ｉ８はＨＭ夫婦らと盃を交わしている。また、「高砂」を唄っている。ＨＭとのツキアイは、筆親筆子になってから三年間のツキアイ後はなくなったという。そのようなＨＭに対してＩ８は「何もしてくれない」と語る。しかし、ＨＭが家を改築したり、子が高校に入学して経済状況が厳しいことを察しており、Ｉ８は「黙ってこらえている」という。

以上の事例では、筆親Ｉ８は三人のムスコに対して仲人を務めており、いずれのムスコにも同様の役割を果たしている。このことから、筆親筆子関係の締結順に関係なく、筆親は筆子に対する仲人としての役割を務めることがわかる。

## 3 ノシイレとヨメドリにおける筆親の関与

ここでは、仲人は夫と妻のどちらの筆親が務めるのかと、筆子のノシイレ（結納）やヨメドリ（嫁の入家儀礼）に筆親がどのような形で関与するのかをみていく。特に夫と妻のそれぞれの筆親の役割分担をみていきたい。

### ⑴仲人は夫婦どちらの筆親がするのか

仲人は筆親が務めるものとされるが、夫と妻のどちらの筆親の役割と考えられているのか。ここではいくつかの事例をみていきたい。

Ⅰ8（一九二三年生まれ・男）によると、仲人は夫の筆親夫婦が務めるので妻側はしない。ムスコ三人の結婚式は嫁入り婚で、Ⅰ8夫婦が仲人を務めている。妻の筆親夫婦は式場へ妻の手を引いて付き添ったが、仲人は務めていない。

Ⅱ15（一九四五年生まれ・女）も同様で、仲人は夫の筆親夫婦がするので、妻側はしないと考えている。Ⅱ15の筆親も仲人はせずに「介添え」程度しかしていない。

Ⅲ8（一九五五年生まれ・男）も同様で、夫婦が両人とも「親方持ち」だと、よほどの理由がない限りは夫の筆親夫婦が仲人をするものと考えている。Ⅲ8は「夫は妻よりも格が上」と考えており、妻の筆親夫婦が「仲人をさせて欲しい」と頼んでこない限りは、夫の筆親夫婦が仲人をするという。

一方、次のような方法もみられる。

Ⅱ4（一九三一年生まれ・男）によると、仲人は夫のオトコオヤと妻のオンナオヤの二人が務める。ムスコ（Hd姓）の結婚式（一九六二～一九六三年頃）は嫁入り婚だったが、Ⅱ4は妻のオンナオヤと二人で仲人をしている。

次に、島外出身の妻と結婚する場合に、妻に筆親がいなかった場合である。

Ⅲ1（一九四七年生まれ・男）は白石島の出身だが、妻は岡山県和気郡の出身で筆親がいない。結婚式では、Ⅲ1の筆親夫婦と妻が結婚に際して依頼した仲人夫婦が一緒に四人で仲人をしている。

次は、入り婿の事例である。嫁入り婚と逆になる。

Ⅲ5（一九四九年生まれ・女）によると、ノシイレは夫のオトコオヤと妻のオンナオヤが付き添うものといい、Ⅲ5のノシイレでも同様に行っている。しかし、一九七二年の結婚式では、入り婿だったのと、夫のオトコオヤが病弱だったので、妻であるⅢ5の筆親夫婦が二人で仲人をしている。

Ⅲ6（一九五〇年生まれ・男）も入り婿で、ノシイレの時は筆親がいないと困ると思ったために、Ⅲ6は急遽、一時的なカリオヤを頼んでいる。しかし、結婚式では妻の筆親夫婦が仲人をしており、Ⅲ6側は仲人をしていない。

以上の事例から、筆親による仲人の組み合わせは多様だが、大体は結婚方式と関係していて次のパターンがある。

①夫の筆親夫婦が二人で仲人をする。（島内婚の嫁入り婚）

②夫のオトコオヤと妻のオンナオヤが二人で仲人をする。（島内婚の嫁入り婚）

③夫の筆親夫婦と妻の仲人夫婦（筆親ではない）が四人で仲人する。（島外婚の嫁入り婚）

④妻の筆親夫婦が二人で仲人をする。（島内婚の入り婿）

結婚形態は島内婚の嫁入り婚が最も多く、結婚式では夫の筆親夫婦が二人で仲人をした夫婦が多い。ただし、家によって異なるので古い形態は不明である。

### (2) ノシイレ

ここでは、ノシイレにおいて夫婦それぞれの筆親がどのように役割を分担するのかを事例からみていきたい。

Ⅱ1（一九二七年生まれ・男）の妻は島外出身者なので、筆親はいない。嫁入り婚である。ノシイレでは、オトコオヤ（Hd姓）とⅡ1が二人で妻のKo家に行っている。Ⅱ1によると、迎えるのは嫁と両親が一般的だというが、妻の両親が亡くなっていたので、妻の兄夫婦と妹が出迎えている。

Ⅱ4（一九三一年生まれ・男）は島内婚の嫁入り婚である。ノシイレは、Ⅱ4、オジ、筆親夫婦（オトコオヤとオンナオヤ）の四名で妻の家に訪問している。妻側は、妻、父、オトコオヤの三名で出迎えている。その時、妻の母は家の裏にいて挨拶に出て来ないのが特徴である。

次は、入り婿の場合である。

Ⅲ6（一九五〇年生まれ・男）は入り婿なので、嫁入り婚と逆になる。ノシイレは妻側から挨拶に来ている。妻側の訪問者は、妻のオトコオヤと付添いの二人である。オンナオヤが一緒に来る必要はないという。付添い人は特に役目はなく付き添うのみといい、男の人から選んでいる。ノシイレで出迎えたのは、Ⅲ6、父、男のカリオヤ（父の弟）の三人である。

次は、筆親がいない妻の場合である。

Ⅱ4（一九三一年生まれ・男）によると、ノシイレで筆親がいないと「形がつかない」ので、その時は実親が応対する。そのために長女（一九六一年生まれ）のノシイレでは、婿の筆親夫婦が挨拶に来ているが、父親であるⅡ4が長女と二人で出迎えている。結婚は一九八七〜一九八八年頃である。

以上のように、ノシイレでは基本的にオトコオヤが付き添うと考えられている。これは訪問側も応対側も同様である。嫁入り婚や入り婿による相違はみられない。なお、ノシイレに応対する時は男だけで行い、実母やオンナオヤ等の女性が表に出る必要はないと考えられている。その間、女は料理に関わる。以前は男性優位の社会として男は家の主人と考えられていたからである。

### (3) ヨメドリ

かつては足入れ婚が行われていたが、現在の島民たちが経験したのはヨメドリと呼ばれる嫁入り婚である。ヨメドリでは嫁の入家儀礼を経て婚舎を夫方へ移す。ただし年齢層Ⅰには、結婚式を伴わない簡素な嫁入り儀礼がみられる。そこでも筆親の関与がみられる。例えばⅠ3（一九一六年生まれ・女）の場合、キゾメでは「今日は日がいいから」といわれて、畑に行く格好のままで筆親に連れられて婿の家に嫁いでいる。オトコオヤだけでなくオンナオヤも同行している。当時、シキはなかったが、夫とⅠ3の双方の筆親が仲人をしている。オトコオヤとオンナオヤが一緒に訪問するという形態は、時代が下がって現在の年配者層になるとあまりみられなくなるので古い形態と思われるが、事例が少なく追加調査が必要である。

次に、年齢層Ⅱにおけるヨメドリから、夫と妻の筆親の役割分担についてみていく。嫁の入家儀礼であるヨメドリは、戦後しばらくはみられた。ヨメドリは本来夜に行くものとされたので、日中に行く際にも提灯をつけて嫁を貰いに行った。縁談をまとめるのが上手な者がいて、そうした者がヨメドリに行ったのである。例えばⅠ4（一九一七年生まれ・男）の父は縁談をまとめるのが上手で「あれに見込まれたらやらんわけにはいかない」と噂されるほどの人だったと聞く。以下で事例をみていく。

Ⅱ1（一九二七年生まれ・男）が嫁をもらう時は、筆親が一緒に同行した。結婚式では、Ⅱ1のオトコオヤとオンナオヤが仲人をした。妻は笠岡市の本土側の出身だったので筆親を取る風習がなく、妻側は仲人を立てなかったからである。一九七六年代の民俗調査報告書にも、岡山県下で島嶼部と中国山地の一帯で親子成り習俗が散見されるが、本土側の沿岸部や平野部は親子成り習俗がみられない地域が広範にある（図2-1）。そこでこのように島外婚が次第に普及すると、夫婦のどちらかしか筆親がいないため、夫婦の一方だけに筆親が伴う婚姻儀礼が変遷の過程で一時的にみられた。なお、筆親が仲人をするには夫婦が共に生存していることが条件で、一方が死んでいれば代役を立てた。

Ⅱ4（一九三一年生まれ・男）によると、たいていは婿にオジくらいの親族が付き添い、暗くなる前に嫁を迎えに行った。

Ⅱ7の妻（一九三七年生まれ）によると、ムスメのヨメイリ（嫁入り）にオンナオヤのⅡ7が振袖を着て婿の家に連れて行っている。

以上のように、婿方からヨメドリに行くには、婿がオトコオヤと一緒に行くことが一般的である。一方、婿方にヨメイリする時はオンナオヤが嫁を連れて行ったが、この点はノシイレと異なる。ノシイレではオトコオヤが対応したが、ヨメドリでは嫁にオンナオヤが付き添っている。男優位の社会と考えられつつも、妻には女の筆親が必要と考えられていたことがわかる。

## 4　筆親による離婚調停

筆親は若者と娘を結びつけるだけでなく、夫婦仲が険悪になると相談に乗って離婚を回避するために仲裁をしなければならないと考えられている。そして筆親は筆子が離婚しないようにいつも願い続けている。筆子として来る時も、この先で結婚しても必ず離別しないように筆親は筆子に説いて聞かせる。ムスコやムスメに貰ってから筆子が後に結婚しても、離婚することになれば筆親は強く責任を感じるからである。次に事例をみていく。

Ⅱ11(一九三九年生まれ・男)はムスメの離婚調停の経験がある。ムスメのYK(Yk姓)が別れ話の相談をⅡ11の夫婦に持ちかけたので、一年間に五回ほど、足を運んで辛抱するように説得したが、説得が功を奏さずにムスメは離婚した。本人が離婚を決意すると離婚の回避は難しいと、筆親のⅡ11は考えている。

Ⅱ11の父のⅠ2(一九一二年生まれ・男)も、上記のYKの離婚について話してくれた。Ⅰ2は長男のⅡ11に尋ねないようにしているが、大体の事情は把握している。一〜二回はⅡ11が説得して離婚せずにいたが結局は離婚したようなことを聞いて知っている。YKの夫は白石島の人だが、働かなかったのが離婚の原因という。現在はオヤの説得を聞かずに離婚する者が多いとⅠ2は語る。

Ⅲ6(一九五〇年生まれ・男)は筆子になったことがなく、筆親になったこともない。そのために、離婚の危機に際して仲裁を行う存在の筆親がいない。このⅢ6は以前に離婚の危機を経験しており、離婚に対して次のような考え方をもっている。

男は結婚して家庭を持つと縛られて身動きができないとⅢ6は考えている。子供の出来が良ければよいが、出来が悪ければ家庭などどうでも良く、一人の方が気楽でよいと思っている。それにどの家庭にも夫婦喧嘩があり、喧嘩する時は面白くないものだという。Ⅲ6も兄の家のことが原因で離婚話になったことがある。離婚届にいつでも判を押すつもりでいたが、離婚すると子供が可哀そうだとⅢ6は考えている。長女は「(両親であるⅢ6夫婦が)別れるなら別れてもいい」と答え、次女は「お父さんにつく」と答え、末っ子の高校生の長男は「つまらんお父さんでもおって欲しい」とⅢ6に話したそうである。それで妻は離婚を留まり、以前よりはⅢ6に厳しく当たらなくなったそうだが、いまだに尾を引いて愚痴をこぼすという。現在も夫婦喧嘩をするというが、Ⅲ6は夫婦でいるのがよいという。Ⅲ6は以前に離婚していれば島から出て行き、島には戻らないつもりだったと振り返る。

上記のⅢ6は、現在の青壮年層や中年層の多くと同様に、筆親がいない立場にある。このように近年では、離婚の危機に際して介在すべき筆親がいないのが一般的である。オヤカタドリが盛んだった頃は、筆親が夫婦仲を取り持つことで筆子の縁を司っていた。しかし、現在はオヤカタドリ習俗が衰退し、離婚調停の役割を担うべき筆親の存在が島から消えつつある。

## 5　一時的仲人

### (1)カリオヤ

以前の結婚では筆親が仲人をつとめたので、筆親がいなければ結婚できないとさえ考えられた。その結果、結婚時のオヤカタドリが増えて関係締結の年齢が上昇したのである。かつては幼少期にオヤカタドリをしていたのだが、時代が下がると、結婚話がまとまってから仲人として筆親を依頼するように変化したのが特徴である。

カリオヤと呼ばれるのは、結婚時に急遽オヤを依頼し、仲人だけを目的にしたオヤだからである。いわば結婚の体裁を取り繕うための臨時のオヤである。したがってその後のツキアイが生じないのが特徴である。これらのことから、筆親と区別して考えられている。カリオヤの事例は大別して二種がある。一つは、戦争などの事情で若年期にオヤカタドリができなかった場合である。もう一つは、オヤカタドリが衰退する過渡期の高度経済成長期にみられる。その頃になると「オヤカタドリは必要ない」と考える者が現れ始めたが、結婚ではまだ筆親を必要としたので、オヤカタドリをしなかった者が結婚の場を取り繕うために依頼していた。以下ではカリオヤの事例をみていく。

Ｉ8（一九二三年生まれ・男）は、一九三七年から一九四七年までの期間、単身で満蒙開拓青少年義勇軍として旧満州に渡ったので、オヤカタドリの機会がなかった。したがって筆親はおらず、結婚時は急遽、父の妹夫婦を仲人に立てた。その仲人は「結婚だけのカリオヤなので正式なフデノオヤではない」とＩ8は考えている。

Ｉ12（一九二四年生まれ・男）は、一九五二年に鳥ノ口集落に住んでいた娘を嫁にしている。結婚時に筆親がいなかったので、キンジョのＮＪ（Nt姓）夫婦にカリノナコウドを頼んだ。Ｉ12は長男だったが十三歳で旧満州に渡って、二十三歳で帰島したので、オヤカタドリをする暇がなかったのが理由である。

以上の二人は戦争でオヤカタドリができずに、仮の仲人を依頼した事例である。次はそれよりも若い戦後世代の事例である。

Ⅲ6（一九五〇年生まれ・男）は筆親がおらず、さらに入り婿だったので、ノシイレ時に嫁方が挨拶に来た時は急遽、父方のオジ（父の弟）にカリオヤを頼んだ。Ⅲ6の事例では、オヤカタドリが衰退する過渡期にも依然として筆親の仲人役だけは重視されたため、結果としてカリオヤといった形態で依頼している。

Ｉ11（一九二四年生まれ・女）の息子二人の事例である。長男（大阪府堺市在住）と次男（広島県福山市在住）は二人とも学校卒業後に島を出ている。そのために、長男の結婚式では急遽、カリノオヤとしてヤトワレナコウド（雇われ仲人）[2]を依頼している。そのヤトワレナコウドは長男が選んだ「大阪辺りの人」とＩ11は聞いているが「顔も知らない人」というように、実親でさえオヤカタドリや仲人の依頼に関与しなくなっていったことがわかる。また、次男の結婚式でも急遽、Ｉ8が弟（次男のオジ）にヤトワレナコウドを依頼している。タニンには頼みにくかったからである。いずれも結婚式で便宜上に依頼しただけなので「フデノオヤではない」と考えられている。

上記の事例ではカリノオヤやヤトワレナコウドと称されているが、結婚時に体裁を取り繕うために急遽依頼した関係で、正式な筆親ではないと考えられている。オヤカタドリをしなかった年齢層が島外居住者となり、結婚で急遽、仲人を頼むようになった事例である。

### (2) タノマレナコウド

戦後からは島外で就職する若者が増加したが、その結果、職場の部長や課長などの上司が仲人をするケースが散見されるようになった。すでにオヤカタドリをしている場合は、筆親を「正式な仲人」と考えて式に招待しながらも、一方では、職場の上司などにタノマレナコウドとして仲人を依頼するケースがオヤカタドリの衰退期に一時みられる。以下の事例のように、タノマレナコウドは筆親よりも低い立場にあると考えられているが、実質的にはタノマレナコウドが式において仲人役を務めるような状況であった。

このように筆親からタノマレナコウドへと仲人役が移行する時代には、両者が同席する場合がみられる。その場合、筆親は式場でただ座っているだけの存在であっても必要と考えられていた。しかし、筆親に代わって、職場の上司などによる仲人が次第に普及していったのである。次に事例をみていく。

Ⅱ2（一九二八年生まれ・男）にはＮＩ（一九三八年生まれ・女・Nt姓）というムスメがいる。ＮＩは二十二歳で結婚し、結婚式にはⅡ2が招待されて大阪まで行っている。結婚相手は白石島出身者である。当時は大阪に働きに出ていても、白石島の出身者と結婚している。しかし、結婚式が大阪だったことと、ＮＩの職場が歯科医院だったことで、仲人は職場の歯科医師が務めている。ただし「親方を立てないといけない」といった気風が当時はまだ残っており、Ⅱ2は仲人ではなかったが、結婚式で仲人のような挨拶をして唄も歌っている。結婚式の席はⅡ2が上座で、仲人の歯科医師はⅡ2よりも下座に着座している。(3) Ⅱ2が「正式な仲人」であり、歯科医師はタノマレナコウドだったからという。

Ⅲ8（一九五五年生まれ・男）やⅢ9（一九五六年生まれ・男）が結婚した一九八〇年代中頃にはまだ筆親が仲人を務めていることから、筆親の仲人がみられなくなったのは一九九〇年代以降と考えられる。現在は筆親を必要としない者が多数で、結婚式で筆親が仲人役を務めることはない。現在も結婚式に仲人を依頼することがあるが、島外移住者が多くなったので、筆親ではなく会社の上司や、なかにはシンセキなどが仲人に依頼されている。これらの仲人は、シンセキが務めたとしてもタノマレナコウドと称される。しかし、タノマレナコウドと称されながらも結婚式だけのツキアイではなく、子が生まれると祝儀を贈ったりする。最近は筆親が仲人をしなくなり、タノマレナコウドが「正式な仲人さん」と呼ばれるように変化している。

## 小括

本章では、結婚において縁を司る筆親について分析を加えた。筆親の役割が最も期待される場面は筆子の結婚であった。ここでは白石島の伝統的な結婚習俗の様相を明らかにした上で、筆親に期待された筆子の結婚における役割と、筆子夫婦に関与する筆親の社会的役割について明らかにしてきた。

白石島では古くに足入れ婚が行われたが、コーホートによる年齢層Ⅰの一九二六年以前の出生者の中にわずかながら体験者がいるに過ぎない。現在の島内居住者は島内婚が多数を占め、婚舎は婿方に置かれる嫁入り婚である。結婚までの諸儀礼がはっきりしているのが特徴である。そのために、結婚の口利きや承諾の諸段階を経て、結婚式と披露宴で嫁の引き移りが行われ、最後に結婚が成立するといった一連の儀礼を伴う。

白石島では階層が未分化で、家柄は一般にはあまり結婚の指標とされなかったようである。高齢者たちは島内婚が一般的で、島内には姻族を含めた親類の発達が著しく、社会生活では親類がかなり重視されている。以前の島内婚ではイトコミョウトなどの親族婚が好まれ、親族関係の再編を意図した結婚が行われてきた。しかし、近年の若者は島外婚が一般化しており、島内の伝統的社会関係が重視されることは少ない。むしろ親族婚や島内婚は忌避される傾向にある。また、配偶者の選択はミアイもレンアイもみられる。ただし島内婚が多いように、ミアイであっても幼少時から見知った間柄であるため、一般に都市部にみられるような見合い婚とは異なる。また、ヨバイについては若干の事例しか提示しなかったが、年齢層Ⅱの一九四五年以前の出生者までは広く確認でき、ヨバイが盛んだったことがわかる。ただし、アソビとしての娯楽性が強く、レンアイから結婚に結び付くことは少なかった。

筆親の役割では、実親のオヤガワリとして筆子の結婚で仲人を務めることが最も重要と考えられてきた。結婚の承諾から、ノシイレ・ヨメドリ・シキなどの諸儀礼で筆親が仲人を務めた。結婚後も筆子夫婦の喧嘩の仲裁や離婚調停を行い、さらには筆子の実子の成長を見守る存在とされた。

以上のように、筆親には実親とは別の役割が期待されていたことがわかる。また、筆子も筆親が実親と異なる存在として認識していたことがわかる。実親が子の結婚に関与することは禁忌とまではいかないが、年齢層Ⅰのような高齢層には大変はばかられることと考えられている。そのために筆親は実親に代わって、恋愛や結婚における相談事や仲人の役割を果たし、筆子の縁を司る役割が期待されていた。筆子と島の人々との間に社会関係を形成する役目を筆親が担っていたことがわかる。

## 註

（1）　大間知篤三は「足入れ婚」について「婚舎は聟入婚の如く嫁方に属するにもかかわらず、婚姻成立祝いは聟方の儀礼に重点をおく婚姻」と定義しており、「聟入婚」と「足入れ婚」の相違を指摘している［大間知　一九七五b（一九五〇）四〇一］。さらに、この「婚姻成立祝い」から一定期間を経た後に「嫁引移り」が発生することを「足入れ婚」の特徴として指摘しており、それについては次のように述べている。つまり、「足入れ婚儀礼の構成上の特質は、婚姻成立祝いと嫁引移り祝いとの二つの基本的部分から成り、その二者が通例永い日月を隔てて（その期間婚舎は嫁方に置かれている）行われることにある」と指摘する［大間知　一九七五b（一九五〇）四〇二］。

（2）ヤトワレバイシャク（雇われ媒酌）やタノマレナコウド（頼まれ仲人）とも呼ぶ。

（3）実質的仲人の歯科医師が、筆親であるⅡ2よりも下座に着座した点については、両者の年齢差から座席が定められた可能性もある。しかし、ここで歯科医師の年齢は未確認であるが、筆親であるⅡ2はムスメのＮＩの結婚時に三十二歳程度の若年だったことが調査からわかっており、歯科医師の方が年上であった可能性が高い。つまり、ここでは年齢ではなく、筆親としての立場からⅡ2は上座に着座したと考えられる。

# 第六章　葬送における筆親筆子の関与

## はじめに

本章では、近年までの白石島の葬送と年忌供養の諸儀礼を分析することで、葬送における筆親筆子の関与について明らかにする。第一節では、葬送の準備と手伝いを中心に白石島の葬送儀礼について考察し、葬送儀礼における筆親筆子の位置付けを提示する。第二節では、葬列と参列者の役割について整理し、シンセキと筆親筆子関係の役割について考察する。また、葬列の分析から筆親筆子関係を含めたシンセキの構造について明らかにする。第三節では、葬送儀礼における共同飲食と物品の供与の視点から筆親筆子関係をみていく。第四節では、四十九日と年忌供養、位牌と墓石の祭祀などの死者供養について明らかにする。第五節では、葬送儀礼と筆親筆子関係の現代的変化について、火葬の普及による筆親筆子間の役割の変化を中心に考察を進める。

## 一　白石島の葬送儀礼―葬送の準備と手伝い―

白石島では結婚時と同じく、筆親と筆子は「何かあった時にツキアイをする」といわれ、不幸時のツキアイが重視される。そのために「葬式のためにオヤコになる」という島民もいる。日常はそれほどツキアイがなくても、どちらかの家族に不幸があれば、たちどころにツキアイが顕在化する。その時は、本来シンセキでなくともシンセキと同様のツキアイをする。筆子は筆親の死に際して世話をする。日常はツキアイがなくても、筆親の葬式は必ず駆けつけるものと考えられている。したがって筆親の葬式に行くと、シンセキから「なぜ来ているのか」と尋ねられたという話は島民の体験として多く聞く。その時は筆子であることを告げると納得されるのである。葬式にはシンセキやキンジョが集まり、女は朝食を作り、男は葬式道具を墓地の地蔵堂へ取りに行き、修理や新調を行った。筆親や筆子の関係になっていれば、この時はシンセキと同様に手伝った。

野辺送りである葬列は、例えばⅡ4の母の葬式(一九八一年)で行われた事例からも、一九八〇年代にはまだ広く行われている。島に火葬場がなかったために、当時は土葬が時々行われている。筆親の野辺送りでは、筆子は死者の身内と同様に役配と称される役割を担った。たくさんの筆子がいると、基本的に最初のムスメにしか役配がない。一方、ムスコには役配がない。最初のムスメは「旅飯《どんじ》」(1)と称する死者の旅路の食事をもつ役割を担う。これは焙烙《ほうろく》を使って庭先で別火にして米を炊いて作る。他のムスメやムスコたちは、葬列の最後に「役無《やくな》し」として「巻花《まきばな》」をもって墓地までついて行った。また、不幸時のツキアイは、筆親筆子関係の当事者の葬式ばかりではない。互いの身内が死んだ時も、筆親がいれば夫婦で来てさまざまな手伝いをしてくれる。手伝いに来た筆親夫婦はシンセキと同様に扱われて、食事も一緒に食べる。

法事では、筆親筆子関係があれば家にアンナイする。当事者の死後も、その家族が死者の筆親や筆子が誰であるかを覚えていれば、その家にアンナイしなければならないと考えられている。なかには家族であっても筆親や筆子が誰であるかを知らないことがあるので、アンナイを受けた方がその理由を聞き返すことがある。両親の筆親や筆子ならばまだ知っていても、祖父母になると家族でも知らないことが多いからである。そしてかなりの年数を経た年忌供養になると、死者の筆親や筆子を知っていても「呼ばなくてもよい」と次第に考えるようになるのである。また、白石島では住民の大半が真言宗K寺の檀家である。しかし、Km姓は神島の日蓮宗H寺の檀家であるために、K寺の宗教行事には参加しない。ほかにはS学会やO教などの新宗教信者が若干みられる。このように仏教徒が大半であるため、「五十年忌は死んだホトケ(仏)がカミ(神)になる」という。長いと五十年忌までシンセキツキアイをしている。

死に対する俗信は、現在も頻繁に語られる。事故や死の予兆として「鳥鳴きがする」といい、漁をして不慮の死を遂げた者があると、その予兆として受け入れられる。また、「ヒトダマが出た」と称して、死者の魂が家に帰りたがっている時に出ると考えられており、死後も霊魂が生き続けると認識されている。瀬戸内周辺でみられるヒロシマと呼ぶ他界観については、すでに千葉徳爾や小口千明の研究がある〔千葉　一九八五・小口　二〇〇二〕。白石島でも「死んだらヒロシマに行く」という。白石島ではヒロシマは広島県のことと考えられている。念仏で「西方浄土」というように広島が西の方角にあるからとされ、さらに広島県の宮島が西方浄土の地であるからという。

死者が出ると、喪家は関係者と寺に死を通知する。これはアンナイという。また、アンナイしたりされたりすることを、「呼ぶ」や「呼ばれる」という。アンナイを受けると正式な参列者となる。火葬場に行くのもアンナイを受けた者たちだけが行く。また、寺にアンナイをする時は、死亡日時を告げ、戒名とその種別を依頼しておき、さらに出棺時刻を通知して、住職と時間の調整がはかられる。冠婚葬祭のいずれの場合も、まずアンナイが来てから行くのである。ただしキンジョや、シンセキの中でもキョウダイやイトコのような近親者は、アンナイが来なくても行かなければならない。

アンナイは島内だと六〇軒ほどにするのが普通という。九〇軒ほどの例もみられるが極めて多い方である。I8

(一九二三年生まれ・男)の家では、シンセキは約四〇人で、そのほかにも約二〇人にアンナイをする。シンセキは、I8のキョウダイ、オジ・オバ、イトコ、筆子である。I8は五男一女の六人キョウダイだが、すでに死者もいるので、呼ぶのは弟二人と妹一人である。そしてアンナイをするには、事前にアンナイ帳(案内帳)を作成して名前を書き込んでおく。案内役の者は、アンナイ帳を見ながら家々を回って口頭でアンナイをしていく。例えば、アンナイ帳は二部作成しておき、案内役は各々一冊を持って二組に分かれ、それを見ながら家々を回ってアンナイする。印刷物を手渡すようなことはない。アンナイが済むと印を付けていく。アンナイは、役配を担ってもらう家とそうでない家がある。それを区別しながら、役配がある家には「役もありますから」と告げていく。また、友引は必ず葬式を出さないものと考えられている。近年の例でも、死んだ日が友引の前日だったので、翌日の葬式は縁起が悪いからといい、翌々日に葬式を延期している。

以前は葬式のことを葬斂《そうれん》と称した。葬斂に集まるのは、家族、シンセキ、キンジョ、死者が生前にツキアイがあった者たちである。アンナイがない一般参列者も来るので、近年は約二〇〇〜二五〇人が参列する。一般参列者は巻花をもち、野辺送りでは後ろについて行ったので、結局は島内のどの家からも葬列に参加するような状態になった。余程都合がつかない場合を除いて、参列しない家はなかったようである。葬式では主人が参列するものとされる。主人が死んでいたり用事で参列できないと、妻が代わりに参列する。また、先祖祭祀の行為をイハイノモリ(位牌の守)というため、主人のことは「位牌の守をする者」や「墓の守をする者」という。イハイノモリをする者は死者(父母や祖父母)のツキアイをしなければならないと考えられているので、本来は実親が務める役配をイハイノモリが務めることがある。例えば、父のイハイノモリをしていると、父のイトコが死んだ時は父に代わってイトコのツキアイとして葬列に参加し、役配を務めることになる。ただし、シンセキが島外の遠方に居住していれば、葬式のアンナイはしないことが多い。アンナイをしても出席できない者があると、役配に付けた後でも除外した。また、世代交代が生じて孫が相続しておればアンナイはしない。

白石島では葬式組のような互助組織はなく、手伝いはシンセキやキンジョが集まって行う。そこに友人や知人が加わることがある。葬式の成員は厳格である。タニンが手伝いに加わっていれば「あれは誰じゃ」とか「あれは関係ないのに何で来とるんじゃ」と非難される。親切心で手伝いに行っても非難される。葬式の役割分担を決めるのは、オカンキを済ませて人々が帰ってからシンセキが居残って決める。葬式を采配するのは喪主ではない。死者のキョウダイやオイやメイなどの「近い人」で、取り仕切るのに慣れた人が務める。葬儀委員長のような役職は立てない。役割分担は男女で自然と分かれる。その中から男女をそれぞれ指図する者が自然と現れて、人々を束ねて葬式の手伝いをするようになる。

葬式道具で毎回使用する物は、墓地のトミヤマの地蔵堂に納められていた。少し前までは、男は葬斂道具をトミヤマの地蔵堂まで取りに行き、修理や新調をし、一方、女は料理を作った。このほかにも男は祭壇の製作や墓穴掘りをした。この時に筆親や筆子はシンセキと同様に手伝いをした。墓穴掘りは「濃いシンセキ」が行ったが、なかにはキンジョが行うことがあり、約七〜八人で行っていた。料理や道具を作り終えて葬式になると、宝冠《ほうかん》を着用するような「濃い人」は家に入ってしまい、残りの者は、①受付、②お礼を渡す者、③ヤマミヤゲを渡す者などの役割に分かれて手伝いをする。

葬式では家族に特別な存在がみられる。死者が男であればツレアイ（連れ合い）に相当する妻は葬列に参加せずに家で留守番役を務める。葬列が出立して家に人がいなくなってからは、残った手伝い人の切り盛りをする。また、祖父母が死んだ時の孫の立場も特別である。その時は「孫の正月だ」と称して、孫は役割を担わずに正月時のように同年齢の子供たちと家の中で騒いだ。この意味は不明だが、このように妻や孫には死者との消極的関係が見出せる。

通夜はヨトギ（夜伽）やトギ（伽）という。ヨトギの時にユカン（湯灌）をして死者に着物を着せた。ユカンでは、喪主を含めて死者に「近い人」が皆で死者を洗う。しかし、大抵は女の方が器用なので女が中心になった。近年の例では、死者のキョウダイやオジ・オバなどが拝みながら、ガーゼにアルコールを染み込ませて遺体を洗う。湯は使わないがユカンといっている。そして遺体を拭いたガーゼなどは海辺で燃やしている。また、死装束は女が縫う。死者にハレギ（晴れ着）を着せてから経帷子《きょうかたびら》を着せる。最後に棺に入れてからは、羽織の上下を逆に掛けた。羽織は死者が使用していたもので一番良いものを用いた。現在は黒地で紋入りの羽織が一般的だが、葬斂と呼ばれた頃は白の麻裃を着せていた。棺を埋める時は、旅飯、六文銭、個人の愛用品を入れる。旅飯は死者のムスメが葬列で運んだ。

墓地は島の北部に位置し、トミヤマと呼ぶ小高い山にある。一反七畝の市有地である。宗派に関係なく、島の住民は大半がトミヤマに埋葬された。白裃を着て葬列をしてトミヤマまで行ったのを古老たちは記憶している。トミヤマには現在も石造の棺台があり、その横手には地蔵堂と呼ぶ木造の小屋がある。そこに野辺送りの葬式道具一式を納めた。現在は葬式道具を使わなくなったが、枝垂れ柳などの道具が納められた状態になっている。

老人の話では、ハカホリ（墓掘り）の人足はオンボと呼ばれ、戦前まではそれを生業とする人が白石島にいたと聞く。柳田国男などによれば「隠亡《おんぼう》」は低位の民間宗教者と位置付けられている。おそらく墓穴掘りを専業に変化したものである。隣接する北木島の大浦には戦後もオンボがいた話を聞いた。白石島でも差別を受けていたようだが、北木島では皆が「ヨッツ（四つ）じゃヨッツじゃ」といったり、「よお、オンボー、オンボー、墓掘りするけえー」と唄ってオンボを蔑んだと聞く。白石島では戦後にオンボがいなくなったため、戦後以降はキンジョ、身内や筆子などが墓穴掘りをしている。一説には、野辺送りの葬列でボウバナモチを務める者が墓穴を掘ったと聞く。ボウバナモチはカンアキとも呼ばれ、正式な役配ではない。役配で棺の前と後ろを務める二人が棺を持つ正式な役割だが、実際は棺が相当な重量になるため、ほかに最低四人は担ぎ手を必要とした。この四人がボウバナモチである。ボウバナモチをする者に決まりはなかったと聞く。ただ、墓穴掘りは家々の事情によって担い手が多少異なる。現在では島民の間でも墓穴掘りに対する差別的な意識は消失している。

トミヤマの墓地は南面に傾斜していて日当りがよく、墓地からは西ノ浦集落の沖から本土の鞆ノ浦にかけての瀬戸内海の海原や、島の中央部の集落から周囲の畑や山が一望できる。山の斜面にぎっしりと墓石が林立する。木製の墓標がわずかにみられる。江戸期の墓石も多く、土葬にして歳月が経つと同じ場所に石塔を立てたようである。江戸期の墓石は個人墓が多いが、近代になると夫婦墓《めおとばか》が増え、現在は先祖代々墓が大部分である。近年は火葬して墓石に納骨している。墓地の区画は家単位になっているが決まりはない。多様な姓の墓が混在し、本分家で固まることもないようである。墓地に収まらなくなると新たに区画を設けている。新しく墓石を建立すると三〜四代は同じ区画に納めている。ただし、Hn姓は近世初頭に最も早く山番として移住したと伝えられるため、墓地がトミヤマにはなく、大黒集落の西側に集まっている。また、Km姓は島民の大多数と異なる日蓮宗の信者だが、Km姓はトミヤマに墓地がみられる。また、島の大多数の家は近世初頭に来島した伝承をもつので、島外に先祖墓を所有する家がある。Ⅱ2（一九二八年生まれ・男）の家の先祖の墓は、神島外浦にあるN寺の墓地にある。そこには一六九八（元禄十一）年に亡くなりⅡ2家の仏壇で祀られる、初代というH兵衛の母（戒名は妙善信女）の墓と、そのキョウダイ三人の先祖の墓があると聞く。

近年、白石島のK寺の住職が島に仏舎利塔を建立しており、墓地と仏舎利塔に骨を分骨するケースが多数ある。Ⅰ8（一九二三年生まれ・男）の家では、トミヤマの墓地には大きい骨壺を納め、仏舎利塔には小さい骨壺を納めている。

仏舎利塔に納骨する骨壺は大小があり、大は一〇万円、小は五万円をK寺に支払って納骨する。I8家が仏舎利塔に分骨した動機は不明であるが、この家では小の骨壺で仏舎利塔に納骨しており、そこには父母の骨を納めている。兄二人は戦死と病死だったので墓に納骨しておらず、仏舎利塔にも分骨していない。なお、I9（一九二三年生まれ・女）の筆子の事例のように、筆親（I9の夫）の遺骨が仏舎利塔に分骨されていると筆子が参るケースがある。

## 二　葬列と参列者の役割

### 1　出棺と葬列の様相

昭和末期までの葬式は、読経が済むと弔電披露を行った。次に、庭先で会葬者に別れの酒であるカドザケ（門酒）がコップで配られ、女たちが料理した煮物を共同飲食した。次に、参列者へ喪家から会葬の礼を兼ねた挨拶が行われた。挨拶は事前に役配帳の冒頭に書かれた文章が読み上げられた。この内容は家によって多少の相違があるが、大体は決まった題目である。以下に、一九八〇年に葬式で読み上げられた挨拶を役配帳から記載しておく。少し声色を入れて一定の音程で読み上げられたのである。

時に昭和五十五年五月五日、陰暦三月二十一日、俗名□□□□事、(2)かねてより老令《ママ》のため病床に伏す身となり家族の手厚い看護を受けつゝ療養につとめて居りましたが現代医学と薬石もその効なく無情の風にさそわれ有名境《ママ》を異にし、(3)八十才を一期として不帰黄泉の客となる

あゝ悲しい哉《かな》

あゝ悲しい哉

本日こゝに導師をまねき親族、知己、相集り葬々（ママ）の儀を営むにあたり故人生前の御厚誼に対し厚く御礼申しあげますと共に皆様方には公私共に御多忙のところ多数御会葬賜わりました事を喪主に替り厚く御礼申しあげます

役配帳の挨拶文の次に「茲《ここ》に出棺役配の事」と書かれており、続けて記載された役配が読み上げられた。これを読み上げるには、近親者や集落の世話役が歌舞伎役者の名を披露するかのように音程をつけて読み上げたといい、それから出棺した。そして皆が出て行くと死者が使っていた茶碗を割った。役配を読み上げて墓地のトミヤマに着くまでは小一時間を要した。

役配を読み上げていた頃は、本土では一般的な挨拶を行っていたのだが、当時、島のやり方で本土の葬式で挨拶をした島民がおり、それを聞いた僧侶から「あの人は何をする人ですか」と尋ねられて大変恥ずかしい思いをした話がある。しかし、現在は次のような挨拶に変化して挨拶は短縮されたために、以前の葬式を知る者には短すぎる印象である。

こんにちは皆さん。お葬式ご会葬ありがとうございます。生存中、○○才の生涯を全うして…（以下省略）。本日は誠にありがとうございました。

葬式時の共同飲食にも変化がみられる。戦前までは、葬式のアンナイをしたシンセキにはタチハと呼ぶ弁当が出され、それを家の中で食べた。一方、一般参列者には弁当を出さず、葬列の出立前にジャガイモ・大根・コンニャクな

どを大きな鍋で煮込んで、串に刺して振る舞われた。皆がそれに味噌を付けて田楽風に食べたということから、味噌田楽ではないかと思われる。これらはカドザケを飲みつつ立ち食いしたという。現在はこうした共同飲食の意味を知る者はいない。その後は戦時中の物資不足で、この味噌田楽風の料理は出せなくなった。また、タチハは続けてシンセキに出していたが、子供が伝染病で亡くなることがあって廃止され、代わりに砂糖を配るようになったという。

出棺時はキンジョなどに頼み、鐘を叩いて喪家の周囲を回って出棺を知らせた。現在は役場が島内のアナウンスで知らせている。出棺時になると棺を石で叩いて閉めたが、現在は金槌を使っている。役配をすべて読み終えて最後に「導引」と告げられると、僧侶を先頭に葬列を組んで徒歩で墓地まで向かった。火葬が普及してからも、しばらくは住職を先頭に港の桟橋までの距離を葬列を組んで歩いたが、現在はそれもしなくなっている。火葬になってからは、朝七時に出棺して島を出航する。現在の喪家における葬式は、次の二通りである。

①島外の火葬場に行って帰ってくる間に、喪家で葬式を済ませておく場合。

②島外の火葬場から帰って来てから葬式をする場合。現在はこのケースが多い。

出棺には作法があり、日常と異なり家のカミノマから出す。僧侶もそこから出入りする。また、棺は座棺も同様で前後を逆に家から出し、行列でも墓地まで逆に運んだ。遺体は前に向いて行かせないようにするのだが、現在はその意味が忘れられている。役配の棺役も後の方が「濃い人」になるが、これは喪主の次に「濃い人」が担うことが多い。また、野辺送りの道順は、喪家から最も近くて通りやすい道を行き、通ってはいけない道はない。帰路も作法はなかったが、来た道を帰らないで少し変えて帰った。

白石島の言葉は「公家言葉が多い」とか「上方言葉が混ざっている」と考える島民がいる。野辺送りの葬列も「公家の行列を真似た」という者がいる。真偽は別として、上方の歴史や文化と関連付けて語られることからは、白石島が瀬戸内海域にあって上方と盛んに交流してきたことを想起させる。そして源平合戦における平家の落人伝説は上方文化との脈絡で語られている。現在の老人たちが子供時分は、白い裃を着用して野辺送りが行われた。一年を通して麻の白裃を着用するという者がいたが、なかには夏は小紋の裃を着て、冬は白い麻裃に衣替えをする者もいたと聞く。生前から息子二人に白い麻裃を購入しておき、自身の葬式で息子たちに着用させる準備をしていた老婆がいたと聞くように、かつては白裃を着用することが重要な意味をもっていたことがわかる。また、戦前までは「濃い女の人」は頭上に白い絹地のカツギを被る風習だったと聞く。

戦後になってからも白裃を着て野辺送りを盛んにやっており、次のようなエピソードが残っている。一九五七年八月（第六次）と十二月（第七次）に白石島が離島振興地域の指定を受けた時、当時の国土庁の担当審議官が白石島に視察で来島しており、ちょうど野辺送りに遭遇して、四本幡や枝垂れ柳の葬式道具を風になびかせて歩く光景に感嘆したという話が伝わっている。白裃は現在も家に大切に保管する者がいる。当時はそれに藁草履を履き、三角の白紙で作った宝冠を額に着用した。宝冠は表に住職が梵字を書き、裏に各々の役配を書いておき、葬列前に誰に渡すべきかわかるようにしておくのである。宝冠を着用する者は「濃いシンセキ」である。七人だったのが、その後は五人に減っている。大手火、棺の前と後、位牌、天蓋、大幡、旅飯というヤクハイの七人が宝冠を着けた。旅飯はムスメが担うのでムスメも宝冠を着けるべき「濃いシンセキ」と考えられた。宝冠の着用者は墓地に到着すると棺と一緒に宝冠を埋めた。宝冠を脱いだ後は晒《さらし》つまり手拭を被って帰った。これには「お天道さんに遠慮する」という意味がある。

現在は黒の背広に革靴を着用して葬式に出席する。白裃から洋服への移行期には、派手な服でなければ何でもよいといった柔軟性があったようである。その当時の野辺送りでは、黒の喪服を着用しつつ、藁草履を履いて墓地まで行っていた。墓地に到着して礼拝後は、藁草履を脱ぎ捨てて普通の靴に履き替えて帰った。火葬の普及後に葬列は衰退・消滅し、藁草履は履かなくなっている。

## 2 役配と筆子の役割

野辺送りである葬列は、一九八〇年代の中頃まで行われている。シンセキやキンジョ、友人知人、筆親や筆子の関係になる者たちが役配を担った。火葬に移行してからも島には火葬場や葬祭場がないので、しばらくは港まで葬列を組んでいた。それも行わなくなると役配の読み上げだけは平成期に入ってからもやっていた。しかし、近年は島外の葬祭場を利用するようになって読み上げはしなくなっている。以下、かつての葬列の役配から筆親と筆子の役割をみていく。

役配を決定するには、死者の子やキョウダイなどが三～四人で決める。ここではⅡ4(一九三一年生まれ・男)の話を中心にみていく。役配は家によって若干の考え方の相違がある。喪主を務めるアトトリである長男も加わる。Ⅱ4の場合、親の葬式において、Ⅱ4(喪主)、Ⅱ4のオジ一人、オバ一人、姉妹の夫一人の計四人で決めている。姻戚になる姉妹の夫一人を加えたのは、平等な眼で役配を決めるためである。役配を配分するには、シンセキ全員を書き出した上で「濃いシンセキ」から順に役に付けていく。①シンセキ、②筆親と筆子、③シンセキのうちイトコ、④友人、このような順で割り振っていく。シンセキが少ないと、キンジョや友人を多数参加させるようにする。役配の中で、旅飯は死者があの世の道中で食べる食事を運ぶ役割である。旅飯はムスメが務める。ムスメがいない時はムスコが務める。役配は役配帳に書き出していく。白紙の和紙をつなげて巻紙を作り、達筆な者に依頼して毛筆で書いて貰う。Ⅰ8(一九二三年生まれ・男)は市議会議員のⅠ10(一九二四年生まれ・男)に書いて貰った。また、Ⅱ1(一九二七年生まれ・男)の場合は、喪主時に友人に依頼して書いて貰っている。

野辺送りでは「こっぽり下駄」を履いた白石島のK寺住職を先頭に、葬列を組んで墓地まで徒歩で行った。棺に近いほど「濃いシンセキ」に相当するので、同一の役配の中でも「濃いシンセキ」を棺の近くに配す。葬列は総体的にみて、棺の死者を中心に「濃いシンセキ」から「薄いシンセキ」へと配置する様相になる。そこで次に、役配を順にみていく（表6－1）。葬列の先頭から順に次の通りである。Ⅱ4（一九三一年生まれ・男）からの聞き取りによる。また、役配の担い手とその配置方法については、記載の通りである。

①大手火《おおてび》

死者の長女が務める。笠岡諸島の近隣の島では、死者の本家が務めている。大手火は松明の意味と考えられているので、道を照らして先頭で案内する役割である。実際には火を灯さないが、白石島では藁束状の物を手に持つ。

②四本幡《しほんばた》

イトコが四人で持つ。父母両系に均等に分担させる。しかし、全員は担当できないので年齢を考慮して年配者から順に割りあてる。

③枝垂れ柳《しだやなぎ》

オイやメイが務めることが多い。キョウダイやイトコの場合がある。

④花籠《はなかご》

オジやオバが務める。

⑤活花《いけばな》

死者・死者の家・死者の子たち（長男に限定しない）とツキアイがあった者が務める。シンセキでない場合が多い。ただし、四本幡・枝垂れ柳・花籠などの役配に入れなかったシンセキの場合がある。

活花とは、切った竹の筒に椿の枝を刺したもので、何本でも数を増やせるために、島からもサラリーマンが増加するとその会社関係者をあてた。例えば、Ⅰ8(一九二三年生まれ・男)は父母の葬式で、Ⅰ8の勤務先の工場長や上司である課長や係長、それに労働組合の関係者などを配している。

活花は筆子が務める場合がある。Ⅱ4の父母の葬列では筆子が活花に入っていないが、祖父の葬列ではムスコだったTY(Tg姓)が活花を務めている。活花は葬列の前後に配することがあるが、この時は葬列の前だけに設けている。なお、筆子が活花を務めた事例が他家にもみられる。

⑥腰折《こしおれ》

オジやオバが務める。ただし、オジやオバが枝垂れ柳の役配を務める場合は、腰折に兄弟姉妹をあてる。

⑦香爐《こうろ》

アトトリ(喪主)の妻の生家の主人が務める。

⑧遺影

死者の孫が持つが、持つ人の決まりはない。戦後になって新たに登場した役配で、本来の正式な役配ではないと考えられているためである。白石島では写真屋の登場や写真の普及が遅かったといわれることからも、近年の新しい役配であることがわかる。

⑨位牌

アトトリとなる息子(喪主)が持つ。

⑩大幡《おおはた》

喪家に何か生じた時に後見人として支えてくれるシンセキの者が務める。そのために「一番目か二番目に濃く、力のあるシンセキ」がする。

Ⅱ4の父の葬列では父の兄弟が務め、母の葬列では母の娘婿が務めた。また、Ⅱ1(一九二七年生まれ・男)の母の葬式(一九八〇年)では、Ⅱ1のオトコオヤだったHY(Hd姓)が務めている。HYは本来シンセキ関係ではなかったが、オトコオヤなので務めている。

⑪棺《かん》

前《まえ》と後《うしろ》がある。前は死者の兄弟で、後は「最も濃い(死者の)子」が務める。

Ⅱ4の父の葬列では、父が入り婿だったので、前は父の生家から分家した父の二番目の兄が務め、後は父の次男が務めている。また、母の葬列では、棺は母の生家の家長が務めている。

⑫天蓋《てんがい》

本家が務める。しかし、笠岡諸島の近隣の島では、天蓋は死者の長女が務め、大手火を死者の本家が務めているため、白石島の場合と逆になる。

⑬旅飯《どんじ》

最初のムスメが持つ。ムスメがいない時はムスコでもよい。

Ⅱ4の父の葬列では、二番目のムスメだったHI(Hd姓)が持っている。これは、役配を決める時に一番目のムスメだったNM(Nt姓)の存在に気付かずに間違えたからである。その後の母の葬列では、間違えることなくNMに依頼されている。

⑭杖《つえ》

男でも女でも良いが、最初に生まれた死者の孫が持つ。Ⅰ10(一九二四年生まれ・男)によると、ムスコが持つという。

杖を実際に墓地まで持って行き、墓の後方に立てておく。死者が旅立つのに使うためと考えられている。

⑮茶湯《ちゃとう》

アトトリ（喪主）の妻が持つ。茶湯とは、墓に行く時に持参する水桶である。

⑯活花《いけばな》

シンセキが多いために前の活花にあてることができなかった時に、葬列の後ろに活花の役配を立てる。よって、後ろに活花がない時がある。名士の葬式では参列者が多いので、後ろに活花の役配を立てる。

⑰死花《しか》

上記に入らなかったシンセキをあてる。シンセキ以外は入れない。オイやメイの場合が多い。父母両系ともに均等に配分する。

⑱生花《しょうか》(4)

死花と同じで、上記に入らなかったシンセキをあてる。シンセキ以外は入れない。オイやメイの場合が多い。父母両系ともに均等に配分する。

以上の役配のほかにも「巻花」と呼ぶ役がある。役配のない参列者が務めた役で、正式の役割ではない。役配を担わずに参列した人たち全員に割り当て、喪家から墓までを巻花を持参して同行した。ただし、女は大半が持ったが、男で持つ人は少なかった。巻花は半紙の片側を割いていき、割いていない方を竹に巻き付けて、花の様相に模した作り物である。それを一人に一本ずつ持たせた。これは地蔵堂には置いておらず、毎回作る。現在でも巻花は何本か作っているが、葬列が消滅してからは渡さなくなっている。

キンジョは「道具持ち」を務める。よって基本的に葬列に加えないようにする。道具持ちの者は、住職のツッカケ・腰掛・大傘《だいがさ》（5）・鉦のドラなどの持ち物を持って行列に参加する役目である。葬列の位置は死花と生花の前になる。しかし、葬列が消滅してからはキンジョが道具持ちをすることもなくなり、これらの道具は使用しなくなっている。

枝垂れ柳・花籠・死花・生花の役配は、シンセキが多い場合は、四人↓六人↓八人と偶数で増やしていき、奇数にはしない。奇数にすると「死人が引っ張るからいけない」という。ただし、死花と生花はシンセキの数に応じて四人か八人にする。また、四本幡などの人数の多い役配は、年齢を考慮しながら、父方と母方とで均等になるように振り分ける。ただし、死者が父ならば父方のシンセキが多くなり、死者が母ならば母方のシンセキが多くなる傾向がある。

役配を通して、さらに詳しく筆子の役割をみておきたい。すでに述べたように、葬列において筆子は旅飯と呼ぶ役配を務めた。旅飯は、死者が腹を空かせるといけないので死者に持たせる食事である。喪家の庭先で別火にして、素焼きの平たい土鍋の焙烙《ほうろく》で米を炊いて作る。旅飯は一般にムスメが務める。佐藤米司が白石島の旅飯について論究しているが、ここでも「親方ドリの娘」が炊くと書いている［佐藤　一九七三］。筆子の中でもムスコを差し置いて、ムスメと死者の関係を重視するのは、何らかの意味があるように思えるが詳細は不明である。旅飯をもつムスメは最初のムスメでないといけないという。しかし、ムスメがいない者は、シンセキの女やムスコが持っている。この場合は一様でない。人によっては「ムスメは旅飯を持つが茶湯も持つ」ともいう。その場合、何人も筆子がいるとそれぞれに茶湯を持たせたり、あるいは旅飯を持たせる者もいて、さまざまな事例を聞く。一方、ムスコに関しては役配がないという者もいるが、あるという者からは、ムスコは杖を持つといったことも聞く。筆子の役配は多少の違いがみられるが、筆親の家だけでなくそのシンセキに死者が出ても、筆子は本来タニンであっても手伝いに駆けつけて一生懸命に務めるものと考えられている。

近年は本土の葬祭場が使用されるので役配はなくなったが、筆親筆子関係は依然として重視されている。子育て中の年齢層でも、筆子は筆親に対する務めを果たすべきと考える人が多い。例えばⅢ9（一九五六年生まれ・男）は、筆親が死ねば葬式に行って準備を手伝い、シンセキと一緒に食事をして、朝までヨトギをしなければならないと考えている。筆親の葬式であるのにオカンキが済んで帰宅しようものなら叱られるという。香典も持参するつもりでいる。筆親の実子と同額とまではいかないが、筆親のイトコ程度の額を持参する考えである。また、筆親のキョウダイのような「近いシンセキ」に死者が出たら葬式に行くつもりでいる。

さらにムスメの場合、筆親夫婦の葬式とその後の供養にどのように関与しているのかを事例からみておきたい。Ⅲ5（一九四九年生まれ・女）のオトコオヤは一九七二年に死亡している。Ⅲ5が結婚して間もない頃であった。オトコオヤの葬式ではⅢ5は旅飯を務め、トミヤマの墓地まで葬列で歩いている。ほかにも筆子にムスメが一人おり、Ⅲ5の同級生になる。しかし、Ⅲ5が先に筆子になっていたので旅飯を務めたが、その同級生は、何の役配も務めなかったと聞く。一方、Ⅲ5のオンナオヤはAH（An姓）で、AHは一九九六〜一九九七年頃に死亡している。葬式では役配が読み上げられ、Ⅲ5はまた旅飯の役割が割り当てられている。オトコオヤの葬式と同様に、その時もⅢ5が先に筆子になっていたので、もう一人のムスメは何も役配が割り当てられていない。火葬に移行していたので、この時は火葬場に行くために港まで葬列を組んで行っている。また、Ⅲ5は筆親が死んでからの三年間は、春秋の彼岸と盆には、線香一箱とオソナエモノを持って参っている。オソナエモノは果物などで、金銭は持参していない。一方、正月には何もしていない。以上のように、Ⅲ5に限らず島民の間では筆親の死後供養にも参るのが一般化している。

## 3　役配帳にみるシンセキの構造

役配帳の資料分析からは、白石島の葬列だけでなく親族組織についても知ることができる。ここでは事例をもとに、シンセキと呼ばれる親族関係の構造や筆親筆子関係の役割について分析を加えていく。

まずは白石島の親族の概要を確認しておく。シンセキはイッケともいう。このシンセキの他にも島にはカブという親族組織がある。これは同族を意味し、姓や先祖の名を冠して○○カブと呼ぶ。しかし聞く限りでは現在はカブの機能がみられないため、過去に遡って調査する必要がある。そして本分家もシンセキの成員に含めたツキアイが行われている。

このようなカブに対して、島の社会生活で十分な機能がみられるのがシンセキである。島の住人たちはシンセキとカブは明確に違うと考えている。シンセキには本分家が内包されるが、シンセキは基本的に従来の研究で指摘される親類の特徴がみられる。つまり、一人の個人を起点として自己中心的に組織化される親族組織である［山本　一九八三　二四～二六］。

白石島のシンセキの成員資格や内部区分は曖昧であり、これについては、親類は成員権が明確な組織ではなく範疇であると定義される従来の指摘と共通点がみられる。ただし、イトコ・イトコハン・フタイトコなどの親族名称が存在するように、シンセキの成員間における相互の権利や義務の行使は、これらの関係を基準に行われている。そして、ここにあげたイトコは第一イトコであり、イトコハンは親の第一イトコ（もしくは自己の第一イトコの子）、フタイトコは第二イトコの関係である。そして本分家関係を除いて、シンセキのツキアイはイトコまでの範囲で行うと考える島民が数多い。自己を中心としたシンセキ関係の遠近によって、シンセキ間における権利や義務が異なっている。また、組織化が自己を中心に行われるように、多くが父母両系に対してほぼ均等なツキアイを行っていることがわかる（表6‐1）。

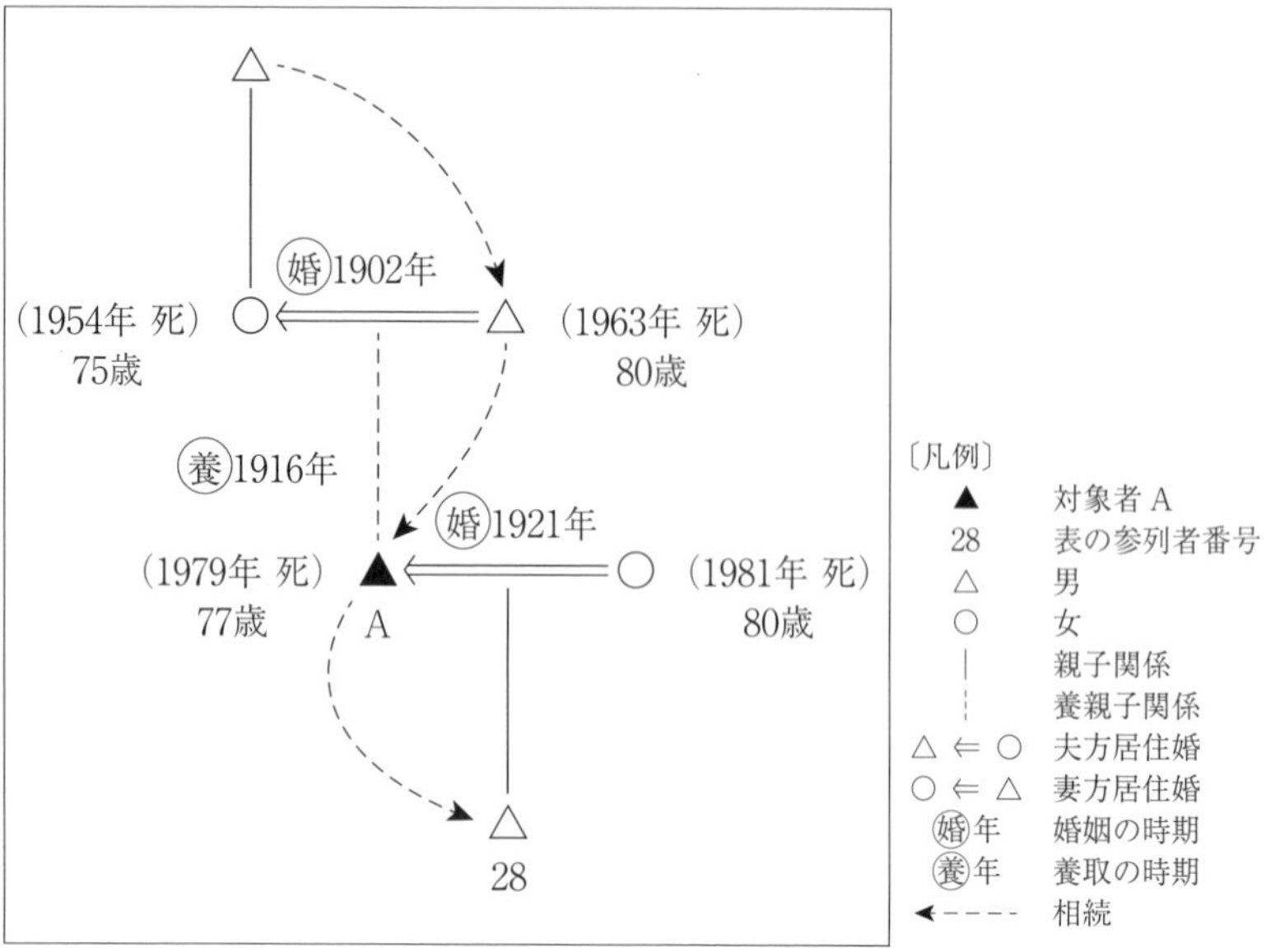


**図6-1　白石島のⅡ4家における家成員の動態**

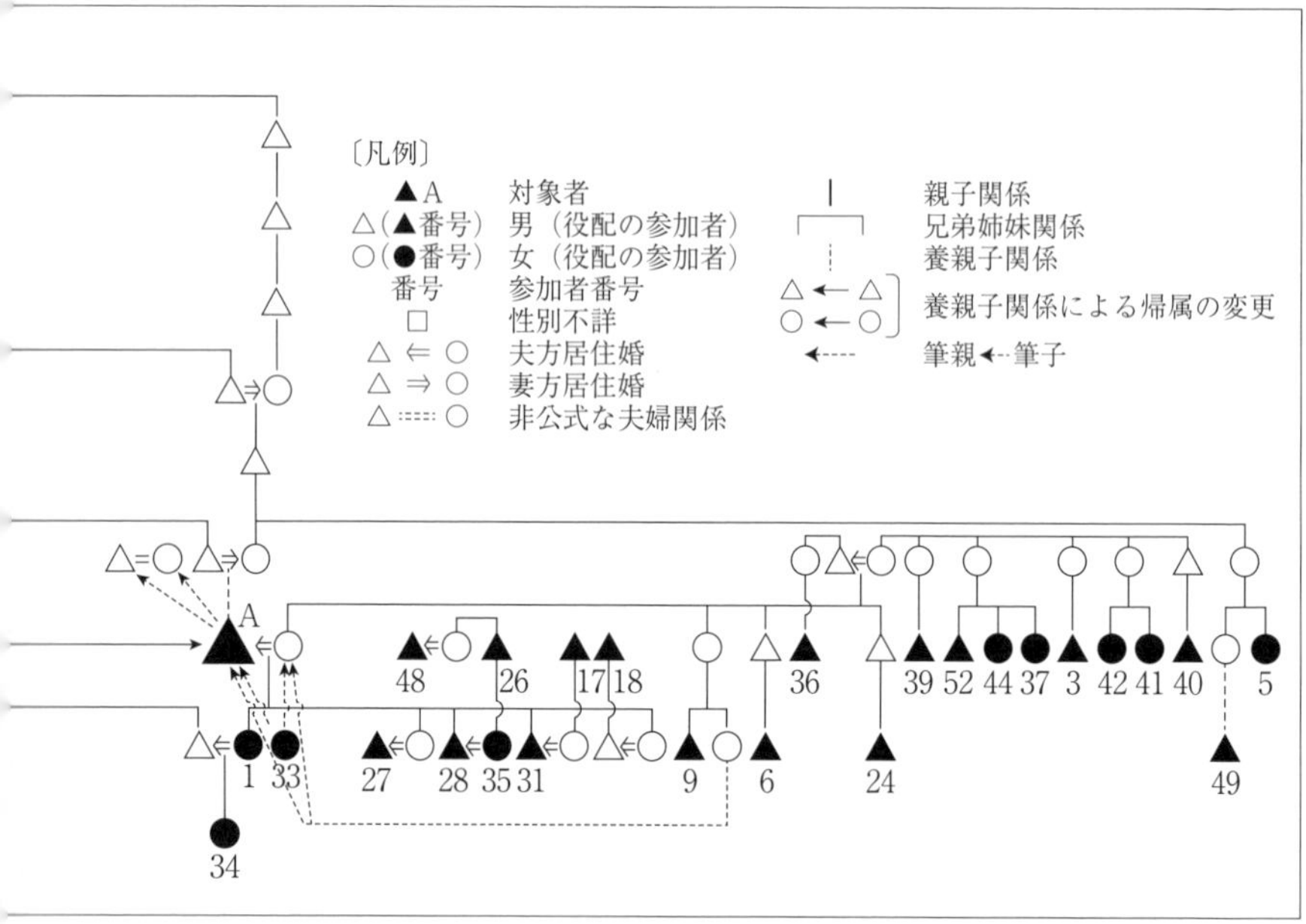

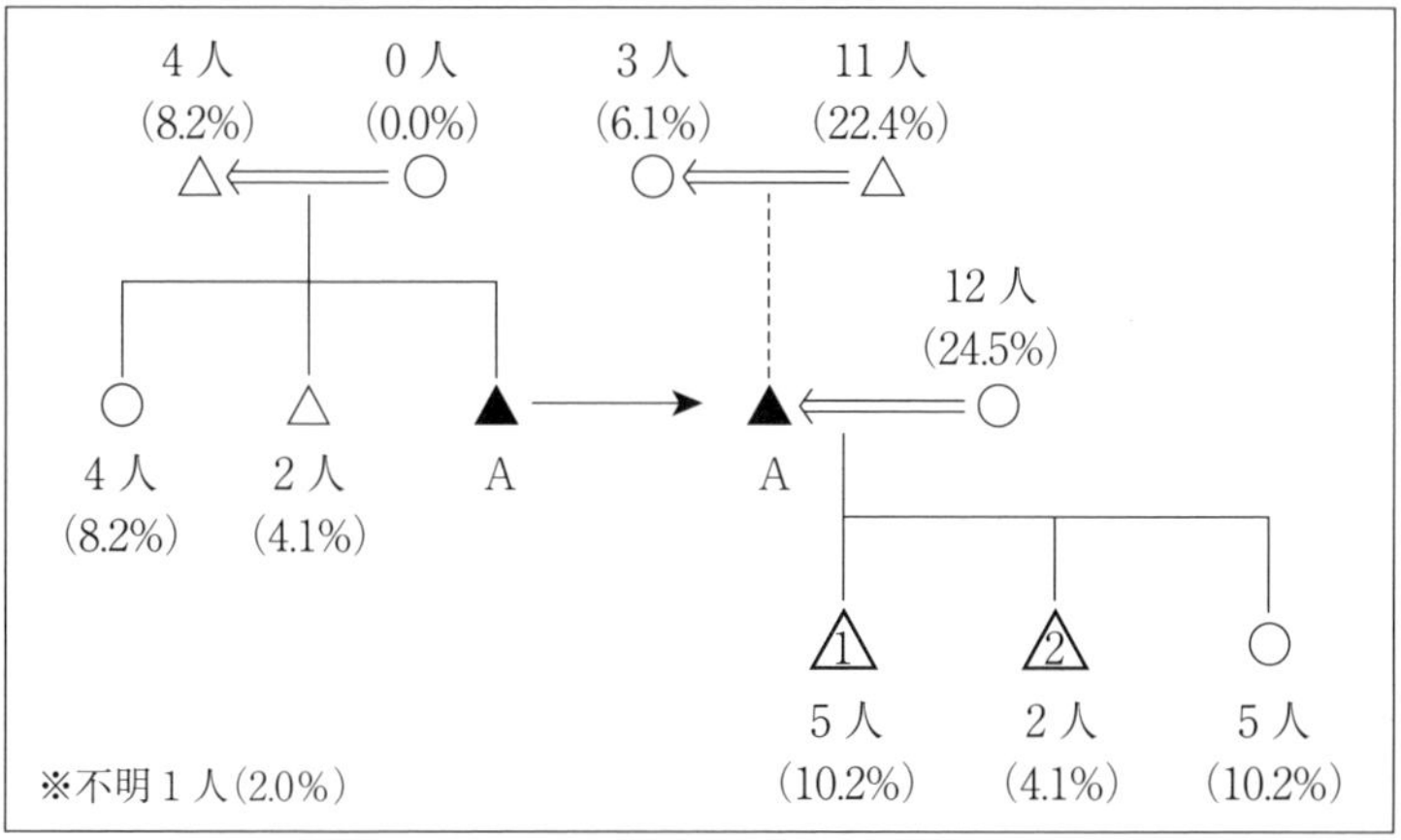


※不明1人は実母の血縁者の可能性あり

〔凡例〕図6-2参照

①② 長男・次男

**図6-3　白石島のⅡ4家における一次親族にみるシンセキの親族連鎖(図編)**

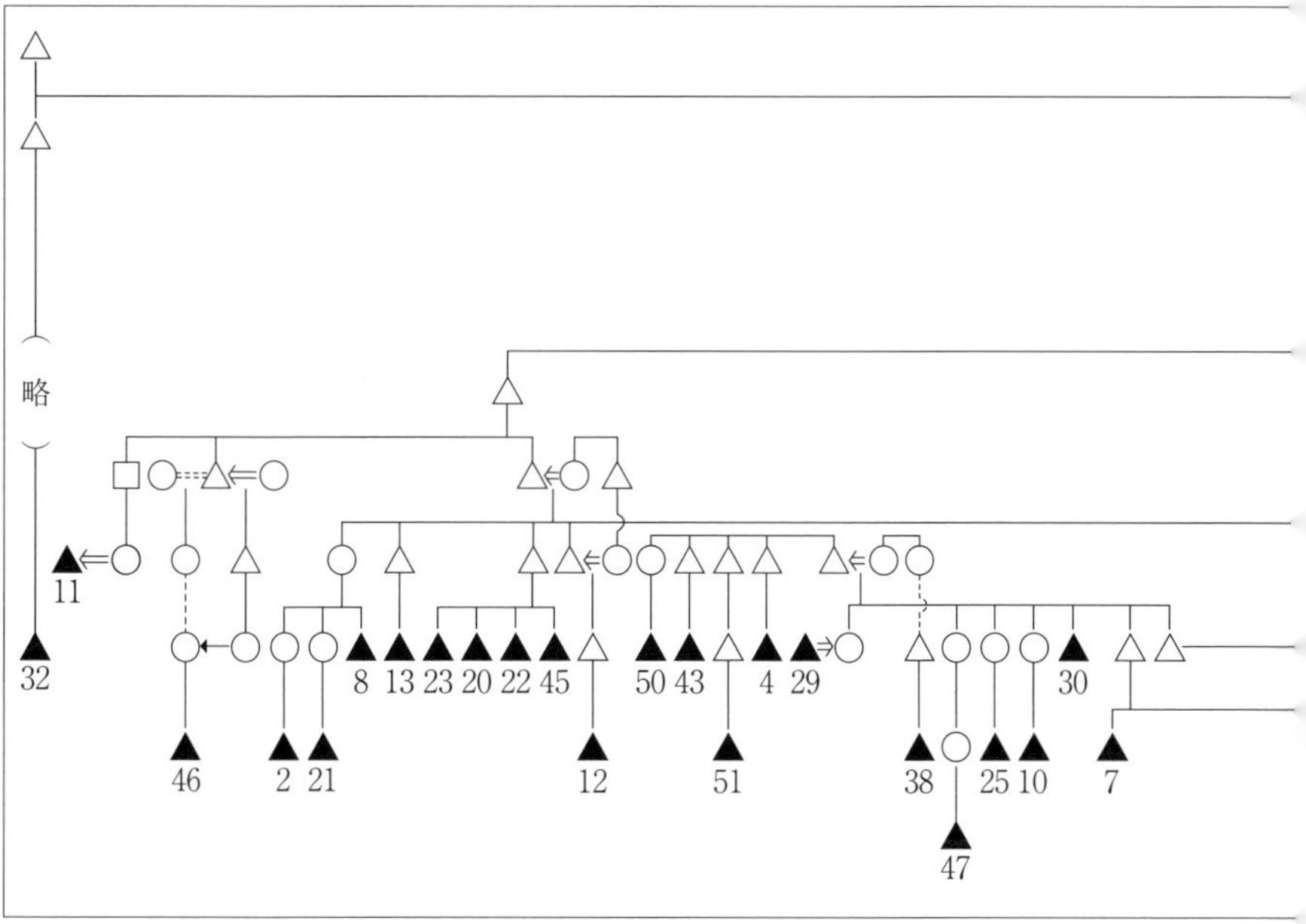


**図6-2　白石島のⅡ4家におけるシンセキの範囲(図編)**

**表6-1　白石島における葬列順の役配と親族関係**

| 役　配 | 人　数 | 関　係 | 備　考 |
|---|---|---|---|
| ○ 大手火 | 1 | 長女 | |
| 四本幡 | 4 | イトコ | 父方と母方から均等配分 |
| 枝垂れ柳 | 4（6） | 甥・姪など | 基本的に４名、多い時は６名 |
| 花籠 | 4（6） | オジ・オバなど | 基本的に４名、多い時は６名 |
| 活花 | 制限なし（偶数） | 関係浅いシンセキ | 近年の創設で、次第に死者や家の関係者を追加 |
| 腰折 | 2 | オジ・オバなど | 関係深いシンセキ |
| 香爐 | 1 | 家長の妻の生家の家長 | |
| 遺影 | 1 | 孫 | 近年に創設 |
| ○ 位牌 | 1 | 家長 | |
| ○ 大幡 | 1 | 家の後見人 | 最も関係深いシンセキ |
| ○ 棺 | 2 | 兄弟、関係深い実子 | 棺前は兄弟、棺後は最も関係深い実子（例えば次男） |
| ○ 天蓋 | 1 | 本家の家長 | |
| ○ 旅飯 | 1 | 最初の女性の筆子 | |
| 杖 | 1 | 初孫 | 男性の筆子を充てることあり |
| 茶湯 | 1 | 家長の妻 | |
| 活花 | 制限なし（偶数） | 関係浅いシンセキ | 近年に創設、しかも前列の活花にもれた者がいる時 |
| 死花 | 4 | シンセキ | 上記の役割にもれたシンセキ |
| 生花 | 4 | シンセキ | 上記の役割にもれたシンセキ |

○印はタイヤク（大役）

**表6-2　白石島のⅡ４家における葬列の参列者一覧**

| 役配 | 参列者 | | | 親族関係 | 居住地 | 香典金額（円） |
|---|---|---|---|---|---|---|
| | 番号 | 性別 | 姓 | | | |
| 大手火 | 1 | 女 | Nh | D（長女） | 白石島 | - |
| 四本幡 | 2 | 男 | Ky | aFeZDS | 白石島 | 5,000 |
| 四本幡 | 3 | 男 | An | WMeZS | 白石島 | 5,000 |
| 四本幡 | 4 | 男 | Nh | FyBS | 白石島 | - |
| 四本幡 | 5 | 女 | Sm | aMeZD | 神島 | - |
| 枝垂れ柳 | 6 | 男 | An | WeBS | 白石島 | 10,000 |
| 枝垂れ柳 | 7 | 男 | Nh | eBSかつD（長女）HyB | 白石島 | 15,000 |
| 枝垂れ柳 | 8 | 男 | Kj | aFeZS | 白石島 | 5,000 |
| 枝垂れ柳 | 9 | 男 | Hd | WeZS | 白石島 | 15,000 |
| 花籠 | 10 | 男 | Km | eZS | 白石島 | 20,000 |
| 花籠 | 11 | 男 | Nh | aFFBDHかaFFZDH | 白石島 | 5,000 |
| 花籠 | 12 | 男 | Yk | aFeBSS | 白石島 | 10,000 |
| 花籠 | 13 | 男 | Yk | aFyBS | 白石島 | 5,000 |
| 活花 | 14 | 男 | An | 非親族（白石島財産区管理会長） | 白石島 | - |
| 活花 | 15 | 男 | - | 非親族（28の会社社長） | 笠岡 | 3,000 |

| | | | | | | |
|---|---|---|---|---|---|---|
| 活花 | 16 | 男 | Fi | 非親族(28の同級生友達代表) | 白石島 | 5,000 |
| 活花 | 17 | 男 | Sm | S（次男）WF | 笠岡 | 10,000 |
| 活花 | 18 | 男 | Nu | D（六女）HF | 奈良 | 30,000 |
| 活花 | 19 | 男 | Iz | 非親族(知人) | 白石島 | 10,000 |
| 活花 | 20 | 男 | Yk | aFeBS | 白石島 | 6,000 |
| 活花 | 21 | 男 | Wb | aFeZDS | 白石島 | 5,000 |
| 活花 | 22 | 男 | Yk | aFeBS | 白石島 | 10,000 |
| 活花 | 23 | 男 | Yk | aFeBS | 白石島 | 10,000 |
| 腰折 | 24 | 男 | An | WBS（Wの生家の家長） | 白石島 | 15,000 |
| 腰折 | 25 | 男 | Nh | eZS | 白石島 | 10,000 |
| 香爐 | 26 | 男 | Ng | S（長男）WF | 白石島 | 50,000 |
| 遺影 | 27 | 男 | An | D（次女）H | 白石島 | 50,000 |
| 位牌 | 28 | 男 | An | S（長男） | 白石島 | 家族 |
| 大幡 | 29 | 男 | Nh | yZH（生家の家長） | 白石島 | 50,000 |
| 棺(前) | 30 | 男 | Nh | eB | 白石島 | - |
| 棺(後) | 31 | 男 | An | S（次男） | 白石島 | 100,000 |
| 天蓋 | 32 | 男 | An | 本家の家長 | 白石島 | 5,000 |
| 旅飯 | 33 | 女 | Hd | 非親族(二番目の筆子) | 白石島 | - |
| 杖 | 34 | 女 | Yk | D（長女）D（長女） | 白石島 | - |
| 茶湯 | 35 | 女 | An | S（長男）W | 白石島 | 家族 |
| 活花 | 36 | 男 | Hd | WFyZS | 白石島 | 5,000 |
| 活花 | 37 | 女 | An | WMyZD | 白石島 | 3,000 |
| 活花 | 38 | 男 | Nh | MZaSS ? | 白石島 | 5,000 |
| 活花 | 39 | 男 | An | WMeZS | 白石島 | 5,000 |
| 活花 | 40 | 男 | An | WMeBS | 白石島 | 5,000 |
| 活花 | 41 | 女 | Hn | WMeZD | 白石島 | 3,000 |
| 活花 | 42 | 女 | Nh | WMeZD | 白石島 | 3,000 |
| 活花 | 43 | 男 | Ym | FyBS | 北木島 | - |
| 活花 | 44 | 女 | Yk | WMyZD | 白石島 | 5,000 |
| 死花 | 45 | 男 | Yk | aFeBS | 白石島 | 10,000 |
| 死花 | 46 | 男 | An | aFFyBDaDS | 白石島 | 10,000 |
| 死花 | 47 | 男 | Ym | eZDS | 白石島 | 7,000 |
| 死花 | 48 | 男 | Nh | S（長男）WFyZH | 白石島 | 10,000 |
| 生花 | 49 | 男 | Mu | aMeZDaSかつS（長男）Wのイトコ | 白石島 | 10,000 |
| 生花 | 50 | 男 | Km | FyZS | 白石島 | 5,000 |
| 生花 | 51 | 男 | Hd | FyBSS | 白石島 | 5,000 |
| 生花 | 52 | 男 | Hd | WMyZS | 白石島 | 5,000 |

親族関係の略号　F：父、M：母、B：兄弟、Z：姉妹、S：息子、D：娘、H：夫、W：妻、C：子供、e：年長、y：年少、a：養取
香典金額は香典帳に本人名義で記載があるもののみ記載

**表6-3　白石島のⅡ4家における葬列参列者の関係**

| 関係 | | 人数 | 番号 | 詳細 |
|---|---|---|---|---|
| シンセキ | 家族 | 2 | 28 | S（長男） |
| | | | 35 | S（長男）のW |
| | 本家 | 1 | 32 | 六代前に分家 |
| | 分家 | 1 | 31 | S（次男） |
| | 親類関係 | 43 | | |
| | 筆親筆子関係 | 1 | 33 | 筆子（女） |
| タニン（他人） | 島の役職者 | 1 | 14 | 白石島財産区管理会長 |
| | 友人・知人 | 2 | 16 | S（長男）の同級生代表 |
| | | | 19 | 知人 |
| | 会社関係 | 1 | 15 | S（長男）の会社社長 |
| 人数計 | | 52 | | |

Sは息子、Wは妻、親族関係の重複事例2例を含む。

**表6-4　白石島のⅡ4家におけるシンセキの範囲（表編）**

| 世代 | | 参加者 | | | 親族関係 | 族縁分類 | | | | | | 居住地 |
|---|---|---|---|---|---|---|---|---|---|---|---|---|
| | | | | | | | 姻族 | | | | | |
| | | | | | | | 血族の配偶者 | | | 配偶者の血族 | その他 | |
| | | | | | | 血族 | | その血族 | | | | |
| 深度① | 深度② | 番号 | 性別 | 姓 | | | | | その配偶者 | | | |
| ＋6 | | 32 | 男 | An | 本家の家長 | ● | | | | | | 白石島 |
| ＋2 | －1 | 11 | 男 | Nh | aFFBDHか aFFZDH | | ● | | | | | 白石島 |
| | －3 | 46 | 男 | An | aFFyBDaDS | ● | | | | | | 白石島 |
| ＋1 | －1 | 4 | 男 | Nh | FyBS | ○ | | | | | | 白石島 |
| | | 43 | 男 | Ym | FyBS | ○ | | | | | | 北木島 |
| | | 50 | 男 | Km | FyZS | ○ | | | | | | 白石島 |
| | | 22 | 男 | Yk | aFeBS | ● | | | | | | 白石島 |
| | | 20 | 男 | Yk | aFeBS | ● | | | | | | 白石島 |
| | | 23 | 男 | Yk | aFeBS | ● | | | | | | 白石島 |
| | | 45 | 男 | Yk | aFeBS | ● | | | | | | 白石島 |
| | | 13 | 男 | Yk | aFyBS | ● | | | | | | 白石島 |
| | | 8 | 男 | Kj | aFeZS | ● | | | | | | 白石島 |
| | | 5 | 女 | Sm | aMeZD | ● | | | | | | 神島 |
| | | 36 | 男 | Hd | WFyZS | | | | | ○ | | 白石島 |
| | | 40 | 男 | An | WMeBS | | | | | ○ | | 白石島 |
| | | 3 | 男 | An | WMeZS | | | | | ○ | | 白石島 |
| | | 39 | 男 | An | WMeZS | | | | | ○ | | 白石島 |
| | | 52 | 男 | Hd | WMyZS | | | | | ○ | | 白石島 |
| | | 41 | 女 | Hn | WMeZD | | | | | ○ | | 白石島 |
| | | 42 | 女 | Nh | WMeZD | | | | | ○ | | 白石島 |
| | | 37 | 女 | An | WMyZD | | | | | ○ | | 白石島 |
| | | 44 | 女 | Yk | WMyZD | | | | | ○ | | 白石島 |

| | | | | | | | | | | | | |
|---|---|---|---|---|---|---|---|---|---|---|---|---|
| | −２ | 51 | 男 | Hd | FyBSS | ○ | | | | | | 白石島 |
| | | 12 | 男 | Yk | aFeBSS | ● | | | | | | 白石島 |
| | | 2 | 男 | Ky | aFeZDS | ● | | | | | | 白石島 |
| | | 21 | 男 | Wb | aFeZDS | ● | | | | | | 白石島 |
| | | (49) | 男 | Mu | aMeZDaS | | | | | | ● | 白石島 |
| ±０ | ±０ | 30 | 男 | Nh | eB | ○ | | | | | | 白石島 |
| | | 29 | 男 | Nh | yZH（生家の家長） | | ○ | | | | | 白石島 |
| | −１ | (7) | 男 | Nh | eBS | ○ | | | | | | 白石島 |
| | | 10 | 男 | Km | eZS | ○ | | | | | | 白石島 |
| | | 25 | 男 | Nh | eZS | ○ | | | | | | 白石島 |
| | | 24 | 男 | An | WBS（Ｗの生家の家長） | | | | | ○ | | 白石島 |
| | | 6 | 男 | An | WeBS | | | | | ○ | | 白石島 |
| | | 9 | 男 | Hd | WeZS | | | | | ○ | | 白石島 |
| | −２ | 47 | 男 | Ym | eZDS | ○ | | | | | | 白石島 |
| −１ | ＋１ | 26 | 男 | Ng | S（長男）WF | | | ○ | | | | 白石島 |
| | | (49) | 男 | Mu | S（長男）Wのイトコ | | | ○ | | | | 白石島 |
| | | 17 | 男 | Sm | S（次男）WF | | | ○ | | | | 笠岡 |
| | | 18 | 男 | Nu | D（六女）HF | | | ○ | | | | 奈良 |
| | | 48 | 男 | Nh | S（長男）WFyZH | | | | ○ | | | 白石島 |
| | ±０ | 28 | 男 | An | S（長男） | ○ | | | | | | 白石島 |
| | | 31 | 男 | An | S（次男） | ○ | | | | | | 白石島 |
| | | 1 | 女 | Nh | D（長女） | ○ | | | | | | 白石島 |
| | | 35 | 女 | An | S（長男）W | | ○ | | | | | 白石島 |
| | | 27 | 男 | An | D（次女）H | | ○ | | | | | 白石島 |
| | | (7) | 男 | Nh | D（長女）HyB | | | ○ | | | | 白石島 |
| | −１ | 34 | 女 | Yk | D（長女）D（長女） | ○ | | | | | | 白石島 |
| 不明 | | 38 | 男 | Nh | MZaSS？ | | | | | | ○？ | 白石島 |

親族関係の略号　F：父、M：母、B：兄弟、Z：姉妹、S：息子、D：娘、H：夫、W：妻、C：子供、e：年長、y：年少、a：養取

参加者番号は行列順で、(　)内は親族関係の重複する参列者。

●印は対象者Ａが養子入りしたことによる親族。

対象者Ａの筆子はムスメ２人だが、一番目のムスメは参列で無役であり、二番目のムスメ（参列者番号33）は旅飯のヤクハイを務めたが非親族であるために本表には記載していない。

**表6-5　白石島のⅡ４家における一次親族にみるシンセキの親族連鎖（表編）**

| 親族核 | 1次親族 | 人数 | | % | |
|---|---|---|---|---|---|
| | | 血縁 | 養縁 | 血縁 | 養縁 |
| 定位家族 | 父 | 4 | 11 | 8.2 | 22.4 |
| | 母 | 0 | 3 | 0.0 | 6.1 |
| | 兄弟 | 2 | - | 4.1 | - |
| | 姉妹 | 4 | - | 8.2 | - |
| | 小計 | 10 | 14 | 20.5 | 28.5 |
| 生殖家族 | 配偶者（妻） | 12 | | 24.5 | |
| | 息子 相続者 | 5 | | 10.2 | |
| | 息子 分家者 | 2 | | 4.1 | |
| | 娘 | 5 | | 10.2 | |
| | 小計 | 24 | | 49.0 | |
| 親族関係の不明 | | 1 | | 2.0 | |
| 合計 | | 49 | | 100.0 | |

対象者Ａに養兄弟姉妹はいない。親族関係の重複事例2例を含む。

次に、奥条集落のⅡ４（一九三一年生まれ・男）家で行われた葬列の事例から、具体的に白石島のシンセキの構造をみていきたい。昭和末期までにみられた白石島の葬列では、親族関係によって役配が課されてきた。本来はシンセキと死者の筆子たちが担うものとされている。しかし、時代が下がってからは、キンジョ、ムラの役職者、友人・知人、会社関係者などを参加させるようになっている。

Ⅱ４家における成員の動態は、図に示す通りである（図６－１）。対象者は現家長Ⅱ４（表６－２の参列者番号28）の実父であるＡである。Ａは一九〇一年に出生して一九七九年に死亡するまでの一生を白石島で過ごした。また、少年期に養子入りをして当家の成員となっている。それは当家に実子がいなかったためである。その後に白石島出身の娘と嫁入り婚をしている。なお、Ａの養父は入り婿（島内婚）だったため、Ａの親族形成にも影響が想定されるため、以下の分析では注意を要する。

葬列で役割を担った人数は五二人である（表６－２、図６－２）。そこにはタニンである島の役職者、友人・知人、会社関係者が確認できる（表６－３）。しかし、大半がシンセキで構成される。シンセキは本分家関係（31・32）を含むが、直接の本家と分家のみである。この関係は多くが永続的に続けられるので、本家（32）は六代経過した当時も葬列に加わっている。また、Ａの筆子であるムスメ（33）が参加している。筆子はシンセキと同様に権利や義務を担うものと考えられているためである。

さらにシンセキの構造をみていく（表6-4）。Aは養子入りをしたにも拘わらず、血族および血族の配偶者（4・7・10・25・29・30・43・47・50・51）の参加がみられる。養縁関係を締結していても、実のキョウダイや生家との関係において権利や義務を失わないことがわかる。つまり、社会的な親子関係を形成することで居住に変更が生じても、シンセキの組織化には影響が少ないことがわかる。

族縁分類では、最大で「血族の配偶者の血族の配偶者」といったかなり深遠な非血縁者（48）であっても成員として認識されている。また、世代深度①をみると、本家（32）の+6を除いては、上下位世代に+2から-1の範囲にある。このようなシンセキの範囲は「シンセキはイトコまで」という島の住民たちの考え方と一致する。また、表に示すように、親族関係は自己であるAを中心に一次親族を経て、さらに多系的に連鎖拡大する形態を示す（図6-3、表6-5）。

以上のように、白石島のシンセキは父系に傾斜しつつ自己中心的に組織化される親類の特徴が強い家関係である。また、これまでは島内婚が主流であったため、シンセキの成員の居住地は大半が白石島であり、シンセキの権利や義務は白石島を中心に行使されてきたのである。

## 三　共同飲食と物品の供与

葬式が済むとショウジンオチ（精進落ち）(7)と称して現在も共同飲食が行われる。麦や芋を主食とした頃は、ショウジンオチの時だけは白米を食べたといわれる。「祖父の死は孫の正月」と称されたように、子供には娯楽性を伴う機会であった。現在の古老の記憶では、戦後になっても葬式をしてから約一週間は喪家で御膳が振る舞われ、近親者は毎日喪家に通って朝から晩まで共同飲食をしたという。

白石島ではかつての葬式後の共同飲食を記憶している者が多い。共同飲食は徐々に簡素化され、短期間になり、現在では葬式の当日だけに行われている。場所は墓地や喪家から島内の旅館へ移っている。次に事例をみていく。

I8（一九二三年生まれ・男）は、葬式から一週間、毎日朝晩の二回、墓地へ参って飲食したのを記憶している。その後は次第に短期間で済ませるようになり、場所を喪家に移している。

II1（一九二七年生まれ・男）によると、戦前には一週間は飲食していたが、結婚して帰島した一九五〇年には一週間も飲食せずに二～三日間で済ませていたのを覚えている。また、かつてはシンセキが自宅で御膳を準備したが、一九八〇年に母（Ym姓）が死んだ時は、葬式の翌日に旅館を使ってショウジンオチを行っている。さらに近年は、葬式の当日だけ旅館で行っている。

これらのショウジンオチへの招待者は、アンナイ帳に記載された者のみである。シンセキや筆子、キンジョ、死者や喪主の友人などのほかに住職も招かれる。

次に、葬式における物品の供与とその返礼についてみていく。島民の間では、不祝儀としての葬式は「助け合い」の考え方がある。多数のシンセキが参集して喪家の出費がかさむからである。そのために、会葬者は自身に要する費用の約二倍の金額を香典として持参することが一般的とされている。一方、祝儀であるアカノシ（赤熨斗）は戦時中に出征兵に贈っただけであるといわれるように、戦時中まではアカノシが行われなかったとされる。戦前にも、結婚式や家屋のタテマエ（建前）のアカノシは不要とされ、「祝儀をやるなら自分の甲斐性でやれ」といった考え方が一般的だったという。以下では、葬式における物品の供与と返礼についてトピックごとにみていく。

【アシダイ】

近年の白石島の葬式では、参列者数は一般的に約二〇〇〜二五〇人を数える。参列者はアシダイ（足代）と称して、砂糖や商品券を持ち帰る。ヤマミヤゲ（山土産）と呼ばれたりする。近年までは笠岡商工会議所の商品券が頻繁に使われている。アシダイは文句が出ないように、参列者全員に同様の物品を渡す配慮がされる。法事時も同様である。

I8（一九二三年生まれ・男）によると、葬式と法事のいずれも、①シンセキにはアシダイを出さないが、②タニンにはアシダイを出す。理由としては、シンセキは食事をするが、タニンは食事をせずにカドザケだけを飲んで帰るからである。よって、タニンには玄関でヤマミヤゲを渡して持ち帰ってもらう。近年の例としては、ヤマミヤゲは五〇〇円の商品券一枚である。また、アシダイとは別に、タニンにも香典のオカエシが必要とされている。したがってシジュウクンチ（四十九日）が済むと香典帳を確認して、半額に相当する物品に礼状を添えて返礼する。

アシダイは戦後に大きく変遷している。葬式の参列者は大きく分けて、①一般会葬者、②アンナイをするシンセキ、この二種に分かれる。①一般会葬者のアシダイについては、一九五〇年代は三〜六個入りの石鹸であった。その後は「清めの塩」が付けられた礼状と一緒に商品券五〇〇円分になっている。さらに近年は、商品券から「御見舞い」や「御香典」などの封筒セットに変わってきている。また、②アンナイをするシンセキには、タチハと呼ぶ弁当を出すことがある。

【香典】

葬式では香典帳を作成する。香典帳は先々代の葬式あたりから仏壇に保管している家が多い。互助としてのツキアイを記憶するためであるが、香典に限らずにツキアイはすべていずれの家でも記憶している。

葬法が変化したことで、香典を持参するタイミングに変化が生じている。土葬が普及していた頃は、シンセキは葬式時に香典を持参せずに、大抵は三日目の朝に「水を祀ってくれ」(8)とショウジンオチをアンナイされたので、その時に香典を持参して仏壇に参って供えたという。その後はショウジンオチの期間が短縮されるようになったため、筆者が調査時にはすでに葬式の翌日にショウジンオチを行うようになっており、シンセキだけはこのタイミングで香典を持参しているが、タニンは葬式時に香典を持参している。

現在の島の葬式における喪家の出費をみると、シンセキはショウジンオチの料理代を考慮して、一人当たりでショウジンオチに五〇〇〇円、コウデンガエシ(香典返し)(9)としてのソクヨウ(粗供養)に五〇〇〇円、つまり計一万円を喪家が出費することになる。そのために、シンセキは「助け合い」の考え方から、住職や葬祭業者などに要する費用も含めた葬式の総額を見越して、さらに一万円を加算した額の二万円を持参する。しかし、以前に葬式で香典をもらったことがあれば、その同額を持参するのが礼儀と考えられている。ただし、本家が分家の葬式へ行くには、自身のショウジンオチ代とオカエシ代の合計だけを持参すれば良く、この場合は一万円で良いとされる。なぜなら「分家は貰うばかり」といわれるように「分家からは本家の葬式に出なくてもよい」と考えられているからである。

なお、本分家のツキアイは、兄弟→イトコ→本分家へと世代交代で両者の関係性が移行する。当初から本分家のツキアイではなく、イトコ関係に移行する頃から、シンセキのツキアイから本分家のツキアイに移行すると考えられている。そのために、香典を持参するには、分家してから次の世代がイトコ関係(二代目)になるまでは、シンセキ関係であるために同額を持参しあう。しかし、イトコ関係以上の遠戚になると本分家のツキアイに変わる。すると本家から分家へは葬式に行くが、分家から本家へは行かなくなる。そうなると先述したように、本家は葬式全般の諸費用を見越して出費する必要はなく、「ショウジンオチを食べてコウデンガエシを貰う分を持っていけばよい」といった考え方に変わるのである。

先程、香典金額の相場を述べたが、詳細にみるとシンセキも同額ではない。血縁関係の認識度や家庭の生活水準などのほか、家同士のツキアイによって定まる。以下で事例をみていく。

Ⅱ4（一九三一年生まれ・男）によると、実親の葬式は五万円から一〇万円を持参する。実親と、妻の親である義理の親は同額ではない。実親が一〇万円だと義理の親は五万円にする。オジ・オバやオイ・メイの葬式も五万円程度である。実親の葬式だと事前にキョウダイ間で額を定めるので、差額はそれほど生じない。羽振りがよいと実子全員が一〇万円ずつ出費することがあるが、基本的には各家の経済状況による。

Ⅰ8（一九二三年生まれ・男）によると、娘の嫁入り先の親が死んだ場合は、現在は最高で一〇万円の香典を持参している。Ⅰ8はキンジョだと一万円が妥当額と考えている。Ⅰ8は、最近の新聞に一般会葬者は一〇〇〇円が妥当な香典額であると書かれた記事を参考にして、葬式に参列しても自身が「何でもない人」（一般会葬者）であれば一〇〇〇円にしている。最近でⅠ8が持参した香典額はオバ（伯母）の葬式で五〇〇〇円である。これに対して喪家からは、シジュウクンチまでに半額の二五〇〇円分の商品券が返礼されている。もう一例はタニンの葬式で、参列せずに人に預けて一〇〇〇円の香典を渡している。

最後に、筆親と筆子の香典金額についてみておく。筆親が死んだ際、自身が筆子であれば「普通のシンセキ」に相当するイトコウチ（イトコ以内の親等のこと）と同程度の金額を包むという者がいるように、筆子が持参する香典額は実子よりも低額である。実子が一〇万円ならば、羽振りのよい筆子は半分の五万円を包むが、そのような場合は稀で、通例は二〜三万円であるという。この額はイトコと同程度の額に相当する。

当事者だけでなく筆子の実親が死んだ時にも、筆親は香典を持参する。Ⅱ2（一九二八年生まれ・男）によると、ムスメ（非親族）の母（Nt姓）が死んだ時は、本来はキンジョ関係だけなので一万円にするところを、ムスメの実親なので二万円にする考えである。通常よりも額を上げて香典を持参することになる。すると先方でも、その額に合わせて返礼をしてくることになる。

【オソナエモノ】

現在の葬式では「濃いシンセキ」であれば香典のほかにオソナエモノ（お供え物）[10]を一緒に持参する。以前は香典の代わりにオソナエモノをした。それらは仏壇を飾るための菓子・飲み物・飾り物などである。近年はシンセキの「濃い」や「薄い」といった親族関係の相違によって、葬式に持参するオソナエモノに差が生じている。このオソナエモノは戦後から急激に移り変っている。

Ⅱ4（一九三二年生まれ・男）によると、一九八一年の母の葬式はすでに派手になっていたというが、一九七九年の父の葬式の頃までは、葬式に来たシンセキにタチハと呼ぶ弁当を出していた。それを貰ったシンセキは、食べずにオソナエをするのを習慣とした。したがって、シジュウクンチまでは七日ごとにオカンキを行ったが、その時は、いろいろな物を詰め合わせたオカンキノミと一緒に、シンセキは仏前に供えられたタチハを持ち帰った。その後は島で食中毒が発生したので、タチハに代わって砂糖を出すようになったという。すると砂糖を貰ったシンセキは、今度は砂糖をオソナエにするようになったという。また、Ⅱ4の父の葬式（一九七九年）では、アンナイをした家からは、タチハとは別に盛籠《もりかご》やコーヒーの詰め合わせなどをオソナエモノとして持参する者があったようだが、ほとんどの者はタチハだけを供えていたと聞く。そうした者が二〇人はいたようである。なかでも年配者たちはタチハを家に持ち帰るのが面倒なのでオソナエモノにしていたという。

近年では商品券・ビール券・お米券などをタチハと称して喪家がシンセキに出すように変化しており、そのためにオソナエにできなくなったのである。

【オカエシ】

念仏はオカンキと称しているが、法事は念仏を唱えることから法事自体をオカンキといったりする。また、法事の返礼品はオカンキノミと称される。オカンキノミはさまざまな品物の詰め合わせで、オカエシの一種である。現在は一般にオカエシと呼んでおり、バリエーションが豊富である。

葬式のオカエシはコウデンガエシのことである。現在はシジュウクンチを終えてからオカエシをする。半額の物を返す決まりである。例えば香典が五〇〇〇円だとオカエシは二五〇〇円、三〇〇〇円だと一五〇〇円というように半額の物品を返す。また、葬式に限らず冠婚葬祭では、貰った額の半分を返す決まりである。ただし「血が繋がっていない」場合でも特別に親しい仲だと半分に上乗せして返している。また、金銭と物品の二つを貰った場合は合計額を考慮してオカエシをする。現在のオカエシは商品券が「手軽い」とされていて一般的である。島の者に対しては、島内のAストアーや農協の商品券をシジュウクンチまでに用意しておき、礼状を添えて返している。

## 四　死者供養

【四十九日と年忌供養】

人が死ぬと殺生を禁じ、カミマイリ（神参り）を控える。また「大声を出すな」といわれる。そして「人が死んで葬式を出すまではヤクドシ（厄年）の者は死人の所に行くな」といわれる。しかし、近親者のオジ・オバ、キョウダイたちはそうもできないため、実際には葬式に訪問している。また、以前は「同じ歳の者が死ぬと耳を塞いでおけ」といったが、現在はいわなくなっている。八十歳過ぎの者が稀にいう程度である。

かつての葬式では、一週間ほどを要して共同飲食をして死者を供養した。その間は肉や魚を一切食べず、生魚や生肉を避けた。しかし、それを無事に済ませた後はショウジンオチでは生魚を食べたように、以後は何を食べてもよいとされた。現在のショウジンオチは葬式の当日に済せるようになっている。

シジュウクンチまでは俗信があり、「四十九日までは家の戸を閉めてはいけない」という。また、シジュウクンチまでは現在も喪家の軒先に白布を紐で吊るす光景を眼にする。白布は文字のない無地の布である。最近は吊るす家が減っており、布を作っても吊るさない家が多くなっている。島の俗信では「四十九日の間は死者の霊が屋根に残っている」といって屋内に控える。白石島のK寺が仏教行事に関する冊子を島民に配布しているが、そこには「屋根棟離れて極楽へ導き給うありがたや」と記述されており、この俗信を信じる者がいる。忌の期間は通例はシジュウクンチまでなので、シンセキは大抵が四十九日間である。しかし、死者から血縁が「濃い」者ほど忌の期間が長くなる。したがってシンセキでもイトコぐらいだと三十五日間程度でよいと考える者がいる。しかし、オジやオバ、オイやメイになると四十九日間は喪に服している。さらに喪主や喪家はカミマイリを一年間は控える。なお、シンセキにおいては、父母両系ともに喪に服する期間は同じと考えられている。

葬式が済むと家に祭壇を作る。そこに十三仏の掛軸を順に掛ける。ショナヌカ（初七日）に不動尊の軸を掛けると、最初の七日間は不動尊が死者であるホトケを守ってくれると考えられている。フタナヌカ（二七日）は釈迦の軸を掛ける。次の一週間は文殊菩薩、その次の一週間は普賢菩薩、次は地蔵菩薩、その後も追善供養の度に十三仏の軸を順に掛け替えていく。島民の大半は島内の真言宗K寺の檀徒であるため、K寺の教義に従い、死亡日の前日を存命中の最後の日として命日と考えている。命日から数えて一週間後がショナヌカになる。シジュウクンチまでにいくつもオカンキを行う。死後の供養をするには、念仏であるオカンキをする。まず、①ショナヌカからシジュウクンチまでは七日ごとにオカンキをする。ショナヌカの次は②フタナヌカ（三七日）の二十一日目、③ミナヌカ（三七日）の二十一日目、④ヨナヌカ（四七日）の二十八日目、⑤イツナヌカ（五七日）、⑥ムナヌカ（六七日）、⑦シジュウクンチとなる。その次は⑧ヒャクニチ（百日）、次は一年後の一周忌である⑨ムカワリ、⑩サンネン（三年）、⑪シチネン（七年）、⑫ジュウサンネン（十三年）、⑬ジュウシチネン（十七年）、⑭ニジュウゴネン（二十五年）、⑮サンジュウサンネン（三十三年）、⑯ゴジュウネン（五十年）と続く。なお、三十三回忌に特別な行事はみられない。

島民の考え方によると、年忌供養はオカンキとホウジ（法事）の二種類がある。オカンキは「念仏」のことで「料理のない集まり」であり、一方のホウジは「料理の出るたいそうな集まり」と考えられている。年忌供養はオカンキだけで済ませて料理は出さないことが一般的である。その時は日中に僧を呼んでおき、料理を出さずにオカンキだけを唱えてもらう。僧が帰った後も皆でオカンキだけをする。ただし、五十年忌は弔い上げになるので、墓参りをしてから料理を出している。最近は島の生活が裕福になったので、ムカワリやサンネンだけでなく、ほかの年忌供養でもホウジを行い、料理を出すようになっている。そのために近年は「ツキアイが大変だ」といわれるようになっている。

土葬の頃は、墓に死者を埋葬してからは「四十九日までは家を絶対に留守にするな」といわれ、シジュウクンチまでは毎日墓に参っていた。朝と晩の二回参らねばならなかったので墓参りは大変なことだった。しかし、火葬が普及するとシジュウクンチまでは家に遺骨を置くようになり、墓参りをしなくてもよくなったので「楽になった」という。これらの負担軽減の意図があって野辺送りや土葬が廃止され、火葬が受容されるようになっている。

シジュウクンチはオカンキを唱える。翌日に住職を呼んで、仏壇から遺骨を取り出してアケノホウジ（明けの法事）をする。その時は住職と一緒に一団になって墓に行き納骨する。また、新盆ではシンセキが盆のオソナエを持参して墓や仏壇を参る。また、年忌供養では、参列者は仏壇を参るだけで墓参りは比較的行わない。キョウダイならば年忌供養のオカンキ時に墓参りをすることがあるが、オジやオバになると年忌供養にオカンキを唱えた時でも「参っていないので一度参っておくか」といった程度である。年忌供養は五十年忌まで行うので「島はツキアイが派手」といわれており、特に冠婚葬祭の出費がかさむ。近隣の都市部では、葬式を済ませると年忌ごとに住職が来て経を唱える程度のことが多い。しかし、白石島ではシジュウクンチまでは一週間ごとにシンセキが集まってオカンキを唱える。その時は参列者に一〇〇〇円程度のオカエシを渡している。シンセキが多ければ大変な出費と労力を必要とする。さらにシジュウクンチが過ぎてからも死者の年忌がある。そのために都市の生活経験者は、都市のツキアイと比較して島のツキアイを負担に感じることが多い。

一方、シジュウクンチまでのオカンキを行わない者もいる。I8（一九二三年生まれ・男）は葬式後にアンナイを出すのはシジュウクンチである。この期間に人を招くことはない。シジュウクンチの次は一年目の年忌にアンナイをしている。I8は年忌供養にタニンを呼ばないことにしている。イトコの場合も葬式に呼ぶが、年忌供養には呼んでいない。年忌供養で他家を訪問する時は、例えば現金一万円とオソナエ五〇〇〇円で合計一万五〇〇〇円分を前日に持参するが、食事して帰るだけなら一万円でよいと考えている。

シンセキツキアイは世代交代で次第に希薄化する特徴がある。I10（一九二四年生まれ・男）は冠婚葬祭や三年忌や十三年忌の法事でイトコハンまでの親族を呼んでいる。しかし、三十三年忌や五十年忌の法事になるとイトコハンは呼ばなくなる。年忌供養を営む家長にとっては「アカの他人みたいな所」にアンナイする状況になるからである。

もっとも五十年忌は「他人さんみたいな人」にアンナイせねばならないので、往々にしてアンナイの人数が減ることになる。また、五十年忌に至ると、互いに親族関係を認識していない者が出席する状況になる。その際、出席者同士で「あそことウチはどんなつながりか」と不審に思うことが多い。島民同士なので顔を知っていても、互いの親族関係は「知らない者たち」が同席する状況になるからである。

【位牌と墓石の祭祀】

位牌は基本的に一人の死者に対して一つしかなく、家で代々相続する。位牌分けの習俗はみられず、子たちに分牌しない。ただ、Ⅱ2(一九二八年・男)の家では元禄十一(一六九八)年に死んだ女(戒名は妙善信女)を初代と考えており、その墓石は本土の寺院で本家が祭祀しているが、当家の仏壇でも位牌を祀っている。そして現家長は「ウチの先祖は女」と認識しており、この妙善信女が十六代続く家の初代と考えている。この例から、江戸初期には分牌祭祀を行っていたことが考えられるが定かではない。また、島民の中には、位牌は俗名と戒名の二つを作る者が稀にいる。

現在の位牌は材質に決まりはなく、その時の家の経済状況で変わってくる。位牌を作り変えることは時々あるが、それも経済状況によるようである。それに位牌を作り変えることに抵抗はみられない。作り変えるには、寺に持参して作り変えてもらっている。また、位牌は仏壇に祀られるが、盆にも並び替えることはない。家で祀らなくなった無縁仏の位牌は寺に預けて祀られる。旧家でも古い位牌を祀ることは少なく、寺にある位牌の方が古いといわれている。

近年は火葬が普及して墓石へ納骨するようになったが、土葬の頃は死者を埋葬し、一定の年数が経過してから墓石を建立した。野辺送りの葬列を行っていた頃は、死者を土葬にしてから、まずそこにミズバカと呼ぶ墓をつくって祀った。ミズバカは遺体や棺が腐敗してから石塔を立てるまでの代用である。ミズバカを作るには、磯から石を拾ってきて、板状の石を台にして、その上に三角状の石を載せる。ミズバカは代用であるため、そこに文字を刻むことはない。また、墓石の建立時期に決まりはないが、年忌供養時が「切りが良い」と考えられており、十三年忌か十七年忌に至ると墓石を建立した。古い墓石は自然石が使われているが、近年の墓石にも自然石がみられる。なお、白石島に両墓制の習俗は確認できない。

Ⅱ4(一九三二年生まれ・男)の母の事例では、死んだのは一九八一年であるが、その時は土葬を行っており、その後に建立した墓石は自然石である。その頃からミズバカは行わなくなったといい、墓石も自然石ではなく機械で裁断した加工石を使用するようになっている。

島の墓地であるトミヤマの墓石をみると、個人墓→夫婦墓→累代墓のように墓石の変遷を知ることができる。例えばⅡ4家の墓地をみると、先祖の初代Y衛門は一六三一(寛永八)年に開拓のために集団で福山から来島したと伝えるが、その墓は夫婦で一基ずつである。妻の墓石は自然石に戒名を刻むだけだが、Y衛門の墓石は裁断加工した石を使用している。また、子が死んだ時も個別に墓石が作られている。また、白石島では現在は先祖代々の累代墓もみられるが、一般には夫婦で一つの石塔に納骨している墓石が多いようである。これらは夫婦墓と称されている。

## 五　葬送儀礼と筆親筆子関係の現代的変化

白石島に火葬施設はなく、本土の笠岡市郊外の火葬場を備えた斎場が利用されている。火葬が普及する以前にも白石島や周辺でも火葬が行われていたが、例外的な場合だけである。島の東岸沖に縦島と呼ぶ非常に小さな島がある。縦島は北木島の豊浦集落の住民が土葬の頃から火葬地として使用しており、病気や疫病で病死した異常死の者を火葬にしたと聞く。白石島の住民が縦島で火葬をすることはないが、昭和以降に海苔工場がある白石島内の東岸の浜で火葬が行われたことが数回ある。火葬にされたのは病気や疫病の者たちである。最後にここで火葬されたのは一九六〇年代中頃で、島外から来島した医師の遺体を本土に持ち帰れずに火葬にしたと聞く。

　白石島において火葬が本格的に普及したのは昭和末期である。その頃までは野辺送りによる土葬が行われている。火葬が普及してからもしばらくは葬式行列が行われている。当時は、朝に本土で火葬にしてから島で葬式行列をしている。一方、日中に葬式行列をして墓地まで行っておきながら、再び火葬場に遺体を運搬したように、土葬から火葬への移行期には変則的な葬法の事例がみられる。さらに葬列を取りやめてからも半年ぐらいは、役配の読み上げだけは行われている。その頃には葬式道具は使用しなくなり、製作しても使用せずに遺体と一緒に焼却している。また、葬列を行わなくなってからも、使いまわしの葬式道具だけは保管先の地蔵堂から持ち出しており、葬式後は再び地蔵堂へ返却するような形骸化が生じている。

　火葬の普及後も葬式は島の喪家で行われていた。住職が読経して皆が焼香を終え、弔電披露と喪家の挨拶を終えて、葬式は四十五分程度を要した。当時はまだ役配の読み上げだけは行う家がみられた。十三時頃までに葬式を済ませた後、港から船で笠岡市郊外の火葬場に向かう。棺を運ぶために白石島のチャーター船の「かいりゅう」が使われる。十三時三十分頃に白石港を出港して、十四時頃に笠岡港に入港して火葬場に遺体を運搬した。遺体を火葬する間は、島へは交通の便が悪いために戻らずに火葬場で待機した。その後は骨上げをして帰島する。その間に島では「御膳立《だ》て」と称してショウジンオチの準備を行っている。十七時頃に帰島してからは喪家か旅館で料理を食べる。これらの一連の過程を一日で行う喪家がある。一方、葬式日は「濃い人」のみで飲食し、翌日にナヌカノマイリ（七日の参り）と称して皆を白石島のK寺に案内して飲食する喪家もみられる。

一九九九年からは農協が笠岡市街に葬祭場を建設して葬祭業に着手しており、市街には民営の葬祭場もある。そしてそれ以降は自宅で葬式を行わなくなり、役配の読み上げや葬式道具の製作や使用も行わなくなっている。したがって島外の病院で息を引き取った後は島に遺体を運搬せずに、笠岡市街の葬祭場で葬式が執り行われている。葬式を終えると市郊外の火葬場で荼毘に付して遺骨を島に持ち帰る。四十九日間は七日ごとにオカンキを行う。シジュウクンチの法要を終えてから「骨を納める」と称して納骨する。

シンセキは相互的なツキアイで助け合うものと考えられてきたため、今日までいずれの家でもツキアイの記録として祖父母や父母などの役配帳や香典帳が大切に保管されてきた。また、今後葬式を行う際の参考とするために役配帳を伝えてきている。なかには曽祖父の葬式の役配帳を保管している家もある。現在は葬列とそこでの役配がなくなり、保管されてきた役配帳や香典帳は近年急速に不要の代物となっている。

近年は火葬の普及によって葬式日を役所等の公的機関の開庁日に合わせるようになり、したがって先延ばしを強いられることが生じている。昼過ぎの一時か二時までに亡くなった場合には翌日に葬式が執り行える。一方、夕方以降に死んだ場合は翌々日に葬式を出すことになる。また、市役所で火葬許可書を発行してもらうには、死亡診断書と埋葬許可書の二通を持参して一万円を支払う。内訳は火葬一回分の八〇〇〇円と火葬場の待合室使用料の二〇〇〇円である。また、近年でも火葬が難しい状況が生じれば稀に土葬を行うケースがみられる。Ⅲ6（一九五〇年生まれ・男）の父は一九九九年に死んだが、台風で火葬場に運搬できずに島で土葬にしている。なかには死者の遺言で土葬にするケースが、近年でも稀にみられる。

以上が火葬の普及による近年の葬法の変化である。筆者が一九九八年に白石島で調査を開始した頃から、刻々と島内の喪家で行う葬式は減少していった。当時は役配もすでに行わなくなっていた。危篤状態に及ぶと笠岡市街の病院に運ばれ、死亡後はそのまま市街の葬祭場で葬式を行っている。死者の遺体を島の喪家に持ち帰ることはない。葬式で経を唱えるためには、島から船で住職を呼ぶようになっている。

葬祭場の利用の普及については先ほど少し述べたが、白石島の住民の間でも現在は市街の葬祭場の利用が一般化している。一九九九年から笠岡市街でＪＡ倉敷かさやが運営する「総合葬祭センターやすらぎホール笠岡」（以下「やすらぎホール」と略す）を利用する島民が急増している。笠岡港近くの国道二号線に隣接した利便性の良い市街地に立地する。笠岡市民病院が隣接するので、病院で亡くなるとそのまま葬祭場に運び、葬式を執り行うケースが多くなっている。

ＪＡ倉敷かさや白石島支店の資料によると、二〇〇三年に島民のやすらぎホールの利用者数は約二〇名であった。同年にちょうどＪＡ白石島が本土のＪＡ倉敷かさやに合併しており、やすらぎホールの利用者数は年々増加傾向にある。ＪＡ白石島の頃は農業部門の運営が大変厳しい状態であったが、近年は島嶼部の高齢化によって葬祭事業に大きな需要が見込まれている。葬祭場は生前から予約すると割引制度が適用されるので、島の住民にとって生前予約は大きな魅力となっており、需要増加の要因となっている。

やすらぎホールを利用して葬式を行うには、まず農協に連絡して棺を注文する。島からはチャーター船の「かいりゅう」を予約し、参列者には出港時刻が通知され、白石港の桟橋に集合するように伝えられる。笠岡港に着岸してからは貸し切りのマイクロバスに乗車して向かう。やすらぎホールに到着して葬式を済ませると、遺体を火葬場に運び、火葬にして骨上げをする。再びやすらぎホールに戻り、御膳を食べる。会葬者には十五時に笠岡港に集合するように伝え、そこから船で遺骨を持ち帰島する。近年までは帰島してから二日間を要してショウジンオチを済ませたが、現在は葬式日に一日で済ませるケースが多い。

近年は葬祭場の利用により、葬送儀礼に対する島民の考え方が急激に変化している。Ⅱ2（一九二八年生まれ・男）はやすらぎホールの葬式にすでに二～三回参列したが、これらを見る中で、最近まで執り行っていた島の葬式が「旧式」だと強く感じている。近年の葬式の準備では、各家への伝達や、地域の掲示板に張るためのアンナイを作成する程度の仕事しかない。やすらぎホールを利用する場合は農協職員が進行役を務めるので準備は不要である。また、以前は島のK寺の息子三人が脇僧を務めたが、調査時点では笠岡市街から脇僧を依頼している。

以上のように火葬と葬祭場の普及により、近年は白石島の死者供養のあり方が急速に変化している。同時に筆親筆子関係の役割にも変化が生じている。総体的に筆親や筆子の役割が低下している。現在も筆親が死んだ場合は筆子にアンナイが出されるが、役配がなくなったために、筆親筆子関係を含めてシンセキ、キンジョ、友人・知人などがみな同様に扱われる。また、以前は筆親筆子関係を含めたシンセキだけでショウジンオチを執り行っていたが、会葬者全員が焼香後にショウジンオチの料理があれば食べて帰島している。また、役配があった頃は、ムスメは旅飯や杖などの特別な役配が課されたが、現在は役割がなくなっている。例えば、葬祭場での座席は立札によって「一般」と「親族」の二種類の区分だけなので、筆親や筆子がいずれに着座するかは当人の意思次第である。また、焼香においては、筆親や筆子も「一般」の会葬者に混ざって焼香することが多くなっている。

## 小　括

本章では、近年までの白石島の葬送や供養に関する諸儀礼の分析から、葬送における筆親筆子の関与について明らかにした。

近年は過疎化や少子高齢化によって結婚件数が減少したために、筆親と筆子の間で最も重視される機会は葬式である。結婚のほかにも葬送や供養において、筆親と筆子に頻繁なツキアイがみられる。自身の死はもちろんのこと、双方の家族の死を介してもツキアイが行われる。

一九七〇年代までは土葬や野辺送りの葬列が盛んに行われており、一九八〇年代に火葬が普及して葬列が消滅してからも、しばらくは参列者に役配と呼ぶ役割が課されてきた。その中で筆親や筆子はシンセキの一員として役割を担ってきた。さらに葬送後の供養でも、四十九日や年忌供養を通して筆親と筆子は家同士で頻繁に交際してきた。現在は野辺送りや土葬は消滅したが、高齢化による死者の増加で、葬送や供養のツキアイが筆親と筆子のツキアイの中心といえるほどに頻繁である。

近年まで存在した葬列の役配では、筆子の中でもムスコには、役割が課される場合と課されない場合があった。役配が課された場合でも、役配の内容が死者に持たせる杖であったか否かが話者によって一定していない。一方、筆子の中でもムスメは、筆親の葬式で旅飯や茶湯を持つものとされ、役割が明確に定められていた。ムスメとしての女性の役割が重視されたことからは、白石島の双系的親族構造をもつシンセキ内における女性成員の権利や義務のあり方と対比できる。

近年の葬列における参列者の分析からは、白石島のシンセキは明確な親族組織ではなく、いわば自己中心的な範疇であることがわかる。イトコ・イトコハン・フタイトコなどの親族名称が存在するように、シンセキの成員間における互いの権利や義務の行使は、これらの関係を基準に行われる。例えば、イトコは第一イトコであり、イトコハンは親の第一イトコ（もしくは自己の第一イトコの子）、フタイトコは第二イトコの関係になる。シンセキのツキアイはイトコの範囲までで行われることが多い。

白石島のシンセキは、本分家関係や姻戚のほかに筆親筆子関係といった仮親子関係を含み、おおむねイトコまでの親族を成員として、父系に傾斜しつつ自己中心的に組織化された家関係である。シンセキにおいては、その家の直接の本分家、その家から婚出や養子に出た者の婚家・養家とその親族、その家へ婚入や養子に入った者の生家とその親族、さらにはその家の者たちの筆親とその家族、その家の者たちの筆子とその家族もシンセキになる。シンセキの成員間の権利や義務は、自己を中心としたシンセキ関係の遠近によって異なる。そのツキアイは、多くが父母両系に対してほぼ均等に行われている。これまでは内婚制が中心だったため、シンセキはほとんどが島内居住者であり、その権利や義務は島を中心に行使されてきている。

葬法は昭和の末期までは土葬が中心であったが、一九九〇年代以降は火葬の普及によって死者祭祀の方法が急激に変化している。そこに葬祭業者の関与がみられ、葬送儀礼は急激に簡素化している。よって従来のシンセキの役割は急激に衰退している。筆親筆子関係の役割についても、近年の葬法の急激な変化の影響を受けている。例えば、近年の葬祭場において業者が取り行う葬式では「親族」や「一般」といった参列者の区分しかなく、ここに島内の筆親や筆子の役割が持ち込まれる余地はない。ただし、従来の伝統的葬法での役割こそ減ったが、義理を果たすことは現在も筆親や筆子の役割として島民に強く意識されている。序章で述べたように、浅野久枝は長野県下でトリアゲオヤとトリアゲッコの分析から、コの出生時にはオヤが取り上げるが、オヤが死んだ際は逆にコがあの世に送る役割を果たすことで相互関係を形成していることを指摘している［浅野　一九九二］。一方の白石島でもコがオヤを送るということに注目すれば、筆親の死に際しては筆子が見送ることが重要な役割として強く意識され行動されていることがわかる。そして一九七〇年代頃までは島内でも若者の結婚がみられ、当時はまだ筆親が筆子の縁を結ぶ者としての仲人役が重視されていた。しかし、近年は高齢化が進んだことから高齢者の死が日常化しており、筆子が筆親をあの世に送る機会が増加している。そして近年の高齢化の社会状況においては、筆親よりも筆子の役割の機会が多くなっている。

**註**

（1）旅飯はドンジもしくはドンジノメシと呼ばれる葬列の役割である。
（2）伏字は死者の姓名が記載されており、死者はYm姓の女である。
（3）「幽明境《ゆうめいさかい》を異《こと》にする」の誤記で、死に別れること。
（4）生花は「しょうか」のほかに「せいか」ともいう。
（5）野辺送りでは、白石島のK寺住職が大傘を使用するのに五〇〇円を要したという。
（6）例えば清水由文は「親類」の「範囲の明確化は共時的には、未婚の兄弟姉妹以外には一致せず自己を中心に世帯ごとに異なった親族圏を形成し、通時的には、個人の出生、結婚、死亡を契機として親類関係の創出や消滅が生じ、親類は流動的性格を強くもつ」（傍点は筆者）と指摘している［清水　一九九六］。
（7）ショウジンオチ（精進落ち）は、ショウジンオトシ（精進落し）やシアゲ（仕上げ）ともいう。
（8）「水を祀る」とは狭義には墓参りを意味するが、広義には死者供養を意味すると考えられている。
（9）コウデンガエシ（香典返し）は、オカエシ（お返し）やカエシ（返し）ともいわれる。
（10）オソナエモノ（お供え物）はオソナエ（お供え）ともいわれる。

# 第七章　筆親筆子関係の現代的変化

## はじめに

本章では、白石島の筆親筆子関係の現代的変化について、この習俗の連続性と非連続性の両面に着目しながら事例を中心に分析して明らかにする。第一節では、戦後の民俗調査報告書の比較分析から、筆親筆子関係の現代的変化について儀礼的側面を中心に考察する。第二節では、島の過疎化・少子高齢化と筆親筆子関係について、社会的側面の変化を中心に考察を進める。

## 一　離島調査から五十年後の筆親筆子関係

### 1　白石島の離島調査

ここでは一九五〇年から財団法人民俗学研究所が実施した「離島調査」(『本邦離島村落の調査研究』)の記述をもとに、五十年以上が経過した白石島の筆親筆子関係の変化についてみていくことにする。

「離島調査」は財団法人民俗学研究所が一九五〇年から三年間をかけて、全国各地の島嶼を対象に実施した民俗調査である。「離島調査」では島ごとに調査者が振り分けられ、調査項目を携えて記述にあたっている。白石島を担当したのは福島惣一郎であった。福島は一九五〇年に白石島に調査に入り『離島採集手帳』(以下『手帳』と記す)を書き残している［福島　一九五〇］(1)。また、一九六五年に再調査した内容を加えた調査報告は、一九六六年発行の『離島生活の研究』でみることができる［福島　一九六六］。その内容からは、約五十年で民俗が大きく変化したことがわかる。一九五〇年の調査時は、八十〜九十一歳の五人の古老たちから主に話を聞いている［福島　一九五〇　二］。最高齢は一八六〇(万延元)年生まれの女性であったと『手帳』の「採訪日録」に書き記している［福島　一九五〇　一四八］。

「離島調査」の追跡調査としては、近年は成城大学民俗学研究所が一九九八年から三年をかけて、研究プロジェクト「沿海諸地域の文化変化の研究—柳田国男主導『海村調査』『離島調査』の追跡調査—」を実施している。ここでの成果や、このプロジェクトに関する研究成果では、白石島の筆親筆子関係の変化についても述べている［八木橋他　二〇〇二］。そこでは「現在、筆親筆子関係を行っている家は皆無ではないが、ほとんど行われていないのが実状である。その最大の理由は若年層の流出にともなう島内婚の減少にある」と指摘している［八木橋他　二〇〇一　四三〇］。さらに続けて「この制度が大きく変化し始めたのは昭和三十年代になってからという話が多く聞かれた。高度経済成長にともなって漁業や農業に従事していた人びとが島を離れ、工場地帯などへ働きに出るケースが多くなったからだ」と指摘している［八木橋他　二〇〇一　四三一］。以上の指摘を踏まえ、以下では改めて福島の『手帳』の記述と比較しながら、筆親筆子関係の変化について具体的にみていくことにする。

## 2　離島調査後の筆親筆子関係の変化

福島は筆親筆子関係について、『手帳』の中の「親方子方」「婚姻方式」「仲人」「義理」「贈答」、この五つの調査項目の中で書き記している。調査から五十年以上が経過して、筆親筆子習俗が大きく変化したのが一目瞭然である。以下では、関係締結の年齢、名称、改名、筆親になる人、オヤカタドリ、若者集団、三年の正月贈答、仲人、葬式と法事、義理、贈答を中心に、順を追ってみていく。

## ⑴関係締結の年齢

『手帳』の「親方子方」の項には「十五才で成年となり、親方をとる」と記している〔福島　一九五〇　九〕。しかし、現在の島の人たちの話では年齢は定まっておらず、成人の意味はみられない。大正初期に生まれた古老の話だと八～九分が筆子になったようだが、早いと男女ともに小学校を卒業して十三歳の頃にオヤカタドリをしたという。

筆子になるのに年齢制限はなかったが、一般には十～二十歳代の未婚の内が多い。結婚の仲人を依頼するためにオヤカタドリをした人がほとんどである。筆親がいないと結婚できないとさえ考えられていた。結婚が迫って急いでオヤカタドリをする人や、カリオヤといって体裁をつくろうためにオジやオバに仲人を頼む人がいた。次第にオヤカタドリの年齢は遅くなっている。二十歳を過ぎてオヤカタドリをした人や、なかには二十歳を過ぎて結婚後に夫婦でオヤカタドリをするケースがみられる。

筆親の年齢は、三十～四十歳代の人生の上り調子が最も相応しいと考えられている。また、そうした人を選ぶ傾向があった。その場合、子がいるか、ちょうど子から手が離れる頃に筆親になった。したがって、筆親といっても実の親よりは遙かに若い人も多かった。

オヤカタドリは次第に減少してきた。昭和三十年代生まれの人の話では、同級生の半数がオヤカタドリをしていたという。しかし、近年はほとんど聞くことはない。少子高齢化で双方に相応しい年齢層が減少したこともオヤカタドリが減少した要因の一つである。

### (2)名称

『手帳』の「親方子方」の項に「親方をエボシオヤ或はフデノオヤとよび、子方をフデノコとよぶ」と記している［福島 一九五〇 九］。また、「仲人」の項にも「仲人になるものはたいていエボシオヤである」と書いている［福島 一九五〇 六三］。しかし、「エボシオヤ」の名称は現在では聞かない。また、「親方子方」の項に「親方どりをする事を、ムスコにゆく、或はムスメに行くという」と書いている［福島 一九五〇 一〇］。これは現在もよく聞く。ただし、現在聞く名称はこれらのほかにも遙かに多様である。

現在聞く名称は、フデ(ノ)オヤ・フデノコ・フデノオヤカタ・フデノムスコ・フデノムスメ・ムスコ・ムスメ・オトコオヤ・オンナオヤ・オヤ・コ・オヤカタ・カリノオヤ・カリノオヤカタなどである。ただし、中年層になると名称に「フデ」をつけなくなり、その意味を知る人は少なくなる。現在の子育て層になると、年寄りたちがやっていた習俗とは違うものと考えているようである。

筆子が筆親に呼びかけるには、オヤカタのほか、オジサンやオバサン、あるいは現在でもオトウサンやオカアサンと呼ぶことがある。逆に、筆親が筆子に呼びかけるには名前で呼んだりする。かつては筆親がナヅケをしてその名前で呼んでいた。このように筆親と筆子はさながら実の親子のようである。

名称の由来は、かつては筆親がナヅケをしたからという。これについては、福島もオヤカタドリで「その時に多く改名したからである」と理由を書いている［福島 一九五〇 九］。ナヅケは昭和初期までは男女ともにみられた。その時に男の子には筆親から白扇が入った扇子箱が与えられ、女の子には習字で使う毛筆二本が入った桐の筆箱が与えられた。それを家に持ち帰ってトシガミサンに供える風習であった。しかし、一九三一年生まれの女性が子供の頃にはナヅケがなく、与えられた筆箱はすでに「単なる印」にすぎず、筆を実際に使用することはなかったという。

与えられた名前は「仮の名」「呼び名」「親方の名前」などといっている。『手帳』には「フデノオヤにつけてもらった名は、その後一代用いる」と書いている［福島　一九五〇　九］。少し前までは筆親が与えた名前ばかりを使う人がいたので、葬式で初めて筆親から与えられた名前だったことを知って周囲が驚くことがあった。

柳田国男は筆親筆子関係について「手習の師匠と弟子」や「鉄漿筆のこと」と指摘しており、筆の意味は二種類があることを指摘している［柳田　一九七五（一九四三）　一三〇］。白石島では女の子に筆を与えたことからは、鉄漿付け習俗の変化したもののように思える。しかし、鉄漿付け習俗について古老から聞くことはない。

古老の話では、十五歳の誕生日が来るとソウリョウムスコは家の世襲名を継承したのだが、次三男は筆親が改名させたという。ナヅケはその名残という。また、筆親は何かあれば筆で紙に書いて筆子に人生の道を説いたと伝えるが、現在ではそれ以上のことは不明である。

かつての島社会は識字率が低く、文字の読み書きとその象徴である筆が社会関係の形成の役割を担ったことが想定できる。しかし、現在は筆にまつわる儀礼がなくなり、その意味は若年層を中心に忘れられつつある。

### (3)改名

『手帳』には、オヤカタドリをして「その時に多く改名した」と書いている［福島　一九五〇　九］。しかし、正確には現在の古老の親世代がやっていたナヅケは「改名」とは異なる。つまり、ナヅケは戸籍名がありながら筆親が与えた名前を使う習俗である。また、戸籍名が呼び難いとナヅケをしたことがあり、すでに成人儀礼としての意味が弱いのも改名と異なる。

現在ではナヅケをしてもらった古老は珍しい。その中でI5(一九一八年生まれ・男)は、筆親がナヅケをしたヒデアキという名前をもっていた。しかし、このI5が語ったように、その頃はすでにナヅケが形骸化していたようで、名前は一度も使うことなく筆親も本名で呼んでいたという。

「改名」については、すでに「ナヅケ」において詳述したので、詳細はそちらを参照していただきたい。その事例はI9(一九二三年生まれ・女)からの聞き取りで、I9の曽祖父(一九三〇年に八十三歳で没)に筆親がナヅケをした際のものである。その事例からは、成人して世襲名を名乗るソウリョウを除いては、筆親が男児に名前を付けていた。福島が聞き取りをした「改名」は、恐らくこのような成人儀礼だったと思われる。

### (4)筆親になる人

『手帳』には「親方とする人には、その頃勢力のある人を多く選ぶ」と記している[福島 一九五〇 九~一〇]。「箸と親方は強い方がいい」や「フデノオヤと漬物の重石は重い方がいい」とよくいわれた。このように頼りになる人を筆親に選び、親代わりで世話をしてもらった。島の顔役というほどでもないが、顔が利く人が好まれた。悩みごとや心配ごとがあれば相談に行き、力になってもらう。筆親は就職の世話をし、商売をしておれば金を融通した。筆子が商売を始めた時や就職した時は筆親が保証人になった。そうした時は筆親の所に一番に行った。筆親は夫婦がそろっているので、保証人に二人を必要とする時は好都合であったという。

これまでオヤカタドリは白石島の人々の間で行われてきており、男女を問わず誰もが関係を締結できた。島の大半がオヤカタドリをやってきたように、ここでの通過儀礼であった。

筆親になるのには条件があり、夫婦がそろって健在でないといけない。死別や離別していると筆親にはなれない。未婚者も筆親にはなれない。筆親には夫婦一組でなるものとされる。そして筆子は筆親である夫婦二人に対して付き合うのである。しかし、近年は高齢化で健在な夫婦が少なくなり、筆親に相応しい三十〜四十歳代の働き盛りがほとんどいず、筆親のなり手は少ない。

筆親は「勢力がある人」ばかりでなく、シンセキから選んだ人も多い。筆親の負担は並大抵ではなく、筆親を頼むと相手が迷惑するし、物を持参して来られるとそれだけの返礼をしなければならないからである。その遠慮から筆子にならない人もいてさまざまである。しかし、懇意にしているとタニンでも筆親にする人がいる。市議会議員に筆子が多いのはそうである。市議会議員を長年務めて誰もが島の名士と認めるＩ10（一九二四年生まれ・男）には、ざっと思い出してもらっただけで一五人の筆子がいた。

オヤカタドリは筆親から依頼することもあるが、基本的には筆子の方から選んで頼むものとされた。筆親を選ぶのは筆子ではなく、ほとんどが実親である。筆子はまだ人を見る目がなく、選ぶ意思が備わっていない。子供が社会に出る頃になると、実親は筆親を見つけてやらねばと考え始める。子供に相応しい筆親を選び、家を訪問して「筆親になってくれんじゃろうか」と話を持ちかける。交渉は母が進めることが多い。了承を得るまでには何度も足を運んだ。

依頼された筆親は断ることはできないのである。そのために多いと、一〇人、二〇人と筆子をもつ夫婦がいる。しかし、実際は負担が大きいので渋り、断るケースがあった。しかし例外もあり、筆親になった場合、一年間はほかから筆子を貰うことは禁じられており、その時は断ってもよいとされた。なぜなら筆子の人生の運が片寄ってしまい、警察と泥棒のようになってしまうといけないからだという。そのために一年が経たないうちに別の人が筆子に来たいといってきた時は、事情を述べて一年間は待ってもらうのである。

### (5)オヤカタドリ

『手帳』には、オヤカタドリの儀礼について次のように書いている。

親方どりの時には酒八合さげて行き、親方の家でそれを神棚にそなえ、親子のサカヅキ《(ママ)》を交わす。三日目には親方が子方をよび、三日の祝をする。親方どりをする事を、ムスコにゆく、或はムスメに行くという。［福島 一九五〇 一〇］

現在もこれと同じ話を聞く。オヤカタドリは「ムスコ(ムスメ)に行く」や「ムスコ(ムスメ)に貰う」という。オヤカタドリをするには、前もって訪れる日を筆親の家に知らせておく。子供からも了承をとっておき、その日が来ると親は「今日は日が良いのでムスコ(ムスメ)に行っとけ」などといって促した。筆親の家でも簡単な料理を作り、心積もりをして待っているのである。

筆子になるには、日時や方位の吉凶を考慮しつつ、大抵は旧暦の正月が差し迫った大晦日の頃に行った。大晦日や節分は、日時や方位に左右されないすべてが最高の日とされたからである。現在でも年寄りは病院の入院日などに吉凶を考慮している。しかし、高度経済成長期になって次第に島を出る若者が増加すると、盆の帰島時にオヤカタドリをするようになっている。

オヤカタドリは、かつての島の結婚習俗と類似する部分が多い。行くのは夜になってからであった。その時はほかにツレがいて、その人が筆子を連れて行った。それは誰でもよく、筆子の友達や家族やシンセキなどである。なかには二〜三人を連れて行くことがあった。

筆親の家に行くには、シラサギと呼ぶ徳利や一升瓶に酒を入れ、その口に鰯などの魚二匹を昆布で結わえ付けて持参した。これは『手帳』の「婚姻方式」の項に書いてある内容と類似する。そこでは「婚礼にはまずムコの方からオミキをもってゆくのであるがその時、シラサギ(トクリ)《ママ》の口に、コブの中にイリコを入れたものをしばりつける」と書いている［福島　一九五〇　六一］。その意味は知らない人がほとんどで、酒の肴だという人もいれば、神饌と同じで目出度いくらいに思ってやっていたのだという。その際、一升瓶ならば封を切って、『手帳』にあるようにわざと酒を八合に減らして持参したのだが、これは筆子自身が未熟で至らない証であり、それを筆親に満たしてもらい一人前にして欲しい仕草だという。なかには筆親が「一升にする」などといって、実際に酒を継ぎ足して一升にして貰った筆子がいた。

筆親の家に着くとツレが「ムスコ(ムスメ)に連れて来たのでお願いします」と挨拶をして家に上がった。筆親と筆子が挨拶を終えると、少し酒を飲んだり料理を食べる。筆子はまだ若いので酒の飲めない者が多かった。島の料理は現在も生・煮付け・焼き物・鱠《なます》が日常だが、この日も刺身だとか魚や大根の鱠が出た。それが済むとこの日は、筆子はツレと家に帰った。

オヤカタドリをした三日後はミッカノイワイと称して、大体は正月に再び筆親が筆子とツレを家に呼んで今度は御馳走を食べさせた。その日に筆子が小さな餅を持っていくと、筆親は大きな餅を与えた。

### ⑹若者集団

『手帳』の「年齢集団」の項に「男のワカナカとよぶ若者組が昔は部落単位にあって、男が十五才になると、必ず加入した」と書いている［福島　一九五〇　一一］。そして「親方子方」の項には「親方どりをした者は翌年正月七日にはワカナカに披露の宴を設ける」と書いている［福島　一九五〇　一〇］。しかし、現在の島の人たちから披露した話は聞かない。特に近年は若者層の減少で青年組織は解体している。それに現在では筆親筆子関係が島全体の関心事ではなくなっている。

現在はどの年齢層も他人の筆親や筆子を知らず、関心がない。筆親や筆子が誰なのかを話すこともない。また、筆子同士が付き合うことはない。特に若者や中年層は島から出ている人が多く、筆親の家の葬式には代理として実親が来ている。そのために筆子同士が改めて親しくなることはない。

### (7)三年の正月贈答

『手帳』には、次のように書いてある。

親方をとってから三年の間、正月に双方贈答する。子方はシホブリ或はゴボウを持ってゆく。三年目には親方から、男には紋服・扇子を、女には化粧道具などを子方に贈る。〔福島　一九五〇　一〇〕

オヤカタドリをしてから三年間が一つの節目とされた。この期間の正月は毎年の贈答が義務付けられていた。筆子が持参する物は特に決まっておらず、良いと思う物を持って行くと、筆親はそれより良い物を与えた。筆子からは粗末な物だったが、筆親は高価な物を与えた。筆子が牛蒡や鰤などの食べ物を持参すると、筆親は着物・下駄・草履・帯・紋付や袴・扇子・シャツ・ズボン・ネクタイなどの身に付ける物を与えた。

三年目のネンアキがひとまず区切りで、筆親に鰤一本を持参するとツトメは終わりとなった。しかし、正月に酒などを筆親に持参して「また宜しくお願いします」と挨拶に訪れると、筆親から身体のサイズを聞いてきて着る物が贈られたのである。なかには三年でツキアイを終える人もいたが、三年間のツキアイで互いの仲は一層濃くなっていく。その後は「あれはオヤカタじゃから」とか「あれはムスコ(ムスメ)じゃから」といって互いに行き来したのである。

現在も筆親と筆子の間には、中元や歳暮の贈答がみられる。しかし、子育て層になると、結婚する時に筆親になってもらっても数年で中元や歳暮の贈答をやめてしまうようである。

### ⑻仲人

『手帳』の「親方子方」の項に「子方が結婚する時には親方が、仲人又は親となるのが普通である」と書いている〔福島　一九五〇　一〇〕。この考え方は近年までかなり浸透していた。また、「婚姻方式」の項には「実の親は列席しない」と書いてあるように〔福島　一九五〇　六一〕、古老たちの年齢層ではオヤカタドリをすると結婚式にも実親は列席せずに筆親が親代わりで一切を務めたのである。

オヤカタドリの目的は筆親に仲人を務めてもらうことにあった。しかし、一九六〇年代の高度経済成長期には、白石島から多くの人たちが島を出て行くようになった。そして現在では、島の人たちの結婚観が大きく変化している。島外婚が増加し、一連の結婚儀礼では、筆親の仲人を必要としなくなっているのである。

福島は『手帳』の中で島内婚について記している。それによると一九四九年四月から翌年八月までの一七ヶ月間に五五件の結婚が白石島であり、その内三九件(七一％)が島内婚だったと記している〔福島　一九五〇　六四～六五〕。

かつて島内婚が好まれた背景には、島の人同士で結婚しなければならないという考え方が共有されていたからである。さらに同じ島の人だと信用ができ、心強く安心できるし、何事も理解し合えると考えられていたからである。しかし、現在はこうした考え方をもつ人が少なくなっている。

高度経済成長期からは島を出て行く人が増えたが、それでも盆や正月には島に戻る人が多く、それまでに親同士が話をつけてオヤカタドリをさせていた。また、島を出てから配偶者をみつけても、互いに白石島の出身だと職場の上司などにタノマレナコウドとして名目的仲人になってもらっていたが、筆親にも実質的仲人として式に列席してもらう習慣がしばらくは続いた。なかには筆親がいないと不安なため、結婚に際して急遽、オジやオバなどの身近なシンセキにカリオヤと称して仲人を務めてもらう人があった。しかし、夫婦のどちらかが島外の出身であると、筆親が仲人に立つことが次第に減っていったのである。

現在は少子高齢化で結婚そのものがほとんどなくなっている。そのため筆親が仲人を務めた話が島の噂にならない。また、ほとんどが島外の人と結婚する。妻が島の人かどうかは親も気にしなくなってきている。特に戦後からは「血が濃くなる」のを避けるため、島外の人と結婚するケースが次第に多くなっている。結婚式も島外で行うことが多い。それに近年は漁家の嫁不足が深刻で、中国人を妻に迎えるケースも何件かある。

近年、筆親を必要としない傾向に比例して、夫婦観や親子観において若い年齢層に変化がみられる。今の若者はたとえ親が反対しても結婚するし、子がいても簡単に離婚してしまうと嘆く年寄りが多い。筆子に子が生まれ、さらにその子が結婚しても、年老いた筆親たちに知らせられることは少なく、後から耳にすることが多い。こうした傾向をさみしいと思う年寄りは多い。

年配になるほど、夫婦や親子のつながりを何よりも重く受けとめている。したがって、結婚しても別れるようなことがあれば筆親の責任は重く、相談に乗るべきだと考えている。しかし、現在はたとえ筆親に相談を持ちかけても離婚するという。なかには五回も足を運んで辛抱するように説得した筆親もいたが、耳を貸さずに離婚したケースがある。筆親の役割が低下していることがわかる。

### (9) 葬式と法事

『手帳』は筆親や筆子が葬式や法事に関与することに触れていないが、現在は最も頻繁なツキアイになっている。特に近年は高齢化で葬式件数が増加している。若い子育て層でも同じ島に住んでいれば筆親が死んだなら葬式に行って準備を手伝い、シンセキと一緒に食事をとり、朝までヨトギをするものだと考えている。筆親のキョウダイなどの「近いシンセキ」が死んだ場合でも同じ考え方でいる。筆親の葬式でオカンキが済んで帰ったりすれば怒られてしまうという。香典額は実子と同額とまではいかなくても、イトコ並の額は持参するつもりだという人がいる。

ただし、近年は島の人たちの葬式は都市化や近代化で大きく様変わりしている。昭和の中頃までは盛んだった葬列はなくなり、シンセキや筆親筆子に役配と呼ぶ役割を課すことがなくなった。葬式は本土の笠岡市街でＪＡ（農協）が運営する葬祭場を利用するようになった。葬祭場の受付や席は、オジやオバ・オイボシやメイボシ・イトコ・イトコハン・フタイトコ、あるいは筆親や筆子などの島の親族関係によるのではなく、単に「親族」と「一般」に分けられているに過ぎない。そのために筆親や筆子にとっては自身がどちらに属するのか大きな戸惑いになっており、現在までの島の論理が否定されるようになってきている。

### ⑽義理

『手帳』の「義理」の項に「親方と子方とについてのみ、わりあいやかましくいう」とある〔福島　一九五〇　一二〇〕。この考え方は、オヤカタドリがほとんどなくなった現在もあまり変わらないようである。それで煩わしく感じる人が多い。たとえ筆親に依頼されても断る人がいる。他人事として扱い、筆親になることを金銭的に大きな負担と感じている。

筆親筆子関係だけでなく、島のツキアイそのものが減ったといわれる。高齢者からだけでなく、現在の若い子育て層からも聞く。小さな島だが、年寄りでさえ近所の子供をしつけなくなり、誉めたり叱らなくなっている。また、近所同士でおかずを分け合うことも減少している。人を頼らなくてもよい生活になったからである。

現在の子育て層に聞くと、ツキアイが煩わしいとか、ゆとりがないとか答える人が多い。他所の子までは知らない、自身の子だけで手一杯だという。また、筆親になりたいと思っていないし、現在の年寄りたちの若い頃とは違い、筆親になることを誇りに思っていない。筆親がいなくても生活に不安を感じないし、周囲の目を気にしなくなっている。現在よりもしがらみを増やしたくないと考える人が多い。あえて自身の子供に筆親を取らせてまでツキアイを増やそうとしない。一方、年寄りたちは自身の筆子に何かを頼むことが少なく、筆子に遠慮しているようである。

筆親と筆子の間では、日常は特にツキアイがない。これは今に始まったようではなく、互いが島に住んでいても「オヤカタ、元気か」と挨拶をかわす程度である。しかし、まったく関係が切れているのではなく、それとなく噂で互いの暮らしぶりを把握している。そしてどちらかが危機的状況に陥るとたちどころにツキアイが顕在化する。よって、葬式の場で初めて筆親と筆子の関係を周囲が知ることが多い。島外に住んでいても何かあると駆けつけるという人は現在でもたくさんいる。

### ⑾贈答

『手帳』の「贈答」の項に、歳暮や中元は「親方・子方という関係に限らず、世話になった人におくる」と記している［福島　一九五〇　一二〇］。現在の子育て層にとって筆親は仲人でもあるので、結婚してしばらくは中元や歳暮を贈っている。しかし、島に暮らしていると頻繁に顔を合わすので数年で贈らなくなっている。

近年は逆に島から出て行った人たちの方が中元や歳暮を盛んに贈っているようである。盆や正月に子供を連れて島に戻り、実親を訪ねる人が多い。その時に筆親の家を訪れて中元や歳暮を手渡すことがある。歳暮は以前のような贈答品ではなくなっている。筆子からは鰤は贈らずに、ビール・酒・素麵・コーヒーなどの品物を贈っている。

### 3　儀礼的側面と社会的側面の変化

以上では福島が「離島調査」で書き記した『手帳』をもとに、五十年以上を経た白石島の筆親筆子関係の民俗変化について分析を試みた。冒頭の成城大学による「離島調査」の追跡調査で指摘されるように［八木橋他　二〇〇一　四三〇〜四三二］、筆親筆子習俗はこの五十年以上で大きく衰退したといえる。オヤカタドリはほぼ消滅している。特に儀礼的側面の衰退や消滅が著しい。ただし現在までに締結された筆親筆子関係そのものは、離島者が増加した今日も持続されているケースがかなりあるのが大きな特徴である。筆親か筆子のどちらかが島を出ていたり、あるいは共に島を離れていながらも、双方が絶えず筆親筆子関係を意識している。

本節では儀礼的側面を中心にみてきたが、そこでは衰退や消滅が著しいことはすでに指摘した通りである。しかし、社会関係そのものは現在も根強く保たれていることが想定される。特に近年になり島民たちが島外移住をするようになり、離島者たちが筆親筆子関係をどう持続させているのかについて明らかにする必要がある。これに関しては次節で考察したい。

## 二　島の過疎化少子高齢化と筆親筆子関係

### 1　筆親筆子関係の現代的変化

先に福島が「離島調査」で書き記した『手帳』をもとに、五十年以上を経た白石島の筆親筆子関係の民俗変化について分析を試みた。そこからは筆親筆子習俗の儀礼的側面の衰退や消滅が著しい一方で、現在までに締結された筆親筆子関係そのものは、離島者が増加した今日もかなり継続されていることが想定され、社会関係そのものは現在も根強く保たれていることが予想される。

そこで本節では、高齢化した現在の白石島で離島者たちと島の住民が筆親筆子関係をどう持続させているのかについて明らかにする。次にいくつかの事例から、近年の白石島の筆親筆子関係にみられる諸特徴をみていくことにする。

#### (1)パターン1　筆親筆子関係の継承

最初の事例は、家の継承者が死者の筆親筆子関係を継承している事例である。近年は過疎化で小世帯化が進み、高齢者の一人暮らしや夫婦だけの世帯が増加している。それに伴い、当事者の死後は家の跡取り同士がツキアイを長期化させるケースがみられる。

Ｉ8(一九二三年生まれ・男)家の事例からみていく(図7－1)。図中でＩ8が家の継承者である。家族構成は、妻のＩ11(一九二四年生まれ・女)と白石島に二人で暮らしている。共に白石島の出身である。分家した父の跡を継いで二代目になる。子は長男と次男の二人だが、いずれも妻子と島外で暮らす。長男は大阪府堺市に、次男は広島県福山市に在住する。次に家の継承者であるＩ８が継承している筆親筆子関係をみていく。

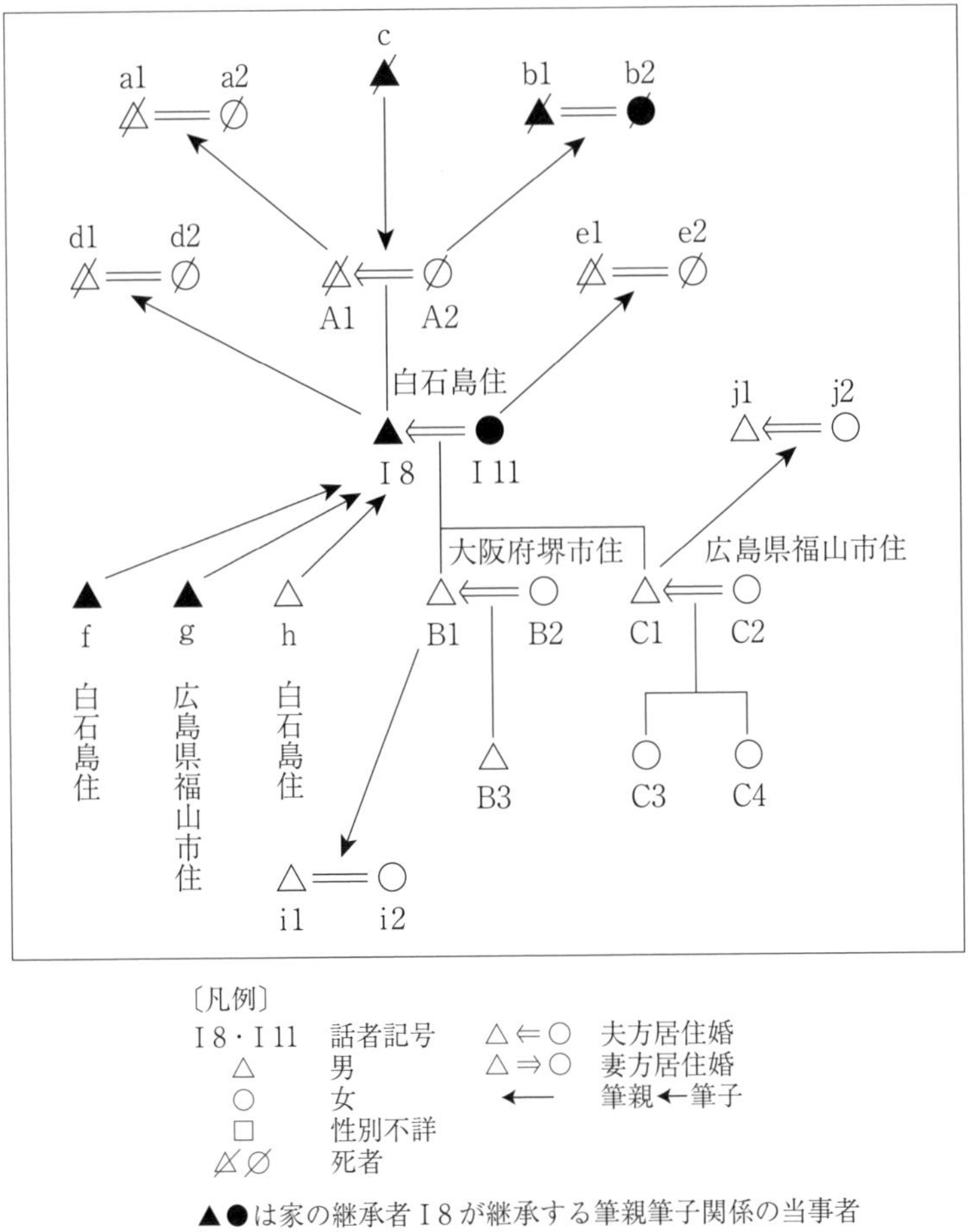

▲●は家の継承者Ｉ８が継承する筆親筆子関係の当事者

**図7-1　白石島のＩ８家における筆親筆子関係の継承**

①母の筆親（b1とb2）

母の筆親（b1とb2）は亡くなって相当の年数が経つ。現在は孫の代になっており、現家長は島で歯科医院を開業している。本来はシンセキではなかったが、現在は葬式や法事を中心にツキアイがある。母の三十三年忌は筆親の家から来ている。また、筆親の息子夫婦が死んだ時は、Ｉ８が葬式と法事にアンナイされたので訪問している。しかし、今後はＩ８たち夫婦の葬式でＩ８がアンナイをしなくなることをほのめかしている。

②両親の筆子（c）

筆子（c）の死後は、その息子が父の二十五年忌に来ている。

③妻の筆親（e1とe2）

I8は妻I11の筆親（e1とe2）が誰であったのかを知らない。妻の筆親はすでに死んでおり、子の代になっている。子の代になるとツキアイが薄くなる。そのために、最近の妻の入院には見舞いに来なくなっている。

筆親と筆子のツキアイは基本的に当人同士が中心になるが、それぞれが存命中は属する家同士に関係が生じる。ただ、現在のあり方をみると、当人同士の死後に筆親筆子関係が家の跡取りによって継承されるケースもある。近年の過疎化の影響により家族や親族から離島者が続出したことで、死者の筆親筆子関係の中から選択的に家関係を持続させているようである。ツキアイの機会は双方の家の葬式や法事によくみられる。なかでも当人の法事が中心である。期間が長いと弔い上げまで続く。長期に及んだ例では、先述したように母の五十年忌に筆親だった家にアンナイをしたケースがある。

世代交代によってツキアイの機会が減少する。これはシンセキのツキアイと似ている。どちらか一方が死んだり、さらに双方が死んだり、あるいは世代交代が進むとツキアイの機会は少なくなって遂には消滅する。例えば、先ほどの③の場合でも近年までツキアイがみられたが、筆親が亡くなって子の世代になってから付き合わなくなってきている。また、絶家してツキアイがなくなったケースがある。父の筆親（a1とa2）は本家筋に相当するが、絶家したのでツキアイがない。一方、死者の筆親や筆子であった相手方の家が現在も継承されていれば、家の当主がツキアイを選択して継承している。なお、I8の筆親（d1とd2）は結婚時にオジとオバの夫婦に依頼した形式的なカリオヤだったため、結婚後は筆親筆子のツキアイがみられない。

### (2)パターン2　サラリーマンの筆子

引き続き同図からI8（一九二三年生まれ・男）の家についてみていくことにする（図7-1）。近年は過疎化で就業者層はサラリーマン化して島外に雇用を求める傾向にある。島から定期船で通勤し、さらには島外に転居して仕事に就くケースが増加している。先程のI8と妻I11の夫婦は、男の筆子であるムスコが三人いる（f・g・h）。調査時は三人とも四十歳代になっていた。この筆子たちは白石島や近在に居住してサラリーマンになっている。

①最初の筆子（f）

この筆子はI8の母方のイトコハン（イトコの子）になる。筆子が二十一歳の時に母（I8のイトコの妻）が「もうシンセキが切れるけえ、息子に貰ってくれ」と頼んできたので筆親を引き受けている。

現在、この筆子は白石島に住みながら、笠岡市神島外浦の化学関係のK社で働いている。毎日定期船で通勤するので、I8は島の港や道端でたまに出会うことがある。その時は筆子から「親方どこ行きよるんか」とか「オヤジ、たまには家に寄って一杯やらんか」などと頻繁に声を掛けてくる。それも筆親を務めているからとI8は思っている。日常はこのような挨拶が中心で、頻繁なツキアイはみられない。

盆や正月は双方から中元や歳暮を毎年欠かさずに贈っている。筆子からは、I8が酒好きなのをよく知っていて日本酒やビールを贈ってくる。このほかにも、最近は筆子の妻が旅行して土産を持参してきている。また、近年、筆子の父の百ヶ日法要にＩ８が参っている。筆子の母（Ｉ８と非血縁）が一人暮らしになったので、今後は母の相談相手にもなってやらねばならないとＩ８は考えている。

②二番目の筆子（g）

この筆子はＩ８の父方のイトコハン（イトコの子）になる。筆子は高校卒業後に両親を島に残して就職のために単身で広島県福山市に移住している。筆子になったのは福山市に住んでからである。筆子が二十三歳の時にその母（Ｉ８のイトコ）がシンセキを続けるために依頼してきたのでＩ８が筆子にした。しかし、筆子の親は相手の負担を考えてなかなか頼めず、それまでに何度も家の前まで来ては会わずに引き返したという。Ｉ８は現在、福山市の鉄鋼業大手Ｎ社に勤務する。

筆子の母は現在島外の病院に入院中で、島の住まいは空き家になっている。しかし、それまでは筆子が母を見舞いに頻繁に島に戻っており、Ｉ８に会うと親しく声を掛けている。近年のツキアイは、Ｉ８が筆子の母に入院見舞いをして筆子から返礼されている。また、妻Ｉ11の入院時に筆子が見舞っている。また、近年、筆子の父の法事に参っている。

盆は毎年、筆子が酒・ビール・素麺・コーヒー・米などを贈ってくる。筆子は酒を飲まないので、Ｉ８からは米や素麺を贈るような配慮がみられる。筆子には子が多いので、農協に注文してモチ米一〇kgを届けている。年末にも相互に歳暮を贈答している。また、正月は筆子が妻子を連れて帰島する。その時は氏神に初詣した帰途に、年頭の挨拶をするためにＩ８家に立ち寄っている。

③三番目の筆子（h）

この筆子は妻Ｉ11のイトコハン（イトコの子）になる。筆子が二十歳を過ぎた頃に依頼してきた。筆親になると負担が大きいので、シンセキの方が頼みやすかったようである。筆親になってもらおうと、最初は筆子の父が何度も家の前まで来たが、玄関前まで来ると遠慮して入れずに何度も黙して帰ったという。それを聞いたＩ８の次男は筆子と同級生だったので、電話をよこして引き受けるように説得してきたので、Ｉ８は筆親を引き受けている。筆子の父はそれを聞いて肩の荷を降ろしたという。子が筆子に行くと、後は筆親が親代わりになって結婚などの一切の世話をする風習だったからである。

現在、筆子は白石島に住み、フェリーの乗務員をしている。筆子になってからネンアキまでの三年間はツキアイがみられたが、その後はツキアイが途絶えている。一度だけ筆子が家に来て酒を飲んだが、それ以来は滅多に来ることはないという。Ｉ８が語るには、最近は家の新築や子の高校入学で出費が多いようで、音沙汰がないのは仕方がないという。しかし、何かあると別で、最近は妻Ｉ11の入院見舞いに来ている。また、Ｉ８はツキアイがないというが、次男は同級生なので現在も親しくしている。港に停泊したフェリーの甲板で頻繁に話し込んでいるのをＩ８は見かけている。

以上のように、島には安定した就業先が少なく、近年は島民の多くが島外に雇用を求めるようになり筆親筆子関係が変化している。島の主要産業である漁業・石材業・観光業では生活を維持するのが困難であるため、老親を島に残して子夫婦は島外で生活するケースが多い。なかには島から定期船で通勤する者もいるが、日中は島外で勤務しているので筆親と顔を合わす機会が少なく、挨拶をする程度である。

サラリーマンが増加したため、筆親と筆子が会う機会は雇用形態に合わせて盆や正月が多くなっている。近年は盆や正月に帰島すると筆親を訪問する里帰りのような光景がみられる。その際、仏壇を拝み、墓参りをする筆子がいる。

また、手土産に中元や歳暮を持参して仏壇の供え物にする。現在は互いが島に住んでいると日頃から顔を合わすので、中元や歳暮を贈答する機会が減少している。近年は一方が島を離れていて会う機会が少なく、そのためにかえって贈答が盛んである。(2) そして筆子は盆に帰島すると手土産を持参して筆親を訪ねている。筆親と筆子は日常には挨拶をかわす程度だが、互いの家族に冠婚葬祭などがあればツキアイが顕在化する。特に葬式・法事・病気見舞いでは頻繁なツキアイがみられる。近年は高齢化でこのような機会が増加している。

オヤカタドリをみると、イトコハンのような希薄になったシンセキと関係を締結する事例が数多いのが特徴である。締結することでシンセキ関係を持続させる目的がある。これは父母両系の血族だけでなく姻族にもみられる。「シンセキを濃くする」などと称しており、このような目的で筆親と筆子になるのは近年の過疎化による親族成員の減少と関連があることが指摘できる。(3)

### (3)パターン3　大阪の筆子と白石島の筆親

次の事例は、オヤカタドリをしたにも拘わらず、大半の期間を遠く離れて生活してきた筆親と筆子のケースである。高度経済成長期になると若者が島外で就職するようになり、その影響で海を隔てて筆親筆子関係を継続するケースが近年は増加している。

Ⅱ2(一九二八年生まれ・男)と妻のⅡ3(一九三〇年生まれ)の夫婦の事例からみていく(図7-2)。図中で家の継承者はⅡ2で、その妻はⅡ3である。二人は共に白石島の生まれで、島で夫婦のみの世帯を構成する。実子は娘が三人いるが(A~C)、いずれも結婚して子がおり、島外で生活している。長女は大阪で、次女と三女は笠岡市街で生活している。

Ⅱ2夫婦には、三人の実の娘のほかにもムスメと呼ぶ女の筆子が一人おり、名前はＮＩ（Nt姓）という。ＮＩは一九三八年生まれである。生家では、四人キョウダイの末子になる。シンセキではなかったが、隣家に住むキンジョの子であった。Ⅱ2が二十八歳の時にＮＩの生家から十八歳で筆親を依頼してきた。しかし、翌年に高校を卒業すると大阪に上京して歯科医院に就職したので、筆親筆子関係になってから大半の期間を離れて生活している。

ＮＩが結婚したのは二十二歳である。当時は島を離れても島の者同士で結婚することが多く、夫は白石島の出身者である。結婚式は大阪で行い、仲人は職場の上司の歯科医師が務めたが、Ⅱ2夫婦も招待されて仲人のように挨拶をして唄を歌った。席は仲人より上座であった。当時はまだ筆親を立てる気風が残っており、Ⅱ2夫婦が「正式な仲人」として位置付けられる一方で、職場の上司が「頼まれ仲人」のような形態で行っている。

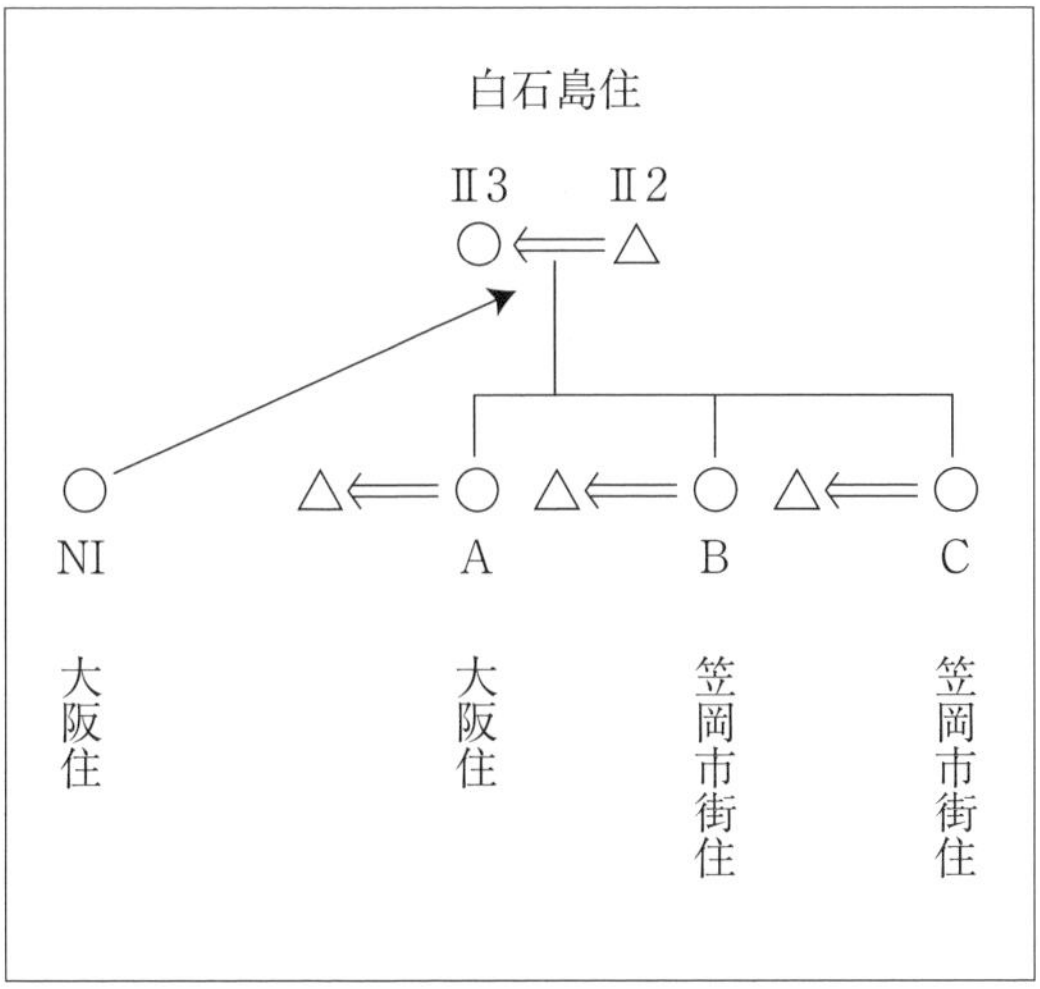


〔凡例〕図7-1参照

**図7-2　大阪の筆子と白石島の筆親**

ＮＩには三人の子がいる。その子たちにもⅡ2夫婦は筆親として出産祝いをした。ＮＩからも返礼されている。ただし、ＮＩの子たちと直接は付き合わず、年賀状のやり取りもしていない。いつもＮＩを介したツキアイである。ＮＩの子たちが大阪生まれの大阪育ちで、互いに顔を知らないからである。彼らが島に住んでいれば現在よりも親密なツキアイをしていたという。

Ⅱ2夫婦とＮＩのツキアイは、日常は年賀状や暑中見舞いの挨拶が中心である。電話は急な時しかしない。それでもＮＩが島に戻ると、必ず大阪の手土産を持参して訪問して来る。Ⅱ2夫婦も、白石島が漁師場なので同程度の海苔などを帰りに持たせている。ＮＩは特別な存在と考えているので、いつも手土産を持たせている。ＮＩの父が死んでＮＩが葬式で帰島した時は、Ⅱ2夫婦がＮＩの三人のキョウダイには何も与えなかったが、ＮＩだけには手土産を与えた。

近年は、ＮＩが島に来るのは先祖の法事程度である。最近会ったのは四～五年前という。しかし、ムスメはムスコと違って大阪のような遠方で生活していても必ず帰島すると、Ⅱ2夫婦は考えている。それに隣の生家では九十歳近くになるＮＩの母が島で一人暮らしをしているので、現在もＮＩは帰島している。ただし、最近は世代交代によって子の世話が忙しいようで、母の世話まではできなくなっている。また、ＮＩの母は娘婿を気遣って島で一人暮らしを望んでいる。したがってＮＩの母に何か生じれば、Ⅱ2夫婦にとってＮＩの母は筆子の母になるため、警察に知らせる役目があると考えている。

以上のように、白石島には高校がないため、進学率が増加すると子供は島から通学する者もいたが、大半は中学卒業後に親元を離れて寮生活を行っている。そして、そのまま帰島せずに本土で就職して結婚する者が多い。ただし、島を離れて暮らしていても、筆親筆子関係を継続しているのが特徴である。また、島には両親が生活しているので盆や正月に帰島する者もおり、その時は手土産を持参して筆親を訪問している。

### ⑷パターン４　離島者の筆親筆子関係

次の事例は、白石島の出身者が島外に移住してからオヤカタドリをしたケースである。近年はオヤカタドリがほぼ消滅したが、オヤカタドリが行われると離島者同士の関係になる。

Ⅲ6（一九五〇年生まれ・男）家の事例からみていく（図7-3）。Ⅲ6の長女（b）が筆子としてムスメに行った事例である。なお、bがムスメに行ったのには、bの母（a2）が深く関与していることが注目される。

ムスメのbは一九八〇年に白石島で生まれている。オンナオヤはB2で、筆親夫婦も白石島の出身者である。ただし、ムスメに行った時は、筆親夫婦とその子は（B世帯）、両親（A世帯）を白石島に残して島外で生活している。また、ムスメも島を出て（b世帯）、笠岡市街の高校に通学していた。一方、ムスメの両親とキョウダイは白石島で生活していた（a世帯）。

bがムスメに行った契機は、母（a2）がA2の葬式を手伝った時に、シンセキから「タニンが何しに来ているのか」と咎められたのが切っ掛けである。手伝いに行った理由は、B2が結婚するまではB2とa2がキンジョの幼馴染だったので、今日まで姉妹のように親しくしていたからであった。しかし、筆親側のシンセキが認めず、それをB2が心配してa2にオヤカタドリの話をもちかけて、「（bを自分の）ムスメにくれたらこれまでよりも濃い付き合いができる」といってきたのが契機である。

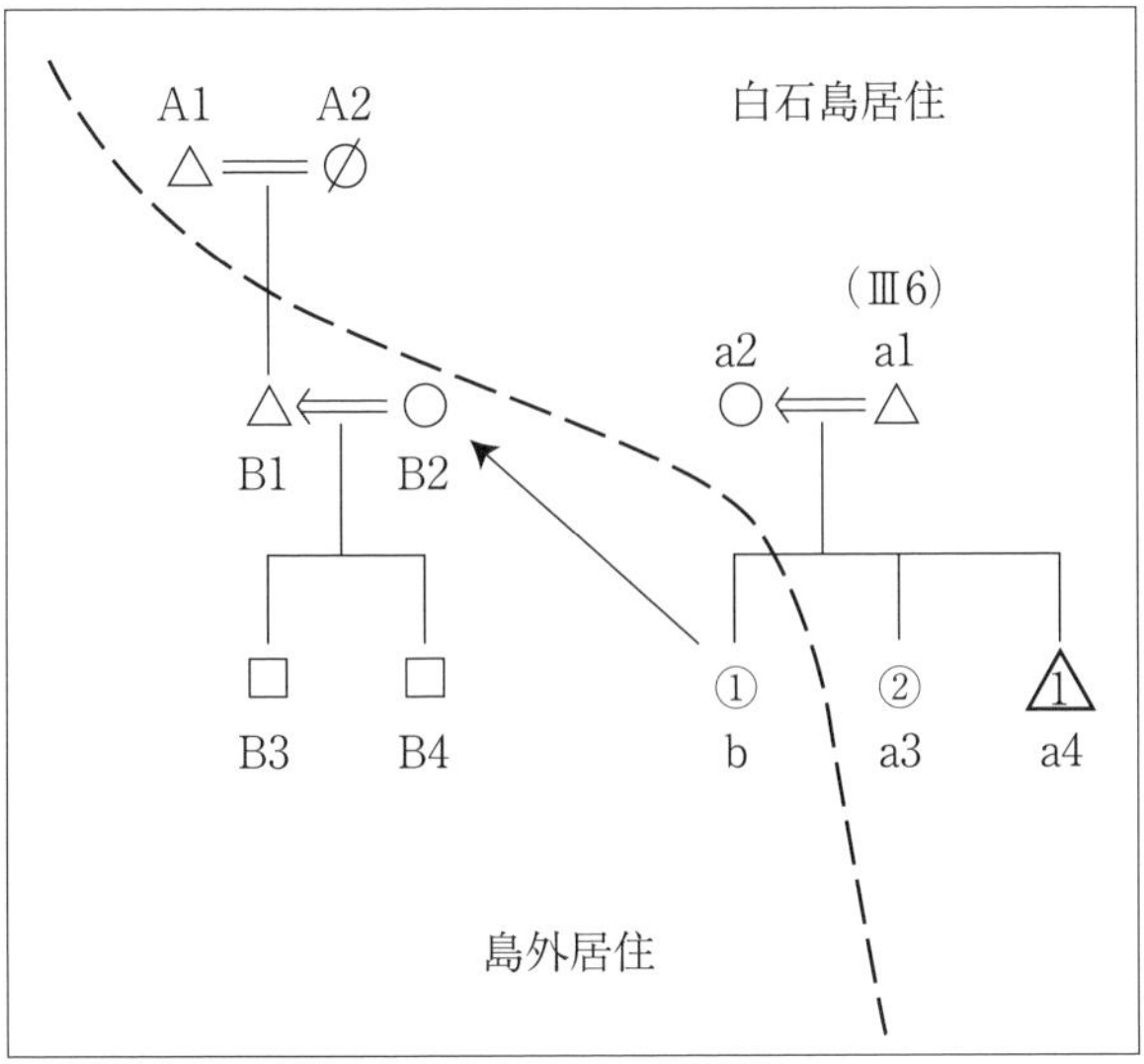

〔凡例〕図7-1参照
**図7-3　白石島からの離島者の筆親筆子関係**

a2は長女（b）がムスメに行ってからは、周囲の目を気にしなくなり遠慮がなくなった。筆親側のシンセキからも、a2が家に出入りしても何もいわなくなった。長女（b）をムスメに行かせてからは、a2は「ムスメの親が手伝いに来ている」と伝えれば理解されるようになった。そのために島で一人暮らしをしている娘のオンナオヤの義父（A1）に対しても、何かあればa2も訪問して手伝いをしている。

現在、オンナオヤ（B2）は広島県福山市におり、ムスメ（b）は岡山県倉敷市で生活しており、頻繁に行き来がある。B2の所へも長女（b）が用事で行けないとa2が代わりに行っている。盆や正月はムスメ（b）がオンナオヤ（B2）を訪問している。正月はオンナオヤ（B2）がムスメ（b）に年玉を与える。母の日はムスメ（b）がオンナオヤ（B2）にプレゼントをしている。ムスメ（b）の誕生日や子が生まれた時は、オンナオヤ（B2）が家に招いている。ほかにも特別な出来事が生じなくても、相互に頻繁な行き来がある。

この事例では、筆親と筆子ばかりでなく、母が長女を媒介にシンセキ関係を形成している点が注目される。これも近年の過疎化による社会関係の変化が関連する。

### (5) パターン5　親同士の関係

パターン4でみたように、近年の特徴として実親が筆親とつきあうことが多くなっている。「親－オヤ」関係といってよいが、ここでは仮に「親同士」の関係と称しておく。

近年は島外移住する若者が多く、子に代わって親同士がつきあうケースがある。なぜならかつてのオヤカタドリでは親同士が話し合いで決めることが多く、本来親同士が懇意だったケースが大半だからである。特に交渉役は母親が適任とされ、子が島を離れてからは女親同士に日常のツキアイがみられる（写真7－1）。特に葬式や法事があると、高齢になった親同士が双方で行き来している。

### ⑹パターン6　高島出身の筆子

従来のオヤカタドリは、白石島の出身者同士で関係を締結するのが一般的であった。しかし近年は、島外の出身者や居住者とオヤカタドリをする事例が稀にある。次の事例はそうした事例の一つである。

Ⅲ12（一九六一年生まれ・男）が筆親になった事例からみていく。Ⅲ12は白石島の出身で居住者だが、筆子の男性は隣の高島の出身で居住者である。二人が筆親筆子関係を締結したのは一九九五年である。Ⅲ12は満三十四歳の時に依頼されて筆親になった。当時から白石島で民宿を経営している。島でPTA会長を務めるような社交的な人物である。一方の筆子は、当時から高島で漁師をしている。本来シンセキでもなくタニンである。筆子はTkg姓で、白石島には見られない名字である。

**写真7-1　筆子の母親を訪ねて世間話**
筆子が島を去った後も、筆親(写真右)は筆子の母親(写真左)とツキアイを形成している。近年は高齢者の独居世帯が増加したために、このような老齢の親同士でツキアイがみられる。(2003年10月・白石島)

Ⅲ12によれば、関係締結の契機は筆子が結婚の仲人を依頼してきたからである。ただし、当時の高島ではすでにオヤカタドリ慣行が消滅していたようである。そのために筆子やその両親もオヤカタドリというものを知らなかったという。そこでⅢ12は、仲人を引き受けるが高島と違って白石島では仲人を依頼するとオヤカタとムスコの関係として一生のツキアイをしなければならないことを説明した上で、筆子とその実親の承諾を得て仲人を引き受けて筆親になったという。よって最近の結婚式の時だけの「頼まれ仲人」と異なり、「正式な仲人」であり「親方」だということがⅢ12の誇りとなっている。

また、ツキアイだけをみると互いにシンセキのような間柄だが、現在も気持ちとしては同居する家族と変わらないという。そして互いに愚痴をこぼすし、人に話せないことを言い合う。それだけでなく実の親子だと文句をいって理解して貰えないことも無理がきくという。場合によっては実の親子以上の仲だという。互いに遠慮せずに相談や頼みごとをし、快く協力している。筆子が漁師なので、経営する民宿のためにカニを獲ってきてくれるように電話で依頼する間柄である。

Ⅲ12の語りからわかるように、近年の筆親筆子関係は居住地や親族関係を指標に形成される関係ではなく、極めて柔軟性をもった関係になっている。そして、家族やシンセキといった多義的な解釈がなされている。

Ⅲ12もオヤカタドリを経験しており、筆親のＨＹ（Hd姓・男）は現在も健在である。ＨＹは白石島のＨ建設の経営者である。さらにＨＹの筆親はＩ10であり、この人物は市議会議員を長年務めた島の名士である。筆親筆子関係が連鎖的につながっており、筆親筆子間の権利・義務が個々を介して間接的に及んでいることがわかる。Ⅲ12がオヤカタドリをしたのは結婚時ではなく、かつては多くみられたような未婚時分であり、十九歳の時である。オヤカタドリでは儀礼的に酒・昆布・スルメイカを持参して「ムスコにしてください、よろしくお願いします」と、かつての方法で挨拶まで述べている。

しかし、自身の筆子とは従来の儀礼的側面があまりみられず、実利的な互助関係ばかりが特化されているのが特徴である。例えばⅢ12の場合、名称についても、筆親をオヤカタやオヤブン、筆子をムスコと呼んだりするほかにも「カリムスコ」といったようなⅢ12の造語と思われる島では聞かない名称で呼んだりしている。現在の筆親筆子関係は島の伝統的な社会関係と思われている一方で、実のところ「筆」の名称や意味をすでに知らない若年や中年層が多く、従来の島社会の成人儀礼としての社会的意義が失われているのが特徴である。

### ⑺パターン7　市議会議員の筆親筆子関係

第三章の「選挙と筆親筆子関係」の項で事例から詳述したので、筆子の事例はそれを参照することにし、ここでは筆親についてのみ簡単にまとめておく。

Ｉ10（一九二四年生まれ・男）は元笠岡市議会議員である。在職中は白石島に市議会議員がもう一人いたが古参で、島の誰もが認める名士である。島の諸役を数多く務めた経験をもつ。一九五五年の笠岡市の合併時に出馬し、以後半世紀近く市議会議員を務め、議長の経験がある。筆子の数はＩ10夫婦がざっと思い出せるだけで一五人に及ぶ。Ｉ10夫婦に子がいないことも大きく関係していると考えられる。島民たちが「一番たくさんフデノコがいる」と推測する人物である。

議員に出馬した当時はまだ筆子は三～五人であった。しかし、次第に増えていったという。かつては正月になると筆子たちが家に大勢集まっていた。Ｉ10夫婦はあまりに筆子がたくさんいて正確な数がわからないほどだという。なかには顔を知らない筆子がいる。日頃から人の出入りが多く、建て普請の時は「瓦の数よりも人の数の方が多い」といわれた。近年は島の中学校を卒業するとほとんどが島を出て行くようになり、普段は筆子が集まらなくなったが、何かあると今も皆が来てくれるという。

かつてはタニンだと相手に遠慮があったが、現在はこのようにタニンでも筆親に依頼する事例がみられる。特に市議会議員を筆親にするケースが多い。市議会議員を筆親にするケースは、従来のオヤカタドリと大きく異なる。筆子は筆親の選挙活動を支援し、筆親は筆子やその子やキョウダイたちの就職の世話をするので、より実生活に結び付いた庇護奉仕関係で結ばれている。ツキアイは互いの家族にまで及ぶ。その関係が島を越えて形成されるのが特徴である。

## 2 パターンの分析

近年の筆親筆子関係の特徴を七パターンから報告した。ここではパターンをトピックにまとめることにする。

### (1) 家関係の再編

パターン1では、家の継承者が死者の筆親筆子関係を継承するケースについてみてきた。ここからは、家の互助関係を持続させようとする意図が読み取れる。近年の過疎化や高齢化によって世帯の縮小化が進み、家族や親族にも離島者が相次ぎ、それらを筆親筆子関係で補足しようとする傾向がみられる。

本来、筆親筆子関係は当事者だけの関係と語られる。しかし、「母のフデノオヤの家だから」とか「親のフデノコの家だから」などと称して、家の継承者が死者の筆親筆子関係を継承しようとする傾向が強くみられる。ツキアイが長期化するケースだと、死者の五十年忌にまで及ぶ。その間、死者を媒介に葬式や法事のアンナイを相互の家から出し合って家関係を持続させるのである。

また、パターン5では、離島した子に代わって島では実親が筆親と付き合うような親同士の関係がみられる。希薄になった家族や親族の関係を埋めるために、既存の筆親筆子関係から親族関係を派生させて、例えば、葬式・法事・病気見舞い等の家同士の互助関係を形成しているのである。

### (2) ハレの関係

パターン2からは、高度経済成長期以降に若者を中心に島外移住者が増加し、島民がサラリーマン化して、筆親筆子関係が変化したことがわかる。近年は老齢の筆親が島に残る一方、若者や中年層の筆子が島外に移住している。筆子が島内で生活する場合は、定期船で毎日島外に通勤している。

島には安定した就業先が少なく、近年は島民の多くが島外に雇用を求めている。島の主要産業である漁業・石材業・観光業では生活水準の維持が困難であるため、老親を島に残して子夫婦は島外で生活している。島内で生活する者は日中は島外に働きに出ていて筆親と顔を合わすことが少なく、挨拶をする程度である。

サラリーマンが増加したために、筆親と筆子が会う機会は就業形態に合わせて盆や正月が中心になっている。近年は盆や正月に帰島すると筆親を訪問する里帰りのような光景がみられる。その際、仏壇や墓を参る筆子がいる。また、手土産に中元や歳暮を持参して仏壇の供え物にしている。以前も中元や歳暮を贈ったが、特に近年は一方が島を離れていれば顔を合わす機会が少なく、そうした関係であればかえって贈答が盛んになっている。

筆親と筆子は、日常は挨拶をかわす程度である。しかし、葬式などの不幸があればツキアイがたちどころに顕在化する。非日常的なハレの場における危機的状況の互助関係としての意味合いが強くなっている。特に葬式・法事・病気見舞いでは、頻繁なツキアイがみられる。そのために、葬式で初めて筆親筆子関係が周囲に知れて驚かせることがある。このような互助の機会は、特に近年は高齢者の増加で多くなっている。

**(3)島を越えた関係**

パターン3のように、離島者が増加したことで、オヤカタドリをしても筆親と筆子が長年離れて生活するケースが生じている。また、パターン4のように、島を離れた者同士がオヤカタドリをするケースがみられる。

離島者の間では、筆親筆子関係に新しい現象がみられる。日常は年賀状を除くと、電話や手紙はそれほど頻繁ではない。しかし、日常は会わないだけに、かえって歳暮や中元などの贈答が盛んになっている。また、正月や盆は家族を連れて島の実親を訪ねるようになったが、その時は中元や歳暮を携えて筆親も訪ね、なかには筆親の家の墓や仏壇を参る者がいる。

パターン6のように、稀だが他島の出身・居住者と筆親筆子関係になるケースがある。ここでは従来の「筆」の意味が弱まり、島社会の成人儀礼としての社会的意義が失われている。そして筆親筆子関係にみられた従来の儀礼的側面が弱まり、社会性が特化している。(4)

特に近年はパターン7のように、市議会議員のような地域の役職者を筆親にする事例がみられる。筆親筆子関係では、オヤカタドリをする以前からキンジョやシンセキだったケースが多く、まったく見ず知らずなケースは稀である。かつてはシンセキ同士でオヤカタドリをして、希薄になったシンセキ関係を持続させる目的の関係締結が多くみられた。しかし、近年は血縁や地縁に関係なく、タニンや見知らぬ間柄でも積極的に関係を形成している。島社会が過疎化して、島民たちは多くの不安を抱えるようになっている。その中で筆親筆子関係はさらに島民が抱える切実な生活上の諸問題を解決するために、タニンであってもオヤカタドリをするようになっている。

## 3　持続する筆親筆子関係の社会性

以上の分析からは、白石島の筆親筆子関係は儀礼的側面の衰退や消滅が著しいが、一方で筆親筆子関係そのものは、離島者が増加した現在もかなり持続していることが明らかとなった。

白石島では近年は過疎化や少子高齢化が進行している。高齢化率は六割近くに達し、世帯の縮小化が進み、一人暮らしや夫婦だけで暮らす島民が全世帯の七割を超えるまでに達している。それによって筆親筆子関係のあり方が大きく変化している。

現在の筆親筆子関係をみると、かつての「筆」の意味が忘れられ、島社会の成人儀礼としての社会的意義が減退している。さらに近年は、総体的にオヤカタドリが稀になっている。しかし、島に住み続ける高齢者層を中心に、慣行がもつ社会性は現在も根強く保たれている。かつては筆子のためだった関係が、現在では島に残された筆親たちが島外に住む筆子たちにつながりを求めているようにみえる。

特に現在の筆親筆子関係は、次のような特性をもつ慣行へと大きく民俗変化している。第一に、筆親筆子関係による家関係の再編がみられる。筆親筆子関係が当事者の関係にとどまらず、さらに筆親筆子関係を媒介に親族関係を派生させ、家同士の互助関係を持続させようとする傾向がある。第二に、筆親筆子関係がハレの機会を中心とするツキアイに変化している。離島者の増加とともに就業者層のサラリーマン化が進み、ツキアイ時は雇用形態に合わせて盆や正月が中心になっている。また、日常のツキアイは減少したが、「何かあった時は…」と口癖のように語られ、葬式・法事・病気見舞い等の危機的状況に顕在化する関係へと変化している。第三に、島を越えた筆親筆子関係の形成である。若者層を中心とする離島者の増加によって、関係の締結後は筆親と筆子の居住距離が遠隔となるケースが多数を占めるようになっている。そして島民は以上のような筆親筆子関係に対して、家族やシンセキといった存在として多義的な解釈をしているのである。

白石島の筆親筆子関係をめぐるこれらの分析からは、儀礼的側面が急速に衰退や消滅している一方で、社会的側面は現在も比較的に社会環境の変化に合わせて極めて柔軟性をもって変化し持続していることが指摘できる。

## 4　オヤカタドリの衰退と意識変化

最後に、近年のオヤカタドリの減少と、筆親筆子関係に対する意識変化についてまとめておく。

明治から昭和初期はオヤカタドリが盛んで、皆が筆子になるわけではなかったが、一人前の年齢に達すれば筆子になり、名前が付与されている。古老の話では、大正期は八～九分までが筆子に行ったといい、当時は島の通過儀礼だったと考えられる。しかし、戦後はオヤカタドリの減少が際立つようになる。一九六〇年代出生の同級生は五〇人ほどだったようだが、その中で筆子になる者は数人に過ぎなかったという。近年は筆親や筆子になる意味が薄れている。これらの年齢層がオヤカタドリをした一九八〇年頃は、筆親層は依然としてオヤカタドリを重視していたが、筆子層は重視しなくなってきており、筆親の存在がなくても不安を感じなくなっている。関心のない者は行かなくてもよいと考えるようになっている。そして一九八〇年を過ぎた頃には、オヤカタドリはほとんど消滅したようである。一九七〇年代の出生者においては、オヤカタドリの習俗を知らなくなっている。Ⅲ13（一九七一年生まれ・女）は筆子になっておらず、両親から勧められてもいない。同級生にも筆子になった者がいない。子供時分に実親から「ムスメに行く」といった言葉を聞いて意味不明なことを話すと思った程度の認識に変化している。葬式があれば実親が「ムスメに行っとったから」とか「世話になったから」などと称して筆親とツキアイを行っていたことは知っていたようだが、オヤカタドリへの関心は当人もまったくない。

近年は島でもサラリーマンが増加し、相互扶助の必要性が低下している。人を頼らなくなっており、人付き合いは金銭がかかるので煩わしいといった考え方が根強い。伝統的社会関係は希薄になっており、現在はわずかにオヤカタドリが行われていても、従来のように島社会で相互扶助を行うのが主目的ではなくなっている。就職や現金収入を得ることが大きな目的になっている。また、オヤカタドリは実親の関与が大きいとはいえ、自身がムスコやムスメに行った経験があっても子にオヤカタドリをさせていない。オヤカタドリを古い風習と考えるようになっている。この年齢層は互いに干渉が少なく、筆親は筆子に迷惑をかけたくないと思ってツキアイを控え、筆子もツキアイを煩わしく思っている。結果として互いに距離を置き、従来のようなツキアイを形成していない。そして現在は、筆親筆子関係の習俗に対して、どの年齢層も同様に存続の是非に対して明確な考え方をもっていないのが特徴である。強固な地縁関係を懐古し肯定する者もいる中で、一方で煩わしさがみられる。

## 小括

本章では、白石島における筆親筆子関係の現代的変化について、民俗調査報告書の比較分析を中心に諸事例から明らかにした。

筆親筆子関係の変化を捉えるには、先学による民俗調査報告書は好材料である。一九五〇年からの財団法人民俗学研究所が実施した「離島調査」は白石島も調査対象となっていて、筆親筆子習俗について記述している。ここでは「離島調査」の報告書から次の一一項目、つまり、関係締結の年齢、名称、改名、筆親になる人、オヤカタドリ、若者集団、三年の贈答、仲人、葬式と法事、義理、贈答について、現在のあり方と比較して変化について分析した。その結果、筆親筆子関係はこの五十年以上で特に儀礼的側面の衰退や消滅が顕著であることがわかった。

さらに関係の締結儀礼の衰退と関連して、筆親がもつ呪術的側面を目的とした締結が早くから衰退している。例えば、夫婦が対で筆親になるべきことや、締結時に筆子が八合の酒を持参して筆親に一人前にしてくれるよう頼む仕草も、二人の筆子を同時に持つと筆子の運が片寄るとされる禁忌も、すべて筆親がもつ霊力に筆子が頼ることを意味している。ただし、こうした考え方や行為は早くから衰退の傾向がみられるのである。

このように現在は儀礼的側面が大きく衰退、あるいは消滅しているが、一方で、社会的側面は根強く持続していることが指摘できる。過去に締結された筆親筆子関係は、離島者が増加した現在でもツキアイは継続しているケースがかなりの数に上る。

近年は過疎化や少子高齢化で島を取り巻く社会環境が大きく変化したのに合わせて、筆親筆子関係のあり方が変化している。家族関係や親族関係の希薄化によって、逆に、過去に筆親や筆子の関係になっていた家同士がツキアイを継続させ、関係を再編している。また、サラリーマンが増加したことで、盆正月といった長期の休暇中に帰島してツキアイを行っている。また、島の高齢化で死の機会が身近になり、葬式や法事などのハレの機会が筆親筆子関係のツキアイの大半を占めている。さらにツキアイ自体は若者層を中心とした離島傾向によって、島を越えた関係が中心となっている。そして離島した筆子に代わって、島では筆親と筆子の実親がツキアイを行うような親同士の関係が生じている。

オヤカタドリは一九五〇～一九六〇年代までは盛んに行われている。しかし、現在はほとんど行われていない。筆親筆子関係が島の社会生活に不必要と考えられるようになり、島社会が一人で生活できる時代を迎えたためである。戦後は島にもサラリーマンが増え、生産生業に基づく相互協力の必要が低下し、筆親筆子関係のような伝統的社会関係がますます希薄化した。また、大家族から核家族へと島の家族形態が縮小したため、従来のようにオヤカタドリによって巨大なシンセキ網を島内に形成することができなくなっている。全島民の六割近くが年金受給者等の高齢の無就労者が占める現在の白石島では、島民の全てが筆親筆子関係になることで、それを単位として利益の再配分を行うという従来の仕組みそのものが、そもそも機能しなくなっている。そして現在では、筆親筆子関係のような社会関係が生活保障の受け皿ではなくなっている。

近年は筆親と筆子の相互干渉が少なくなり、従来のようなツキアイが行われなくなっている。筆親筆子の習俗に対しては、どの年齢層も一様に必要か不必要かの明確な意思を持ち合わせていない。このことは、筆親筆子習俗がすでに島民の実生活から離れてきていることを示している。

**註**

（1）自筆の『手帳』は、現在は成城大学民俗学研究所が所蔵する。

（2）このような贈答では、形骸的な儀礼的側面よりも実利的な社会関係を持続させようとする側面が強い。

（3）過疎化以前にも「親戚を濃くする」目的の筆親筆子慣行がみられたが、特に一九五〇年代以降の高度経済成長期の急激な島民流出から近年の過疎化に至る過程において、減少する親族成員とその関係の持続を目的にオヤカタドリをする人たちがみられた。このような事例に関する語りは島民たちからいくつか聞くことができた。

（4）ここでの「儀礼」とは、高度経済成長期以前に筆親筆子慣行が島社会を中心に伝承母体を形成した当時の諸儀礼を指す。一方、ここでの「社会性」とは、島民が生活する上で形成する互助・交際等のツキアイの中でも、それがもつ実利性の高い側面を指す。近年のあり方を総体的にみると、従来の島社会の生活だけに深く関わる諸儀礼が削ぎ落ち、実利的な社会関係が剝き出しとなって、その関係ばかりが強調される傾向にある。例えば、本文中のパターン7で示した市議会議員を筆親とする関係などはその典型である。

# 終章　結論と課題

本書の冒頭では、これまで等閑視されてきた「上湯島型」「年齢階梯制的形態」「拡散的構造」「自己中心型」などのタイプの仮親子関係に関する近現代における持続と変容を明らかにし、特にその実態をリアルに描き出すことを課題として提示した。こうしたタイプの仮親子関係が存在することはこれまでにも指摘されてきたが、その実態については十分な調査がされてきていない。本書では、そのような仮親子関係のタイプである白石島の筆親筆子関係に注目することで一つの特色を示すことを試みた。

また、この研究課題に対して、従来の分析視角のように集団としての家に固執するのではなく、仮親子関係を締結する個々人に注目し、各人の選択とその諸事情を明らかにするという分析手法を用いたところに方法論上の特色を示そうとした。特に冒頭で提示した、①個人の視角、②移動の視角、③現代社会の実態への視角、④民俗変化への視角においていて、これまでは静的にしか捉えられてこなかった仮親子関係に対して、動態的視点を新たに導入したいというのが本書のねらいであった。以下では、本書で取り上げた諸問題を要約しつつ、現時点での仮親子研究の到達点を示しておきたい。

## 1　筆親筆子関係を形成する地域社会の特性

成年期以降に締結される仮親子関係の近年の研究では、類型論的方法から村落構造を解明することを目的としてきた。これらの研究では祖型追求型の分析であったことから、逆に現代の民俗変化への関心は低かったことが指摘されてきた。

序章で述べたように、仮親子関係を現代の視点から動態的に分析することは、オヤコ関係とは何かといった本質を理解する上で重要なテーマである。従来の類型論的方法からの諸研究では、地域社会を閉ざされた民俗社会として理解し、仮親子関係はその中で静態的に捉えられてきた。そのために、より幅広い視点からオヤコ関係の本質を捉えていない。仮親子関係を取りまく家族・親族や地域社会を越えた個人の活動の範囲において理解すべきである。そして冒頭で提起したように、個人・移動・実態などの視点から、仮親子関係の近現代的な変化について実証的に分析を進める必要がある。

第一章では、白石島の筆親筆子関係のあり方に大きく影響を与えている周辺の社会環境について明らかにした。そこでの家族・親族にみられる諸慣行から、筆親筆子関係が形成されてきた地域社会と家族生活の特徴について論究した。

白石島は島内婚率の高さが示すように、自己中心的構造をもつ親類関係が発達した社会である。本分家関係による同族の発達はみられない。また、親類関係を補塡するように、同時に家同士の近隣関係が発達している。

また、白石島の近現代における家族の特性として、出稼ぎによる家族別居が指摘できる。ここでは大阪湾周辺の艀乗り家族の出稼ぎ現象に焦点をあてたが、白石島では頻繁な出稼ぎが家族や親族関係に影響を与えている。近年の白石島の出稼ぎでは、家族内での地位・身分・性別・未既婚に関係なく出稼ぎに行く傾向がみられる。出稼ぎの家族形態は、単身や夫婦、夫婦と子、父子などさまざまである。出稼ぎの頻度も定まっておらず、期間も短期から長期までみられる。島民が極めて高い移動性をもち、家族が分住して複世帯の生活形態をとるのが特徴である。このように島民は島の内外を頻繁に行き来する生活形態を形成しており、このことが、筆親筆子関係のあり方にも関係している。

## 2　自己中心的構造をもつ筆親筆子関係の特性

近年の村落構造との関連からの類型論的方法によると、家格制が発達していない村落社会の仮親子関係は両者の関係に永続性が弱く、基本的に一代限りの関係が発達していることがわかっている。第二章では、このような先行研究の成果を踏まえて、白石島の筆親筆子関係の構造的特徴を明らかにすることで、白石島の事例を先行研究の諸形態の中に位置付けることを試みた。そのことが、白石島の筆親筆子関係の変化について考察していく上で必要な作業となるからである。

白石島の筆親筆子関係の構造は、すでに類型論的方法で指摘される服部治則の「上湯島型」や、上野和男の「拡散的構造」、福田アジオの「自己中心型」などの類型に類似することがわかった。これらの仮親子関係をもつ村落社会では、すでに述べたように、家格制が発達しておらず、両者の関係に永続性が弱く、基本的に一代限りの仮親子関係であることが特徴である。

白石島の筆親筆子関係の構造は東北日本型のものと大きく異なる。有賀喜左衛門や喜多野清一がすでに指摘しているものは家的性格が強く示され、同族的結合が強固であった。しかし、それらに対して白石島の筆親筆子関係は家的性格が希薄で、親類的結合が強い関係であることがわかった。また、有賀が報告した岩手県二戸郡荒沢村石神の大屋斎藤家の事例では、名子は同居し、時には別家として財産分与を受けており、同一の家成員であることが指摘されている。しかし、白石島の筆親筆子関係には家成員としての要素が欠落している点が指摘できる。

白石島の筆親筆子関係が自己中心的構造をもった社会的背景には、島民によって島内婚が志向され、結果として、親類関係が島内で高度に発達したことが指摘できる。白石島の筆親筆子関係がもつ自己中心的構造は、こうした島の内婚制社会の中で発達した歴史過程の一形態といえる。

### 3 筆親筆子関係への実親の関与とその変化

白石島の筆親筆子関係の分析からみえてきた大きな特徴は、筆子の実親による関与である。実親が筆親の選択や関係の締結に深く関わっており、実親の意識変化によって筆親筆子のあり方も歴史的に変化していることが指摘できる。

第三章では、コーホートを用いて三つの年齢集団ごとに分析した結果、筆親の選択と関係の締結における実親の関与とその変化を捉えることができた。筆親の決定者を年齢層ごとにみると、本人が決めて行くケースは若年層になると減るように、時代が進むにしがたって減少傾向にある。風習が廃れてくると、子は一層オヤカタドリに消極的となる。特に実親がオヤカタドリに関心が低いと、子も筆親がいない者が多くなる傾向がみられる。逆に、筆子が自分で筆親をみつけるような積極的な場合は、年齢層が高くなるほど多くなる。

どの年齢集団でも頼りになる者を筆親に選んでいる。ただし、実際に筆親になる者を各年齢層でみていくと、シンセキとタニンの二種に分けられる。この二種とも関係締結の意図は同じで、シンセキとして家同士のツキアイを行うためである。そして、シンセキから筆親を選ぶのは高年齢層に多くみられる。そこには、懇意なシンセキと希薄になっていく関係を再生しようとする意図が働いている。

一方、タニン同士の関係締結は年齢層が下がると増加する。特に年齢層が下がってくると、タニンでも懇意にしていれば自身の筆親になってもらう傾向がある。筆親は筆子だけでなく、その子やキョウダイの就職の世話もするなど、より実生活と関わりの深い庇護奉仕関係で結ばれている。ツキアイは互いの家族にまで及ぶことがある。時には島外に住む筆子の家族にまで利害が及ぶ。そして近年は、島を越えて両者が関係を形成しているのが大きな特徴である。

オヤカタドリでは実親が深く関わってきたため、実親の考え方の変化が筆親筆子関係の変化に大きく影響を与えている。例えば、筆子にならなかった島民は、実親の考え方でオヤカタドリをしていない者がいる。さらに現在の十代や二十代の若年層になると未締結者の方が多くなるが、こうした若年層では、実親だけでなく当人もオヤカタドリに対する意識が低下しており、オヤカタドリを古い風習と考えている。特に近年の子育て世代は血縁関係をかなり重視しており、筆親になることよりも実子の養育に重点をおいているため、オヤカタドリが減少する要因になっている。

## 4　現代の島外移住傾向下における筆親筆子関係の変化

第四章では、筆親筆子関係の特徴である一代限りのツキアイと、その現代的変化に論究した。これまでの筆親と筆子には、オヤガワリ・シンセキツキアイ・相互扶助といった三つの特徴がみられる。そして近年の島の過疎化や高齢化は、葬式や法事などの不幸事の危機的状況に顕在化する関係としてや、島外居住の筆子などの帰省に際しての島を隔てた関係で新たな現象がみられるようになっている。

筆親筆子関係を締結する目的は、単に両者間の擬制的な親子関係を形成するだけでなく、シンセキと呼ばれる相互の家関係を形成することにある。世代交代によって双方の関係が次第に希薄になることはシンセキツキアイと同様で、最後はツキアイが消滅する性質をもつ。コーホートによる年齢集団の分析でも、いずれの年齢層でもシンセキツキアイを形成することがわかった。このように、現在までの伝統的な筆親筆子関係は、個々人が島社会を中心とする生活に有用な互助関係を形成することを目的としていた。

ただし、コーホートでみると、筆親筆子関係の締結相手に変化がみられる。シンセキ同士からタニン同士へと変化している。このように、シンセキ関係を補うための締結から、タニンと締結することで新たにシンセキ関係を生み出す目的へと変化してきたことがわかる。

第五章では、結婚における筆親の役割と、筆子夫婦に関与する筆親の社会的役割について、近現代における変化を踏まえて論究した。

伝統的な筆親筆子関係においては、筆親は筆子の縁を司ることで、筆子の社会関係の形成に関与する役割を果たしてきた。実親が子の結婚に関与することは禁忌とまではいかないが、それに類する行為と考えられてきた。そして結婚時には、筆親がオヤガワリとなって筆子の仲人をつとめることが期待される。また、結婚後も筆子の夫婦仲を円満に維持するために仲裁や離婚調停をした。筆子が周囲の島民たちとの社会関係を結ぶために、筆親はその役割を担う存在である。そのために筆親がいないと結婚できないとさえ考えられてきた。

しかし、近年は若者層が島外に転出する傾向が強く、結婚の配偶者も島外から選択される傾向にある。島外婚が普及することで筆親の役割が低下し、オヤカタドリの必要性も低下している。また、現在では親族婚や島内婚は忌避されており、地縁や血縁が軽視される傾向にある。筆親筆子関係は島という地域社会の中でこそ必要とされた社会関係であったといえる。

第六章では、死者祭祀における筆親と筆子の役割の現代的変化について論究した。一九八〇年代になって土葬から火葬が普及したことで従来の島の葬法は大きく変化し、そこでの役割が期待された筆親と筆子のあり方にも変化をもたらした。筆親筆子やシンセキなどが務めてきた役割の重要性は、現在では島外の葬祭場を利用し、葬祭業者が関与するようになって大きく減退している。死者祭祀の簡素化と同時に、死に対する筆親や筆子の関与の仕方にも変化が見受けられる。

近年は白石島でも、高齢者の増加で死が日常化しており、筆子が筆親を「あの世」へと送る機会が増加している。一九六〇年頃に島の人口はピークに達したが、当時は筆親が筆子の縁を司り、仲人を務めることが両者の最大の役目とさえ考えられていた。しかし現在の島では葬式や死後の供養がその最たる機会である。近年の高齢化は、筆親が「縁を結ぶ」機会よりも筆子が「送る」機会の方が遙かに多い。従来のように筆子が筆親の庇護を期待するよりも筆親の期待の方が大きいと考えられる。

第七章では、白石島の筆親筆子関係の現代的変化について、先行研究による民俗調査報告書の事例と比較分析して論究した。その結果、この五十年以上で特に儀礼的側面の衰退や消滅が顕著であることを示した。さらに関係の締結儀礼の衰退と関連して、呪術的側面を目的とした締結は早くから衰退していることが明らかとなった。

近年は過疎化や少子高齢化で島を取り巻く社会環境が変化したのに合わせて、筆親筆子関係のあり方が変化している。筆親と筆子の相互干渉が減少しており、従来のような互助関係が行われなくなっている。筆親筆子関係が島民の社会生活からは離れたものになっている。しかし一方で、近年までの若者層を中心とした離島傾向によって、島を越えた関係が多くなったことが大きな変化である。そうした離島者との関係では、従来とは違った緩やかな関係が持続されている。

オヤカタドリは一九五〇～一九六〇年代までは盛んに行われていたが、現在はほとんど行われていない。筆親筆子関係が島の社会生活に不必要と考えられるようになり、地縁や血縁を越えた社会関係が新たに求められているといえる。近年は漁業や農業が衰退する一方で、サラリーマンが増加し、生産生業に基づく相互協力の必要性が低下し、筆親筆子関係のような伝統的な社会関係がますます希薄化している。また、高齢化や単身世帯化が進んでいるため、オヤカタドリをしても有用な家関係やシンセキ網を島内に形成することが不可能になっていることも、オヤカタドリの意味を低下させている要因といえよう。

全島民の六割近くが年金受給者等の高齢の無就労者が占める現在の白石島では、島民のすべてが筆親筆子関係になることで、それを単位として島の利益を再配分し合うという従来の仕組みそのものが機能しなくなっている。筆親筆子関係の自己中心的構造や機能も、内婚制が発達した地縁社会における歴史的一形態に過ぎない。したがって現在の白石島では、筆親筆子関係は地域社会の生活保障の受け皿としての機能を終えたといえる。

## 5　筆親筆子関係の構造的特性とその社会的背景

最後に、序論で示した本書の課題を踏まえて、二つの問題において総括しておきたい。一つは筆親筆子関係を形成する社会的背景についてである。もう一つは個人関係としての筆親筆子関係とその変化についてである。

### ⑴　筆親筆子関係の社会的背景

白石島という地域社会の開発の歴史や出稼ぎによる生業形態をみると、それらが白石島の筆親筆子関係のあり方を強く規定していることがわかる。ここでは、この島の開発の歴史と出稼ぎの二つの視点から、白石島の筆親筆子関係を形成する社会的背景についてまとめておく。

白石島の近世初頭における開発の歴史と各家の由緒に関する歴史観は、現在も島社会の家々における関係性に強く影響を与えており、筆親筆子関係のあり方を規定する条件になっている。白石島が現在の地域社会と直接つながるという意味での開発の歴史は比較的浅く、柳田国男が指摘した「新田百姓の村」のように島外からの入植者で構成されている。そこでは開発百姓や親方百姓のような村生活の中心となる家筋が欠落している。その後の歴史的経過をみても社会階層は未分化で、島社会という地理的条件とも重なって島内婚率が高い割合を示している。その結果、島内に自己中心的に組織化される親類関係が重層している。つまり、父方と母方の社会関係が均等な重みをもつ一方で、本家中心の同族組織は未発達であり、住み込みの奉公人などもみられない。以上の事実は、いわゆる「上湯島型」に代表されるこの地域の筆親筆子関係の特質と大きく関連する重要な歴史的要因である。

一方、大阪湾への艀乗りの出稼ぎの事例などで示したように、白石島は近現代を通じて出稼ぎが活発な地域である。基本的に筆親筆子関係は島内を中心に機能しており、島外に出稼ぎに行っている期間はツキアイが希薄になる傾向がある。例えば一方が出稼ぎに行っている間は、冠婚葬祭などは重要なツキアイと考えられているために帰島して一時的に義務を果たすことがあるが、日常のツキアイでは島の家族が代理で務めるように、筆親筆子の当事者のツキアイが低下する傾向がみられる。また、出稼ぎによって家族の共同生活の期間が短縮されるので、家族同士が同居や別居を繰り返すのと同様に、筆親筆子関係においても両者が生活圏を異にすることで適度な距離と関係が生じることになる。ただし、互いの近況は近親者などから情報を得ており、関係が途絶するわけではない。危機的状況が生じれば帰島して互いの関係が顕在化する。このように筆親と筆子が島の内外を隔てて、相互に緩やかで柔軟な関係を構築していることがわかる。

近現代を通じてこの地域で出稼ぎが活発であった背景には、島嶼社会でありつつも内海に属し、中国地域や阪神地域の地方都市に近接する地理的条件に恵まれていたことが考えられる。その上、農漁業を含めた地域産業だけでは家族生活を持続でき難い社会経済的条件によって、島の内と外の二重生活を余儀なくされてきたといえる。そのために、この地域では、親子間で生業が必ずしも継承されず、出稼ぎ先でも転職がしばしばみられるという特性が指摘できる。転職が頻繁にみられることからも、白石島の家業は選択的で、親子で別の生業に従事することがしばしばみられ、家の経営は複数の生業を行う、いわば選択的複合経営である。そのために、この地域の生業形態は家産の継承を必ずしも必要としていない。このことは、家業の継承を至上目的とせず、環境に応じて柔軟に変化させる生業形態と、この地域の筆親筆子関係の特色である、一代限りで永続性に乏しく、家同士の関係というよりも個人と個人の関係として締結される点において、両者の関連性が指摘できるのである。

島民の間では、生業を単一に特化させるのでなく、むしろ多種多様な技術を戦略的に会得することが、島社会で生きるために得策であると考えられてきた。例えば、子は親に従って職を身に付けたとしても、オヤカタドリをすれば、筆親からも異なる職の手解きを受けるのを好む傾向がある。これらはいわゆる「大垣外型」のように、家を構成単位として親方と子方が地主小作関係のような同一の生業において、高度に労働組織化された仮親子関係を形成するタイプとはまったく異なる。すなわち「大垣外型」の地域社会では労働組織と仮親子関係が重複するが、一方で白石島の筆親筆子関係のような自己中心的に組織化されたタイプの仮親子関係は生業形態との関連が乏しく、地域産業とその生産形態が未成熟であるのが特徴である。以上からは、生業形態と仮親子関係には構造上の深い関連性が指摘できるのである。

### ⑵個人関係としての筆親筆子関係とその変化

従来の仮親子研究においては、「大垣外型」と「上湯島型」、「家父長制的形態」と「年齢階梯制的形態」、「集中的構造」と「拡散的構造」、「祖先中心型」と「自己中心型」の二類型ように、前者(「大垣外型」「家父長制的形態」「集中的構造」「祖先中心型」など）のように家を単位に仮親子関係が締結される構造のものと、後者（「上湯島型」「年齢階梯制的形態」「拡散的構造」「自己中心型」など）のように個人を単位とする仮親子関係の構造が存在することが知られている。そして、前者の研究に比べて後者の研究は、具体的事例による変化とその実態の解明が不十分であった。このような研究状況を踏まえて、本書では後者に属する白石島の筆親筆子関係の特徴として、一代限りの関係で永続性に乏しく、家同士の関係ではなく個人と個人の関係として締結されていることを明らかにした。

白石島の筆親筆子関係の特徴は、家の成員間において、筆親筆子関係のツキアイが上下位世代や同世代に拡大させまいとする意識が極めて強い（図2－2）。自己中心的に組織化されるシンセキの再編や構築を目的に個々人が関係を締結するので、家の成員同士がほかの同じ家の成員と筆親筆子関係になることはなく、各成員が任意に筆親筆子関係を締結している（図2－3）。白石島の筆親筆子関係の構造がこのような個人と個人の関係として示される社会的背景については、先述したように一つには島民の移動性、つまり家族員が島の内外を移動することで家族が同居と別居を繰り返すような生活形態が深く関連している。高度経済成長期以降は若者層の島外への流出とそれによる島社会の高齢化が顕著になっており、このような島の現状と筆親筆子関係との関連性が指摘できるのである。

ただし、近年の離島傾向が高まる以前からも、島民は長期間に及ぶ出稼ぎを頻繁に行っており、家族が同居と別居を繰り返す生活形態を持続させてきたことは注目せねばならない。現代において離島する若者層と島に住み続ける高齢層の二極化は、高度経済成長以降の社会構造の変化によって一層際立つようになった現象に過ぎず、ここでの筆親筆子関係の特徴も、家族員が世帯を分けるといった伝統的な家族構造を基盤にして、その上で現代の社会構造の変化と連動して、個人主体の関係性をさらに特化させてきたものである。

本書で指摘したように、近現代の白石島の家族における諸慣行をみると、長男を相続者に志向する父系の世代的連続性や、位牌や墓石などの先祖祭祀とその継承に対する意識のように、微弱ではあるが家的特質が見出せる。しかし、総体的に家の伝統としての拘束力は極めて弱く、同族結合による家連合のようなものもみられない。これに連動して筆親筆子関係のあり方も家との関連性が極めて希薄であり、自己中心的な構造的側面が強く示されている。このような個人的関係を重視する特性は、すでに述べたように現代の過疎化や高齢化で強化された側面があるが、少なくとも近代社会下において確認できる。つまり、島民の移動性の高さや、それによる家族員の同居や別居の形態、さらには家族員にみられる生業の選択的複合経営などの特質は、近現代における一定期間の持続性をもった島の伝統的な社会構造であり、その上で、近年の過疎化や高齢化の現象によって加速された現象として位置付けることができる。

現在の高齢者たちが若かりし頃は島内婚が志向されたことで、島社会において自己中心的な親類関係を発達させてきた。島内に形成された筆親筆子関係も、このような親族組織の自己中心的構造と密接に関連している。つまり、筆親が筆子の「縁を司る」役割を果たし、オヤカタドリをした筆子は地域社会で双系的親類関係を形成してきた。このように筆親が仲立ちをして筆子の社会関係の形成に助力することは、単に生活物資を与える以上に、筆子が島社会で生活を送る上での利得となり、至上目的の一つであったと考えられる。そして筆子は筆親の死後もその社会関係を基盤に、島社会で互助関係を形成して生活を営んできたのである。しかし、近年では島内婚が消滅し、島外婚が高い割合を示すといった結婚事情の変化によって、筆親筆子関係の意味付けが以前とは変化してきている。筆親筆子関係は島社会でこそその機能を発揮する関係であるため、結婚形態の変化は筆親筆子関係自体を終焉に向かわせる要因になっている。

現在の島民からの聞き取りからも、筆親の選択方法においてシンセキからタニンへと変化している傾向が指摘できる。従来のシンセキ関係の再編や構築という動機よりも、就職の世話や仕事上の便宜といった実利的な目的が最優先されるようになったからといえる。その背景には、漁業・石材業・観光業などの主要な地域産業の衰退による就労形態や経済観念の変化、高学歴化、家族観や親子観の変化、公共交通の発達など、多種多様な社会経済構造の変化が要因となっている。それに伴い、島外流出者の増加と同時に、島では伝統的社会関係の希薄化が進行している。

筆親筆子関係は、聞き取りからは本来は地域社会で大人になるという通過儀礼が主目的であったことがわかる。しかし、近年の状況からは、筆親を取ることの意味そのものが忘れられ、筆親筆子間の互助関係の形成や、さらには筆親筆子関係を媒介とした親同士の互助関係を形成するための締結といったように、ツキアイばかりを重視した意味合いに変化している。これは、近年の若者層の島外流出といった現代的状況の結果による。そして、筆親と筆子の間で個人的に締結されてきたと思われる筆親筆子関係が、それぞれの家同士のシンセキツキアイを目的とするものへと変化してきている。このように、近年では成人儀礼や結婚時の仲人などを目的とした締結の動機が弱まり、相互の利害関係ばかりが強調される関係に変化している。これも近年の若者層の島外流出と島社会の高齢化といった現状と深く関連しているのである。

以上のように、本書では先行研究では実態が十分に調査されてこなかったいわゆる「上湯島型」の仮親子関係を取り上げ、その静的で持続的な構造的側面だけでなく、変容による動態的視点から仮親子関係の実態をリアルに描き出すことを念頭に、そこから地域において地域の現在について考える視座を試みた。白石島の筆親筆子関係のように対象が消滅する習俗であるとしても、家・同族理論が導き出せなかったもう一つの日本社会の特質を、自己中心的な構造をもつ仮親子関係の実態を通して提起し、そこから地域社会の問題や課題を見付け出し、その糸口を掴むことは一定の意義があると考える。本書では白石島という一つの島社会から仮親子関係の持続と変容の実態を解明したに過ぎないが、このような仮親関係の特性を明らかにするためには、今後は西南日本を中心とする家の多様性や非「家」的家族の視点からも調査分析を進めていかねばならない。さらに資・史料の収集を進め、その現状だけでなく歴史的経緯を視野に入れた実証的分析を試みることで、考察を深める必要があると考える。

**参考資料1　白石島における筆親の名称(詳細版)**

| 年齢層 | 話者No. | 生年 | 性別 | 締結の有無 | 筆親の名称 |
|---|---|---|---|---|---|
| Ⅰ | 1 | 1906年 | 女 | ○ | フデノオヤ(筆の親)、カリノオヤ(仮の親)、カリノオヤカタ(仮の親方) |
| | 2 | 1912年 | 男 | ○ | フデノオヤ(筆の親) |
| | 3 | 1916年 | 女 | ○ | |
| | 4 | 1917年 | 男 | ○ | フデノオヤ(筆の親)、オヤカタ(親方) |
| | 5 | 1918年 | 男 | ○ | オヤカタ(親方) |
| | 6 | 1919年 | 女 | × | |
| | 7 | 1922年 | 女 | 不明 | |
| | 8 | 1923年 | 男 | カリオヤ | オヤカタ(親方)、カリオヤ(仮親) |
| | 9 | 1923年 | 女 | ○ | フデノオヤカタ(筆の親方)、フデノオヤ(筆の親)、オヤカタ(親方) |
| | 10 | 1924年 | 男 | ○ | オヤカタ(親方) |
| | 11 | 1924年 | 女 | ○ | |
| | 12 | 1924年 | 男 | カリノナコウド | フデノオヤ(筆の親)、カリノナコウド(仮の仲人) |
| | 13 | 1924年 | 女 | ○ | |
| | 14 | 1924年 | 男 | ○ | フデノオヤ(筆の親) |
| | 15 | 1925年 | 女 | ○ | オヤカタ(親方) |
| | 16 | 1926年 | 女 | 不明 | |
| Ⅱ | 1 | 1927年 | 男 | ○ | |
| | 2 | 1928年 | 男 | ○ | カリノオヤ(仮の親)、ナヅケオヤ(名付け親) |
| | 3 | 1930年 | 女 | × | フデノオヤ(筆の親) |
| | 4 | 1931年 | 男 | ○ | フデノオヤ(筆親)、カリオヤ(仮親)、オヤカタ(親方)、カナオヤ、エボシノオヤ(烏帽子の親) |
| | 5 | 1931年 | 女 | ○ | フデオヤ(筆親) |
| | 6 | 1932年 | 女 | ○ | |
| | 7 | 1932年 | 男 | ○ | オヤカタ(親方) |
| | 8 | 1933年 | 男 | ○ | フデノオヤ(筆の親) |
| | 9 | 1933年 | 女 | ○ | |
| | 10 | 1939年 | 男 | ○ | |
| | 11 | 1939年 | 男 | ○ | フデノオヤ(筆の親) |
| | 12 | 1941年 | 男 | × | オヤカタ(親方) |
| | 13 | 1942年 | 男 | × | |
| | 14 | 1944年 | 男 | ○ | フデノオヤ(筆の親)、フデノオヤカタ(筆の親方) |
| | 15 | 1945年 | 女 | ○ | |
| | 16 | 1945年 | 男 | ○ | フデノオヤ(筆の親) |
| Ⅲ | 1 | 1947年 | 男 | ○ | |
| | 2 | 1948年 | 男 | × | |
| | 3 | 1948年 | 女 | 不明 | カリノオヤカタ(仮の親方)、オヤカタ(親方) |
| | 4 | 1949年 | 男 | × | |
| | 5 | 1949年 | 女 | ○ | フデノオヤ(筆の親)、オトコオヤ(男親)・オンナオヤ(女親) |
| | 6 | 1950年 | 男 | カリオヤ | カリオヤ(仮親) |
| | 7 | 1950年 | 男 | × | カケオヤ |
| | 8 | 1955年 | 男 | ○ | オヤカタ(親方) |
| | 9 | 1956年 | 男 | ○ | オヤカタ(親方) |
| | 10 | 1956年 | 男 | ○ | |
| | 11 | 1958年 | 女 | × | |
| | 12 | 1961年 | 男 | ○ | カリオヤ(仮親) |
| | 13 | 1971年 | 女 | × | |
| | 14 | 1973年 | 女 | × | |
| | 15 | 1974年 | 男 | × | |

**参考資料2　白石島における筆子の名称(詳細版)**

| 年齢層 | 話者No. | 生年 | 性別 | 締結の有無 | 筆子の名称 |
|---|---|---|---|---|---|
| I | 1 | 1906年 | 女 | ○ | ムスコ(息子)・ムスメ(娘) |
| | 2 | 1912年 | 男 | ○ | ムスコ(息子)・ムスメ(娘) |
| | 3 | 1916年 | 女 | ○ | |
| | 4 | 1917年 | 男 | ○ | ムスコ(息子)・ムスメ(娘)、フデノコ(筆の子)、コカタ(子方) |
| | 5 | 1918年 | 男 | ○ | |
| | 6 | 1919年 | 女 | × | 男はフデノムスコ(筆の息子)やムスコ(息子)・女はムスメ(娘) |
| | 7 | 1922年 | 女 | 不明 | |
| | 8 | 1923年 | 男 | カリオヤ | ムスコ(息子)・ムスメ(娘) |
| | 9 | 1923年 | 女 | ○ | ムスコ(息子)・ムスメ(娘)、フデノムスコ(筆の息子)・フデノムスメ(筆の娘) |
| | 10 | 1924年 | 男 | ○ | ムスコ(息子)・ムスメ(娘) |
| | 11 | 1924年 | 女 | ○ | ムスコ(息子)・ムスメ(娘)、フデノムスコ(筆の息子) |
| | 12 | 1924年 | 男 | カリノナコウド | 男はムスコ(息子) |
| | 13 | 1924年 | 女 | ○ | ムスコ(息子)・ムスメ(娘) |
| | 14 | 1924年 | 男 | ○ | |
| | 15 | 1925年 | 女 | ○ | ムスコ(息子)・ムスメ(娘) |
| | 16 | 1926年 | 女 | 不明 | |
| II | 1 | 1927年 | 男 | ○ | 男はムスコ(息子) |
| | 2 | 1928年 | 男 | ○ | ムスコ(息子)・ムスメ(娘) |
| | 3 | 1930年 | 女 | × | |
| | 4 | 1931年 | 男 | ○ | ムスコ(息子)・ムスメ(娘)、フデノコ(筆子)、カリコ(仮子)、コカタ(子方)、カナコ |
| | 5 | 1931年 | 女 | ○ | ムスコ(息子)・ムスメ(娘)、フデノムスコ(筆の息子)・フデノムスメ(筆の娘) |
| | 6 | 1932年 | 女 | ○ | ムスコ(息子)・ムスメ(娘) |
| | 7 | 1932年 | 男 | ○ | ムスコ(息子)・ムスメ(娘) |
| | 8 | 1933年 | 男 | ○ | ムスコ(息子)・ムスメ(娘)、フデノムスコ(筆の息子)・フデノムスメ(筆の娘) |
| | 9 | 1933年 | 女 | ○ | ムスコ(息子)・ムスメ(娘) |
| | 10 | 1939年 | 男 | ○ | 男はムスコ(息子) |
| | 11 | 1939年 | 男 | ○ | ムスコ(息子)・ムスメ(娘) |
| | 12 | 1941年 | 男 | × | ムスコ(息子)・ムスメ(娘) |
| | 13 | 1942年 | 男 | × | コ(子)、コドモ(子供) |
| | 14 | 1944年 | 男 | ○ | ムスコ(息子)・ムスメ(娘) |
| | 15 | 1945年 | 女 | ○ | ムスコ(息子)・ムスメ(娘) |
| | 16 | 1945年 | 男 | ○ | ムスコ(息子)・ムスメ(娘) |
| III | 1 | 1947年 | 男 | ○ | |
| | 2 | 1948年 | 男 | × | 男はムスコ(息子)、コ(子) |
| | 3 | 1948年 | 女 | 不明 | ムスコ(息子)・ムスメ(娘) |
| | 4 | 1949年 | 男 | × | |
| | 5 | 1949年 | 女 | ○ | ムスコ(息子)・ムスメ(娘) |
| | 6 | 1950年 | 男 | カリオヤ | ムスコ(息子)・ムスメ(娘) |
| | 7 | 1950年 | 男 | × | |
| | 8 | 1955年 | 男 | ○ | ムスコ(息子)・ムスメ(娘) |
| | 9 | 1956年 | 男 | ○ | ムスコ(息子)・ムスメ(娘) |
| | 10 | 1956年 | 男 | ○ | 男はムスコ(息子) |
| | 11 | 1958年 | 女 | × | |
| | 12 | 1961年 | 男 | ○ | 男はカリムスコ(仮息子)やムスコ(息子)、ムスメ(娘) |
| | 13 | 1971年 | 女 | × | 女はムスメ(娘) |
| | 14 | 1973年 | 女 | × | |
| | 15 | 1974年 | 男 | × | |

**参考資料3　白石島における筆親の呼称(詳細版)**

| 年齢層 | 話者No. | 生年 | 性別 | 締結の有無 | 筆親の呼称 |
|---|---|---|---|---|---|
| Ⅰ | 1 | 1906年 | 女 | ○ | 男同士だと「親方」、女同士だと「おばさん」や「名前＋ねえ」(注) |
| | 2 | 1912年 | 男 | ○ | 親方 |
| | 3 | 1916年 | 女 | ○ | |
| | 4 | 1917年 | 男 | ○ | 特に漁師は「親方」、女の筆子は「おっちゃん」 |
| | 5 | 1918年 | 男 | ○ | 男親のことは「親方」、女親は「名前＋ねえ」(注) |
| | 6 | 1919年 | 女 | × | |
| | 7 | 1922年 | 女 | 不明 | |
| | 8 | 1923年 | 男 | カリオヤ | オヤジ、親方 |
| | 9 | 1923年 | 女 | ○ | 男の筆子は男親を「オヤジ」 |
| | 10 | 1924年 | 男 | ○ | |
| | 11 | 1924年 | 女 | ○ | |
| | 12 | 1924年 | 男 | カリノナコウド | 親方 |
| | 13 | 1924年 | 女 | ○ | |
| | 14 | 1924年 | 男 | ○ | |
| | 15 | 1925年 | 女 | ○ | |
| | 16 | 1926年 | 女 | 不明 | |
| Ⅱ | 1 | 1927年 | 男 | ○ | |
| | 2 | 1928年 | 男 | ○ | お父さん・お母さん |
| | 3 | 1930年 | 女 | × | |
| | 4 | 1931年 | 男 | ○ | 親方 |
| | 5 | 1931年 | 女 | ○ | |
| | 6 | 1932年 | 女 | ○ | おばさん |
| | 7 | 1932年 | 男 | ○ | |
| | 8 | 1933年 | 男 | ○ | |
| | 9 | 1933年 | 女 | ○ | |
| | 10 | 1939年 | 男 | ○ | |
| | 11 | 1939年 | 男 | ○ | |
| | 12 | 1941年 | 男 | × | ※筆親筆子なし |
| | 13 | 1942年 | 男 | × | ※筆親筆子なし |
| | 14 | 1944年 | 男 | ○ | |
| | 15 | 1945年 | 女 | ○ | |
| | 16 | 1945年 | 男 | ○ | |
| Ⅲ | 1 | 1947年 | 男 | ○ | |
| | 2 | 1948年 | 男 | × | ※筆親筆子なし |
| | 3 | 1948年 | 女 | 不明 | |
| | 4 | 1949年 | 男 | × | ※筆親筆子なし |
| | 5 | 1949年 | 女 | ○ | |
| | 6 | 1950年 | 男 | カリオヤ | ※筆親筆子なし |
| | 7 | 1950年 | 男 | × | ※筆親筆子なし |
| | 8 | 1955年 | 男 | ○ | |
| | 9 | 1956年 | 男 | ○ | 名前で呼ぶ |
| | 10 | 1956年 | 男 | ○ | オヤジ |
| | 11 | 1958年 | 女 | × | ※筆親筆子なし |
| | 12 | 1961年 | 男 | ○ | 親方、親分、(名前)＋さん |
| | 13 | 1971年 | 女 | × | ※筆親筆子なし |
| | 14 | 1973年 | 女 | × | ※筆親筆子なし |
| | 15 | 1974年 | 男 | × | ※筆親筆子なし |

(注)「ねえ」は「姉」の意味で年上女性に対する敬称

**参考資料4　白石島における筆子の呼称(詳細版)**

| 年齢層 | 話者No. | 生年 | 性別 | 締結の有無 | 筆子の呼称 |
|---|---|---|---|---|---|
| Ⅰ | 1 | 1906年 | 女 | ○ | 名前 |
| | 2 | 1912年 | 男 | ○ | 名前 |
| | 3 | 1916年 | 女 | ○ | |
| | 4 | 1917年 | 男 | ○ | Ⅰ4に対しては名前(敬称なし) |
| | 5 | 1918年 | 男 | ○ | Ⅰ5に対してはカッツアン(本名の一字から) |
| | 6 | 1919年 | 女 | × | |
| | 7 | 1922年 | 女 | 不明 | |
| | 8 | 1923年 | 男 | カリオヤ | |
| | 9 | 1923年 | 女 | ○ | Ⅰ9の筆子に対しては名前(ユミ・レイコ・シュウイチなど) |
| | 10 | 1924年 | 男 | ○ | |
| | 11 | 1924年 | 女 | ○ | Ⅰ11の年長のムスコに対しては「ヒロ」(名前の一字) |
| | 12 | 1924年 | 男 | カリノナコウド | |
| | 13 | 1924年 | 女 | ○ | |
| | 14 | 1924年 | 男 | ○ | |
| | 15 | 1925年 | 女 | ○ | |
| | 16 | 1926年 | 女 | 不明 | |
| Ⅱ | 1 | 1927年 | 男 | ○ | |
| | 2 | 1928年 | 男 | ○ | Ⅱ2のムスメに対しては「名前＋さん」 |
| | 3 | 1930年 | 女 | × | |
| | 4 | 1931年 | 男 | ○ | |
| | 5 | 1931年 | 女 | ○ | ムスコは「カズ」や「ヒサシ」、ムスメは「エミちゃん」 |
| | 6 | 1932年 | 女 | ○ | |
| | 7 | 1932年 | 男 | ○ | |
| | 8 | 1933年 | 男 | ○ | |
| | 9 | 1933年 | 女 | ○ | |
| | 10 | 1939年 | 男 | ○ | |
| | 11 | 1939年 | 男 | ○ | |
| | 12 | 1941年 | 男 | × | ※筆親筆子なし |
| | 13 | 1942年 | 男 | × | ※筆親筆子なし |
| | 14 | 1944年 | 男 | ○ | |
| | 15 | 1945年 | 女 | ○ | |
| | 16 | 1945年 | 男 | ○ | |
| Ⅲ | 1 | 1947年 | 男 | ○ | |
| | 2 | 1948年 | 男 | × | ※筆親筆子なし |
| | 3 | 1948年 | 女 | 不明 | |
| | 4 | 1949年 | 男 | × | ※筆親筆子なし |
| | 5 | 1949年 | 女 | ○ | |
| | 6 | 1950年 | 男 | カリオヤ | ※筆親筆子なし |
| | 7 | 1950年 | 男 | × | ※筆親筆子なし |
| | 8 | 1955年 | 男 | ○ | |
| | 9 | 1956年 | 男 | ○ | |
| | 10 | 1956年 | 男 | ○ | |
| | 11 | 1958年 | 女 | × | ※筆親筆子なし |
| | 12 | 1961年 | 男 | ○ | Ⅲ12に対しては「名前」または「名前の一字＋くん」 |
| | 13 | 1971年 | 女 | × | ※筆親筆子なし |
| | 14 | 1973年 | 女 | × | ※筆親筆子なし |
| | 15 | 1974年 | 男 | × | ※筆親筆子なし |

**参考資料5　白石島におけるオヤカタドリの年齢（詳細版）**

| 年齢層 | 話者No. | 生年 | 性別 | 締結の年齢 |
|---|---|---|---|---|
| Ⅰ | 1 | 1906年 | 女 | 独り身の若い年齢 |
| | 2 | 1912年 | 男 | 数えの13歳の頃 |
| | 3 | 1916年 | 女 | |
| | 4 | 1917年 | 男 | 17歳か18歳の頃 |
| | 5 | 1918年 | 男 | 小学生の頃、一人前の歳 |
| | 6 | 1919年 | 女 | × |
| | 7 | 1922年 | 女 | 締結不明 |
| | 8 | 1923年 | 男 | 結婚時（ただしカリオヤ） |
| | 9 | 1923年 | 女 | 数えの13歳ぐらい？ |
| | 10 | 1924年 | 男 | |
| | 11 | 1924年 | 女 | |
| | 12 | 1924年 | 男 | 結婚時の28歳（ただしカリノナコウド） |
| | 13 | 1924年 | 女 | 数えの13歳 |
| | 14 | 1924年 | 男 | |
| | 15 | 1925年 | 女 | 小学生の時 |
| | 16 | 1926年 | 女 | 締結不明 |
| Ⅱ | 1 | 1927年 | 男 | 14歳の頃 |
| | 2 | 1928年 | 男 | 15～16歳 |
| | 3 | 1930年 | 女 | × |
| | 4 | 1931年 | 男 | 20歳 |
| | 5 | 1931年 | 女 | 結婚時の23歳 |
| | 6 | 1932年 | 女 | 18～19歳の頃 |
| | 7 | 1932年 | 男 | 郵便局に勤めていた頃 |
| | 8 | 1933年 | 男 | 結婚時 |
| | 9 | 1933年 | 女 | 14～15歳 |
| | 10 | 1939年 | 男 | 20歳代 |
| | 11 | 1939年 | 男 | |
| | 12 | 1941年 | 男 | × |
| | 13 | 1942年 | 男 | × |
| | 14 | 1944年 | 男 | 18歳か19歳 |
| | 15 | 1945年 | 女 | |
| | 16 | 1945年 | 男 | 結婚時の27歳 |
| Ⅲ | 1 | 1947年 | 男 | 20歳の頃 |
| | 2 | 1948年 | 男 | × |
| | 3 | 1948年 | 女 | 締結不明 |
| | 4 | 1949年 | 男 | × |
| | 5 | 1949年 | 女 | 小学校6年か中学校1年の時 |
| | 6 | 1950年 | 男 | 結婚時（ただしカリオヤ） |
| | 7 | 1950年 | 男 | × |
| | 8 | 1955年 | 男 | 25歳か26歳の頃 |
| | 9 | 1956年 | 男 | 20歳になる頃 |
| | 10 | 1956年 | 男 | 結婚時 |
| | 11 | 1958年 | 女 | × |
| | 12 | 1961年 | 男 | 19歳 |
| | 13 | 1971年 | 女 | × |
| | 14 | 1973年 | 女 | × |
| | 15 | 1974年 | 男 | × |

## 参考資料6　白石島における筆親の依頼者(詳細版)

| 年齢層 | 話者No. | 生年 | 性別 | 筆親の依頼者 |
|---|---|---|---|---|
| I | 1 | 1906年 | 女 | |
| | 2 | 1912年 | 男 | 実親に「あそこへ行け」といわれてムスコに行った |
| | 3 | 1916年 | 女 | |
| | 4 | 1917年 | 男 | |
| | 5 | 1918年 | 男 | 筆親は実親などの保護者が選ぶもので、筆子になる時はジーサンに連れて行ってもらった |
| | 6 | 1919年 | 女 | × |
| | 7 | 1922年 | 女 | 締結不明 |
| | 8 | 1923年 | 男 | |
| | 9 | 1923年 | 女 | |
| | 10 | 1924年 | 男 | |
| | 11 | 1924年 | 女 | |
| | 12 | 1924年 | 男 | |
| | 13 | 1924年 | 女 | 「ムスメに行かしてくれ」と実親が頼みに行き、実親から「あそこに(筆子に)行きゃあええ」といい聞かせられて行った |
| | 14 | 1924年 | 男 | |
| | 15 | 1925年 | 女 | |
| | 16 | 1926年 | 女 | 締結不明 |
| II | 1 | 1927年 | 男 | |
| | 2 | 1928年 | 男 | 15～16歳でムスコに行った。筆親はシンセキだったので、ムスコに行く時はオジが連れて行った |
| | 3 | 1930年 | 女 | × |
| | 4 | 1931年 | 男 | 本人が決めて依頼。漁師をしていて、仕事柄から筆親の鍛冶屋によく出入りしていて、日頃から心安くしていた |
| | 5 | 1931年 | 女 | |
| | 6 | 1932年 | 女 | 18～19歳の時に「オバサン、ムスメに行こうか」というと、「うん、来いよ」と返事をされて、冗談が本当になったようなものだった |
| | 7 | 1932年 | 男 | 筆親は島の郵便局で8歳年上の同僚だった。それでどちらからともなく「ムスコに来るか」「オヤカタになってくれるか」といった話になって筆子に行った。弟も親しかった |
| | 8 | 1933年 | 男 | 寺の住職だったので、ある人に「寺に縁がある人がよかろう」や「この人だったらよかろう」と勧められて、檀家総代の人を筆親とした |
| | 9 | 1933年 | 女 | 母が親しくしている母のイトコの女性がいて、ムスメにしようと話し合った。そして母から「この人のムスメに行けば」といわれて14～15歳で筆子に行った |
| | 10 | 1939年 | 男 | |
| | 11 | 1939年 | 男 | |
| | 12 | 1941年 | 男 | × |
| | 13 | 1942年 | 男 | × |
| | 14 | 1944年 | 男 | 実親が実親のイトコを筆親に決めて「行け」といったので18～19歳で筆子に行った |
| | 15 | 1945年 | 女 | |
| | 16 | 1945年 | 男 | 結婚話をもってきたのがオジ(父の妹の夫)で、結婚時に急遽、仲人を頼むために筆親を頼んだ |
| | 1 | 1947年 | 男 | |
| | 2 | 1948年 | 男 | × |
| | 3 | 1948年 | 女 | 締結不明 |
| | 4 | 1949年 | 男 | × |

| 年齢層 | 話者No. | 生年 | 性別 | 筆親の依頼者 |
|---|---|---|---|---|
| Ⅲ | 5 | 1949年 | 女 | 父方祖母のイトコの女性が、「このままだとシンセキが途絶える」「イトコ同士なのがだんだんとタニンになるから来てくれ」といってきた。それで、その息子夫婦のムスメに行った。小学校6年生か中学1年生の頃である |
| | 6 | 1950年 | 男 | |
| | 7 | 1950年 | 男 | × |
| | 8 | 1955年 | 男 | コウジが採石した石を筆親が買って加工していた。採石業と加工業の商売がらみでオヤカタを取った。オヤカタか自分のどちらから頼んだか覚えていないが、「(筆子に)行こうか」「(筆子に)来るか」というようになって筆親筆子になった |
| | 9 | 1956年 | 男 | 島で左官をしていて、建設会社の経営者だった筆親とは一緒に仕事をしていた。双方のシンセキになる人が間に入って「行くか」と紹介してくれたので、「それじゃあ行ってもええかのお」ぐらいに思って筆子に行った |
| | 10 | 1956年 | 男 | 実兄か誰かがムスコに行くように筆親を見つけてくれた |
| | 11 | 1958年 | 女 | × |
| | 12 | 1961年 | 男 | 19歳の時に実親が決めて「あそこに行っとけ」といった。筆子になる日も実親が「今日、ムスコに行っとけ」といったのでその日に挨拶に行った |
| | 13 | 1971年 | 女 | × |
| | 14 | 1973年 | 女 | × |
| | 15 | 1974年 | 男 | × |

### 参考資料7　白石島における筆親になる人(詳細版)

| 年齢層 | 話者No. | 生年 | 性別 | 筆親になる人 | 選択の理由 |
|---|---|---|---|---|---|
| Ⅰ | 1 | 1906年 | 女 | オバ(父の姉) | タニンの家にムスメに行って迷惑をかけるよりも、オバの家に行った方がよいだろうと思ったから |
| | 2 | 1912年 | 男 | オジ(父の弟で分家)(Yk姓) | 同じKt姓のスジ(筋)なのでツキアイを濃くしようとしたから。キョウダイやシンセキが少なかったのでシンセキツキアイを強めるため。シンセキだと融通が利き、ツキアイを派手にする必要もなくて心安いから |
| | 3 | 1916年 | 女 | イトコ(父の姉の娘)(Ym姓) | |
| | 4 | 1917年 | 男 | イトコ(母の男兄弟の息子)(Hd姓) | シンセキにムスコに行けばそれ以上にシンセキヅキアイが広がらなくてすむから。それは、母のキョウダイが7～8人でシンセキが多かったから |
| | 5 | 1918年 | 男 | 非親族の男(Yk姓) | オトコオヤの兄は長男で教師だったが、オトコオヤは次男で船をもつ船主だった。そこへ小学生の頃に2年間だけ手伝いに行って世話になったから |
| | 6 | 1919年 | 女 | × | |
| | 7 | 1922年 | 女 | 締結不明 | |
| | 8 | 1923年 | 男 | オジ・オバ(父の妹夫婦) | 結婚時に筆親がおらずに仲人になってもらうため。正式な筆親ではなく結婚時だけのカリオヤ(仮親)である。妻は戦死した兄の嫁である |
| | 9 | 1923年 | 女 | イトコのⅠ9とその妻(An姓) | シンセキが少なかったから |
| | 10 | 1924年 | 男 | オジ(父の弟)(Hd姓) | |

| 年齢層 | 話者No. | 生年 | 性別 | 筆親になる人 | 選択の理由 |
|---|---|---|---|---|---|
| | 11 | 1924年 | 女 | | |
| | 12 | 1924年 | 男 | 非親族の夫婦(Nt姓) | トナリキンジョの人でとても心安い間柄だったから |
| | 13 | 1924年 | 女 | | |
| | 14 | 1924年 | 男 | | |
| | 15 | 1925年 | 女 | Hd姓の夫婦 | オトコオヤは笠岡港間の渡航船「大徳丸」の経営者だったから。貧乏している所には行きたくなかったから |
| | 16 | 1926年 | 女 | 締結不明 | |
| Ⅱ | 1 | 1927年 | 男 | 非親族の夫婦(Hd姓) | |
| | 2 | 1928年 | 男 | 父方の「義理のイトコ」(Hd姓の男) | オトコオヤの家に嫁いでいる父の姉(オトコオヤの継母)が死ぬと「血の繋がり」のある者がいなくなるから、相続者のオトコオヤを筆親にした |
| | 3 | 1930年 | 女 | × | |
| | 4 | 1931年 | 男 | 非親族の男(Nh姓) | 漁師をしていて、仕事柄から鍛冶屋のオトコオヤの所によく出入りしていて、日頃から心安くしていたから |
| | 5 | 1931年 | 女 | | 結婚したい時に実親にはいいにくいことを相談するため。そして仲人をしてもらうために急遽、結婚時にムスメに行った |
| | 6 | 1932年 | 女 | オジ・オバ(母の兄夫婦)(Nt姓) | オバとは親しい仲で、オバが筆親だと心強いから。オジは島の郵便局長を勤めるとても偉く賢い人だったから |
| | 7 | 1932年 | 男 | Ⅰ10(非親族)(Hd姓) | 白石島の郵便局に勤めていた頃の同僚だったから。それでどちらからともなく「ムスコに来るか」「オヤカタになってくれるか」といった話になった。それに弟もずっと友達だったから |
| | 8 | 1933年 | 男 | Ⅰ10(非親族)(Hd姓) | 当時Ⅰ10は檀家総代で、ある人に「寺に縁がある人がよかろう」「この人だったらよかろう」と勧められたから |
| | 9 | 1933年 | 女 | イトコハン(母方祖母の姉の娘) | シンセキを強めるため |
| | 10 | 1939年 | 男 | 非親族の男(Ng姓) | 漁師の先輩で、この人と思った人だったから。嫁を探してもらったり、仲人を引き受けてもらうため |
| | 11 | 1939年 | 男 | 分家の跡取りでイトコハン(父方祖父の弟の長男)(Yk姓) | 本分家関係を強めるため |
| | 12 | 1941年 | 男 | × | |
| | 13 | 1942年 | 男 | × | |
| | 14 | 1944年 | 男 | イトコハン(母の父の妹の息子)(Hg姓) | イトコハンだとタニン(他人)になり、実親が死ぬとツキアイもなくなるから |
| | 15 | 1945年 | 女 | | |
| | 16 | 1945年 | 男 | オバ(父の妹)(Yk姓) | 結婚時に急遽、仲人を頼むため |
| | 1 | 1947年 | 男 | 「古いシンセキ」の男(Nh姓) | 3代前の戸主の妻(曽祖母)の生家にあたる人。一つは、結婚する時に仲人をしてもらわなければならないからで、もう一つは、3代も4代も前になるとシンセキが薄くなるから |
| | 2 | 1948年 | 男 | × | |

| 年齢層 | 話者No. | 生年 | 性別 | 筆親になる人 | 選択の理由 |
|---|---|---|---|---|---|
| Ⅲ | 3 | 1948年 | 女 | 締結不明 | |
| | 4 | 1949年 | 男 | × | |
| | 5 | 1949年 | 女 | 父のフタイトコ(父の母の母のキョウダイの娘の息子)の夫婦(An姓) | 父方祖母のイトコの女性(筆親の母親)が、「このままだとシンセキが途絶える」「イトコ同士なのがだんだんとタニン(他人)になるから来てくれ」と頼んできたから |
| | 6 | 1950年 | 男 | オジ(父の弟) | 結婚話が決まったが筆親がおらず、結納で嫁方が挨拶に来た時にカリオヤ(仮親)になってもらうため。Ⅲ6は入り婿である |
| | 7 | 1950年 | 男 | × | |
| | 8 | 1955年 | 男 | 非親族の男(An姓) | 採石業と加工業の関係で、商売がらみで筆子になった。Ⅲ8が採掘した石をオトコオヤ(A石材店の経営者)が買ってくれていて、どちらともなく「行こうか」「来るか」という話になったから |
| | 9 | 1956年 | 男 | 非親族の男(Hd姓) | 左官をしていて、H建設を経営するオトコオヤと一緒に仕事をしていたから |
| | 10 | 1956年 | 男 | イトコ | 実兄か誰かがムスコに行くように筆親を見つけてきたから |
| | 11 | 1958年 | 女 | × | |
| | 12 | 1961年 | 男 | 非親族の男(Hd姓) | オトコオヤが本家のN旅館に頻繁に出入りしていたのと、オトコオヤの仕事を頻繁に手伝っていたから |
| | 13 | 1971年 | 女 | × | |
| | 14 | 1973年 | 女 | × | |
| | 15 | 1974年 | 男 | × | |

# 参考文献一覧

赤田　光男　一九八九「民俗学と実践」鳥越皓之編『民俗学を学ぶ人のために』世界思想社

浅野　久枝　一九九二「とりあげること　おくること」『信濃』四四－一

荒井　和美　一九九三「擬制的親子関係の研究－その展開をめぐって－」『比較家族史研究』八

安良城盛昭　一九五九『幕藩体制社会の成立と構造』御茶の水書房

有賀喜左衛門　一九六六（一九四三）『有賀喜左衛門著作集　日本家族制度と小作制度　上』一　未来社

有賀喜左衛門　一九六七（一九三九）「前篇－大家族制度を中心として－」同著『有賀喜左衛門著作集　大家族制度と名子制度－南部二戸郡石神村における－』三　未来社

磯田　進　一九五一「村落構造の二つの型」『法社会学』一

磯田　進　一九五四ａ「農村における擬制的親子関係について（一）－特に村落構造との関連において－」『社会科学研究』五－三

磯田　進　一九五四ｂ「農村における擬制的親子関係について（二）－特に村落構造との関連において－」『社会科学研究』五－四

磯田　進　一九五五「農村における擬制的親子関係について（三）－特に村落構造との関連において－」『社会科学研究』六－一

岩本　通弥　一九九八「民俗学における『家族』研究の現在」『日本民俗学』二一三

岩本　通弥　二〇〇七「都市化に伴う家族の変容」沢山美果子他編『「家族」はどこへいく』青弓社

岩本　由輝　一九八九「民俗学の限界」鳥越皓之編『民俗学を学ぶ人のために』世界思想社
上野　和男　一九八六「日本民俗社会の基礎構造」竹村卓二編『日本民俗社会の形成と発展』山川出版社
上野　和男　一九九二（一九七五）「親分子分関係の構造類型」同著『日本民俗社会の基礎構造』ぎょうせい
江守　五夫　一九七六『日本村落社会の構造』弘文堂
老川　寛　一九九六「定位家族・生殖家族」比較家族史学会編『事典家族』弘文堂
大阪市社会部調査課　一九三〇『水上生活者の生活と労働』高橋印刷所
大阪府学務部社会課　一九三七『水上生活者調査』大阪出版印刷
大藤　ゆき　一九六八（一九四四）『児やらい』岩崎美術社
大間知篤三　一九三五「親方子方」同編『山村生活第一回報告書』（同著　一九七五『大間知篤三著作集　家の伝承』一　未来社　に所収）
大間知篤三　一九七五a（一九五〇）「家の類型」『大間知篤三著作集　家の伝承』一　未来社
大間知篤三　一九七五b（一九五〇）「足入れ婚とその周辺」『大間知篤三著作集　婚姻の民俗』二　未来社
大間知篤三　一九七五c（一九五八）「家族の構造」『大間知篤三著作集　家の伝承』一　未来社
大間知篤三　一九七八（一九四三）「呪術的親子」『大間知篤三著作集　伊豆諸島の民俗』四　未来社
岡田　謙　一九五九「日本における同族研究の意義」喜多野清一・岡田謙編『家－その構造分析－』創文社
岡　山　県　二〇〇八『岡山県水産振興プラン　二〇〇八改訂版』岡山県
岡山県教育委員会　一九六八「笠岡市真鍋島」『岡山県民俗資料調査報告書』岡山県教育委員会
岡山県教育委員会　一九七四『笠岡諸島の民俗　振興離島民俗資料緊急調査報告書（Ⅰ）』岡山県教育委員会（大島暁雄他編　一九九七『日本民俗調査報告書集成　中国の民俗　岡山県編』三一書房　に所収）

岡山県教育委員会　一九七六『岡山県民俗地図　岡山県緊急民俗文化財分布調査報告書』岡山県教育委員会
小川徹太郎　二〇〇六『越境と抵抗－海のフィールドワーク再考－』新評論
小口　千明　二〇〇二『日本人の相対的環境観－「好まれない空間」の歴史地理学－』古今書院
落合恵美子　二〇〇四『21世紀家族へ　第三版』有斐閣
笠岡市企画政策課　二〇〇二『笠岡諸島振興計画－ビビット島づくりプラン－』笠岡市
笠岡市企画部　一九九〇『定本笠岡地方干拓史－笠岡湾干拓事業完工記念－』ぎょうせい
笠岡市史編纂室　一九八九『笠岡市史　近世編』二　ぎょうせい
笠岡市史編纂室　一九九六『笠岡市史　近代編』三　ぎょうせい
笠岡市史編纂室　一九九九『笠岡市史　史料編上巻』ぎょうせい
笠岡市史編纂室　二〇〇三『笠岡市史　現代編』四　ぎょうせい
鎌田　久子　一九九〇『女の力・女性民俗学入門』青娥書房
鎌田久子他編　一九九〇『日本人の子産み・子育て－いま・むかし－』勁草書房
蒲生　正男　一九七八（一九六〇）『増訂・日本人の生活構造序説』ぺりかん社
関西学院大学地理研究会　一九七四『白石・馬渡　地理研瀬戸内調査シリーズ八』関西学院大学地理研究会
喜多野清一　一九三九「甲州山村の同族組織と親方子方慣行－山梨県北都留郡棡原村大垣外を中心として－」『民族学年報』二
グッドイナフ、ウォード　一九七七（一九七〇）『文化人類学の記述と比較（人類学ゼミナール五）』寺岡襄・古橋政次訳　弘文堂
ケンペル、エンゲルベルト　一九七七（一六九一）『江戸参府旅行日記』斎藤信訳　平凡社
河野通博・石田寛　一九五九「笠岡諸島の地理」岡山県『瀬戸内海島嶼部の自然と人文』岡山県
佐藤　米司　一九七三「ロンジノメシ・ドンジノメシ」『民間伝承』二一九八

嶋村　知章　一九三〇「備中小田郡の嶋々」『民俗学』二―四

清水　浩昭　一九九二『高齢化社会と家族構造の地域性―人口変動と文化伝統をめぐって―』時潮社

清水　浩昭　二〇〇四「家族と扶養」清水浩昭他編『家族革命』弘文堂

清水　由文　一九九六「親類」比較家族史学会編『事典家族』弘文堂

社会伝承研究会　一九七三『親分子分関係と村落組織　社会伝承研究Ⅱ』社会伝承研究会

白石島財産区管理会　一九五七『白石島山林史』白石島財産区管理会

曽我　猛　一九九六『農村の法社会学』勁草書房

高桑　守史　一九八三「過疎と民俗の変貌」福田アジオ・宮田登編『日本民俗学概論』吉川弘文館

高桑　守史　一九九四『日本漁民社会論考―民俗学的研究―』未来社

武井　正臣　一九七一「西南日本型家族における相続と扶養」潮見俊隆・渡辺洋三編『法社会学の現代的課題』岩波書店

竹田　旦　一九七〇『「家」をめぐる民俗研究』弘文堂

竹田　旦　一九九五（一九七三）「西南日本における家族慣行」同著『祖先崇拝の比較民俗学』吉川弘文館

谷　富夫編　一九九六『ライフヒストリーを学ぶ人のために』世界思想社

田野　登　二〇〇七『水都大阪の民俗誌』和泉書院

千葉　徳爾　一九八五「ヒロシマに行く話―ムラびとの広域志向性―」『日本民俗学』一五七・一五八

鳥越　皓之　一九九三『家と村の社会学　増補版』世界思想社

内藤　莞爾　一九八〇（一九七八）「いわゆる西南型家族について」同著『社会学論考』御茶の水書房

中桐　規碩　一九九四「過疎地域流出者の意識とふるさと回帰―岡山県笠岡諸島・白石島および高島住民の場合―」『研究紀要　作陽音楽大学作陽短期大学』二七―二

中村　正夫　一九五九「対馬村落における同族・親方子方関係の一資料」喜多野清一・岡田謙編『家－その構造分析－』創文社
中山　薫　一九七五「かなおや（鉄漿親）」岡山民俗学会編『岡山民俗事典』日本文教出版
中山　薫　一九七八「村落共同体とカナ親・カナ子」『日本民俗学』一一四
中山　薫　一九八三「株内と擬制家族」岡山県史編纂委員会『岡山県史　民俗Ⅰ』一五　山陽新聞社
中山　薫　一九九七（一九七四）「族制」大島暁雄他編『日本民俗調査報告書集成　中国の民俗　岡山県編』三一書房
服部　治則　一九六一「山梨県における親分子分関係の諸問題　その三－「大垣外型」・「上湯島型」序説－」『山梨大学学芸学部研究報告』一二
服部　治則　一九六八「親分子分関係」余田博通・松原治郎編『農村社会学』川島書店
服部　治則　一九七八『親分子分と本分家』御茶の水書房
服部　治則　一九八〇『農村社会の研究』御茶の水書房
平山　和彦　一九七四「農漁村における擬制的親子関係」青山道夫他編『講座家族　家族・親族・同族』六　弘文堂
福島惣一郎　一九四七「備中白石島」『民間伝承』一一五－四
福島惣一郎　一九五〇『離島採集手帳　岡山県白石島』民俗学研究所
福島惣一郎　一九六六「岡山県笠岡市白石島」日本民俗学会編『離島生活の研究』集英社
福田アジオ　一九七三「親分子分研究の動向と問題点－研究会の活動を通して－」社会伝承研究会編『親分子分関係と村落組織　社会伝承研究Ⅱ』社会伝承研究会
福田アジオ　一九八〇「親分子分」最上孝敬編『講座日本の民俗　社会構成』二　有精堂出版
福田アジオ　一九八二『日本村落の民俗的構造』弘文堂
福田アジオ　一九八四『日本民俗学方法序説－柳田国男と民俗学－』弘文堂

福田アジオ　一九九七『番と衆－日本社会の東と西－』吉川弘文館
藤井和佐編　二〇〇九『社会調査報告書　白石島　岡山大学文学部プロジェクト研究報告書一二』岡山大学文学部
藤原　洋　二〇〇一『村落社会における親族組織と親方子方関係－岡山県笠岡市白石島の事例－』（熊本大学修士論文）
藤原　洋　二〇〇二「親方子方関係の再考－親類関係との連関と民俗的論理－」『日本民俗学』二二九
藤原　洋　二〇〇三『過疎村落における親方子方関係の変容－岡山県白石島のオヤカタドリを事例として－』（筑波大学修士論文）
藤原　洋　二〇一〇ａ「白石島の廾乗り－瀬戸内海域の島嶼社会における阪神方面の出稼ぎと『家』－」『岡山民俗』二三〇
藤原　洋　二〇一〇ｂ「離島調査から五〇年後の筆親筆子関係」『西郊民俗』二一一
藤原　洋　二〇一一「大阪湾の廾乗りとその家族」『歴博』一六八
藤原　洋　二〇一二「擬制的親子の変容にみる現代の『家』の特性－岡山県笠岡市白石島のフデノオヤとフデノコに注目して－」『日本民俗学』二七二
古家　信平　一九九八「民俗調査－伝承者と伝承母体の再検討－」赤田光男他編『講座日本の民俗学　民俗学の方法』一　雄山閣出版
正岡　寛司　一九七五「同族と親類」喜多野清一・正岡寛司編『「家」と親族組織』早稲田大学出版部
松田　睦彦　二〇一〇『人の移動の民俗学－タビ〈旅〉から見る生業と故郷－』慶友社
光吉　利之　一九七四「親族の構造と機能」青山道夫他編『講座家族　家族・親族・同族』六　弘文堂
宮本　常一　一九八六『宮本常一著作集　離島の旅』三五　未来社
森岡　清美　一九六〇「あとがき」東京教育大学社会学研究室編『社会調査実習報告』
森岡清美・望月嵩　一九九七『新しい家族社会学　四訂版』培風館

八木橋伸浩他　二〇〇一「笠岡諸島白石島における民俗の変容と継承」『岡山民俗』二一五
柳田　国男　一九二七「備中北木島」『民族』二－四
柳田　国男　一九七五（一九四三）『族制語彙』図書刊行会
柳田　国男　一九九〇a（一九二二）「郷土誌論」同著『柳田国男全集（ちくま文庫）』二七　筑摩書房
柳田　国男　一九九〇b（一九三一）「明治大正史世相編」同著『柳田国男全集（ちくま文庫）』二六　筑摩書房
柳田　国男　一九九〇c（一九三七）「親方子方」同著『柳田国男全集（ちくま文庫）』一二　筑摩書房
柳田　国男　一九九〇d（一九四六）「家閑談」同著『柳田国男全集（ちくま文庫）』一二　筑摩書房
矢野　晋吾　二〇〇四『村落社会と「出稼ぎ」労働の社会学－諏訪地域の生業セットとしての酒造労働と村落・家・個人－』御茶の水書房
山本　質素　一九八三「親類と同族」福田アジオ・宮田登編『日本民俗学概論』吉川弘文館
山本　質素　一九九六「過疎化と村の再生－地域社会の変化と民俗変化－」佐野賢治他編『現代民俗学入門』吉川弘文館
湯川　洋司　一九九八a「伝承母体論とムラの現在」『日本民俗学』二一六
湯川　洋司　一九九八b「民俗の生成・変容・消滅」赤田光男他編『講座日本の民俗学　民俗学の方法』一　雄山閣出版

# あとがき

大阪で万国博覧会が開催された一九七〇年に私は生まれ、京都南部の新興住宅地で育った。両親は但馬地方の農家の出身であったので、盆や正月は祖父母に会うために車で里帰りをするのが家族の一大イベントで、子供の私には格別の楽しみであった。その折々に農村の暮らしや伝承を見聞きした記憶がある。そして村の慣習に対する不思議な魅力を感じたことを覚えている。本書の仮親子関係への関心は、こうした私の生まれ育った時代背景や社会環境が偶然にも原点になったのであろうと思う。

仮親子関係とは、実の親子以外の者が形成する擬制的な親子関係である。このような社会的な親子関係は、今日でも職人や商人の徒弟制度の親方子方関係などにみられるが、現代の生活環境の変化の中で、日本の各地から急速に失われた親子関係の一つである。仮親子関係は血縁を越えた親子関係であり、血縁関係に固執する現代人の親子観とは大きく違う。だが少し前までは、このような親子観が人々に共有されていたことは事実である。これらを従来の「家」研究のような集団の視点からではなく、個としての人のつながりから捉え直し、さらに動態的な変化からみてみたい思いが私にあった。現代社会が忘れゆく親子の姿を見つめ直すことで、家族関係や親族関係の多様性と可能性を明らかにしたいというのが執筆の動機である。

仮親子関係の研究は、戦前に柳田国男によって先鞭が付けられたテーマである。その後は民俗学だけでなく農村社会学・法社会学・社会人類学・歴史学等の諸分野からも研究がなされている。その学術用語は仮親子の他にも、親方子方・親分子分・擬制的親子などと呼ばれており、膨大な研究蓄積がみられる。当初の仮親子研究は、家や同族との関連性から研究が始まっている。しかし一九六〇年代に入り、農村社会学者の服部治則が山梨県下において「上湯島型」の事例を提示して以降は、各地の事例の収集が一層進み、仮親子研究は飛躍的に展開したといえる。

服部が提示したこの「上湯島型」に興味をもち、私が当時住んでいた近畿地方を手始めに、民俗地図や自治体史を手掛かりに手当たり次第に農山漁村を歩きまわり、話を聞いてまわったのが、私が本書の課題に取り組んだきっかけであった。そして調査地をさらに西へ広げる中で偶然目にしたのが『岡山県史』の一枚の写真で、それは白石島のオヤカタドリであった。羽織袴と着物で礼装した筆親夫婦と床の間を前にして向かい合い、学生服姿の筆子とその介添えらしき若者が座り、盃をかわす場面である。すぐに白石島を訪れてそのまま一週間ほど滞在し、当時は『民俗調査ハンドブック』を参考に民俗調査らしいことをしたのを覚えている。大学では文化史学を専攻したので、民俗学という未知な分野へ取り組むという当時の新鮮で刺激的な思いが今でも思い出される。

私は同志社大学の文学部で日本文化史学を専攻し、博物館学研究室を兼ねていた日本美術史の小川光暘先生のゼミで卒業論文の執筆でお世話になった。小川先生は生活史にも造詣が深く、さらに学芸員資格科目で出講されていた数名の先生方も指導にあたられるという充実した教員スタッフのもとで、三名いたゼミ生が週替わりで研究テーマを発表して討論を繰り返す贅沢な指導方式であった。しかし、優秀な同期生と違って私はといえば、研究テーマと先行研究への位置付けに長く苦慮していたのを思い出す。当時の同志社大学には民俗学の専攻カリキュラムがなく、それでもこのような私が民俗学の分野で一書を上梓できたのには、この道に進むいくつかの偶然の出会いがあったからと思う。その後は熊本大学大学院修士課程と、筑波大学大学院の一貫制博士課程(五年制)で民俗学を専攻し、長い大学院生の時期を過ごした。

白石島に初めて調査に入ったのは一九九八年十一月で、熊本大学大学院に入学する前年であった。白石島では、突然の風変りな訪問者の私にも、島の方たちはとても歓迎をしてくれた。毎晩遅くまで、オヤカタドリをはじめ島の歴史や文化についてたくさんの話を聞かせていただいた。思いつくままの手探りの調査であったが、島の人たちの語りは実に新鮮で興味深かったのを覚えている。今も白石島へは時間を見つけて訪れ、島の方々からいろいろと話を伺っている。いつも突然の訪問ながら暖かく迎えていただき、本当に頭の下がる思いである。御教示いただいた数多くの語りを無駄にしないためにも、今回のまとめの作業に取りかかった。その意味で、本書は私にとって一つの区切りとなるものである。

調査を進める中で、瀬戸内の島嶼社会とそこにおける家族や親族関係にとても興味をもち、引き込まれることになった。周囲を海に囲まれた環境にあっても、島の人たちはそこで一生を過ごすわけではない。若い頃から老いるまで頻繁に島を出入りする。島の方たちの話にも、島を離れている島民のことが頻繁に話題になる。そこから、島を越えた島の人々の暮らしに気付かされることになった。白石島では人々の移動性の高さが家族の住み分けを生じさせ、さらにそこに島を越えた筆親筆子関係や親族関係が組み合わさり、島を越えた社会関係が築かれている。そこでは個人の権利や義務が強く主張され、一方で家規範は比較的弱い傾向がみられる。こうした島の社会関係の均質さは、島の社会生活にも色濃く反映しており研究的興味が尽きない。

このような白石島の社会関係を調査する中で基本としたのが語りである。生活体験の蓄積の中から紡ぎ出される語りは、文字に書かれた資料とは比較にならないほどリアリティを持ち魅力的である。文献資料から抜け落ちた人たちの生活をできるだけ個性を生かす形で記述したいという思いが私にはある。それによって諸先学らが社会組織の分析に用いた類型論的方法を乗り越えることができると信じている。こうした民俗学的な手法を実践しながら研鑽していくことが、今後の大きな課題として残されている。

本書は、二〇一六（平成二十八）年度に筑波大学に提出した博士論文『仮親子関係の持続と変容に関する民俗学的研究―岡山県笠岡諸島白石島の筆親筆子関係を事例として―』に加筆・修正をしたものである。主査の古家信平先生には大学院歴史・人類学専攻の修士課程と博士課程で御指導をいただき、さらに学籍を離れてからもこのように博士論文の御指導をしていただきお世話になり続けた。調査ばかりを重ね、肝心の本書を書き上げることに随分と時間を要したことは、マイペースな私の性格と力量不足によるもので十分に反省しなければならない。遅々として筆が進まない怠惰な私に対して、古家先生からは学籍を離れてからも学会等で会う度に叱咤激励を与えて下さり、その学恩には感謝して余りあるものがある。また、筑波大学大学院では専攻の真野俊和先生、徳丸亞木先生、中込睦子先生、中野泰先生、歴史地理学専攻の小口千明先生にもお世話になった。特に徳丸先生、中込先生、小口先生には博士論文の副査を務めていただいた。その過程で頂戴したコメントや批判への対応ではいつも時間を要してしまい、先生方には御迷惑をかけてばかりであったが、漸く本書を書き上げることができたのは、先生方の辛抱強い御指導によるものである。謹んで謝意を申し上げたい。

また、本書で取り上げた白石島の筆親筆子関係は、熊本大学大学院に提出した修士論文から本格的に取り組んだテーマである。民俗学専攻の修士論文では、主査の安田宗生先生をはじめ、副査の安室知先生、農村社会学の徳野貞雄先生の御指導をいただいた。特に安田先生は私に民俗学を学ぶきっかけと民俗調査の手解きを与えていただき、院生室へも頻繁に足を運んで下さり、民俗学の魅力をいつも惜しみなく講義して下さった。頂戴した学恩に応えているか心許ないが、今後も精進していきたい。また、安室先生からは幾多のフィールドワークにも同行させていただき、フィールドワークの楽しさを存分に教えて下さり感謝を申し上げたい。大学でかけがえのない先生方とめぐり会い、御指導をいただく機会を得たことは本当に幸せであったと思う。

大学院の先輩、同輩、後輩、他の研究機関に所属する方々からも授業や学会を通じて貴重な助言をいただいた。特に筑波大学大学院歴史・人類学専攻の学兄・学友の諸氏、宮前耕史、石本敏也、武井基晃、荻原知也、佐藤喜久一郎、余志清、神谷智昭、フローランス・ラウルナ、田中久美子、カフラマン・ジャーヒット、柏木亨介、金賢貞、渡部圭一、林圭史、蔡亦竹、中里亮平、及川高、田村真美、塚原伸治、門口実代、大里正樹の各氏に謹んで感謝申し上げたい。

本書は、一九九八年から二〇一一年までの十数年の調査で聞き取りをした内容を含んでいる。この間に、たいへん多くの機関、多くの方々から御協力をいただいた。なかでも白石島の皆様には心から御礼を申し上げたい。話を伺った方の中には、すでに鬼籍に入られた方もいる。フィールドノートを読み返すと、今でも話をしていただいた時の事が昨日のように思い出される。心から御冥福を御祈り申し上げたい。

本書を完成させるにあたり、既に発表した次の小論を利用した。ただし、各論考が稚拙であるためにそのまま転載はしておらず、各論ごとに部分的に引用したり大幅な組み直しをしているので御理解いただきたい。

序　章　仮親子関係の研究課題（書き下ろし）
第一章　筆親筆子関係を形成する笠岡諸島白石島
「白石島の艀乗り―瀬戸内海域の島嶼社会における阪神方面の出稼ぎと「家」―」（『岡山民俗』二三〇号、二〇一〇年）
「大阪湾の艀乗りとその家族」（『歴博』一六八号、二〇一一年）
第二章　白石島の筆親筆子関係に関する特徴
「親方子方関係の再考―親類関係との連関と民俗的論理―」（『日本民俗学』二二九号、二〇〇二年）

第三章　筆親の選択と関係の締結における実親の関与
「親方子方関係の再考―親類関係との連関と民俗的論理―」（前掲）
第四章　筆親筆子間の互助における一代性（書き下ろし）
第五章　結婚において縁を司る筆親（書き下ろし）
第六章　葬送における筆親筆子の関与
「親方子方関係の再考―親類関係との連関と民俗的論理―」（前掲）
第七章　筆親筆子関係の現代的変化
「離島調査から五〇年後の筆親筆子関係」（『西郊民俗』二一一号、二〇一〇年）
「擬制的親子の変容にみる現代の「家」の特性―岡山県笠岡市白石島のフデノオヤとフデノコに注目して―」（『日本民俗学』二七二号、二〇一二年）
終　章　結論と課題（書き下ろし）

最後になったが、本書の出版に御理解をいただいた岩田書院の岩田博社長に心より謝意を申し上げたい。岩田社長の御理解がなければ、本書は世に出ることがなかったと思う。
私事ではあるが、長い学生生活におけるこのような研究に最大の理解と支援を惜しみなく与えてくれた亡父・義美と、母・美智子に本書を捧げたい。

二〇一七(平成二十九)年十月　郡上八幡にて　　　　藤原　洋

## 岩田書院 刊行案内（民俗学関係11）

| | | | 本体価 | 刊行月年 |
|---|---|---|---|---|
| 926 | 有安　美加 | アワシマ信仰 | 3600 | 2015.08 |
| 930 | 野本　寛一 | 牛馬民俗誌＜著作集４＞ | 14800 | 2015.09 |
| 933 | 山崎　一司 | 「花祭り」の意味するもの | 6800 | 2015.09 |
| 934 | 長谷川ほか | 修験道史入門 | 2800 | 2015.09 |
| 936 | 橋本　裕之 | 儀礼と芸能の民俗誌 | 8400 | 2015.10 |
| 938 | 首藤　善樹 | 修験道聖護院史要覧 | 11800 | 2015.10 |
| 945 | 板谷　　徹 | 近世琉球の王府芸能と唐・大和 | 9900 | 2016.01 |
| 948 | 菅原　壽清 | シャーマニズムとはなにか | 11800 | 2016.02 |
| 951 | 佐々木美智子 | 「産む性」と現代社会 | 9500 | 2016.02 |
| 959 | 福原・西岡他 | 一式造り物の民俗行事 | 6000 | 2016.04 |
| 967 | 佐藤　久光 | 四国遍路の社会学 | 6800 | 2016.06 |
| 968 | 浜口　　尚 | 先住民生存捕鯨の文化人類学的研究 | 3000 | 2016.07 |
| 969 | 裏　　直記 | 農山漁村の生業環境と祭祀習俗・他界観 | 12800 | 2016.07 |
| 971 | 橋本　　章 | 戦国武将英雄譚の誕生 | 2800 | 2016.07 |
| 975 | 福原・植木 | 山・鉾・屋台行事 | 3000 | 2016.09 |
| 976 | 小田　悦代 | 呪縛・護法・阿尾奢法＜宗教民俗９＞ | 6000 | 2016.10 |
| 977 | 清水　邦彦 | 中世曹洞宗における地蔵信仰の受容 | 7400 | 2016.10 |
| 981 | 松崎　憲三 | 民俗信仰の位相 | 6200 | 2016.11 |
| 982 | 久下　正史 | 寺社縁起の形成と展開＜御影民俗22＞ | 8000 | 2016.12 |
| 988 | 高久　　舞 | 芸能伝承論 | 8000 | 2017.02 |
| 993 | 西海　賢二 | 旅する民間宗教者 | 2600 | 2017.04 |
| 999 | 植木・樋口 | 民俗文化の伝播と変容 | 14800 | 2017.06 |
| 002 | 野本　寛一 | 民俗誌・海山の間＜著作集５＞ | 19800 | 2017.07 |
| 003 | 植松　明石 | 沖縄新城島民俗誌 | 6900 | 2017.07 |
| 004 | 田中　宣一 | 柳田国男・伝承の「発見」 | 2600 | 2017.09 |
| 008 | 関口　　健 | 法印様の民俗誌 | 8900 | 2017.10 |
| 016 | 岸川　雅範 | 江戸天下祭の研究 | 8900 | 2017.11 |
| 017 | 福江　　充 | 立山信仰と三禅定 | 8800 | 2017.11 |
| 018 | 鳥越　皓之 | 自然の神と環境民俗学 | 2200 | 2017.11 |
| 028 | 松崎・山田 | 霊山信仰の地域的展開 | 7000 | 2018.02 |
| 030 | 秋野　淳一 | 神田祭の都市祝祭論 | 13800 | 2018.02 |
| 179 | 福原　敏男 | 江戸山王祭礼絵巻 | 9000 | 2018.03 |
| 034 | 馬場　憲一 | 武州御嶽山の史的研究 | 5400 | 2018.03 |
| 038 | 由谷　裕哉 | 近世修験の宗教民俗学的研究 | 7000 | 2018.04 |
| 039 | 佐藤　久光 | 四国猿と蟹蜘蛛の明治大正四国霊場巡拝記 | 5400 | 2018.04 |
| 045 | 佐々木美智子 | 「俗信」と生活の知恵 | 9200 | 2018.06 |
| 047 | 福江　　充 | 立山曼荼羅の成立と縁起・登山案内図 | 8600 | 2018.07 |
| 048 | 神田より子 | 鳥海山修験 | 7200 | 2018.07 |

**著者紹介**

藤原　洋（ふじわら　ひろし）

1970年　京都府生まれ
2007年　筑波大学大学院博士課程人文社会科学研究科歴史・人類学専攻単位取得退学
宇土市史編纂調査研究員、柳川市史編纂調査研究員、豊北町教育委員会民俗調査研究員、滋賀県立琵琶湖博物館総合研究「東アジアの中の琵琶湖」調査員、横須賀市自然・人文博物館研究員、筑波大学ティーチング・アシスタント（TA）、筑波大学チューター、新潟県立歴史博物館学芸員を経て
現在　郡上市教育委員会学芸員、博士（文学）、専門は民俗学

主要論文
「ルーツを求める現代人の先祖観―氏族会にみる『家』を超えた共同性の再生―」（『現代民俗学のフィールド』吉川弘文館 2018年）ほか

**仮親子関係の民俗学的研究**
**―筆親筆子と瀬戸内島嶼社会の家族誌―**

2018年（平成30年）9月　第1刷　300部発行　**定価［本体9900円＋税］**
著　者　藤原　洋

発行所　有限会社岩田書院　代表：岩田　博　http://www.iwata-shoin.co.jp
〒157-0062 東京都世田谷区南烏山4-25-6-103　電話03-3326-3757 FAX03-3326-6788
組版・印刷・製本：新日本印刷

ISBN978-4-86602-049-5 C3039 ¥9900E

# 索　　引

1．事項索引、人名索引に分けて作成した。
2．事項には地名を含めた。地名の表記には現在の行政地名を括弧内に補い、県名からの表記に基づき配列した。

## 事　項

### あ



### い

## か

す



せ

な



に



ね



の



は

## 人　名